高等学校经济与管理类教材 · 旅游管理类系列

旅游服务质量管理

张懿玮 ◎ 主　编

华东师范大学出版社
·上海·

图书在版编目(CIP)数据

旅游服务质量管理/张懿玮主编. —上海:华东师范大学出版社,2019
ISBN 978-7-5675-8794-6

Ⅰ.①旅…　Ⅱ.①张…　Ⅲ.①旅游服务－服务质量－质量管理　Ⅳ.①F590.63

中国版本图书馆 CIP 数据核字(2019)第 034987 号

旅游服务质量管理

主　　编　张懿玮
责任编辑　皮瑞光
责任校对　李兴福
装帧设计　俞　越

出版发行　华东师范大学出版社
社　　址　上海市中山北路 3663 号　邮编 200062
网　　址　www.ecnupress.com.cn
电　　话　021－60821666　行政传真 021－62572105
客服电话　021－62865537　门市(邮购)电话 021－62869887
地　　址　上海市中山北路 3663 号华东师范大学校内先锋路口
网　　店　http://hdsdcbs.tmall.com

印 刷 者　上海景条印刷有限公司
开　　本　787 毫米×1092 毫米　1/16
印　　张　19
字　　数　396 千字
版　　次　2019 年 4 月第 1 版
印　　次　2025 年 1 月第 6 次
书　　号　ISBN 978-7-5675-8794-6
定　　价　42.00 元

出 版 人　王　焰

党的二十大报告提出要"坚持把实现人民对美好生活的向往作为现代化建设的出发点和落脚点"。旅游业作为幸福产业和民生产业，既是拉动经济的重要引擎，更是关系着人们对美好生活的向往。

早在 2009 年，国务院就发布了《国务院关于加快发展旅游业的意见》，提出将旅游业培育成"人民群众更加满意"的现代服务业。2009 年和 2013 年，当时的国家旅游局分别发布《旅游服务质量提升纲要（2009—2015 年）》和《旅游质量发展纲要（2013—2020 年）》，就如何提升旅游服务质量、实现游客满意，提出了具体的指导意见。2019 年文化和旅游部又进一步发布了《关于实施旅游服务质量提升计划的指导意见》，着力解决影响广大游客旅游体验的重点问题和主要矛盾，推动旅游业高质量发展。

纵观近年来旅游服务质量现状，旅游服务标准化工作有效推进，旅游服务设施不断升级，旅游服务环境持续改善。但是，旅游投诉仍然是顾客投诉的一大热点，尤其是在黄金周的时候，各类旅游投诉更是集中式爆发，成为各方关注的重点。在旅游业不断增长，游客需求不断提升的背景下，持续改进旅游服务质量仍然任重道远。

提升旅游服务质量是项系统工程，不仅需要各方共同的努力，而且需要综合采用各种方法。这必然要求各级管理者提升旅游服务质量意识，掌握基本的旅游服务质量理论和方法。然而，目前国内有关旅游服务质量的教材还不多见。本书在广泛吸收国内外有关旅游服务质量理论研究成果的基础上，系统阐述了旅游服务质量的基本理论和方法，希望能够为有志于提升旅游服务质量的各界人士提供一定的参考，从而推进旅游业的健康持续发展。

然而，旅游业是一个庞大的产业，涉及食、住、行、游、购、娱等各个行业，而且在"全域旅游"的概念下其外延进一步扩大。由此导致旅游服务质量的覆盖范围也无限地扩大。但无论如何，企业是旅游服务质量提供的主体，他们服务质量的好坏直接影响到游客的感知和体验，所以本书主要是从企业的角度讨论旅游服务质量问题，围绕整个服务质量管理体系构建阐述旅游企业如何管理和提升服务质量。因为旅游目的地政府对当地的旅游服务质量水平具有监管和提升职责，因此本书最后还讨论了目的地政府如何提升当地旅游服务质量水平。

本书共分为 10 章，前面 3 章主要是认识旅游服务质量，对其基本的内涵和思想有深入的认识，包括旅游服务概述、旅游服务质量内涵和旅游服务质量管理基本思想。第 4 章至第 9 章阐述旅游服务质量管理体系的构建，从认识顾客期望和资源管理到服务过程管理，再到服务质量评价。第 10 章则是全域旅游与目的地旅游服务质量的管理。每一章在内容安排上，先从导读开始对整章内容进行介绍，并提出学习要求，然后围绕章节主题详细展开论述，并配有资料阅读或知识小链接,最后文末列出了若干思考题,以帮助读者巩固所学内容。

本书由上海杉达学院管理学院副院长张懿玮教授主编,多位老师共同参与。具体分工为:第1章、第2章、第3章、第4章和第5章(张懿玮),第6章(于梦寒,张懿玮),第7章(张媛),第8章(张懿玮),第9章(施思,张懿玮),第10章(殷晶),最后由张懿玮负责统稿。本书在编撰过程中,要感谢张诚、赵红瑞等老师和同学辛勤地收集资料,还要特别感谢华东师范大学出版社李琴编辑、孙小帆编辑的大力支持,以及皮瑞光编辑的宝贵意见和辛苦编辑。此外,本书引用了大量的参考文献,尽可能在文末列出,若有疏漏,深表歉意。

本书是为数不多的旅游服务质量管理教材,但由于学识所限和时间仓促,书中疏漏或是不足之处恳请广大读者批评指正,联系邮件:zyw9001@126.com。

作者

2024 年 2 月 5 日

第 1 篇

认识旅游服务质量

Understanding Tourism Service Quality

第 1 章

本章导读

在过去四十年的时间里,我国的旅游业由原来的政治性事业转变成经济性产业,由原来少数人的奢侈性消费转变成公众的日常生活方式,旅游业在国民经济和社会发展中的地位日显重要。早在2009 年,国务院发布的《国务院关于加快发展旅游业的意见》(国发[2009]41 号)中就明确提出"把旅游业培育成国民经济的战略性支柱产业和人民群众更加满意的服务业"。"人民群众更加满意"充分体现出旅游服务质量工作的重要性。本章从旅游开始谈起,阐述了旅游服务的概念、特征,以及旅游服务的主要提供者,并在介绍新中国旅游业发展历程的基础上,引出对旅游服务质量问题的探讨。

通过本章学习,应该掌握旅游服务的概念和特征,熟悉旅游服务的主要提供者,了解新中国旅游业发展的基本历程。

1.1　旅游与旅游服务的内涵

1. 旅游

第二次世界大战结束之后,随着现代交通工具的迅速发展、人们收入水平的持续增长,全球化进程日益加快,世界旅游业进入高速发展阶段。宏观层面上,旅游在经济上已经成为许多国家和地区促进经济增长的重要产业,在文化上已经成为促进国家和地区文化交流、保护和繁荣的重要工具,在自然环境上已经成为促进生态保护、恢复和建设的重要动力。微观层面上,旅游已经成为现代社会普通大众生活的重要组成部分,成为人们增长知识、丰富阅历、放松身心的美好追求。

然而什么是旅游,至今为止依然没有一个统一的概念。目前被人们所普遍接受的概念是瑞士学者汉泽克尔(Hunziker)和克拉普夫(Krapf)于 1942 年合著的《旅游总论概要》中的解释:"旅游是非定居者的旅行和暂时居留所引起的现象和关系的总和。"这些"现象和关系的总和"包括了旅游过程中各利益相关方的各种行为,以及这些行为所产生的各种正负影响。其中,游客活动是导致其他行为和各种影响的基础。对游客而言,旅游就是通过旅行和暂时的居住或停留去获得某种经历,这涉及"为什么去""到哪里去""怎么去""何时去""去多久"这几个最基本的旅游问题,这既是每一个游客在旅游之前都必须仔细考虑的问题,也是旅游企业做好服务工作必须要弄清楚的基本问题。

(1) 旅游动机

"为什么去"直接指向游客的旅游动机。旅游动机是促使人们发生旅游行为的直接原因,它源于人们生理或心理需求的内在驱动,以及收入水平、闲暇时间、营销广告等各种复杂因素的外在诱导。现代社会中,一方面繁忙劳累的工作和快节奏的现代生活带给人们越来越沉重的压力,疲惫和紧张需要缓解,心灵需要释放;另一方面人类本身对新鲜感和美感的追求,促使人们去尝试、感受和体验异地优美的风景、别样的文化,以及其他富有特色或娱乐性的活动项目。对现实社会的短暂逃离和对异地社会的美好向往,构成了当代人旅游的最原始也是最主要的动因。但这并不能解释所有人的旅游行为。人作为社会人具有复杂性,相同的旅游行为背后可能隐藏着各种截然不同的动机,甚至某一旅游行为的产生是多种动机综合作用的结果。

表 1.1 罗列了各种不同的旅游动机类型。不同学者得出不同结论的旅游动机类型,这可能是研究样本的差别所致,但也反映出人们旅游动机的复杂性、多样性和变化性。其中,广泛被采用的是罗伯特·麦金托什(R. McIntosh)提出的身体健康动机、文化动机、人际动机、地位和声望动机。旅游企业必须充分调研游客的旅游动机,了解诸如为什么某些群体会采取相似的旅游行为等问题,这既是在营销上进行市场细分的需要,也是为了提高游客满意度而在服务上加强针对性、提升品质的需要。

表 1.1	研究者	旅游动机类型
旅游动机类型	J. L. 克鲁姆顿(J. L. Crompton)	逃避所感知的世俗环境的动机、自我发现和自我评估的动机、放松的动机、显其声望的动机、回归(较少限制的行为)的动机、密切家庭亲属关系的动机、增进社会交往的动机
	罗伯特·麦金托什(R. McIntosh)	身体健康动机、文化动机、人际动机、地位和声望动机
	道格拉斯·杰夫瑞(D. Jeffrey),谢彦君	山水风光游、健身旅游、文化艺术旅游、城市购物观光娱乐、访古旅游、社会旅游、美食旅游、探寻城市生活旅游
	邱扶东	身心健康动机、怀旧动机、文化动机、交际动机、求美动机、从众动机
	张卫红	放松动机、刺激动机、关系动机、发展动机、实现动机
	约翰·斯沃布鲁克(J. Swarbrook)	身体的动机、文化的动机、地位/身份的动机、个人发展的动机、个人的动机、情感的动机
	张宏梅,陆林	新奇动机、内部社交动机、地位动机、外部社交动机、知识动机、放松动机
	陈德广,苗长红	精神动机、渴求与享受动机、顺便旅游动机、新奇和身体动机、休闲游览动机、感情动机、单位出游动机、名胜古迹动机

(2) 旅游目的地

旅游目的地解决"到哪里去"和"怎么去"的问题。为什么有些旅游目的地能够成为旅游热点,每年吸引大量的游客,而有些旅游目的地却是乏人问津,根本上取决于该地的旅游吸引力。决定旅游目的地吸引力的根本因素是旅游资源的吸引力,这包括山水风光在内的自然资源吸引力和有关文化的人文资源吸引力。旅游资源的吸引力也是决定一个地区是否能够成为旅游目的地的最基本要素。除此之外,两地之间的政治关系、空间距离、配套设施的完善程度、服务质量的优劣、交通的便捷程度、旅游花费的多少等都会对旅游目的地的吸引力产生重要影响。从"促进"和"阻碍"的角度看,旅游资源吸引力属于"促进"因子,是刺激游客产生"到哪里去"这一旅游行为的重要动因;政治关系、空间距离、配套设施、服务质量等属于"阻碍"因子,会对旅游行为产生严重的负面影响。

"怎么去"是指旅游客源地与目的地之间的交通问题。在旅游目的地吸引力理论中,两地间的距离往往被作为旅游地吸引模型的重要变量来处理。在克莱姆本(Crampon)、沃尔夫(Wolfe)、张凌云等人提出的引力模型中,旅游流量与距离呈反比关系。旅游客源地与目的地之间的空间距离曾经是人们出游的最大障碍,它影响游客的旅途时间、花费和精力。但随着现代交通技术的迅速发展、水陆空交通网络的大范围覆盖,两地之间的交通越来越便捷。如2011年6月30日京沪高铁正式开通运营,最高时速曾经达到300公里,北京至上海全程原来需要近12个小时被缩短为4小时48分。同时,交通工具也越来越多样化,从汽车、火车到飞机、轮船,经常有多样形式可供游客选择。选择何种交通工具主要取决于时间、费用以及舒适度之间的平衡。一般来讲,交通时间花费越短,费用越高,舒适度越高,费用越高。目前旅游花费中,远距离的交通费用仍然是游客重要的支出之一。根据2016年国家旅游局组织实施的"入境游客花费情况抽样调查"统计,入境游客花费的长途交通费用最高,约占全部费用的 40.7%。

(3) 旅游时间

"何时去"和"去多久"指的是游客的旅游时间。时间可以分为工作时间和闲暇时间。旅游作为一种享受性需要,通常都是发生在闲暇时间。但并非所有的闲暇时间人们都愿意去从事旅游活动。这取决于闲暇时间的机会成本、闲暇时间的长短、旅游的吸引力、人们的偏好、人们的收入水平等因素。从经济学的角度来看,时间对人们来讲是稀缺资源,这就意味着必须通过对时间的合理使用和分配,最终实现资源配置效率的最优化。工作时间和闲暇时间相互冲突,工作时间决定收入水平,人们选择休息而放弃潜在的工作机会,这就是闲暇时间的机会成本。从机会成本的角度看,消费者的工资越低,其闲暇时间的机会成本也越低,与高工资率的消费者相比,他会选择更多的休闲时间。相反,如果消费者的工资越高,他闲暇时间的机会成本就越高。理性的消费者会放弃闲暇时间而选择更长时间的工作,这被称为是"替代效应",也就是消费者因为闲暇时间成本的上升而更愿意以工作来替代休息。但另一方面,消费者的工资水平越高,越会增加其可以休闲放松的能力,从而增加对闲暇时间的消费,这被称为是"收入效应"。工资水平对闲暇时间的影响最终取决于替代效应和收入效应的综合效果。如果收入效应大于替代效应,消费者更偏好于增加闲暇时间,而如果消费者更在意货币收入,那替代效应的效果更强,其将会增加工作时间而减少闲暇时间。

图 1.1 反映了每周工作时间与工资率的关系。如果消费者工资率低于 S_1,消费者的劳动供给就是 0,他情愿放弃劳动。随着消费者工资率的上升,每周的工作将会逐渐从 0 一直增加到 H_1。但当消费者的工资率达到 S_2 的时候,工资给他带来的效用将会降低,他需要更多的生活享受,因此将开始逐步减少每周的工作时间。工资率增长所引起的劳动供给曲线向后弯曲。当工资率较低时,替代效应的效果较强,闲暇时间较少,工作时间较多;当工资率较高时,收入效应较强,闲暇时间增多,工作时间减少。

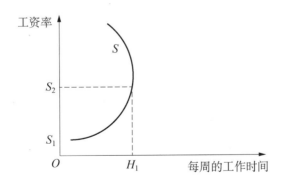

图 1.1

单个消费者劳动短期供给曲线[1]

对闲暇时间的消费包括了旅游活动及其他休闲活动,这些活动具有一定的替代性,并非所有的人都会选择旅游活动,这取决于多种因素的综合作用。闲暇时间长短会影

---

[1]　伊安·威尔逊著.休闲经济学[M].北京:机械工业出版社,2009:6.

响人们的活动选择。如周末时间较短，人们可能会选择短距离旅游，如近年来日益盛行的郊野旅游或周边游。而寒暑假、十一黄金周、春节等时间相对较长，人们出游尤其是长途旅游的可能性会更大，停留时间也可能更长。

2. 旅游服务

北欧著名服务管理学者克里斯廷·格罗鲁斯（Christian Gronroos）认为："服务是以无形的方式，在顾客与服务职员、有形资源等产品或服务系统之间发生的，可以解决顾客问题的一种或一系列行为。"游客在整个旅途中无法实现自给自足，必然需要依赖于其他组织或个人帮助解决旅游过程中的各种问题。相比于一般的服务，旅游服务内容涉及广泛。旅游过程中，游客的需求多种多样，需要酒店、旅行社等旅游企业提供解决方案，因此旅游服务是指各旅游企业利用各自资源向游客提供的服务。但从游客的角度看，旅游又是包括"食、住、行、游、购、娱"等各类要素在内的经历，因此旅游服务也可以被看作是涉及所有要素的综合性服务，其目的是为了帮助游客完成旅游行程，实现旅游愉悦。

根据 ISO 9000 的解释，服务是为了满足顾客的需要，供方与顾客相互接触的活动和供方内部活动的结果。这一概念强调服务是结果。结果包括物质性利益和情感性利益：物质性利益比较好理解，比如通过餐饮服务获得美味可口的饭菜、通过购物服务获得商品、通过保健服务获得身体的健康等；情感性利益主要指心理上的感受，如快乐、放松、荣耀、自尊、爱等。谢彦军认为"旅游在根本上是一种主要以获得心理快感为目的的审美过程和自娱过程"，"愉悦是旅游的内核"。旅游服务的结果既有物质性利益，又有情感性利益，但以情感性利益为主，从根本上看旅游服务的结果就是获得愉悦。通过高质量的服务为广大游客创造愉悦感是所有旅游企业的共同使命。

服务涉及顾客和供方两方面。在旅游服务中，顾客就是游客，而供方主要是旅游企业。作为结果的旅游愉悦来自游客和旅游企业的共同努力，包括游客和旅游企业之间的相互接触活动以及旅游企业的内部活动。在旅游过程中，游客与旅游企业之间会发生很多的接触，这可能只是简单的交流沟通以增进相互了解，为后续服务提供便利，也可能是游客通过活动参与获得强烈的服务体验。这些都属于前台服务。而旅游企业的内部活动属于后台服务，如餐厅的厨房工作、旅行社的计调工作、酒店的客房工作等。如果缺少了后台服务，前台服务也就无法有效展开，也就无法实现游客满意。

从 ISO 9000 出发，我们认为旅游服务就是基于游客的需求，各类旅游组织或个人通过一系列的前台活动和后台活动为游客创造愉悦。它包括"食、住、行、游、购、娱"等各种服务。

3. 旅游服务的基本特征

与有形的制造业产品相比，旅游服务具有明显的独特性，这给旅游企业的服务管理工作带来了巨大的挑战。为了更好地做好服务工作，提升服务质量，必须要对旅游服务的基本特征有清晰的认识。

（1）无形性

虽然旅游服务会涉及有形环境或其他有形的物品，而且有时候有形的物品还是服务实质之所在（如餐饮服务业中的菜肴、销售服务中的旅游纪念品），但服务作为一个过程是看不见、摸不着的。如导游服务、旅游咨询服务、前厅服务等，主要涉及的是服务的程序、服务的态度、服务的能力等，这些都是无形的。旅游服务的无形性还表现为很多时候游客所获得的利益主要是心理上的感受，这是一个主观的概念，也是无形的。无形性是旅游服务区别于有形产品的重要特征之一。

无形性会增加游客的消费风险。游客在选择有形产品的时候，如旅游纪念品，可以通过视觉和触觉，甚至是试用了解产品的具体质量。但是对众多旅游服务而言，在未消费之前游客很难确切了解旅游服务质量的具体情况，并不清楚到底会获得何种服务；游客也无法对两种不同的服务进行有效的比较。理性的游客会选择品牌知名度高、社会声誉好的旅游企业提供的服务，或通过与服务相关的一些有形要素（如服务环境、服务人员的仪表仪容等）推测服务质量的好坏。这就要求旅游企业必须做好这几项基础工作：一是通过广告宣传提高知名度；二是通过服务质量促进好的口碑，提高好的点评率；三是加强有形要素的塑造，尽量以可视化的方式强化游客的直观感受。

对大多数旅游服务而言，因为无形性的存在，游客通常只是购买了它的使用权而非所有权，这决定了游客的旅游服务消费一般都是一次性消费和共享性消费。一次性消费是指游客购买一次就消费一次。游客无法通过反复消费服务强化自己的旅游服务体验，消费结束，服务结束，糟糕的旅游服务质量会让游客留下遗憾。而且，很多时候游客并不会因为低质量的服务而直接向旅游企业抱怨，而是会向周边的亲友、同事传递企业坏的口碑。共享性消费是指游客必须与其他游客共同消费某项旅游服务。如果同时消费的游客数量过多，不仅会导致服务供给存在困难，而且也会降低游客的旅游感受。如黄金周各景点人满为患，极大降低了游客的旅游体验。因此，旅游企业必须做好每一次的服务工作。

（2）同步性

制造业生产是个封闭的系统，产品在后台生产，在前台销售，生产完后再销售，生产和销售分开进行。而绝大部分旅游服务的生产具有开放性，图 1.2 反映了这种开放的生产系统。旅游服务有前台和后台之分，只有游客与前台服务人员发生接触时，旅游服务的生产才开始，当服务生产结束的时候，消费也随之结束。生产和消费具有同步性。

作为制造业生产的产品，顾客只关心最终的产品质量。而由于游客会参与整个服务生产过程，因此游客不仅仅关心结果的质量，也关心服务过程的质量。服务人员的态度、服务的流程、服务的环境等都会影响游客对整个旅游服务质量的评价。典型的如餐厅服务，经营者既要关心菜肴是否美味，还要关心上菜是否及时、服务人员是否友好等过程性问题。生产和消费的同步性使得旅游服务质量相比制造业产品质量更加复杂。

此外，因为存在生产和消费的同步性，所以游客只有开始接受服务后，才会逐渐发现服务质量的真实情况。这同样也增加了游客的消费风险。企业的宣传、口碑以及各种有形要素的展示会让游客产生最初的质量判断，但与预期是否保持一致仍然需要实

图 1.2

旅游服务生产
系统模型①

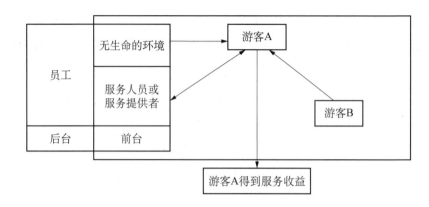

践才能得到检验。亲自尝试可能会遇到好的服务质量，但也可能遭遇服务失败。而服务失败导致的直接后果是游客的抱怨以及企业成本的增加。

　　生产和消费的同步性还决定了游客必须与服务方发生接触。而且为满足需求，游客通常必须要亲自到场。这就容易导致垄断性强的热门景点、口碑较好的餐厅等产生拥挤和大量的排队现象。这就要求旅游企业做好客流的管控工作。

　　（3）易逝性

　　有形产品具有储存性，即使是食品等易腐败的东西也因为存在一定的保质期而可以进行一定时间的存放。但任何旅游服务都无法进行储存，如酒店的客房、景点的门票、车船机票等，当天如果没有销售出去就无法推迟到第二天继续销售，这就直接导致利益受损。很多旅游企业会通过预订的方式销售服务，如酒店客房的预订。然而经常会有客人无故取消预订，这就会直接影响酒店的利益。有些酒店会通过采取定金的方式促进游客履行预订、减少损失，然而行业竞争的加剧直接导致这些收取定金的企业吸引力下降，又会影响收益。如何做好收益管理，对于易逝的旅游服务至关重要。

　　旅游服务易逝性决定了旅游企业必须有效处理服务的供给和需求的匹配关系，供给过多，旅游服务无法及时销售就会给企业带来损失；供给过少，需求得不到满足，收益无法增加。如餐厅座位有限，有部分顾客可能愿意等待，但相当一部分顾客可能选择直接离开，当天本来可以增加的收益因此而丧失。

　　旅游服务的易逝性还决定了未使用的服务无法被退还、重新主张和重新销售。如果在火车出发后游客还没有使用已经购买的火车票，那他将丧失退票和再乘的权利，因为他事实上已经给火车公司造成了经济损失。而如果服务质量较差，那通常也很难再重新来过。比如火车公司提供给乘客糟糕的服务质量，不可能让游客再重新乘坐一趟，因为服务已经成为过去。易逝性要求为了避免损失，旅游服务应该在生产的时候就被消费。②

①　约翰・E・G・贝特森，K・道格拉斯・霍夫曼. 服务营销管理[M]. 北京：中信出版社，2004：12.

②　Kandampully J., Mok C. Sparks B. Service quality management in hospitality and tourism [M]. Mumbai：Jaico Publishing House，2008：20.

（4）参与性

旅游服务作为开放的系统，游客是服务生产的重要组成部分，只有游客的参与才使得服务能够顺利完成。不同的服务具有不同程度的顾客参与性。美国亚利桑那大学教授蔡斯（Richard B. Chase）根据顾客与组织服务体系的接触程度，将服务分为三类[①]：

接 触 程 度	举　　例
高接触性服务	酒店、娱乐场所等
中接触性服务	银行、外卖中心等
低接触性服务	咨询中心、电信公司等

表 1.2

顾客与组织服务体系的接触程度

① 高接触性服务。在组织服务提供过程中，顾客参与全部活动或者其中的大部分活动。比如酒店、娱乐场所、教育培训等。

② 中接触性服务。在组织服务提供过程中，顾客只是部分地参与组织的活动，组织服务的相当一部分是在后台进行的。比如银行为顾客提供储蓄和理财服务，除了柜台面对面的短暂活动之外，大量的活动发生在后台。

③ 低接触性服务。在组织服务提供过程中，顾客主要是与机器设备发生接触，在服务场所的接触较少。比如顾客通过网络或电话进行咨询，或者从事游戏等娱乐休闲活动。

很显然，旅游服务主要是高接触性服务。无论是整个旅游行程，还是单独的景区游玩、入住酒店、饭店就餐，都与相关的旅游企业（旅行社、酒店、餐厅、景区景点、娱乐场所、购物场所等）或服务人员（如导游）发生着紧密的接触。接触程度越高，体现的参与性也就越强。旅游需要游客的全身参与。行走天下，亲身体验，才是旅游的实质与魅力所在。

游客的参与性强化了旅游体验，但较多人与人之间的接触意味着对服务人员素质和能力提出了更高要求，服务人员要能够随时解决参与过程中游客的各种问题。游客的参与性也使得很多时候游客必须要到场，供需也极容易受到地域的限制。

1.2　旅游服务的主要提供者

由于游客需求的多样性，相比于其他服务，旅游服务需要更多的服务提供者。这些服务提供者可能相互独立，各自提供服务；也可能彼此交错，协作共同提供服务。图1.3展现了游客在旅游消费中主要遇到的服务提供者。其中任何一个服务提供者不能满足游客需求都可能会导致游客不满，降低旅游中的愉悦感。

---

① 　宋彦军. TQM、ISO 9000 与服务质量管理［M］. 北京：机械工业出版社，2007：3.

图 1.3

旅游服务的
主要提供者

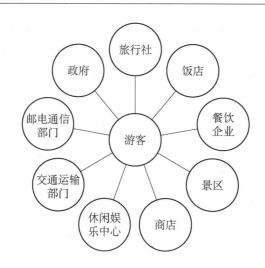

1. 旅行社

根据《旅行社条例》,旅行社是指从事招徕、组织、接待旅游者等活动,为旅游者提供相关旅游服务,开展国内旅游业务、入境旅游业务或者出境旅游业务的企业法人。所谓"相关旅游服务"是指帮助旅游者设计旅游行程,安排旅游途中的食、住、行、游、购、娱等各种活动。旅行社为游客消费酒店服务、景区(点)服务、餐饮服务等各类旅游服务内容提供了极大的便捷,节约了游客的搜寻成本和开支。随着游客需求的变化,旅行社的服务内容也越来越多样化,除了传统的全包价旅游产品外,还提供半包价、小包价、零包价、单项产品等各种旅游服务形式。自由行是近几年来旅行社推出的较为新兴的一种旅游服务形式,旅行社主要安排交通和住宿,其余由游客自行安排。在台湾,自由行也被称为"机加酒",即机票加上酒店。目前,很多旅行社都推出了自由行旅游产品,如中青旅的百变自由行,携程的"机加酒"等。除了传统的自由行产品外,现在旅行社又推出了"酒店加景点门票"的新的自由行产品,以满足游客近距离旅游,尤其是自驾游的需求。自由行产品突破了以前旅行社产品游客缺乏自主权的弱点,给予游客以更多的空间和自由选择的余地,受到了很多中青年游客的喜欢。

随着互联网的迅速发展,旅游电子商务迅速崛起,在线旅行社(Online Travel Agency,OTA)成为游客挑选旅游产品的重要渠道。携程、驴妈妈、去哪儿、同程等旅游电商网站因为其丰富的产品选择,快速便捷的查询、对比和支付功能越来越受到年轻人的青睐。如何应对线上市场的冲击,成为传统旅行社不得不面对的挑战。

知识小
链接

全包价旅游:旅游者与旅行社签订旅游合同,在旅游之前一次性支付所有的旅游费用,在旅游过程中不必要再支付其他任何费用。旅游者不需要再为旅游操心,但缺乏自主权。

半包价旅游：在全包价基础上，扣除中餐和晚餐费用的一种包价形式。旅游者有一定的自主权。

小包价旅游：又称为可选择旅游，包括可选择部分和不可选择部分。不可选择部分包括交通、住宿和早餐。可选择部分包括导游、景区（点）、风味餐等。相比全包价和半包价旅游，旅游者的选择余地更大。

零包价旅游：旅游者必须随团前往和离开旅游目的地，但是在旅游目的地可以完全自由活动。参加零包价的旅游者主要是能够统一签证和获得团队机票的价格优惠。

资料阅读

旅行社积极应对自由行市场

2014年初，在线旅游公司携程旅行网发布的《2014年旅游者调查报告》显示，自由行将成为主要出游方式，81%游客选择；在各类旅游度假产品中，旅游者预订的比例从高到低依次是：自由行、酒店、机票、团队游、一日游、门票、火车票、租车。而旅游业界人士也普遍认为，自由行将成为最主流的旅游方式，尤其是《旅游法》的实施，将进一步推动自由行市场。

面对自由行的不断升温，国人出游心理和消费理念的日趋成熟，各旅行社也积极地做着应对。一些旅行社为游客提供"菜单式"选择。国旅总社旅游度假部副总经理孙立群指出，国旅总社的自由行产品基本定位是"菜单式自由选，乐享团购"。首先，产品逐渐朝着"菜单"的方式发展，旅游六大主流要素"吃、住、行、游、购、娱"都为游客创造了极大的自由选择空间。如果客人需要的只是一张演出的票，或者是一张餐券，国旅总社也会尽力满足。其次，作为传统旅行社，国旅总社在团队游采购方面具有优势，同时也在借助于这一优势，让更多自由行的客人能够享受到"团队游"较为低廉的价格。而这也是传统旅行社转型的一个方向。

而另外一些旅行社则积极与旅游电商合作，推出定制化的产品。"如何更好地服务出境自由行的客户，是近年来我们一直在思考并积极应对的事情。"杭州国际旅行社董事长吴先生坦言，从该社的预定情况看，近三年来，自由行产品以每年超过10%的速度在增长。"这种增长，一方面是由于签证的便利和网络咨询的发达，另一方面是游客基本素质的提升以及旅游个性化需求的增长。为迎合市场的需求，旅行社方面也培养出了旅游顾问型人才。自从有了欣欣旅游定制频道这个平台后，咨询我们的自由行业务便翻倍增长。"

据欣欣旅游CEO赖润星说道，旅游顾问从根本上为旅行社和游客提供对接的桥梁，满足游客的多样化需求，让顾问的服务理念渗透游客出行的整个过程，确保游客出行质量和旅游体验。而随着越来越多的游客通过旅游顾问享受到定制服务，无形中产生了口碑效应，也为游客留下深刻的印象。

来源：《自由行成今年主要旅行方式》（凤凰资讯）
《旅游市场自由行大行其道，旅行社如何"随需应变"？》（中国旅游新闻网）

2. 饭店

据《旅游饭店星级的划分与评定》(GB/T 14308 - 2010)的解释,旅游饭店是"以间(套)夜为单位出租客房,以住宿服务为主,并提供商务、会议、休闲、度假等相应服务的住宿设施,按不同习惯可能也被称为宾馆、酒店、旅馆、旅社、宾舍、度假村、俱乐部、大厦、中心等"。饭店以多种多样的类型满足了不同旅游者的多样化服务需求。从服务内容看,既有提供简单住宿服务的旅馆,也有提供包括住宿、餐饮、休闲、娱乐、会议等在内的综合型大饭店;从服务档次看,从低到高饭店可以分为一星、二星、三星、四星、五星(含白金五星)五个等级。

在各类饭店中,进入 21 世纪以来,经济型饭店在我国异军突起,不仅成为饭店发展的一大热点,而且已经成为我国住宿业的最主要供给形态。2016 年,经济型饭店占到我国住宿供给市场的 72.6%。① 经济型饭店来源于 20 世纪 30 年代美国最早的汽车旅馆,只提供"住宿＋餐饮"(B&B)的简单服务,甚至只提供住宿服务。它强调简单和廉价,迎合了很多低消费旅游者的需求。目前,中国已经有了如家、7 天、汉庭、锦江之星、格林豪泰、速 8、宜必思等众多国内外经济型饭店品牌。而且由于其服务的简单,投入的低成本,特别适合通过标准化服务实现大规模的扩张。以如家为例,始创于 2002 年,经过近 15 年的发展,截至 2016 年,已经在全国 361 个城市,拥有连锁经济型饭店 2300 多家。②

3. 餐饮企业

餐饮企业主要满足游客在旅游过程中最基本的饮食需求,它包括饭店、餐馆、小吃店、咖啡厅、酒吧、饮品店等各类企业。游客的饮食需求既可能完全与日常生活保持一致,也可能要求品尝具有地方风情的特色美食。值得注意的是,随着"吃货"一族的兴起以及对旅游享受的追求,特色美食成为许多游客的重要消费项目。

街头美食是旅游目的地美食的一大亮点。几平方米的店铺,两三名员工,构成了最简单也最富有当地特色的餐饮小店。有时,甚至只是一两人打理的街边小摊,就能成为当地传统美食的代表。这些微型企业(甚至谈不上企业)在活跃当地旅游市场、传递美食文化、丰富游客的旅游体验、解决游客基本饮食需求方面起到了非常重要的作用。但同时,这些企业又往往存在着食品安全、卫生、宰客等严重的质量问题,甚至有时被认为与旅游城市的形象不符,而成为被整顿的对象。一方面,他们需要被保护,以满足游客的需求,但另一方面,他们又需要被规范,以提供更好的服务。疏堵结合的方式是促进旅游目的地街头美食发展的有效方式。

4. 景区

根据《旅游景区质量等级的划分与评定》(GB/T 17775 - 2003)标准,旅游景区是指"具有参观游览、休闲度假、康乐健身等功能,具备相应旅游服务设施并提供相应旅游服

---

① 数据来源于迈点研究院发布的《2016 年度中国客栈民宿品牌发展报告》。
② 数据来源于如家官方网站.

务的独立管理区"。它包括以自然景区及人文景观为主的旅游景区,具体如风景区、文博院馆、寺庙观堂、旅游度假区、自然保护区、主题公园、森林公园、地质公园、游乐园、动物园、植物园及工业、农业、经贸、科教、军事、体育、文化艺术等各类旅游景区。景区根据其质量,可以从低到高划分为 A、AA、AAA、AAAA、AAAAA 五个等级。景区服务包括接待、游览、讲解、购物、邮电、餐饮等多种服务内容。

景区最根本的是景观质量,包括景观的观赏游憩价值、历史文化科学价值、珍稀或奇特程度、规模和丰度、完整性、知名度、美誉度等。景观质量直接决定景区吸引力,也是决定大多数游客选择旅游目的地的最主要因素。由于景区的不可移动性和独特性,相比其他旅游提供者,它容易产生垄断性,知名度越高,垄断性也就越强。正是这种特性直接导致黄金周的时候一些知名景区突破旅游容量,出现人满为患的拥挤局面。同时,垄断性也会在一定程度上降低景区提升服务质量的积极性。

5. 商店

旅游目的地的商店主要满足游客的购物需求,它既包括旅游商店,也包括一些普通的购物商场。旅游商店的服务对象主要是游客,销售的主要是旅游商品,包括旅游纪念品、旅游工艺品和土特产等。游客选择购买旅游商品的主要目的是作为旅游留念,或是用于赠送亲朋好友。因此旅游商品需要注重特色性、文化性、纪念性、可携带性。旅游商品的购买往往是附属于游客的游览活动。

普通购物商场的服务对象主要是市民,但随着游客购物需求的提升,游客逐渐成为一些普通购物商场的重要消费群体。这些购物商场往往是以销售品牌服饰皮具、电子产品、珠宝首饰、营养保健品等为主,由于价格的地区差异,吸引了大量游客前来购买,甚至有一些游客就直接以购物为主要目的。这些商品最大的吸引力是优于客源地的性价比。

6. 交通运输部门

交通运输部门涉及铁路、公路、航运、航空等各类企业,为游客提供火车、汽车、轮船、飞机等远距离交通服务,或公交、出租车、地铁等市内交通服务。交通运输部门的服务有效地促进了游客的空间转移。正是现代交通技术的发展使得远距离旅游成为可能,丰富了游客的选择,但同时也给旅游目的地带来了更多的竞争。

旅游交通服务需要快捷、舒适和安全。在所有的远距离交通工具中,在速度上,飞机的速度最快,现在世界上大型民航飞机的飞行速度大都在 800—1000 公里/小时之间,远快于汽车、火车、轮船等速度。在舒适上,游船集交通和休闲于一体,由于速度较慢,空间较大,提供各类休闲娱乐设施,因此最为舒适。在安全性上,飞机和火车都较为安全,其中飞机的安全性最强。一般重大安全事故极少发生,造成多人伤亡的事故约为三百万分之一。30 年前,重大事故的发生率为每飞行一亿四千万英里一次,而如今 4 亿英里才发生一起重大事故,安全性提高了十倍。据美国全国安全委员会的统计,坐飞机比坐汽车要安全 22 倍。[①]

---

① 飞机的安全性有多高(航空旅行常识)[N].京华日报,2004 年 11 月 24 日第 B64 版.

7. 其他

除此之外，凡是在旅游目的地与游客会产生接触的各组织或个人，如当地的休闲娱乐中心、邮电通信部门、政府部门、居民等，都是旅游服务的提供者。为了保证游客在旅游目的地的服务质量，所有的相关组织或个人都必须要做好服务质量工作。

1.3 蓬勃发展的中国旅游业

1. 中国旅游业的发展进程

新中国的建立为我国旅游业的发展开创了良好的条件，尤其是改革开放以来，我国旅游业取得了快速发展，在国民经济中的地位和作用也越来越明显。总体来看，新中国的旅游业发展进程大致可以划分为四大时期。

（1）第一时期（1949—1977 年）

这一时期从新中国成立至改革开放前，是我国旅游业的初创时期。新中国刚成立时，一穷二白，生产力低下，经济水平落后，人们的温饱问题还未得到解决。百姓忙于生产建设，根本没有空余的时间和多余的收入用于享乐型的旅游消费。国内旅游发展缺乏现实基础。

当时的旅游业主要是为了满足外宾的需要，负责接待的是中国国际旅行社和中国旅行社（前身是华侨旅行服务总社）。中国国际旅行社主要是承办除政府代表团以外的所有机关团体单位委托的对外宾客的旅游接待工作，中国旅行社主要是承担华侨、港澳台同胞自费回国旅游和探亲的接待工作。

为了加强对旅游工作的管理，1964 年国家成立了中国旅行游览事业管理局，作为国务院的直属机构，负责全国旅游事业的管理。当时国务院明确规定我国旅游事业的方针，首先是为了向其他各国学习，宣传我国社会主义建设的成就，加强与各国人民之间的友好往来和相互了解。其次，是通过旅游收入，在经济上为国家建设积累资金。由此可见当时中国的旅游业主要是出于政治需要，它是中国外交事业的补充和延伸。

（2）第二时期（1978—1996 年）

第二时期从改革开放至 1996 年，是我国旅游业外向型发展时期。改革开放后，我国社会主义建设迫切需要大量的外汇，通过发展入境旅游是解决这一问题的有效途径。《1979 年国务院政府工作报告》在提到"积极利用国外资金，努力扩大出口"时，明确指出"大力发展旅游事业"。这个"旅游事业"就是指入境旅游事业。在"七五计划"（1986—1990 年）和"八五计划"（1991—1995 年）中更是明确提到要通过积极发展国际旅游业，增加外汇收入。而对国内旅游，当时实施"不提倡、不鼓励、不反对"的政策。我国针对当时的经济条件，走出了一条"先入境，后国内"的外向型超前式旅游发展道路。

1978 年，我国入境旅游人数为 180.9 万人次，创造外汇 2.63 亿美元，而至 1996 年入境旅游人数达到 5112.75 万人次，外汇收入达到 102 亿美元。[①] 在近 20 年的时间里，入境旅游人数和外汇收入分别增加了 27.26 倍和 37.78 倍。旅游外汇收入的快速增长

---

① 数据来源于国家统计局发布的《1997 中国统计年鉴》.

为解决我国外汇不足做出了重要贡献。

与此相对应的是,旅游业成为我国对外开放最早的产业。在对外开放初期,我国就积极鼓励利用外资建设饭店,以解决我国建设资金短缺、接待设施严重不足的问题。邓小平曾指出:"搞旅游要把旅馆盖起来。下决心要快,第一批可以找侨资、外资,然后自己发展。"为此,国务院还特地成立了利用外资建设饭店工作领导小组。至 1996 年底,我国已建成外商投资饭店 405 家和港澳台投资饭店 289 家,共占全国涉外饭店总数的15.71%。此外,洲际、万豪、希尔顿、喜来登、香格里拉等国际知名饭店集团纷纷进驻中国,既有直接投资建设酒店,也有受委托管理国内酒店。

(3) 第三时期(1997—2019 年)

这一时期从 1997 年开始至今,是我国旅游业蓬勃发展时期。在发展格局上,呈现出入境旅游、国内旅游和出境旅游全面发展,但是发展重点由入境旅游向国内旅游转变。在 1996 年 3 月 17 日通过的《中华人民共和国国民经济和社会发展"九五"计划和2010 年远景目标纲要》中提出要"加快国际旅游业和国内旅游业的发展"。这是第一次在五年计划中明确提出要发展国内旅游。2001 年 4 月国务院发布的《国务院关于进一步加快旅游业发展的通知》,更是强调"要把发展国内旅游放在重要位置,增加适应国内旅游需求的产品和服务供给"。我国旅游发展的政策开始转向,以入境旅游为主的外向型旅游发展模式逐渐让位于以国内旅游为主的内向型旅游发展模式。

而在出境旅游方面,1997 年国家旅游局和公安部联合颁布了《中国公民自费出国旅游管理暂行办法》,允许旅行社通过团队的形式组织公民出境旅游。对出境旅游的规范化管理标志着我国出境旅游市场开始形成。对出境旅游我国一直坚持适度发展的原则,但在出境旅游市场规模不断扩大的背景下,2009 年《国务院关于加快发展旅游业的意见》中提出"有序发展出境旅游"的原则。至此,我国已经形成了"重点发展国内旅游,积极发展入境旅游,有序发展出境旅游"的旅游发展思路。

在国家政策的大力支持下,随着人们收入水平的持续上升、闲暇时间的不断增加、旅游目的地建设的持续推进,这二十年来我国旅游业保持快速发展。据文化和旅游部2019 年文化和旅游发展统计公报显示,国内旅游市场和出境旅游市场稳步增长,入境旅游市场基础更加牢固。全年国内旅游人数 60.06 亿人次,比上年同期增长 8.4%;入境旅游人数 1.45 亿人次,比上年同期增长 2.9%;出境旅游人数 1.55 亿人次,比上年同期增长 3.3%;全年实现旅游总收入 6.63 万亿元,同比增长 11.1%。可以看出,我国居民旅游需求持续旺盛,旅游业发展一片繁荣,已经成为我国重要的经济增长点和国民经济的重要产业。

(4) 第四时期(2020 年至今)

这一时期从 2020 年开始至今,是我国旅游业发展的后疫情时期,也是我国全面进入大众旅游的时代。2020 年初,新型冠状病毒疫情在全球爆发和蔓延,给我国旅游业造成了重大冲击。2020 年中国旅游业陷入谷底,尤其是出入境旅游受各国疫情管控政策影响基本停滞。统计公报显示,2020 年,全年国内旅游人数 28.79 亿人次,比上年同期下降 52.1%。国内旅游收入 2.23 万亿元,同比下降 61.1%。旅行社数量从 2019 年的 38943 家下降为 31074 家,下降 20.21%,直接从业人员 32.25 万人,比上年下降 21.46%。

全国星级饭店数量从 2019 年的 10130 家下降至 8423 家,下降 16.85%,平均出租率只有 39.0%。但随着疫情的缓解,2021 年中国旅游业开始逐步复苏。2021 年全年国内游客 32.5 亿人次,比上年增长 12.8%。国内旅游收入 2.92 万亿元,增长 31.0%。

疫情只是中国旅游业发展道路上的一个插曲,从总体发展趋势看,中国旅游业仍然蓬勃发展。根据 2022 年 1 月国务院发布的《"十四五"旅游业发展规划》,我国将全面进入大众旅游时代和高质量发展阶段。大众旅游时代,旅游需求实现多元化,供给实现品质化,区域实现协调化,成果实现共享化。高质量发展阶段,文化和旅游更加深度融合,"以文塑旅、以旅彰文"更加明显,以数字化、网络化、智能化为特征的智慧旅游更加广泛地应用,人民群众多层次、多样化需求得到更好满足。

2. 日益引起重视的旅游服务质量问题

我国旅游业在蓬勃发展的同时,也存在着各种各样的服务质量问题。一直以来旅游业都是顾客投诉的热点。根据人民旅游投诉平台和中国质量万里行消费投诉平台数据显示,近年来旅游投诉集中在航空、旅行社、酒店和景区等领域,尤其是随着在线旅游平台的崛起,一些在线旅游平台退款赔偿困难、无故取消订单、虚假宣传等问题突出,捆绑销售、大数据杀熟等问题屡禁不止。从旅游业高质量发展阶段的新要求来看,旅游服务质量意识不强、管理水平不高、品牌知名度和美誉度不强、质量基础设施不完善、质量人才匮乏、监管手段不硬、质量持续提升动力不足等问题依然突出,旅游服务质量仍是旅游业高质量发展的制约性因素。提升旅游服务质量只有起点没有终点,为全面落实质量强国战略,必须要推动新时代旅游业高质量发展。

旅游服务质量问题已经引起社会各界的广泛关注。随着大众旅游时代的到来,游客旅游经验日益丰富,他们对于服务质量的要求越来越高,同时消费者权益保护意识日渐加强也使他们越来越多地懂得维护自身的合法权益;另一方面,旅游市场的竞争日益加剧,旅游服务质量已经变成旅游企业和旅游目的地提升竞争力的有力武器。

由于旅游服务质量的重要性,2009 年国家旅游局就发布《旅游服务质量提升纲要(2009—2015)》,要求通过实施该纲要,使旅游优质服务的观念更加深入人心,旅游服务标准体系和质量管理更加完善,旅游市场更加规范有序,旅游者和旅游经营者合法权益得到有效保障,包括旅游目的地质量、旅游企业和从业人员服务质量、旅游公共服务水平等在内的整体旅游服务质量水平不断提高,促进旅游环境更加和谐,游客满意度稳步提升,为加快旅游产业转型升级、实现世界旅游强国的宏伟目标奠定良好基础。2013年,国家旅游局又进一步发布《旅游质量发展纲要(2013—2020 年)》,提出"到 2020 年,全面实现旅游服务的标准化、规范化和品牌化,旅游诚信体系更加完善,形成一批国家级旅游服务质量标杆单位,游客满意度得到明显提升,旅游服务质量水平达到或接近国际先进水平。"2019 年,文化和旅游部发布《关于实施旅游服务质量提升计划的指导意见》,指出"旅游服务成为中国服务的重要代表",要针对旅游市场中存在的虚假宣传、强迫消费、安全卫生等突出问题,进一步提高旅游管理服务水平,提升旅游品质,推动旅游业高质量发展。2021 年,文化和旅游部又发布《关于加强旅游服务质量监管　提升旅游服务质量的指导意见》进一步明确了服务质量的地位,指出"旅游服务质量是旅游业作为现代服务业的内在属性,是企业的核心竞争力,是衡量行业发展水平的重要指标。加强旅游服务质量监管、提升旅游服务质量是推进旅游业供给侧结构性改革的主要载体,是旅游业现代治理体系和治理能力建设的重要内容,是促进旅游消费升级、满足人民群众多层次旅游消费需求的有效举措,是推动旅游业高质量发展的重要抓手",并从旅游服务质量监管的角度,提出提升旅游服务质量的具体意见。

1.4 旅游服务质量研究框架

1. 旅游服务质量的研究对象

广义旅游业是包含观赏娱乐、餐饮住宿、交通通信、旅行社、旅游购物等各子要素在内的综合性产业。[①] 因此,对旅游服务质量的研究,既有对各子要素的研究,也有对整个旅游业的综合性分析。图1.4勾画了旅游服务质量的主要研究对象,包括"食住行游购娱"等各种子要素的服务质量以及旅游目的地提供的综合服务质量。

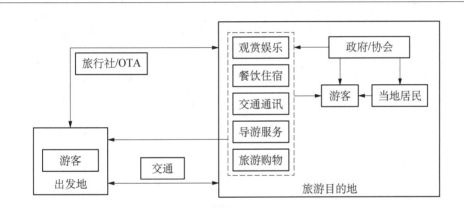

图1.4

旅游服务质量
研究的对象

（1）子要素研究

子要素研究是指对旅游服务中涉及的观赏娱乐、餐饮住宿、交通通讯等各要素服务质量的研究。这既有对安排整个旅游服务的旅行社服务质量的研究,也有对旅游目的地酒店、餐饮、景区等服务质量的研究,还有对影响目的地旅游服务质量的当地政府、居民以及旅游者本身的研究。从目前的研究现状看,子要素研究主要集中于酒店、景区、旅行社和导游4大领域。总体看,学者们虽然已经关注到各个子要素,但对旅游公共服务、旅游购物、目的地居民等旅游服务质量问题进行的深入专门性研究相对较少。

在子要素研究中,既有对旅游企业的服务质量研究,又有对某一旅游行业(如酒店业、航空业)的服务质量研究。行业作为企业的集合,对旅游服务质量的研究有助于旅游企业了解自身服务质量在整个行业中的水平,了解行业服务质量发展趋势,从而为提升服务质量提供参考。更重要的是行业研究能够为行业监管者(主要是政府和行业协会)提供行业服务质量的信息,了解行业在服务质量方面的现状和主要问题,为政策制订

---

① 谢彦君.基础旅游学[M].北京:中国旅游出版社,2004:136—139.

提供决策依据。因此,旅游服务质量的行业研究对于促进旅游业的健康发展非常重要。

（2）旅游目的地研究

旅游目的地服务质量是旅游服务质量研究的重要对象之一,主要是研究在目的地区域内各要素共同作用下的综合服务质量。由于目的地涉及要素众多,对它的研究与旅游企业相比,更加复杂。目的地除了需要考虑酒店、餐饮、景点、游乐园等旅游设施的服务质量之外,还需要考虑公共交通、公共安全、邮电通讯、供电供水等公共服务内容,甚至还需要考虑到当地居民对游客的态度等各种问题。旅游目的地服务质量研究的目的是提升服务质量,树立目的地形象,提高吸引力和竞争力。目前,对目的地旅游服务质量的研究大多集中于游客对服务质量的评价,而且多数是以游客满意度来反映质量水平。在评价时,学者主要是从宾馆、交通、娱乐、餐饮、购物、邮电通讯和导游服务等几方面来评价质量,在此基础上再考虑城市环境、社会治安以及当地居民等因素对于目的地服务质量的影响。

图1.5从游客游程的角度阐明了旅游服务质量的主要研究对象。游客游程包括了从出发地到目的地再回到出发地的整个过程,涉及各个旅游组织,不仅包括旅游消费阶段,还涉及购前阶段、购买阶段和售后阶段。但目前的研究主要集中在旅游目的地范围内的服务质量,或是旅游消费过程的服务质量,而忽视了对购前、购买和售后服务质量的研究。游客在购买某项旅游服务之前,既可能与旅行社发生服务接触,也可能通过网站、电话等与目的地旅游组织产生联系。出发地的购前服务质量会直接影响游客的消费决策,而售后质量也会影响到其再次消费。因此,在研究旅游企业、行业以及目的地的时候,我们需要关注游客的整个游程。做好旅游服务质量是一个系统工程,高质量的旅游服务不但需要各方的协同发展,而且需要全过程的努力。

2. 旅游服务质量的研究内容

旅游服务质量研究的根本目的是通过各种服务管理措施,提升服务质量水平,实现高游客满意度和忠诚度。旅游服务质量的研究内容从这个根本目的出发,简单来讲,可以主要归纳为三个问题:哪些因素影响服务质量? 如何评价服务质量? 如何提升服务质量? 如图1.5所示。

图 1.5

旅游服务质量
研究的主要内容

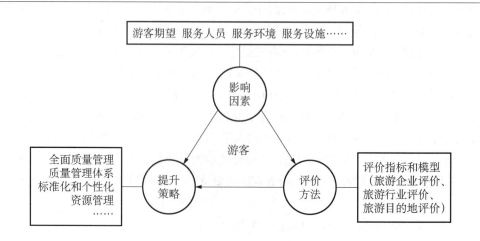

（1）影响因素

影响旅游服务质量的因素多而复杂，既有旅游企业层面，也有游客层面。企业层面，如服务人员、服务环境、服务过程等都会影响旅游服务质量。游客层面，游客期望、情绪等也会影响他们对于旅游服务质量的感知。在当前研究中，一般在考虑构建整个旅游服务质量体系时才会对各类影响因素进行综合研究，方法上多采用因子分析法和文献研究法。在具体影响因素上，当前越来越多的研究是着眼于某一细微处对旅游服务质量的影响。比如学者们对员工心理授权、移情性、公仆性领导、服务氛围、情感性劳动和员工敬业度等因素对旅游服务质量的影响展开了深入研究，方法上多是建立各类回归模型。

（2）评价方法

评价方法一直是旅游服务质量研究的热点内容之一。方法的研究主要包括两个方面，一是评价指标体系的确立，二是模型的选择。为了保证评价的准确性和可靠性，评价指标确立时就需要全面考虑各类影响因素。比如著名的 SERVQUAL 方法从有形性、可靠性、响应性、保证性和移情性五个方面来综合评价服务质量，而在评价旅游目的地服务质量时一般围绕食、住、行、游、购、娱六要素来构建评价体系。确立这些指标时多以文献研究法为基础，再配合焦点小组、深度访谈等方法，或是利用因子分析法实现指标降维。评价模型上则是有 SERVQUAL、SERVPERF、加权 SERVQUAL、IPA、顾客满意度、模糊综合评价法等各种评价模型可供选择。从具体的评价对象看，现有研究既有对旅游企业和行业的服务质量进行评价，也有对旅游目的地的服务质量进行评价。

（3）提升策略

有关提升策略的研究主要是围绕两方面进行。一是对一些基本质量管理思想展开讨论，如全面质量管理、ISO 9001 质量管理体系、标准化和个性化等。这些研究绝大多数都是属于定性研究。二是基于影响因素和评价方法的结论展开讨论，尤其是从旅游服务质量评价中发现存在的问题，并提出相应的建议对策。

当然，除了这些研究外，旅游服务质量研究的另外一个层面就是讨论旅游服务质量与其他因素的关系，比如服务质量与消费价值、顾客满意、顾客忠诚以及行为意向之间的关系。方法上可以采用回归分析，如果变量较多，而且关系复杂时，可以考虑采用结构方程模型。

3. 旅游服务质量的研究方法

（1）定性研究

定性研究是对研究对象的"质"进行分析。以访谈资料、观察资料、文献资料、视听资料等既定资料为基础，通过归纳和演绎、分析和综合、抽象和概括等方法描述和阐释所研究的事物。定性研究通常都是采用描述性的语言进行结果分析，具有较强的思辨色彩。在复杂的系统中，定性分析可能比定量分析更能获得有益的思想。在定性研究中，分析结果容易受到研究者的个人背景、个人价值观、与被研究者的关系等影响。在早期的旅游服务质量研究中，定性研究是主流。研究者从旅游服务质量的现象出发，归纳出主要的影响因素，探讨具体的服务质量提升策略。当前研究中，学者们主要是以扎根理论从资料分析中发展概念和建构理论,或是以文本分析法挖掘、归纳和分析文本内容及其背后的意义。

(2) 定量研究

定量研究是与定性研究相对应的研究方法,也叫量化研究,是借用数据对研究对象的性质、特征、变量之间的关系进行分析的方法。随着数量统计方法的发展和普及,定量研究成为社会研究领域的重要研究方法,"数据阐释事实,凭数据说话"成为众多研究者的研究信条。定量研究包括基本的描述性统计、相关和回归分析、聚类分析、因子分析等多种统计分析方法。研究者在对旅游服务质量评价、游客满意度评价、旅游服务质量要素分析、旅游服务质量与游客满意度、忠诚度、游客价值等的关系研究中都广泛采用各种定量研究法。STATA、R、SPSS、SAS、MATLAB、AMOS 等统计软件的推出为进行定量研究提供了极大的便利。克雷斯威尔认为定量研究是以实证主义知识观来建构知识,通过详述其精确的假设和数据收集过程来检测理论的。在定量分析中往往要进行实验设计。然而"模型不论怎么精巧,总是难以穷尽现实经济生活中的变量,因此也总是不能成为精确的预测工具"。在实际研究中,定量研究和定性研究通常都紧密结合在一起,比如,以定性研究建构指标体系,以定量研究进行测评分析。

4. 我国旅游服务质量的研究阶段

我国旅游服务质量的研究始于 20 世纪 80 年代初,经过近四十年的发展,研究已经越来越多样化和精细化。总体上看,根据研究的内容和方法旅游服务质量研究可以划分为三大主要阶段:

(1) 第一阶段:早期探索阶段(1980—1994 年)

这一时期的旅游服务质量研究还处于早期认识和探索阶段,大部分研究都属于问题和对策分析,研究的重心在饭店业。改革开放初,针对当时我国旅游设施陈旧、清洁卫生和服务态度差等服务质量问题,学者们纷纷提出了各类对策建议。旅游设施随着酒店的新建和改造得到不断的改善,但酒店服务人员待客态度冷淡、不讲礼貌的问题却一直未得到根本改变,因此礼貌礼仪和微笑服务成为当时研究的一大热点。

在基础理论研究方面,邹益民率先探讨了旅游服务质量的内涵。在应用研究领域,除了提出逐条对策外,学者们开始介绍和讨论质量体系和标准化、全面质量管理和数理统计方法等更为系统和科学的方法来管理旅游服务质量。这时期的研究主要以定性分析为主,来自辽宁省商业专科学校的谢彦君、单伟和佟吉富等人率先采用定量分析来研究服务质量。

(2) 第二阶段:旅游服务标准化研究和服务质量深入认识阶段(1995—2003 年)

随着旅游业的快速发展,这一时期旅游服务质量引起了越来越多的学者关注,而研究内容开始集中于旅游服务标准化研究,以及对服务质量的深化认识问题上。

我国早在 20 世纪 80 年代中期就已经开始旅游服务标准化工作,1988 年推出第一项旅游服务标准《中华人民共和国评定旅游(涉外)饭店星级的规定》。1993 年国家旅游局提出将标准化作为一项重要的行业管理目标,1995 年成立全国旅游标准化技术委员会开始负责我国旅游标准的研究、制定等工作。自此,我国旅游服务标准化工作正式全面展开。截至 2003 年,该委员会共推出了 16 项国家标准和行业标准,为进一步规范旅游业的服务和规范提供了依据。而在旅游服务标准化研究方面,主要包括标准化的意义,标准化的现状、问题和制订,ISO 9004—2 服务指南与旅游服务标准化,以及企业服务标准化。

除了大规模的旅游服务标准化讨论之外,这一阶段,关于旅游服务质量的相关理论研究无论是在深度还是广度上都有很大的进展,涉及服务质量承诺、服务等待、服务公平、服务质量信息系统等各类问题,既有从一般的管理学出发,也有从社会心理学角度和跨文化角度出发进行的深入研究。之前服务质量较多的是考虑服务人员的素质,这时开始研究文化差异、公平性、内部营销和内部服务质量、顾客期望等其他因素对服务质量的影响。

这一阶段对服务质量现状的研究相对比较有限,实证分析较少,研究方法上仍然以定性分析为主,仅有少数专家学者从定量角度分析,如中山大学汪纯孝团队通过数学建模对顾客进行实证研究。

(3) 第三阶段:旅游者服务质量评价研究阶段(2004 年至今)

2004 年,《旅游学刊》从第 5 期开始连续三期展开关于旅游服务质量的大讨论,主要是讨论当时存在旅游服务质量低下尤其是导游服务中的"零负团费"等问题。此后,旅游服务质量的研究开始大幅度增加,尤其是 2009 年国家旅游局提出《旅游服务质量行动纲要(2009—2015)》后,相关研究的数量远超以前。旅游服务质量的研究已经成为旅游研究领域的热点和重点之一。

与以前的研究相比,这一阶段研究的主流是旅游者对服务质量的评价研究。在 21世纪初就陆续有文章开始讨论旅游服务质量的评价,直到 2005 年前后出现了大量关于这方面的研究成果。学者们采用各种方法从各个方面对旅游业服务质量进行了评价。评价路径主要有两条,一是直接对服务质量的评价,二是通过顾客满意度反映服务质量。

在研究方法上,定量研究已经成为此阶段最主要的方法之一。根据不完全统计,这阶段近四分之三的论文是通过问卷调查获取数据,通过数学模型进行实证研究。

5. 与国外比较

纵观国内近四十年的服务质量研究,成果显著,研究主题从具体的策略向影响因素分析、评价分析和关系研究转移,研究方法从定性研究向定性和定量相结合并以定量研究为主转移。但与国外旅游服务质量研究的进程相比,我国在该领域还存在以下有待进一步研究的问题。

第一,相关研究起步较早,但发展较缓。通过对 JSTOR、ELSEVIER 和 EBSCO 三大数据库检索发现,国外对旅游服务质量的专门研究始于 20 世纪 80 年代初。早在1981 年,来自加拿大萨斯卡川大学商学院的博伊德(Boyd)和美国波士顿学院的安德森(Anderson)和克劳斯(Kraus)就分别针对汽车旅行和航空旅行采用定量方法讨论服务质量与需求的关系。从 20 世纪 90 年代开始,以 1991 年菲克(Fick)和里奇(Ritchie)讨论旅游业服务质量评价方法为标志,开始出现大量的旅游服务质量研究。因此,在研究进程上,我国旅游服务质量研究的起步并不晚,但大规模的研究却比国外晚了近 15 年的时间。而在研究内容上,从 20 世纪 90 年代起国外就已经开始了大量的旅游服务质量评价研究。相比较而言,我国在这方面的研究主要是从 21 世纪以后才慢慢开始,这也比国外晚了 10 年左右的时间。

第二,国外的研究对象和研究方法更为多样化。首先,从研究对象上看,国外相关研究主要是针对酒店、航空、旅行社和景区,也涉及餐厅、节事、旅游网站等内容,亦呈现出与国内研究相一致的"百花齐放、有所偏重"的格局。但值得重视的是,国外已经开始注意到对旅游者整个游程体验质量的评价,如哈德森(Hudson)等在评价旅游者度假质量时,就认为需要考虑在客源地发放的宣传册的质量。其次,从研究方法的采用上看,中外学者都采用了包括定性研究和定量研究在内的各类方法,其中定量研究和实证研究是旅游服务质量研究的主要趋势。但国外学者更热衷于进行比较研究,包括对不同模型应用的比较,如哈德森等对 SERVQUAL、SERVPERF、加权 SERVQUAL 和 IPA 四种方法在旅游运营部门的应用进行了比较评价。对旅游服务质量的比较,如弗罗克特和休斯(Frochot & Hughes)基于 HISTOQUAL 评价方法比较评价了英格兰和苏格兰三个历史遗迹的服务质量。曼纽尔(Manuel)等采用模糊综合评价法比较了大加纳利岛三家酒店的服务质量。比较研究更容易确定彼此优劣,从而为进一步决策提供方向。

思考题

1. 你觉得旅游业的范围应该有多大?

2. 什么是旅游服务?

3. 旅游服务具有哪些特征?

4. 你觉得旅游服务与其他服务有何区别?

5. 旅游服务的特征会给旅游服务质量管理带来哪些挑战?

6. 旅游服务有哪些服务提供者?随着新业态的出现,你觉得旅游服务还会出现其他服务者吗?

7. 谈谈我国旅游业发展的基本历程。

8. 翻阅一下过去一年发表在顶级旅游期刊上的文章,看看当前旅游的主要研究热点。

本章导读

　　对质量概念的理解是实施质量管理方法的基础,不同的定义往往引申出不同的质量管理方法。主流的质量概念都是以制造业为基础,其中流行的理解主要有两种,分别是"符合性质量"和"适用性质量"。这两种观点从企业和顾客两种立场对质量进行了定义。服务质量一般都是借鉴制造业中的质量概念。但是对旅游服务业而言,由于旅游服务质量的主观性,基于游客的角度进行质量的研究是一种比较有效的方法。本章基于游客的角度,从需求、期望和顾客价值三方面定义了旅游服务质量。随后,本章分析了旅游服务质量的特征以及提升旅游服务质量的作用,并进一步分析了旅游服务质量的构成要素和影响要素。最后本章试图建立旅游服务质量体系的整体框架。

　　通过本章学习,应该掌握旅游服务质量的基本概念、旅游服务质量的特征、构成要素和影响要素,掌握提升旅游服务质量的重要作用,了解旅游服务质量体系的基本框架。

2.1　质量和旅游服务质量

1. 质量的概念

随着收入的增加,人们不再只是局限于最基本的物质和精神需要,而是越来越多开始关注生活的品质。这种高生活品质不仅体现在社会对于新产品的追求,更体现在对于产品和服务质量的重视。与此同时,政府及行业不断颁布的各类质量法规和标准,包括《消费者权益保护法》,也反映了社会经济发展的这一质量趋势。

对质量概念的理解,比较流行的有两种观点,一种是"符合性质量",一种是"适用性质量"。

(1) 符合性质量

符合性质量的典型代表人物是克劳士比(Philip B. Crosby),他认为质量就是符合要求(Conformance to Requirements)。要求或规范往往属于技术层面,包括了产品的尺寸、硬度、强度、色彩等各方面的技术指标。这些指标通常都可以采用科学的方法进行测评和控制,企业判断产品质量方法往往就是检测。因此,规范或要求就成为衡量产品合格与否的依据。只有产品达到了所有的规范或要求,才是属于合格的产品。

符合性质量是从企业自身层面对质量作出的判断,因为所有的规范或要求,都是企业根据实际的需要制订的。但是,由于企业不同,所以即使对同一产品也会存在不一样的规范或要求,有些先进,有些落后;而且随着市场的变化,技术的发展,竞争的加剧,原来先进的规范也会慢慢过时,因此不能片面地理解符合要求就是高质量的产品。要求和规范的制订必须能够与时俱进。而且值得注意的是,顾客对产品具有不同的要求,同一标准或要求,未必具有普遍的适用性。

(2) 适用性质量

任何组织的基本任务就是提供能满足用户要求的产品,"产品"包括货物和劳务。这样的产品既能给生产该产品的组织带来收益,又不会对社会造成损害。满足用户要求的这一基本任务,给我们提供了质量的基本定义:质量就是适用性。

——朱兰(Joseph M. Juran)

适用性质量的典型代表人物是朱兰(Joseph M. Juran),他认为质量应该是具有适用性(Fitness for Use)的。适用性的基础是顾客需求,而非符合性质量所提出的企业要求或规范。朱兰博士明确提出,所谓适用性是指"使产品在使用期间能满足使用者的需求"。企业所制订的产品要求或规范对于顾客意义并不大,而且事实上顾客也很难理解各种技术术语以及相应的要求,顾客只关心产品是否适用。适用性质量是从顾客层面对质量作出的判断,它与现代市场营销理念中提出的以市场为基础、以顾客为中心的观点相一致。

虽然如此,事实上朱兰也提到除了小部分员工,绝大部分员工和主管不可能了解顾客的需求,他们只能按照既定的要求和规范进行相应操作。符合性质量和适用性质量可以很好地达成一致,企业必须有专人充分调研顾客需求,然后再将顾客需求转化为一定的要求或规范,员工严格按照这些要求或规范进行操作,最终由顾客对产品作出满意度的测评,以此作为下一轮要求或规范的改进依据。符合性质量和适用性质量从两个不同角度对质量进行探讨,最终却殊途同归。

除了这两种主要的质量观点外,ISO组织也对质量作出了相应的定义。ISO 9000:2015《质量管理体系 基础和术语》认为质量是"客体的一组固有特性满足要求的程度"。固有特性是指某事或某物中本来就有的,尤其是那种永久特性。固有特性与赋予特性相对,包括了产品的物理特性、感官特性、服务的行为特性等等。对质量可以以"差、好或优秀"来修饰。ISO关于满足要求的程度事实上是对符合性质量和适用性质量的综合,它指产品的质量必须要能够满足企业、顾客、员工、供方、政府、社会等各类团体明示的、隐含的或必须履行的需求或期望。ISO对于质量的定义更为广泛,其质量的基础是企业内外部所有相关方的需求。

2. 旅游服务质量的概念

戴维·加文(David Garvin)将众多的质量定义归纳为5种类型,包括出色(Transcendent)、基于产品(Product-based)、基于使用者(User-based)、基于生产(Manufacturing-based)和基于价值(Value-based)。克里斯廷·威廉姆斯(Christine Williams)和约翰·巴斯韦尔(John Buswell)认为以基于使用者和基于价值的方法来研究旅游服务质量是一种较为有效的方法。[①] 事实上基于价值的方法也是从使用者的角度出发对质量进行定义,因为这个价值就是顾客价值。本书认为可以从以下几个方面进行旅游服务质量概念的探讨。

(1) 基于需求的方法

现代质量管理以顾客为中心,适用性质量和ISO 9000质量定义都反映了顾客需求的重要性。旅游服务的主体是旅游组织,客体为游客,旅游组织要想赢得游客满意,就必须充分考虑、理解并满足游客需求。旅游服务质量是旅游组织满足游客需求的程度。

旅游组织首先必须确定服务对象,明确游客的需求,然而将其需求转化为旅游服务质量特性。旅游服务质量通过质量特性表现出来。一般而言,旅游服务质量包括了安全性、功能性、愉悦性、时间性和文明性等质量特性。

① 安全性

保障游客的生命财产安全,这是对旅游服务质量最基本的要求。安全性包括道路交通安全、酒店住宿安全、饭店餐饮安全、景区游乐安全等内容。其中,道路交通安全应该成为旅游组织关注的重点,因为近年来我国旅游突发事件中绝大部分都是属于交通事故。随着旅游安全事故的不断发生,原来属于游客隐含需求的安全性要求日益成为人们关注的焦点,尤其是对探险旅游、出境旅游等服务,安全问题更是成为重中之重。

---

① Christine Williams, John Buswell. 旅游与休闲业服务质量管理[M]. 天津:南开大学出版社,2004.

旅游活动成为中国公民海外安全的最大"杀手"之一

2017 年,中国公民在日本遇害、在美国失联并疑似被害等恶性刑事案件引发社会广泛关注。近年来,越来越多中国公民到国外旅游、留学、务工,但海外安全事件频发,仅 2017 年外交部和中国驻外使领馆处理的领事保护与协助案件就达 7 万起,其中,涉及我国人员死亡的案件超过 500 起,全年在海外意外身亡的中国公民高达 695 人。从涉及我人员死亡的案件类型看,除疾病外,旅游活动、交通安全、社会治安、工伤事故是造成中国公民海外意外身亡的四大"杀手"。

就旅游而言,2017 年,各类旅游活动安全事故导致 182 名中国公民意外身亡,是中国公民海外出行最大杀手。事发地集中在中国游客较为集中的东南亚国家。马来西亚沙巴州大年初一发生沉船的事件,造成 4 名中国游客遇难,4 人失踪。全年在马来西亚我国公民因旅游活动意外身亡的数字达 14 人。去年在泰国参加旅游项目身亡的中国游客达到 64 人之多,仅在泰国南部溺水身亡的中国游客就有 47 人。越南、印尼、美国等国家相关数字也都在 10 人以上。

发生上述问题的原因是多方面的。随着生活水平的提高,中国公民出境游人数异常火爆。据国家旅游局统计,2017 年出境游市场达 1.27 亿人次。但出境游毕竟是新生事物,中国公民与西方国家相比仍是"新手",国际旅行常识储备不足,自身安全防范意识不足,缺乏自我保护能力,是涉及我人员安全事件多发的主观原因。

例如,有的游客未经必要培训就参加浮潜、水上摩托、热气球、丛林飞跃等危险项目,越南芽庄的海上滑翔伞项目就曾发生过游客摔死的情况。

有的游客不遵守当地安全规定,不听从专业人员指导,在海边或酒店泳池等自以为出不了事的区域单独游泳,或者盲目前往危险区域潜水、爬山,导致伤亡事件时有发生。

有的游客不顾自身身体状况参加涉水项目,特别是年龄偏大,有高血压或心脏病的游客,抵达当天即下水游玩,饱餐、疲劳状态下非常容易引发心脑血管疾病,引发不测事件。

客观原因也不可忽视。从当地情况看,一些国家旅游区域安全软硬件设施不足,没有中文安全提醒标识,缺乏专业教练、救生人员、救护设施。一些旅行社或项目公司经营管理松懈,安全管理不到位,各类设备陈旧老化。马来西亚沙巴州沉船事件的涉事船公司就存在违规运营情况。驻清迈总领馆也曾接报两起中国游客因设备问题在丛林飞跃项目伤亡的案件。出国旅游本来是一件高兴的事儿,千万不要因为大意、图便宜、图一时痛快,导致不幸事件发生。建议大家:

一是在国外注意遵守当地安全提示,选择安全区域并结伴而行,勿在立有禁止游泳标示地段下海。遇有大风浪等恶劣天气时请远离危险地带,避免发生意外。

二是专业性强的项目必须在专业人士指导下进行,并严格按照有关安全要求做好防护措施。患有心脏病、高血压等慢性疾病者最好不要参加太刺激的项目。

三是选择资质好的旅游公司出游,注意掌握一些安全基本常识。如发现相关公司经营方式不规范,应尽量拒绝参加。

资料来源:《中国公民海外安全四大"杀手"》(中国领事服务网)

② 功能性

功能性是指旅游组织有没有帮助游客解决问题。航空公司的功能性是指是否将游客安全送抵旅游目的地,酒店的功能性是指是否为游客提供了舒适的客房。游客选择旅游组织的根本目的在于其功能性,这是旅游服务质量特性中的根本特性。功能性要求的满足一方面取决于旅游组织的服务项目,例如并不是所有的酒店都提供康乐服务,旅行社也并非会提供所有的旅游路线。这由旅游组织本身的战略和市场定位等决定。另一方面功能性要求的满足取决于旅游组织的服务能力。旅游组织是否有能力平衡供需关系,服务人员是否有能力解决顾客的问题。

③ 愉悦性

按照谢彦君对旅游的解释,旅游是"个人前往异地寻求愉悦为主要目的而度过的一种具有社会、休闲和消费属性的短暂经历"。[①] 它的本质是"一种主要以获得心理快感为目的的审美过程和自娱过程"。[②] 人能体会的快感包括生理快感和心理快感两类,但旅游主要追求的是心理快感、内心愉悦。愉悦性是游客参加旅游服务的最终目标,作为高质量的旅游服务,应该能够使旅游者精神放松、心情舒畅,令其留下难以忘怀的印象。丧失了愉悦性,也就丧失了旅游服务的本质。

④ 时间性

时间性是指旅游组织在提供旅游服务时需要有时间概念,它包括及时、准时、省时三个方面的内容。及时是指当游客遇到问题时,服务人员能够及时准确地提供服务,避免游客长时间的等待。比如服务人员应该在电话铃响 10 秒内接听电话,否则就会让顾客失去耐心,甚至使顾客放弃服务,这就是反映了及时性的要求。准时是指旅游组织能够按照事先约定的时间准时地为游客提供服务,如无特殊情况,不能随意推迟服务或提早结束服务。省时是指旅游组织在提供服务时应该提高工作效率,避免服务时间较长引起游客焦虑以及其他游客的等待。比如现代酒店大多提供网上预订服务,这就节约了入住服务的时间。旅游组织可以从三方面提升服务效率,一是可以尽量简化和重新设计服务工作程序,二是可以通过技术手段,三是可以通过对服务人员的培训提高其技能。

⑤ 文明性

旅游服务本身体现的是人与人之间的交往,尤其是导游服务,更是持续几天的长时间交往。这就需要旅游组织创造一个和谐文明的旅游服务环境。这个服务环境由服务人员和游客两部分构成。文明性一方面体现在服务人员应该具有良好的修养礼貌和道德水准,能够彬彬有礼、落落大方地微笑着为游客提供服务,服务人员与游客之间应该相互体谅;另一方面体现在游客之间也应该有良好交往的氛围,尤其是旅游团队成员之间,这也需要服务人员的沟通和协调。文明性既是体现了社会主义创造和谐社会的要求,也是为了通过温馨和谐的服务环境,提升服务质量,打造旅游企业竞争力。

---

① 谢彦君.基础旅游学.北京:中国旅游出版社,2005:73.

② 同上,57.

（2）基于期望的方法

克里斯廷·格罗鲁斯（Christian Grönroos）将顾客期望引入服务质量，提出了顾客感知服务质量的概念，并建立了总体感知服务质量模型（见图 2.1）。同样，从游客期望的角度，旅游服务质量可以被定义为旅游感知服务质量。旅游服务质量很大程度上是游客对旅游企业服务质量的主观感受，其高低取决于游客的期望和实际的服务表现。每一个游客在选择产品或服务之前，都会有某种期待，这就形成了最初的游客期望。游客会将他的期望与他实际接受的旅游服务进行比较。当旅游组织实际的服务表现高于其期望，就会给游客带来惊喜，他就会非常满意。如果与他的期望一致，他就会觉得满意。如果未能达到游客的期望，他就会觉得失望。从期望的角度来理解服务质量已经成为现代服务质量研究的主流。

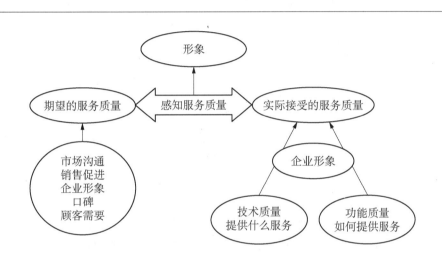

图 2.1

总体感知服务
质量模型①

美国市场营销学家帕拉索拉曼（A. Parasuraman）、齐塞尔（Valarie. A. Zeithaml）和贝利（L. Berry）提出可以从五个质量维度来研究顾客对服务质量的感知，即有形性、可靠性、响应性、保证性和移情性。在游客对服务质量感知中，这五大因素同样适用。

① 有形性

有形性是指旅游组织的设施、设备、有形的环境以及人员的外表。作为设施设备应该是安全可靠的、先进的，服务环境应该是干净整洁明丽的，人员也应是穿着整洁、仪表堂堂，这些都是旅游组织高服务质量的一种外部体现。由于服务质量具有无形性，游客可以通过有形的展示对旅游服务质量作出初步判断。有形性可以被认为是旅游服务质量最直接最简单的展示手段。

② 可靠性

可靠性是指旅游组织能够准确地、可靠地履行服务承诺的能力。可靠性意味着旅游组织首先要有能力帮助游客解决问题，满足游客的需求。但同时组织所提供的服务应该能够以相同的方式、无差错地准时完成，在服务过程中尽量避免差错，也尽量避免

① 克里斯廷·格罗鲁斯. 服务管理与营销：服务竞争中的顾客管理［M］. 北京：电子工业出版社,2009：56.

由于不同服务人员或不同服务时间所产生的服务质量非一致性。可靠性是旅游组织服务的根本,如果没有可靠性的服务,就是失败的服务。

③ 响应性

响应性是指旅游组织能否对游客提出的问题迅速做出回应并有效地提供解决方案。当游客需要服务人员提供帮助,或者当服务出现问题的时候,服务人员的迅速响应无疑会对提高服务质量有积极的影响。让游客漫长地等待会导致游客焦虑,对服务丧失信心,引起游客不满,游客可能会选择离开或投诉。所以,在进行服务提供的时候,尽量避免让游客无谓等待。

④ 保证性

保证性是指旅游组织的服务人员在接待游客时所表现出来的自信和可信的知识、礼节等能力。它能够增强游客对于服务质量的信心和安全感。在面对游客的时候,如果服务人员能够落落大方、笑容可掬,表现出渊博的知识,游客就会产生好感,愿意进一步接受服务的可能性就会增大。相比实物产品,旅游服务消费具有较大的风险性,保证性能够降低游客对风险的评价。

⑤ 移情性

移情性意味着旅游组织的服务人员应该具有人情味,能够设身处地地为游客着想。移情性要求服务人员能够发现游客的需求,并尽量满足。移情性增加了服务更多的情感化、个性化的内容,但这在一定程度上就需要服务更具有灵活性。如果没有充分的员工授权以及有效的员工激励,员工并不会表现出足够的动力去提供移情性的服务。

(3) 基于价值的方法

服务质量是顾客的一种感知,这种感知既可能与期望有关,也可能与顾客成本发生联系。顾客总是希望买到物超所值的东西,因此当顾客进行服务消费时,就会不自觉地将感知的所得与花费的成本进行比较,这就形成了顾客的价值。顾客价值是顾客对通过购买服务所获得的总收益和为此花费的总成本之间进行的综合评价。具体用公式表示:

$$顾客价值 = 总收益 / 总成本$$

如果顾客价值大于1,即顾客所获得的总收益大于其花费的成本,顾客感觉物超所值,产生顾客满意。如果顾客价值小于1,即顾客所获得的总收益小于其花费的成本,顾客就会感觉吃亏,心生不满。顾客价值还可以用另一公式表示:

$$顾客价值 = 总收益 - 总成本$$

顾客价值大于0,则表示顾客感受到价值,产生顾客满意,顾客价值小于0,可能就会导致顾客不满。由此,顾客价值就成为评判服务质量的重要依据。顾客依据花费的成本对质量进行权衡,如果成本较高,则会提出更高的质量要求;相反,如果成本较低,顾客也会降低质量的标准。以价值为出发点,旅游服务质量就是游客对旅游消费所获得的收益与所花费的成本进行综合比较后所得到的价值感知。对于旅游组织而言,提高服务质量,意味着需要不断地为游客创造更大的价值。由于游客都是最大价值追求者,也就是通过最低的成本获得最大收益,因此需要旅游组织以合理的价格水平提供最优的服务。

①　总收益。

总收益是游客通过消费旅游服务所获得的总的价值。旅游服务质量中的各个组成部分包括服务人员外表礼仪、设施设备、服务环境、服务项目等都是为游客带来收益的源泉。总收益具有主观色彩，往往与游客的经验见识有关。对一个第一次享受某旅游项目的人而言，他所获得的总收益无疑要比重复消费的游客来得更高。此外，即使是同一旅游项目，对站在同一起跑线上的不同游客来讲，每个人所关心的质量内容也不尽相同，有的人可能更关注服务环境，而有的人可能更关注服务人员，由此对总收益的感知也会有差异。

②　总成本。

"性价比"是一个与顾客价值类似的概念，但总成本并不仅仅指价格，它包括了货币成本、时间成本、体力成本、精神成本、感官成本。[①]

货币成本：货币成本是游客消费旅游服务所实际支付的价格，它是总成本的主要组成部分。尤其是对价格比较敏感的游客最关心的成本就是货币成本。货币成本与旅游组织服务提供的成本和利润有关，组织应该尽可能地在维持利润、保证质量的情况下降低成本来控制服务的价格。

时间成本：游客愿意花费时间进行旅游享受，但并不愿意将时间浪费在长时间的搜索、购买上或是无聊的服务等待上。时间有其机会成本，理性的游客希望最大化地发挥时间的价值。因此，旅游组织应该尽可能地为顾客节省时间，提供便捷快速的旅游服务。

体力成本：体力成本是指游客购买和消费旅游服务过程中所造成的体力消耗，比如游客前往旅行社门市购买旅游产品时所花费在路上的体力，入住酒店时将行李拖运至房间所花费的体力等等。

精神成本：克里斯托弗·洛夫劳克（Christopher Lovelock）认为顾客购买服务还存在精神成本。精神成本主要是针对第一次消费的顾客而言。游客第一次尝试某些旅游项目，第一次进行网上预订，或第一次尝试自助服务所表现出来的那种焦虑和不知所措就是属于精神成本的范畴。因此，旅游组织在提供旅游服务时应该尽量让游客保持放松状态，降低精神成本。当游客进行第一次消费时，服务人员应该耐心友善地进行指导，或者提供相应的指导说明。

感官成本：精神成本属于心理范畴，体力成本属于生理范畴，但游客生理上承担的成本除了体力成本外，还有感官成本。感官成本是由于服务环境的问题而导致游客身体的不适。比如服务环境中温度太低或太高，光线太暗或太强，噪声或气味的刺激等等。

值得注意的是，很多研究都认为顾客价值和服务质量是两个不同的概念。但是我们认为虽然顾客价值并不能解释服务质量的全貌，但从顾客价值的角度来理解服务质量有助于我们去关注顾客在服务质量中最关心的问题。旅游组织提升服务质量的过程，事实上就是为顾客创造价值的过程。组织需要站在游客的角度去感知组织所提供的总收益及游客担负的总成本，可以采用成本的控制、服务的创新、技术的应用等多种

---

①　马克·戴维斯，贾内尔·海内克.服务管理——利用技术创造价值[M].北京：人民邮电出版社，2006：10.

方式为游客创造价值。比如旅行社可以通过网络预订和支付降低旅游者的总成本,从而创造顾客价值。

真功夫的顾客价值理念

真功夫始创于 1994 年,原名"168"蒸品店,后来改名双种子,2004 年正式以"真功夫"的名字亮相。真功夫全球华人餐饮连锁目前是中国规模最大、发展速度最快的中式快餐连锁店之一。

在经济危机时代,当麦当劳打出"价格低于十年前"的宣传口号时,真功夫创始人蔡达标清醒地认识到:"针对同行的促销降价活动,真功夫不会去调整自己的价格,但会有战术上的应对。"比如,为应对经济不景气,真功夫在广州等地推出了"一起牛"的套餐优惠,紧接着又环环相扣地推出了"我跟你拼了"的创意促销活动,再接下来是"上班吃饭这点事""美食溯源"和"时令滋选"活动。

真功夫的营销总监张帆认为,真功夫不会考虑降价,更不会打价格战。顾客根据价值来进行购买,而价值等同于相对于价格而言,顾客所享受到的服务。只要遵循这个公式,真功夫就有把握将自己打造成中式快餐的第一品牌。

"即使是经济危机下,现在的消费者的消费心理也不同以往,吃快餐时享受到的服务、快餐口味的一致性、品牌本身的亲和力都将是影响到顾客选择的重要因素。"张帆说,在遵循基本的价值规律以外,真功夫面对危机,更多的是采取提高产品价值和品牌形象的策略,而非单纯的打"价格战"。真功夫在乎的并不是价格,而是顾客的价值感。对真功夫而言,顾客花了多少钱来消费不是最重要的,最重要的是顾客花的钱值不值的问题。

真功夫刚开始创业的时候将店开在国道旁边,主要是为来往的汽车司机们服务。但现在它的店面大多选择在北京、上海、广州等一线城市中炙手可热的商业中心地段。

真功夫的财务副总裁洪人刚分析,这样做,餐厅的租金高了很多,但是越是位置便利的餐厅,就越能吸引更多的顾客。可能有些人会觉得,经济危机各类快餐都在大降价,真功夫的快餐却还是坚持比其他同类高出好几元。但实际上,真功夫的餐厅在地段设置上本身就帮助顾客节省了时间和财力。更重要的是,顾客在真功夫所消费的金额,一定能够得到同等价值的食物。这样说来,真功夫的品牌发展和店面的扩张本身已经带给顾客一些附加值,这就是真功夫所说的,顾客的价值感。

不仅在餐厅外面有优势,真功夫在餐厅里如何体现对顾客价值感的满足也随处可见。比如,真功夫在全国餐厅推出了"60 秒到手"的上餐服务,接着在北京、上海等 8 个城市的 50 家真功夫餐厅开展。顾客只要在餐厅内点任何食品,无论数量多少,从确认定单开始计时,如果没能在 60 秒内呈上所点的食品,真功夫就立即免费送出一杯价值 5.5 元的 12 安士豆浆。到现在为止,真功夫已经在全国所有餐厅都实现了 60 秒内上餐的服务。

资料整理来源:《顾客价值感最重要》(新京报)

3. 旅游服务质量的特征

服务质量是旅游组织的生命,是旅游目的地发展的保证。当前,旅游产品同质化现象严重,个性化不足,企业之间竞争激烈。较高的服务质量将成为各旅游企业有力竞争的法宝。对游客而言,较高的服务质量才能产生轻松愉悦的心情,如果缺乏完善且高质量的服务,再好的旅游活动也会黯然失色。

但与传统的制造业相比,旅游服务质量有其独特性。一般而言,制造业产品的质量重结果,有专业的技术标准进行评价,往往比较客观;而旅游服务业区别于制造业产品质量的显著特点就在于其主观性、差异性、过程性以及整体性。

（1）主观性

制造业产品质量一般具有客观性,容易评价。而旅游服务质量具有较强的主观性。游客对质量的评价往往是基于主观感受,而这一感受不仅取决于旅游组织本身提供的质量如何,还极大地受到游客期望的影响。在旅游之前,游客受过去经验、自身的需求、旅游目的地口碑和广告等影响,会对旅游目的地形成一种期望。期望不同,评价就会有差异。如果游客对旅游服务的期望较高,对质量的评价可能相对会低;反之,如果一开始游客就没有抱什么期望,对旅游服务质量的评价反而有可能会较高。除此之外,旅游服务质量也极有可能会受本身心情的影响。如果心情较差,可能较高的服务质量在其眼中都是低的,而如果心情较好,即使服务出现问题,也都不一定会在意。因此,我们通常将服务质量称之为感知服务质量。由于这种主观性的存在,就使得有效评价旅游服务质量变得尤为困难。

（2）差异性

制造业产品质量可以保证是同质的,企业经常以合格表示统一的质量水平。而对旅游服务质量而言,由于受到上面所提到的主观性的影响,要达到同质往往是困难的。每个游客的期望不同、心情不同、偏好不同,对同一服务质量的感知就会存有差异性。即使是同一个人,由于其主观方面的原因,对同样的前后两次服务也可能抱有不同的看法,比如随着游客期望上升,他对企业重复提供的等质量服务可能会抱有不满。而且,每个服务人员的素质、技能、经验以及服务意识等方面都会存有差异,对同一种服务他们会提供不同的质量。即使是同一个服务人员,要他自始至终都提供一致的高质量服务,也并非易事,因为他的情绪和身体状况都会变化,而且他对接待的游客潜意识中可能会存在着一个选择过程,并不是每位游客都会使其心甘情愿地尽心竭力服务。差异性导致旅游组织统一服务质量的难度加大。

（3）过程性

制造业产品注重结果质量,而旅游服务不仅于此,还注重过程质量。事实上,旅游服务本身就是一个过程,游客参与到生产过程中去,体验整个旅游服务过程给予游客带来的愉悦和舒心,比如不管游客是在乡间的游玩也好,还是在酒店食宿也罢,抑或是在度假地休闲疗养,他都会关心过程的享受。在这些过程当中,每一个环节以及其中任何的细节性的问题都可能影响到游客对服务质量的感知。因此,对旅游服务质量的考察必须要注重整个服务的过程。

（4）整体性

旅游服务质量还具有整体性。由于游客对服务的感知是主观的,同时也受多方面因素的影响,这就决定了对旅游服务质量的考察需要从整体上进行把握。整体性包括纵向和横向两个方面。纵向方面是指需要从过程的角度来进行考察,即是指上面提到的过程性,旅游服务过程中每一个环节都需要提供高质量的服务;同时也是指在整个服务生产过程中,上下游部门应该相互配合协调,共同为高质量的服务所努力,比如营销部门不应该过分夸大自身的服务质量,导致游客期望上升过高,结果服务接待部门却不能有效地实现营销部门的承诺,最终降低了游客的感知质量。横向方面是指在旅游服务生产和消费过程中,各种有形要素和无形要素构成服务整体,共同影响旅游服务质量。有形要素,比如接待人员的仪表仪容是否得当,接待地点是否干净整洁,接待设施是否安全可靠、运营良好等等。而无形要素,比如服务人员的态度素质等。

4. 提升旅游服务质量的作用

（1）创造游客价值

一直以来,我国旅游行业的游客满意度水平总体不高。据2015年中国旅游研究院发布的全国游客满意度调查报告显示,2014年全国游客满意度指数为74.10,处于"一般"水平,与2013年水平相同但指数下降了0.78。旅游企业提升服务质量迫在眉睫。在旅游过程中,导游私自增加购物点、强制索要小费、私改旅游路线、酒店餐饮品质不高、旅游价格不透明等各种各样的服务问题,都严重损害了游客的利益。因此,提升旅游质量是旅游组织保障游客基本权益的需要。而且随着游客越来越成熟,旅游经验越来越丰富,需求和期望将会上升,原有的质量水平无法再满足游客的需要,旅游组织必须考虑如何更好地为游客创造价值,从而实现游客的终身价值。只有高质量的旅游服务,才能帮助游客真正实现旅游的目的,带给他们美的享受和愉悦的心情。

（2）改进旅游企业绩效

提升旅游服务质量,有助于旅游企业绩效改进,这是旅游企业实施质量管理的最直接动力。从外部效率看,高质量的旅游服务,一方面能够有效提升游客满意度,从而增加重购率;另一方面能够有效提升旅游企业的口碑声望,为企业带来新的客源。这两方面无疑都有利于增加企业收益,提高利润。反之,就会导致客源流失,利益受损。从内部效率看,高质量的服务意味着减少摩擦、冲突、返工、补偿等导致的内部成本上升,从而有助于提高企业的运营效率。图2.2显示了旅游企业由于服务质量下降所导致效绩下降的过程。

但旅游企业在提升服务质量的时候,需要注意质量和成本的关系。在短期,质量的提高往往会以成本上升为代价,比如增加必要的培训,采取新的技术,购置新的设施设备,重新装修等等。在长期,服务质量提高所带来的收益可能弥补当初的投资,但也有可能因当初投资过大而导致经营困难,因此企业必须要做好质量成本和收益的评估。

（3）提升目的地形象

旅游行业作为一个窗口行业,反映了城市的精神文明建设程度,反映了社会的风气风尚。游客可以通过旅游服务质量了解一个城市的文化和风貌。因此,旅游服务质量

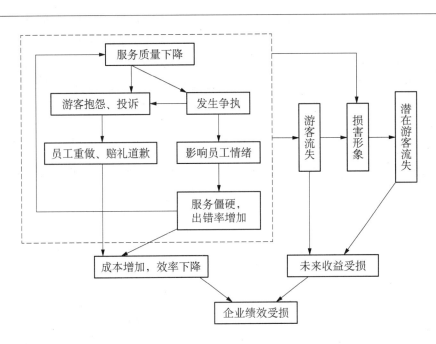

图 2.2

服务质量与企业效绩的关系

提升对城市来讲具有重要的社会意义。高水平的旅游服务质量有利于树立城市形象，传播城市品牌，提升城市影响力，不仅能够刺激当地旅游的发展，而且有利于促进当地招商引资，推进地区经济的发展。

2.2 旅游服务质量的构成要素

旅游组织在提升服务质量的时候，不能只注重某一方面，比如餐饮企业不能只关心菜肴质量，而忽视了环境要求。旅行社也不能只在意线路的设计，而忽视酒店的服务。

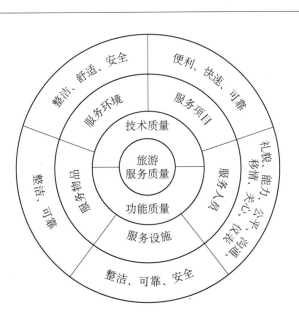

图 2.3

旅游服务质量构成要素

游客在接受服务的时候,关注的是服务的方方面面,而且任何一个细节的问题,都有可能降低游客对服务质量的评价。旅游组织需要注意服务质量的构成要素,尤其是与游客接触环节的要素。

旅游服务质量的构成要素,是指那些直接影响游客获得或享受旅游服务的质量要素。从服务过程这一纵向角度来划分,旅游服务质量包括了技术质量和功能质量(Christian Grönroos,1982)。

(1)技术质量

技术质量由旅游服务生产过程的结果所形成,在服务管理中,也被称为结果质量,关系到顾客得到什么样的服务(What)。技术质量表明旅游组织提供什么样的服务,质量的结果是为游客解决问题。比如旅游咨询中心根据游客要求提供咨询方案,航空公司将旅客从一个地方安全顺利地送到目的地。通常来说,游客对于结果质量的衡量是比较客观的。

(2)功能质量

技术质量是游客接受旅游服务的所得,它只是旅游服务质量的一部分,因为游客不仅关心得到了什么服务(What),还关心如何得到这些服务(How),这就涉及服务的过程,也就是功能质量。功能质量是指旅游服务生产过程对旅游服务质量的影响,它也被称为过程质量。比如,游客是不是能够很快地打开旅游企业的网站,游客是否有等待,是否得到尊重和礼待。服务人员的态度、技能、服务的流程、服务设施设备都会对功能质量产生影响。竞争性的旅游企业基本都能提供相同的技术质量,比如饭店都能提供舒适的客房,酒楼都能提供美味可口的饭菜,旅行社都能提供相同的旅游路线,航空公司也都能将游客送到相同的目的地。但是随着竞争的日益激烈,技术质量无法使旅游企业与竞争对手区别开来。旅游企业需要通过功能质量突出其差异性,提升其竞争力,而游客也需要通过功能质量享受服务的过程。

游客对功能质量的评价就不像技术质量那样比较客观,它通常取决于游客的主观判断。由于旅游服务本身是一个生产过程,而游客通常非常在意整个服务过程,因此功能质量往往被当作质量的决定性要素来看待。[①]

技术质量和功能质量是服务项目质量、服务人员质量、服务设施质量、服务物品质量和服务环境质量共同作用的结果。因此,我们还可以进一步对旅游服务质量进行划分。

(1)服务项目质量

服务项目质量主要涉及到服务提供的内容和服务提供的方式。首先,从提供内容上看,旅游组织提供的服务是否能够满足游客的需要。如餐厅是否能提供菜单上的菜肴,酒店是否能提供专职管家等等。高质量的服务应该在内容上丰富化。从提供的方式上,旅游服务地点是否便利,服务流程是否合理,服务时间和方式是否人性化,都会影响服务质量。服务项目质量要求服务能够便捷和快速地帮助游客解决问题。

---

① 克里斯廷·格罗鲁斯.服务管理与营销:基于顾客关系的管理策略[M].北京:电子工业出版社,2002:47.

（2）服务人员质量

在大部分旅游组织的服务中，游客会与服务人员面对面地接触，服务人员成为服务质量的决定性因素。服务人员质量包括了服务人员的接待质量和服务人员的形象质量。态度上，服务人员麻木冷漠、业务上技能不娴熟、经验不丰富，都会引起游客的不满。而有时候，往往服务人员一句简单的关心话就会使得服务质量产生质的飞跃。形象上，服务人员干净整洁、富有气质，也会使人心生好感，从而有助于提升服务质量。

（3）服务设施质量

服务设施质量也会影响服务的效果。比如游乐场所设施设备质量直接关系到游客的旅游体验，甚至是生命安全，酒店前台电脑故障或运行缓慢会造成顾客等待，餐厅空调故障会影响顾客的就餐。在旅游服务场所，旅游组织应该保证各类设施设备运转良好、干净整洁。如果出现问题，要及时进行维修或更换。

（4）服务物品质量

在旅游服务场所，游客会接触到各种服务物品，比如酒店的毛巾、水壶、洗浴用品，餐厅的菜单，旅行社的宣传册等。这些有形物品的质量好坏也会影响游客对服务质量的评价。对有些旅游企业来讲，尤其是餐饮业和旅游商业企业，服务物品是服务质量极其重要的组成部分。在餐饮企业，即使服务人员的态度再好，如果菜肴口味不佳，顾客也会不满意。在旅游购物场所，如果商品质量低劣，顾客消费后更是会有一种上当受骗的感觉。

（5）服务环境质量

服务环境是游客进入服务场所对服务质量的第一印象。好的服务环境会让游客感觉更加舒适，而糟糕的服务环境不仅会让游客不适，还会引起游客对其他服务质量要素的怀疑，游客因此会丧失接受服务的信心。服务环境质量包括了服务场所的布局、层高、装潢装饰、灯光、卫生状况、气味、通风、背景音乐等等。

服务项目、服务人员、服务设施、服务物品和服务环境五大旅游服务质量维度共同构成了旅游服务质量管理的对象。基于这些维度，图 2.3 给出了 13 个更细节性的旅游服务质量要素，这些要素直接决定了旅游服务质量的高低。这些要素可能不能囊括游客所有的质量要求，但却是提升旅游服务质量很好的开始。

便利：游客能够方便地获得和享受旅游组织提供的服务。比如，旅游企业能够提供上门服务，提供网络查寻和预订服务，服务时间能适应游客的需求等等。

快速：旅游组织能够高效率提供服务，避免让游客等待。

可靠：旅游组织能够及时帮助游客解决问题，设施设备和各种物品都处于良好的使用状态。

礼貌：旅游组织的服务人员能够与游客友好、和谐相处，尊重游客。

能力：旅游组织和相关服务人员有一定的经验和技能能够处理游客的各种问题。

公平：旅游组织和相关服务人员能够公平对待游客。游客之间的不公平待遇往往会引起游客的愤慨。

沟通：旅游服务人员以游客能够接受的方式与其进行良好、有效的沟通，了解游客的需求，以及传递旅游组织的信息。沟通应该清晰、诚实、高效。

移情：旅游服务人员能够设身处地为游客设想。

关心：旅游服务人员应该关心游客，对游客能够抱有同情心、爱心和耐心。关心应该以游客的心情舒适为度，不能因为关心而侵犯游客的隐私或是引起游客的不耐烦和反感。

仪表：旅游服务人员应该注重仪表仪容，以专业的姿态展现个人魅力和旅游组织的形象。

整洁：旅游服务的环境、设施设备、各项物品都应该干净卫生，设施设备和物品都应该摆放整齐，服务场所应该井然有序。

舒适：旅游服务环境的装潢布局等应该让游客感到舒适。

安全：旅游服务场所应该保证游客的生命财产安全，以及个人隐私安全。

由上面对旅游服务质量的构成要素我们可以看出，对旅游服务质量的评价要比制造业产品更复杂，它需要从多个角度全方位考察，而且要关注游客对于服务质量的心理感知。

2.3　旅游服务质量的影响要素

旅游服务质量是游客对于旅游组织服务质量的一种感知，这种主观印象会受到旅游组织实际提供的服务质量和游客本身的影响。因此，影响质量的因素必然会涉及旅游组织和游客两个方面，图 2.4 从这两方面对这些主要因素进行了概括。全面了解旅游服务质量的影响要素，有助于旅游组织更有针对性地提升服务质量。

图 2.4

旅游服务质量的影响要素

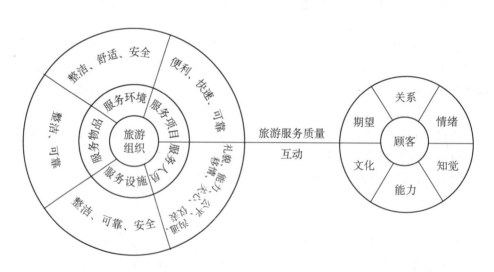

从旅游组织的角度看，前面提到的旅游服务质量的构成要素直接决定了旅游服务质量的高低。旅游企业需要从服务项目、服务人员、服务设施、服务物品和服务环境五个方面提高其服务质量的实际效绩表现。对于制造业产品只需要关注产品的实际质量，但旅游服务质量不能仅仅局限于这一步，还需要考虑到游客对服务质量的反映。之前,我们讨论过顾客期望会对旅游服务质量产生影响,但除了期望外,我们认为旅游服务质量还会受到游客的关系、情绪、知觉、能力和个性等要素的影响。

(1) 期望

从旅游感知服务质量的概念可以看到,如果旅游服务质量没有达到游客的期望,再好的质量在他看来都是低的。游客对旅游服务的期望,取决于市场沟通、销售促进、企业形象、口碑和需求等要素。旅游组织良好的市场宣传推广活动,会引起游客较高的质量期望。从营销角度看,旅游组织需要将游客的期望控制在一个合理的范围之内,从而有利于提高游客感知服务质量。如果旅游组织为了吸引游客而做出不切实际的宣传和超出能力的承诺,最终由于无法兑现,就会导致游客不满。因此,对于期望的管理就显得非常重要。

(2) 关系

旅游组织及其员工与游客建立起的良好主顾关系会强化旅游感知服务质量。关系是旅游组织及其员工在与游客的长期交往接触中所形成的一种情感关系。良好的关系质量有助于游客对组织和员工产生友好感、信任感和依赖感。当旅游服务质量出现问题时,这些关系型游客更可能会从组织的角度寻找问题的原因,比一般游客更能体谅和理解组织,而且这些游客更相信旅游组织能够很好地为他们解决问题。糟糕的关系会造成游客的偏见,降低他们对旅游组织的信任感,即使很小的服务质量问题也可能会被他们放大,而且会通过不良的口碑降低组织的形象和声誉。所以旅游组织一定要做好关系管理,提升关系质量。

(3) 情绪

情绪是个体对外界刺激的主观上有意识的体验和感受,包括喜、怒、忧、思、悲、恐、惊七种基本类型。游客的情绪会影响他们对服务质量的感知,在不同情绪下可能会得出完全不同的质量评价。情绪会改变游客对事物的看法,积极或消极的态度会影响游客对服务质量的感知。情绪也可能影响游客的注意力,忽视服务质量中存在的一些问题。比如一位极其兴奋的顾客可能并不在意服务人员上错了菜肴,一位过度悲伤的顾客也可能根本不会在意酒店客房没有打扫干净。但总的来讲,积极的情绪,如愉悦、兴奋、惊讶会增强游客对服务质量的满意度,而有些情绪,如愤怒、悲伤、后悔可能会降低游客感知服务质量。

情绪来源于两方面。一方面是来自与旅游企业无关的外部因素,即外源性情绪,比如生意失败、与他人争执、中奖等原因所导致的情绪变化。另一方面是来自旅游组织,即内源性情绪,比如旅游服务场所良好的环境、态度很好的服务人员、企业提供的小礼物、与服务人员争执等所导致的情绪变化。旅游组织应该很好地做好游客的内源性情绪管理,提高游客情绪,从而提升他们对服务质量的感知。

(4) 知觉

知觉是游客感观直接接触事物所获得的直观的、形象的反映。知觉对旅游感知服务质量的干涉作用主要是因为知觉经历的三种基本过程:选择性注意、选择性扭曲和选择性记忆。

选择性注意:指游客往往会过滤掉大部分信息而注意那些感兴趣的东西。比如一位只喜欢自助游的游客往往只会关注旅行社的自助游产品。

选择性扭曲：指游客可能对某些信息加以扭曲，以符合个人意愿。游客可能并不会按照组织的初衷来理解某些信息，而是按照已有的想法来对信息进行解释。如游客特别偏爱某旅行社，即使旅行社在旅游过程中额外增加自费项目，游客也可能以"情由可原""这是行业普遍现象"等理由予以理解。

选择性记忆：指人们的记忆量远远少于接受的信息量，人们总是倾向于记住那些对自己有利的信息，或是自己愿意记住的信息。平淡无奇、缺乏兴奋点的旅游服务质量无法给游客留下深刻的印象。

正是因为有选择性注意和选择性扭曲的存在，游客往往会忽略旅游服务质量中的一些要素，或是对一些质量要素进行扭曲性理解，从而影响了他们对服务质量的感知效果。由于存在着选择性记忆，事后在对旅游服务质量进行总体感知的时候，对游客有利的或是导致游客兴奋的一些质量要素会掩盖质量中存在的一些问题，或是旅游过程中引起游客不满的一些问题可能也会掩盖一些相对较好的质量要素，游客往往只会记住特别好的或是不好的服务。

（5）能力

能力主要是指游客本身的经验、知识和技能。旅游组织提供的服务会受到游客自身能力的限制。如果游客具有一定的能力，能够有效地应对旅游过程中出现的各种问题，那这些问题就不容易对游客感知质量产生影响。相反，如果游客缺乏经验或技能，当出现问题时不知所措，或是出现服务差错时，他可能就会将责任推卸给旅游组织，认为是旅游组织的服务质量问题。比如游客在旅游中没有携带居民身份证，就会指责旅游企业没有尽到告知义务。游客不遵守规定在博物馆拍照而遭到制止，可能会埋怨博物馆不够人性化。因此，为了使游客能更好地体验旅游服务，旅游组织需要考虑到不同人群经验、知识和技能的不同，必要时可进行告知和讲解，同时注意避免说教，要以游客能够接受和理解的方式进行。

（6）个性

个性是指一个人所特有的具有相对稳定性的心理特性，是他在思想、性格、品质、意志、情感、态度等方面表现出来不同于他人的特质，来源于遗传和后天的学习。由于游客不同的年龄、性别、文化背景和生活环境等的影响，他们会呈现出不同的个性特点，包括不同的价值观、思维方式、性格和脾气等。个性会直接影响游客对服务质量的评估，是他们感知旅游服务质量的过滤镜。

因为个性不同，游客对旅游服务质量的要求会不同。如不同文化背景下的游客面对服务失败时的要求会有差异。欧美国家服务失败必须以赔偿金钱作为弥补顾客时间、情感和实际付出（尽管可能小于赔偿金额）作为代价，而在韩国、日本，服务失败后还需要当面赔礼道歉、诚恳鞠躬等方式。[①] 面对同一条旅游路线，男性和女性，年长者和年轻者对它的评价也都会有差别，男性更愿意冒险，女性更享受购物，年长者更希望悠闲，年轻者多喜欢创意。

---

① 孟捷，钱明辉，陈焱焱.跨文化因素对感知服务质量的影响[J].当代经济管理,2006,28(1): 16—19.

　　因为个性不同,游客对旅游服务质量的实际感知也会不同。有的游客可能比较乐观开朗,不会过于计较,因此对服务质量的评价可能会较高。但有的游客可能过于关注细节,比较吹毛求疵,由于要求高,一般的旅游服务质量可能很难使他们满意。

　　游客不同的个性特征,使得旅游组织试图让每一个人满意就变得十分困难。但不管如何,旅游组织还是需要尽最大的努力,了解不同游客的个性特点,在普遍共性的基础上,通过一定的灵活性服务寻求更高的游客满意度。

　　除了旅游组织和游客的影响外,游客与组织之间的互动关系(顾客参与)也会对游客感知的服务质量产生影响。互动性越强,游客体验感也会增强,感知的服务质量也就越高。

2.4　旅游服务质量体系的构建

　　要提升旅游服务质量,就必须系统性地了解影响旅游服务质量的要素。旅游服务是一个过程,但这个过程却要比一般的服务来得复杂,因为旅游服务涉及到了食、住、行、游、购、娱等各个要素,游客直接与这些行业内的各企业发生联系。由此直接导致的结果就是各个旅游组织都会对旅游服务质量产生影响,其中任何一个环节出现问题,都可能导致游客不满。因此,必须系统性地构建旅游服务质量体系,从各个方面来提升旅游服务质量。

　　游客是整个旅游服务质量体系的中心,因为他们是旅游活动的主体,是旅游服务质量的直接体验者。所有旅游组织所做的任何服务质量改进活动的目的都是为了使游客满意。但值得注意的是游客本身又是旅游服务质量的影响者,尤其是游客期望将会直接影响到他们对旅游服务质量的评价。然而,旅游组织服务的对象(顾客)不仅仅是游客,还应该包括涉及旅游的其他参与者,比如旅游购买过程中的倡议者、影响者、决定者和购买者。倡议者是首先提出购买旅游产品的人。影响者是因其看法和建议而影响最终决定的人。决定者是作出购买决策的人。购买者是实施购买行为的人。所有这些角色可以集中到单个游客身上,也可能会分散到各个人身上,尤其是团体旅游更是如此。不同角色的界定,目的在于使得旅游组织不仅仅只是关注游客,而应该关注对其消费产生影响的一切相关人群,还在于使得这些组织不仅仅只是关注旅游过程中的质量,而是应该向上和向下延伸,即包括销售过程中的服务质量和游程结束后的服务质量。顾客还应该包括政府和社区公众,旅游组织在满足游客需求的时候,还需要考虑如何服务好政府和社区公众,只有这样的组织才是持续长久的组织,才是真正服务质量高的组织。除此之外,旅游组织服务的对象除了游客之外,还包括更一般化的顾客。基于此,除第10 章外,从下一章起本书统一采用"顾客"这一更一般化的称呼。

　　在所有的旅游组织中,旅游企业是旅游服务质量的最主要也是最直接的影响者。旅游企业提供服务的质量水平高低将直接影响到游客对质量的感知。因此,旅游企业是旅游服务质量体系的重点。谢彦君认为,广义旅游业的最核心部分应该是旅游观赏娱乐业,用来满足旅游者观赏和娱乐的需要。其他的产业包括餐饮住宿业、旅行社业、交通运输业和旅游购物品经营业都是为游客提供追加价值。[①] 在构建旅游服务质量体

---

① 　谢彦君. 基础旅游学[M].北京:中国旅游出版社,2005:73.

系的时候,需要从广义旅游业出发来全面提升各个旅游企业的服务质量水平。

政府在整个旅游服务质量体系中的作用不可或缺。政府的作用体现在两方面,一方面是政府在旅游服务质量体系中起着监督管理作用。政府通过发出倡议引导、制订和颁布一系列的法规条例或者旅游标准来规范和提高旅游企业的服务质量水平,政府还需要通过抽查和暗访等方式检查旅游企业的服务质量情况以及各类标准规范的实施情况。政府作用的另一方面体现在目的地政府对本地的旅游规划、城乡建设和营销推广上。旅游规划和城乡建设直接影响旅游地的旅游环境,营销宣传直接影响到游客的期望,由此都会对旅游服务质量产生影响。

随着散客旅游队伍越来越庞大,游客与旅游目的地居民和公共服务部门包括公交、邮政、公安等的联系将越来越频繁和深入。游客在旅游目的地地区深入体验的旅游生活,打破了只与旅游企业发生交往的限制,使得整个城市各行各业及每个居民都在无意中转变成旅游接待的主体。旅游服务质量也进一步外延至城市接待服务质量,游客对旅游服务质量的评价事实上也就形成了对于城市的印象。全域旅游的概念由此被广泛提及。在旅游目的地,除了旅游企业,与游客接触比较多的就是目的地居民和公共服务部门。居民的态度和公共服务部门的效率和质量直接影响游客对城市旅游服务质量的感知。2008年北京奥运会举办期间,北京人民的热情好客给世界各国游客留下了深刻印象,在提高旅游服务质量的同时,也提升了北京的城市形象。而公共服务是政府的一项重要职责,不仅关系到当地居民的切身利益,也关系到游客的直接利益。随着自助游的盛行,公共服务部门的职责越来越大。

如果从旅游目的地的角度来看旅游服务质量,整个旅游服务质量体系应该以游客为中心,包括所有与旅游企业、政府、公共服务部门和居民等所有相关的组织或群体,以及旅游购买决策、旅游服务消费和旅游购后服务等各个过程。游客行之所至、目之所及之处,相关组织或群体都应该做好服务质量工作。

....

思考题

1. 你是如何理解旅游服务质量的?
2. 旅游服务质量的主要特征有哪些?
3. 作为旅游组织,为什么需要提升旅游服务质量?
4. 是不是所有的旅游组织都具有提升旅游服务质量的内在动力?
5. 旅游服务质量的主要构成要素有哪些?
6. 你觉得知觉是如何影响旅游服务质量的?
7. 你觉得情绪是如何影响旅游服务质量的?
8. 你觉得关系是如何影响旅游服务质量的?
9. 旅游服务质量是如何为企业创造价值的?
10. 你觉得旅游服务质量体系应该包括哪些内容,为什么?

本章导读

　　旅游服务质量管理的基本思想大多根源于传统的质量管理理论，了解质量管理的内涵和历史对于做好旅游服务质量管理具有重要意义。全面质量管理产生于 20 世纪 60 年代，是当今最重要的质量管理思想。无论是 ISO 9000 族标准，还是卓越绩效准则，根本上都是基于全面质量管理。因此，旅游企业要提升服务质量，根本上就要做好全面质量管理。标准化工作是全面质量管理的基础性工作之一，也是近年来政府为提升旅游企业服务质量的重点推进工作之一。然而，好的服务不仅仅需要标准化，更需要个性化，促进服务标准化和个性化的协调对于旅游企业提升服务质量至关重要。本章首先介绍了质量管理的内涵和质量管理发展的基本历程，然后详细介绍了全面质量管理的基本思想，最后讨论了服务标准化和个性化的问题。

　　通过本章学习，应该掌握质量管理的内涵，熟悉质量管理发展的基本历程，掌握全面质量管理的基本思想，了解服务标准化和个性化问题。

3.1　质量管理

1. 质量管理的概念

为了提升旅游服务质量水平,企业必须做好服务质量管理工作。所谓质量管理,ISO 9000：2015《质量管理体系　基础和术语》认为,它是关于质量的指挥和控制组织的协调活动,它包括制定质量方针和质量目标,以及质量策划、质量保证、质量控制和质量改进。具体讲,质量管理就是旅游企业的最高管理者制订质量方针,并依据方针形成质量目标,然后通过质量策划、质量保证、质量控制和质量改进实现质量目标的过程。对质量管理需要从以下几个方面理解：

① 质量管理的职能是计划、组织、指挥、协调和控制。它是旅游企业管理活动的重要组成部分。

② 质量管理的首要任务是制定旅游企业的质量方针和质量目标,并以此指导旅游企业服务质量实践。

③ 质量管理通过过程方法将所有有关质量的管理活动协调起来,充分重视质量管理的各个环节及其相互关系,确保质量目标能够实现。

④ 质量管理的核心是建立科学合理的质量管理体系。旅游企业的最高管理者应根据内外部环境,运用过程方法和系统方法建立科学合理的服务质量管理体系,优化配置各类资源,充分调动全体员工的积极性,不断提升服务水平,实现顾客满意。

⑤ 质量管理虽然只是围绕质量开展,但必须与旅游企业其他方面的管理如生产管理、财务管理、人力资源管理等紧密结合,才能更好地实现旅游企业的质量目标。而其他管理活动,也需要充分融入质量管理活动,才能取得更好的经营绩效。

⑥ 质量管理必须要由企业的最高管理者推动,各级、各部门管理人员积极参与。

⑦ 质量管理还需要考虑经济要素,实现成本和质量的平衡。

2. 质量管理的内容

由质量管理的概念可以看出,质量管理的主要内容包括制定质量方针和质量目标,实施质量策划、质量保证、质量控制和质量改进。

(1) 质量方针

质量方针是由最高管理者正式发布的组织关于质量的宗旨和方向。它是旅游企业服务质量活动的最高纲领。因为质量方针属于旅游企业总方针的重要组成部分,因此,质量方针必须与企业的总方针保持一致,只有这样才能保证质量活动不会与企业的其他管理活动发生冲突。质量方针为旅游企业的全体员工指明了质量方向,只有与全体员工的根本利益保持一致,得到他们的充分理解和认同,才能保证质量方针得以顺利地实施。一般来讲,质量方针属于中长期方针,应在一段时间内保持相对稳定。但如果内外部环境发生重要变化,质量方针不再适宜,旅游企业则需要对其进行相应调整。

(2) 质量目标

质量目标是关于质量方面要实现的结果。质量目标通常根据旅游企业的质量方针制订,可以用来衡量最终旅游企业服务质量管理的成效。质量目标应该在旅游企业相关职能和层次上进行分解,自上而下形成各级的目标,只有这样才能保证质量工作人人参与,人人有责,才能保证质量目标自下而上地实现。质量目标的制订应该基于现实,参照行业内的先进企业,具有一定挑战性,要避免目标的过于保守或过于激进。质量目标应该可以衡量,以利于操作、比较、考核和改进。

(3)质量策划

质量策划致力于制定质量目标并规定必要的运行过程和相关资源以实现质量目标。它是旅游企业实现服务质量管理的前期活动,为后继的质量管理活动提供框架和指导。旅游企业质量策划的内容很多,包括策划建立旅游服务质量管理体系,旅游产品和服务的设计和开发策划,旅游产品和服务实现过程的策划,对旅游服务的监视、测量、分析和改进的策划等等。质量策划并非是一次性活动,需要根据内外环境的变化以及旅游产品和服务的实现情况,不断地改进,以促进整个策划能够取得更好的效果。需要注意到质量策划和质量计划不同,质量计划通常只是一份书面文件,是策划的结果之一,而质量策划是系列的活动。

(4)质量保证

质量保证致力于提供质量要求会得到满足的信任。质量保证要做到的就是"信任",也就是使旅游企业的顾客和第三方相信旅游企业能够提供令人满意的服务,其主要依据是旅游服务质量管理体系的建立和运行。这是因为整个旅游服务质量管理体系对所有影响服务质量的要求都进行了有效控制,通过旅游服务质量管理体系的运行和不断完善,保证旅游服务质量能够满足相关要求。除了旅游服务质量管理体系外,旅游企业服务人员的微笑、礼仪,旅游服务环境的干净卫生或优雅豪华,企业的各类证书资质,在某种程度上也能为顾客提供一定质量保证,使他们确信企业具有满足他们要求并使他们满意的能力。

质量保证包括外部保证和内部保证,外部保证是向顾客和第三方等方面提供信任,内部保证则主要是向旅游企业的管理者提供信任。因为不同方对服务质量的要求是不同的,所以对旅游企业服务质量保证活动的要求也是不一样的。这就要求旅游企业的产品和服务要求以及过程和体系的要求都应充分完整地反映顾客和相关方的需求,才能给予他们足够的信任。

(5)质量控制

质量控制致力于满足质量要求。整个旅游服务质量管理体系策划得再好,运行过程或运行结果仍有可能会出现偏差。这就需要依靠质量控制,其目的就是为了最终保证旅游服务能够达到规定的要求,预防不合格的产生,让顾客满意。质量控制需要根据质量要求设定控制标准,对过程和结果监视和测量,再分析和判断是否满足设定的标准,如果存在问题就需要进行纠正或提出纠正措施。

需要注意的是质量控制不是质量检验,质量检验通常是对过程的结果进行检查,判断其是否达到预期结果,这只是质量控制的一个重要组成部分。质量控制应该是贯穿于整个旅游服务质量管理体系运行的全过程,旅游企业应该运用各种手段对运行过程和结果进行全面地监视、测量、分析和改进。

（6）质量改进

质量改进致力于增强满足质量要求的能力。因为旅游企业的内外部环境可能会发生变化,顾客的需求和期望会不断调整,质量控制中也会出现各种各样的质量问题,这就要求不断地改进质量。改进的内容是多样而广泛的,只要是能够"增强满足质量要求的能力"的质量管理活动均需要进行质量改进。因此,改进可以是针对产品和服务,也可以针对过程和整个旅游服务质量管理体系。

质量改进不同于质量控制,质量控制只需要通过一条基准线作为控制标准,一旦达标,控制活动就算完成了,而质量改进是无止境的。旅游企业需要不断从内外环境中寻找各种可能的改进机会,分析问题,查找原因,寻找对策和实施改进措施,循环往复,不断前进。质量改进要以服务过程和体系的有效性和效率为准则,不断创新和突破,追求更高的管理水平和服务质量水平,实现更高的顾客满意和顾客忠诚。

3. 质量管理的历史

质量管理的思想源远流长,可以说自从历史上有了手工业产品,就有了质量管理的实践。早在先秦时,《礼记》"月令"篇就明文记载"物勒工名,以考其诚。功有不当,必行其罪,以穷其情。""物勒工名"意思是在器物上需要刻上制造者的名字,以方便管理者进行质量检验。秦国就有大工尹一职进行质量管理,行使相关的监督与处罚之职。齐国官书《百工记》还特别记载由专门的工师负责产品检验以保证其合乎规范,文中提到"凡试梓饮器,乡衡而实不尽,梓师罪之",就是说工师检验木工所做的酒器,用标准的容器盛满了倒进去,如不满或溢出,便不合标准,就要处罚木工。《考工记》还指出市场上销售的手工业品必须符合规范,残次品不能上市。但现代意义上的质量活动始于 20 世纪初,在这之前的是操作者质量管理阶段,在这之后可以划分为三大阶段:质量检验阶段、统计质量控制阶段和全面质量管理阶段。

（1）操作者质量管理阶段

20 世纪之前,产品生产主要分散在各个手工作坊,依靠手工操作,由一名或数名工匠负责整个产品的生产。手工艺人既是生产者,又是产品质量的把关者,最终产品的质量主要取决于手工艺人的技术水平。而手工艺人技术水平如何,往往又严重依赖于师傅的口传身授和自己的勤学苦练。因此,在质量控制方面,手工艺人的技能和经验就变得尤为重要。如果没有长时间的工作学习和训练,手工艺人很难生产出高质量的产品。因此,像中国古代学徒,一般要三年才能出师。

除了手工艺人的技术外,诚信也很重要。"仁、义、礼、智、信",诚信历来都是中国人做人之根本。百年药堂胡庆余堂由当年胡雪岩亲手写下"戒欺"堂规,挂在里间,外人看不到,胡庆余堂的人抬头不见低头见,上面写得清清楚楚:"凡百贸易均着不得欺字,药业关系性命,尤为万不可欺。余存心济世,誓不以劣品弋取厚利,惟愿诸君心余之心,采办务真,修制务精,不至欺予以欺世人,是则造福冥冥……"正是由于诚信,才使药堂历经百年不衰。此外,我国历朝历代也都有相关的明文条律要求人们生产和销售产品时保持诚信经营。

无论是技术还是诚信,都取决于手工艺人本身,因此,我们把这一阶段称为操作者质量管理阶段。

我国古代的质量管理

中华民族追求质量的历史久远,质量管理的原始思想和朴素做法自古就有。随着时代的进步,我们的祖先不断地创造着高质量的产品,从有考古发现和文物佐证的时代起,一直到 16 世纪,无论科学技术还是产品质量,中国都是世界上最先进的国家之一。

远在石器时代,我们的祖先就有了朴素的质量意识。考古发现,当时石器不仅按照不同的功能、用途进行制作,而且对于石器所用的石料进行筛选选择,对加工出来的石器产品还要进行简单的检验。

进入有文字记载的年代,从古文献中,我们可以发现多处质量管理的记录。《礼记》记载了周朝对食品交易的规定,这大概是我国历史上最早的关于食品质量的记录:"五谷不分,果实未熟,不鬻于市。"其内容是,在五谷与水果不成熟的时候是不允许贩卖的。

《考工记》作为一部官书,是周王朝关于各种器具制作标准及工艺规程的具体规定,其中也有数条是针对生产过程中出现残劣次品不得流入市面的规定。《考工记》开头就写到"审曲面埶,以饬五材,以辨民器。"所谓"审曲面埶",就是对当时手工业产品作类型和规定的设计。"以饬五材",是确定所用的原材料。"以辨民器",就是对生产出的产品要进行质量检查,合格者才能使用。

在春秋战国时代,产生了一些朴素的质量思想。孔子在《论语·乡党》中提出:"食不厌精,脍不厌细。"意思是粮食舂得越精越好,肉切得越细越好。形容食物要精制细做。反映了我国古代对"精益求精"质量观念的崇尚与追求。战国时期的白圭是治生学的始祖,他提出"长石斗,取上种",就是要选择最优良的种子供应农民,以增加更多的谷物产量,从而增加粮食资源,反映了朴素的质量管理意识。

到秦代,国家对商品买卖进行严格管理,专门从事日用商品经营的商贾必须到官府登记,加入市籍,所出售的商品须符合质量标准。秦代开始兴建的长城是我们中华民族的象征和骄傲,是古代工程质量的典范。秦始皇统一中国后,统一了度量衡制度,这为提高产品质量奠定了基础,秦始皇作为中国古代的第一"标准化大师"实属当之无愧。秦简中的《工律》等法律对手工业产品的规格、质量等方面都做出了较为系统的规定。如在湖北云梦睡虎地出土的秦代法律竹简中,有《工律》一篇,其中规定:"为器同物者,其大小、短长、广亦必等。"官府手工业生产的产品,"不同程者毋同其出",不符合标准的产品禁止将其拿到市场销售。

在唐代,唐律规定器物制作和贩卖不得有诈。例如《唐律疏议·杂律》规定:"诸校斛斗秤度不平,杖七十。监校者不觉,减一等;知情,与同罪。诸造器用之物及绢布之属,有行滥、短狭而卖者,各杖六十;不牢谓之行,不真谓之滥。即造横刀及箭镞用柔铁者,亦为滥。诸私作斛斗秤度不平,而在市执用者,笞五十;因有增减者,计所增减,准盗论。"在严厉的质量律法调整之下,如果生产者和销售者"商而不诚,苟取一时",那么其结局必然是"终至瓦解"。这种规范严明法律制度确保了唐朝经济的繁荣。

到了北宋,为了加强兵器的质量管理,专设了军器监。军器监派员至各处制作院,指示制作的法式(规格、标准),将制作的优劣分为三等,作为各州制作院官员升降的依据。为了改进兵器质量,军器监集合了各地的优秀工匠,交流经验,提高技术。军器监还对军器的发明创造,采取奖励和推广的办法。这些措施,对提高兵器质量、改造兵器性能。起到了积极的作用,并增加了产量。当时的军器监总管沈括在《梦溪笔谈》中就谈到了当时兵器生产的质量管理情况。据古书记载,当时兵器生产批量剧增,质量标准也更具体。这些质量标准基本上还是实践经验的总结,产品质量主要依靠工匠的实际操作技术,靠手摸、眼看等感官估量和监督的度量衡器测量而定,靠师傅传授技术经验来达到标准。工人既是操作者,也是检验者,经验即是标准。

南宋主要由行会来把质量关。南宋周密的《武林旧事》里,则提到了临安的各种食品市场和行会：米市、肉市、菜市、鱼行、南北猪行、蟹行、青果团、柑子团等。投机分子仍常常使用"鸡塞沙,鹅、羊吹气,鱼肉注水"之类的伎俩谋取利益。面对这样繁荣的市场,为了加强管理,宋代官府让各类商人组成行会,商铺、手工业和其他服务性行业的相关人员必须加入行会,并按行业登记在册,否则就不能从事该行业的经营。商品的质量也由各个行会把关,行会首领负责评定商品的成色和价格,充当本行会成员的担保人。

明代对质量管理也有严格要求,我们在不少明代寺庙、陵墓建筑中,发现其墙砖刻有专门记号,以作质量问题的追索印记,可见质量溯源制度我国早已有之。明朝对度量衡管理高度重视。洪武元年(1368),明太祖下令铸造新的铁斛、铁升,以为标准量器。二年(1369),再下令,"凡斛斗秤尺,司农司照依中书省原降铁斗铁升,较定则样制造,发直隶府州及呈中书省转发行省,依样制造,校勘相同,发下所属府州,各府正官提调依法制造,较勘付与各州县仓收支行用。其牙行、市铺之家,须要赴官印烙。乡村人民所用斛斗秤尺与官降相同,许令行使"。明令市场贸易所用的度量衡必须与官定标准相吻,且经官府核定烙印后,方可用于市场交易。

明朝对产品质量问题,一般由各行各业的商品经销者自己来把握,但政府也有原则规定,并赋以法律形式。《明律》定："凡造器用之物,不牢固、真实,及绢布之属纰薄、短狭而卖者,各笞五十,其物入官"。货物"不牢固",纺织品"纰薄"、"短狭",均属次、劣商品;"不真实",则是指冒牌、假伪或者以次充好者;"短狭",也指尺寸不合格、数量不足的商品。实际上这是规定了伪劣与不合格商品不得在市场交易,否则要受到制裁。中国明代《工部厂库须知》中记载,监督炼铜成色质量的高低,并不是对所有产品进行全数检验,来评价整批产品的质量,说明我国产品抽样检验自明代有之,这种方法比西方国家早了二、三百年。

清朝对质量管理基本沿袭了明朝的规范,关于质量管理的法规和明律大体相同。

资料整理来源：《我国质量管理的历史渊源》(周德文)

(2) 质量检验阶段

第一次工业革命后,传统的手工作坊慢慢地被机器生产所代替。工厂越来越细化的劳动分工使得单个操作者已经无法对产品整体质量进行有效控制。20世纪初,泰勒的科学管理运动开始兴起。科学管理提出除了计划和执行职能之外,还需要有专门的质量检验环节。也就是通过严格质量检验,保证进入下一道工序或出厂的产品能够满足质量要求。起初,产品质量检验由工长负责,质量管理职责由操作者转移给工长,即"工长的质量管理"。后来,随着企业规模的继续扩大,在工厂里设置了专门的质量检验部门,有专门的检验人员负责产品质量的检验,即"检验员的质量管理"。现代质量管理理念开始诞生,现在很多制造型企业都会有专门的检验部门保证出厂产品质量。

操作者管理阶段信赖的是工匠的经验和技能,而这一阶段对产品质量的控制主要依靠各种专业的检测仪器和设备。虽然这种质量控制方法能够保证出厂产品质量,但是却存在着一定的缺点。一是质量检验属于事后把关,即当检验出不合格产品的时候,损失成本已经产生,而且对废次品进行重新加工生产,又会导致新成本的产生;二是为保证出厂产品质量合格,需要采用全数检验的方法,无疑导致成本增加,效率降低;三是某些产品的检验属于破坏性检验,如汽车的抗撞击检验、炮弹的射程检验等,不可能进行全数检验。

(3) 统计质量控制阶段

质量检验属于事后把关,为了降低成本,保证产品质量,必须做到有效地预防不合格产品的产生。数理统计方法在质量管理中的运用,有效地解决了这一难题。在 20 世纪 20 年代的时候,数理统计方法就开始与质量控制相结合。1926 年,美国贝尔实验室的统计学家休哈特(W. A. Shewhart)就运用概率论和数据统计方法,发明了"质量控制图"。他认为质量管理应该"事先控制,预防废品",通过控制图可以及时发现质量波动,寻找变异原因。控制图的发明,被认为是质量管理从单纯事后检验转入检验加预防的标志。后来,休哈特的同事道奇(H. F. Dodge)和罗米格(H. G. Roming)又提出了抽样检验的概念,解决了传统检验中存在着的全数检验和破坏性检验的问题。数理统计方法在一些企业的质量管理中取得了较显著的效果,但是由于受到资本主义世界 30 年代严重经济危机的影响,这一方法开始时并没有得到广泛的应用。

第二次世界大战中,为了解决战争中武器的质量问题,数理统计方法又得到了充分重视,应美国国防部要求被率先应用于军工企业的质量控制中。战后,许多民用企业也开始纷纷采用这一方法,并在质量控制上取得了成效。除美国外,日本、德国、法国、意大利等资本主义国家都积极推广统计质量控制活动。到 20 世纪 50 年代,数理统计方法在质量控制中的应用达到了高峰。

统计质量控制将"事后把关"转变为"事前控制"。技术人员通过工序分析,及时发现过程中存在的异常情况,确定缺陷原因,迅速采取对策加以消除,使工序保持稳定,有效保证了产品质量和降低了成本。但是数理统计方法本身的运用也有一定局限性。因为方法比较高深,不容易被一般员工理解和掌握,使人们误认为质量管理是质量工程师和专家的事,与自己无关。而且较深的数学问题抑制了其他部门和员工从事质量管理活动的积极性,也制约了这一方法的运用和推广。日本在 50 年代学习美国质量管理方法时,就遭遇了这种尴尬。他们在质量管理时完全照搬了美国企业的数理统计方法,但由于国民文化基础及种种条件限制,推行并不成功。[①]

① 倪成生. 全面质量管理[M]. 徐州:中国矿业大学出版社,1988:35.

（4）全面质量管理阶段

20 世纪 50 年代以来,随着社会生产力的迅速发展,科学技术和社会经济与文化的不断进步,质量管理也面临着许多新的情况,主要体现在以下几个方面。

① 随着科学技术的不断发展,产品变得日益复杂,技术含量日益提高,对质量的要求越来越高。航天飞机、人造卫星等大型复杂精密产品的出现,需要每一个零件都得到质量保证。在如此高的质量要求下,单单的数理统计方法已经不再能够完全保证产品的可靠性、安全性等质量特性。

② 市场经济高度发展,市场上产品变得日益丰富。一方面顾客选择余地大大增加,他们对产品质量变得越加挑剔;另一方面企业面临日益加剧的市场竞争压力,需要不断通过提升产品质量来赢得市场竞争力。

③ 系统论思想得到充分认识和广泛应用。虽然在 1937 年的时候,美籍奥地利人、理论生物学家贝塔朗菲(Bertalanffy)就提出了系统论的思想,但直到 1968 年他发表专著《一般系统理论:基础、发展和应用》,系统论的科学地位才得以建立。系统论强调整体概念,任何系统都是一个有机整体,它不是各部分的简单机械加总,而是彼此相互关联,共同构成一个不可分割的整体。对产品质量而言,质量不仅仅局限于生产过程,还涉及市场调研、设计、采购等各个环节,因此应该以系统的理论来研究产品质量问题。

④ 20 世纪 60 年代,管理理论上"行为科学学派"兴起。早期的古典管理理论学家如泰勒、法约尔、韦伯等人将人看成是"经济人",即工人最关心的问题就是工资,他们缺乏工作主动性。但 20 年代末、30 年代初的霍桑试验认为工人是"社会人"而非"经济人",他们并非是被动的、孤立的个体,其行为受到工作中的人际关系影响。行为科学学派强调人及人际关系在企业管理中的积极作用。质量管理必须要重视人的作用,充分调动每一个相关人员参与质量工作的积极性和主动性。

正是这些变化,使得原来的质量管理方法不再适应新的形势需要,质量管理领域需要引入新的管理理念。美国通用电气公司总经理菲根堡姆(A. V. Feigenhaum)认为:"现代的质量问题在技术上是如此之复杂,以致只有在统一计划、统一组织的情况下才能以适当的方式加以解决。这些问题已经超出过去用来解决质量问题的组织结构的范围。"[1]为此,1956 年他提出了全面质量控制(Total Quality Control,TQC)的概念。[2] 在管理思想上他主张公司的设计、生产和销售等各部门都应该开展质量工作,要对全员和全过程进行管理,形成一个完整的质量保证体系,同时综合运用经营管理、专业技术、数理统计等多种方法,形成一整套系统的工作方法。全面质量控制理论被提出后,在国外被广泛接受,从欧美传到日本,在内涵和方法上也不断地深化,最终演变成全面质量管理(Total Quality Management,TQM),并在世界范围内被各国企业充分采用。这一新的理念的提出,为质量管理注入了新的活力。从此,质量管理进入了崭新的阶段。

现代质量管理从质量检验到统计质量控制,再到全面质量管理,这是质量管理工作

---

① 中央人民广播电台工商部编. 全面质量管理讲座[M]. 北京:广播出版社,1981:11.
② 很多时候,TQC 也被翻译成全面质量管理,但实际是它是全面质量管理(TQM)的早期概念,与 TQM 存在一定区别。

的一个质的飞跃和发展,它们一步一步地使得质量管理更加完善,成为一种科学化的管理技术,帮助企业进行质量经营。这三个阶段的发展不是孤立的、互相排斥的,前一个阶段是后一个阶段的基础,后一个阶段是前一个阶段的继承和发展。质量管理三个阶段的对比如表 3.1 所示:

表 3.1

现代质量管理三个阶段的对比[①]

阶段 项目	质量检验阶段 20 世纪初—30 年代末	统计质量控制阶段 20 世纪 40 年代—50 年代	全面质量管理阶段 20 世纪 60 年代—90 年代
质量标准	保证检验产品符合既定标准	按既定标准控制	以用户需求为真正标准
特点	事后把关	过程控制	全面控制、以防为主
工作重点	重在生产制造过程	扩大设计过程	设计、生产辅助,使用全过程
检测手段	技术检验	加上数理统计方法	经营管理、专业技术、数理统计相结合
管理范围	产品质量	产品质量和工序质量	产品质量、工序质量和工作质量
类型	防守型	防御型	全攻全守型
管理者	监工	专业技术人员	全员

3.2　全面质量管理

全面质量管理起源于 20 世纪 50 年代的美国,20 世纪 60 年代在美国、日本等国家得到普遍推广,日本的成功使得全面质量管理在全世界范围内得到关注。在 50 年代,与欧美等国相比,日本生产的产品品质低劣,日本货被认为是粗制滥造低劣产品的代名词,但是后来日本产品却以精致、优质、新颖、价廉的优势迅速进入国际市场,质量高于西方国家。1980 年,美国惠普公司曾报道:惠普公司对三家美国公司和三家日本公司所制造的 30 万个 16K 的 RAM 芯片进行测试,结果发现日本产芯片的入厂故障率为 0‰,而美国产品则分别为 11‰和 19‰。在使用 1000 个小时后,美国芯片的故障率上升至原来的 27 倍。很快日本公司便占据了美国市场。这一幕同样发生在美国的汽车市场上。1980 年,日本汽车进入美国市场,美国的通用福特等企业不断败退,日本的丰田本田汽车迅速占据北美 30%的市场。而日本的成功正是源于其全面质量管理。1978 年,全面质量管理在北京内燃机车和清河毛纺厂等企业率先践行,并逐步在国内展开,取得了丰硕成果。在世界各国企业的不断实践中,全面质量管理思想不断深化和发展,日趋成熟,为改进企业的质量管理水平,提升产品和服务质量起到了重要的推动作用。

---

① 　陈国华,贝金兰.质量管理[M].北京:北京大学出版社,2014.

日本的质量管理简史

日本是在战后开始从美国引进质量管理的,大体经历了五个时期:

① 1946—1950 年为引进启蒙期,主要是开始研究和宣传质量管理。1946 年创建日本科学技术联盟(JUSE),从事质量管理工作,并于 1949 年 6 月组成质量管理研究小组,进行各种研究,9 月举办质量管理讲座。同年,日本官方公布了工业标准化法,实行统计质量管理,并开始制定本国工业标准 JIS,对于符合这个标准的工业产品,可以在商标上打出"JIS"标志。还在日本标准化协会内部成立了质量管理方法研究小组。1950 年聘请美国质量管理专家戴明博士到日本讲学八天,包括管理图和部分抽样检查法。在此基础上开始训练工厂管理人员。同年,日本科技联和标准化协会发行了《质量管理》和《标准化与质量管理》对宣传和推行质量管理起了很大作用。

② 1951—1954 年为重点普及期,主要是在日本一级厂普及数理统计方法。1951 年日本质量管理团体为了奖励推行质量管理搞得好的集体和个人,设立了戴明奖及戴明实施奖,为日本质量的最高奖赏。取名戴明奖,是对他的纪念。1953 年为 JIS 设通商大臣奖,次年又设质量管理文献奖。这些奖励,对推行质量管理起了很大的促进作用,迄今仍在实行。这一时期,尽管在日本国内出现了许多推行质量管理的热心人,但在企业里进展却很迟缓。他们发现主要原因是企业的高级领导人员对质量管理缺乏认识,不够重视。于是,1954 年聘请美国质量管理专家朱兰博士专门为企业的领导干部讲学。

③ 1955—1960 年为普及展开期,主要是统计质量管理范围更加扩大,并且开始接受全面质量管理的思想。日本为了广泛深入地宣传质量管理,从 1956 年起,利用电台、电视向中小企业领导干部和班组长进行质量管理教育,播放质量管理讲座和入门知识。60 年代初,还向工商业其他领域普遍推行质量管理。从 1960 年开始在全国开展了一年一度的"质量月"活动。这一时期,日本翻译了大量的国外质量管理书籍和资料,派遣了很多考察组到美国学习、考察。同时,还编写了《统计质量管理》、《现场与质量管理》、《工长质量手册》等通书刊,为培训基层干部和工人做了许多工作。

④ 1961—1970 年为巩固发展期,主要是全国质量管理取得巨大成绩,更向基层深入发展,并开始创新。此期,日本生产率本部面向生产第一线进行质量管理训练和指导。1962 年开展了质量管理小组(QC 小组)活动。电子计算机也应用于质量管理。在大学设置了质量管理课程,专门培养质量管理人才。

⑤ 1971 年迄今,为质量管理新时期,主要是日本结合自己的国情,"洋为日用",包括学习中国的工人、技术人员和干部"三结合"的经验,形成了一套具有日本独特风格的质量管理理论、体系和方法,引起了世界各国的注视。

日本从美国学习了质量管理,但青出于蓝而胜于蓝,在某些方面超过美国。现将日美质量管理的主要区别列表如下:

美　国	日　本
综合质量管理,只是一部分人参加的 TQC	全公司人员都参加的质量管理
基本思想是"性恶说",单独强调对人的管理,调动人的积极因素很不够。	基本思想是"性善说",考虑人的因素,强调人与人之间的互相依赖和帮助,采取调动人的积极性的办法,自觉地保证质量。
管理方法是标准化先行,做法是从上至下把全部程序规定好标准,而且规定得很细,要求下边严格去做。如果标准搞错,最终质量肯定不好。是属于设计的方法。	管理方法是根据问题,找出措施,进行顺次的标准化,规定比较粗,要求在做的当中要动脑筋,来更好地达到质量目标,标准也在实施过程中不断改进提高。是属于分析的方法。
重点是质量控制的方法,着眼于管理问题的结果。	重点是质量管理的方法,着眼于根据问题的结果,管理它的过程。
质量的管理,主要在产品的质量上。	不单是管理产品的质量,而且还要管理工作质量、成本质量等。
质量管理工作,只是质量管理部门的事。	每一个部门都要搞质量管理,一个部门搞不上去,就会影响整体质量。
	日本独特的发展方面: 上层领导者的决心大,战后日本为在国际市场取得竞争能力,上层对质量重视,而美国则不然。 日本有 QC 小组活动,美国没有。 普及统计方法,广泛使用。 质量月活动、奖励等,美国也没有。

　　日本由于在全国普遍推进了全面质量管理,造成了人人重视质量、并为生产世界上第一流产品而努力的风尚,不仅使日本的产品在国际市场上具有很强的竞争能力,给国民经济带来极大利益,成为工业高速发展的重要因素之一,而且也引起了日本整个社会服务质量和社会风尚的变化。

　　资料来源:全面质量管理基础编写组.全面质量管理基础[M].北京:知识出版社,1981:4—5.

1. 全面质量管理的内涵

　　菲根堡姆在 1961 年出版的《全面质量控制》一书中对全面质量控制的解释是"一个企业的各个部门对质量开发、保持和提高所做出的质量总和,使企业以最经济的手段进行生产和服务,以达到用户的最大满意程度。"[1]这一观点一经提出,就受到世界范围的广泛认可,并得到创新和发展。中国质量管理协会曾对全面质量管理作出定义:"企业

---

① 张明.TQC 与 TQM[J].经济管理,1994(5):64.

全体职工及有关部门同心协力,综合运用管理技术、专业技术和科学方法,经济地开发、研制、生产和销售用户满意的产品的管理活动。"ISO 8402:1994《质量管理和质量保证术语》也对全面质量管理作了定义:"一个组织以质量为中心,以全员参与为基础,目的在于通过让顾客满意和本企业所有成员及社会受益而达到长期成功的管理途径。"虽然全面质量管理并没有形成完全统一的定义,但这些概念都强调顾客满意、全员参与和经济利益。

全面质量管理是顾客需求驱动下的质量管理理论。产品必须能够充分考虑顾客的要求和期望,最终实现外部顾客和内部员工满意,甚至是整个社会的满意。只有这样的产品,才是真正的高质量产品。有时质量的提升会以成本上升为代价,作为以赢利为目的的企业,应该是在考虑最经济的水平下达到两者的有效平衡,以有限资源实现顾客最大满意。

质量管理活动贯穿于整个生产活动过程中。产品质量不能仅依靠检验,而是要对整个过程进行设计和控制。全面质量管理要求质量管理形成包括市场研究、设计、生产和销售在内的一个完整体系,要求各部门和全体员工共同参与,共同努力。

全面质量管理追求的是企业的长期成功,它需要企业有长远眼光,建立长期有效的质量管理体系,培育全员参与质量管理活动的企业文化,不断提升质量管理水平,实现产品质量的持续性改进,从而保证企业能够长期获得最大经济利润。

总体来讲,全面质量管理的特点主要体现在"全面"上。展开来讲,就是全员的质量管理、全过程的质量管理、全范围的质量管理和全方法的质量管理。

(1) 全员的质量管理

无论是操作者质量管理阶段,还是后来的质量检验阶段和统计质量控制阶段,都认为质量管理是企业内某些人的事,但全面质量管理中的"全面"强调质量应该是企业各部门、各阶层全体员工共同的活动。旅游企业服务质量的好坏是企业全体员工工作质量的集中反映,任何一个成员的工作质量都会不同程度地直接或间接地影响服务质量。虽然其中有一些工作人员并非是一线服务人员,但他们对一线服务人员提供的支持性工作至关重要,比如旅行社计调人员在旅游过程中的协调和安排工作。因此,这就要求人人参与质量管理,并且通过做好本职工作实现对服务质量的保证。而且,这种参与并不是分散性的各自参与,而是有系统的相互配合的参与,大家要相互理解,共同支持,一起承担质量责任,形成一个全员参与的有机系统。

因为全员要参与,这就要求在组织机构上,上层、中层和基层都要参与质量工作。各个层次都应有明确的质量管理活动内容:上层做质量决策,制定公司的质量方针、目标和质量管理体系,以及协调部门工作和各类资源;中层执行上层决策,做好本部门的质量目标和任务,并对基层工作提供指导和管理;基层严格按照要求完成中层布置的任务,做好本职工作。另一方面,全员参与还要求各部门相互协调配合,以满足顾客要求和期望为根本目标,杜绝只以本部门为中心的狭隘思维。

(2) 全过程的质量管理

以前质量管理偏重于制造和检验,但是日本质量管理专家田口玄一博士提出,质量首先是设计出来,然后才是制造出来。因此,必须以过程的观点进行质量管理。企业的市场研究、设计、采购、生产、检验、销售和售后等各个环节都会影响到产品质量。在这里,产品质量产生、形成和实现的全过程,已从原来的制造和检验过程向前延伸到市场调研、设计和采购等上游过程,向后延伸到包装、运输、使用、售前售后等下游过程。全面质量管理就要求质量管理活动应该贯穿于整个生产活动过程中,实现全过程的质量管理。质量管理全过程的各个环节可以通过朱兰质量螺旋循环示意图展现(如图 3.1)。对旅游企业而言,也是同样如此。如旅行社采用全面质量管理就要实现市场研究、线路策划、旅游采购、线路销售、服务提供、售后、再市场研究一个不断循环的过程管理。

图 3.1

朱兰质量螺旋
循环示意图①

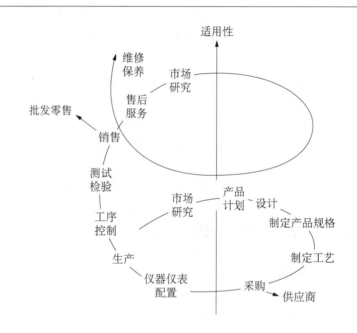

(3) 全范围的质量管理

全面质量管理的"全面"还意味着对质量要进行全范围的管理。所谓的全范围是指管理的对象应该是广义的质量,对旅游企业而言,不仅包括最终的服务质量,还包括工作质量。服务质量是对具体服务的要求,而工作质量是与服务质量有关的各项工作,是实现服务质量的保证,包括了企业的质量方针、目标、相关政策,各部门的运行质量,系统质量,技术质量,工程质量,以及各级领导干部、行政人员、技术人员和服务人员的工作质量等等。可以说,工作质量涉及整个企业工作的有效性和效率。旅游服务质量不仅取决于最终的服务质量,更取决于赖于产生和形成的整个工作质量。然而相比较服务质量,工作质量不是那么直观,容易被忽视。因此,做全面质量管理就必须就服务质量和工作质量进行全范围的管理。

全范围的质量管理还意味着要对影响旅游服务质量的所有因素进行全面控制。影响质量的因素很多,概括起来包括服务项目、服务人员、服务设施、服务物品和服务环境等各方面,只有对这些因素进行全面控制,才能保证服务质量。

① 宋彦军. TQM、ISO9000 与服务质量管理[M]. 北京:机械工业出版社,2007:24.

（4）多方法的质量管理

影响产品和服务质量的要素多又复杂，单靠一种方法很难保证高质量，因此全面质量管理提出要以科学的多方法进行质量管理。管理旅游服务质量同样如此，相比产品质量，服务质量更加复杂，不可控因素更多，这就更需要采用科学有效的方法。一是要灵活采用质量管理常用工具，包括因果图、排列图、直方图、控制图、散布图、分层图和调查表等老七种工具，以及关联图法、KJ 法、系统图法、矩阵图法、矩阵数据分析法、PDPC 法和矢线图等新七种工具；二是要充分使用各种质量设计技术、最优化技术、网络计划技术、计算机辅助质量管理技术等等，将众多影响旅游服务质量的因素管理好。

2. 全面质量管理的指导思想

全面质量管理要求全体员工牢牢树立以下思想：

（1）质量第一

"质量第一"表面上看起来似乎理所当然，但提出并树立这一思想也是充满曲折。20 世纪 50 年代末 60 年代初，我国就已经提出"质量第一"的观点，[①]但是总体上国内生产过于追求速度和产量，产品质量并未得到充分保障，六七十年代的动荡更是导致产品质量严重下滑。[②] 直至 1978 年，生产逐步恢复正常，全面质量管理思想被引进，全国开展第一个"质量月"活动以狠抓质量，"质量第一"的思想才得以真正树立起来。但直到今天，就旅游企业而言，并非所有企业都追求"质量第一"，一部分企业仍然是"成本第一""利润第一"或是"技术第一"。贯彻全面质量管理，就必须首先要牢牢坚持"质量第一"的思想。服务质量是旅游企业生存和发展的根本，只有做好服务质量，才能赢得顾客、赢得竞争、赢得利润。

（2）顾客至上

从全面质量管理的定义可以看出，顾客满意是质量问题的核心。坚持质量第一，就是要坚持顾客满意，是否满足顾客要求是衡量质量的唯一标准。尤其是旅游服务质量更是如此，旅游服务质量是感知的服务质量，属于主观概念，评价其好坏，完全取决于顾客本身。因此，做好全面质量管理，就要牢牢树立"顾客至上"的思想。

顾客包括外部顾客和内部顾客。外部顾客就是消费者，内部顾客是内部服务的对象。旅游企业在服务时通常会忽略内部顾客。企业的内部运营是各个过程的组合，每个过程都由上下环节组成，下个环节的员工就是上个环节员工服务的"顾客"，如果不能满足这些"顾客"要求，那势必会影响这些"顾客"的服务质量。每个过程都是环环相扣，一个环节不满意，就会导致整个过程质量出现偏差。因此，"顾客至上"的思想包括了要充分重视内部顾客的需求，实现内部顾客满意。

（3）预防为主

传统质量管理注重检验，强调的是"事后把关"，而全面质量管理突出的是过程管理和系统管理，强调的是"事前预防"。它把大量的质量管理工作前移，通过科学的方法将

---

①　全面质量管理基础编写组. 全面质量管理基础[M]. 北京：知识出版社，1981：8.

②　上海十七厂企管室. 全面质量管理培训教材[M]. 上海：上海第十七棉纺织厂企管协会，1983：3.

原来的控制结果转变为控制因素和过程。通过防患于未然,建立一个有效的生产服务系统,大大减少了质量问题,降低了质量成本。对旅游企业来讲,预防为主更为重要。因为旅游服务具有生产和消费的同步性特征,一旦服务质量出现问题,顾客就能直接感知到。因此,旅游企业更应该强调对不良服务的预防,采取各种措施避免在服务过程中出现差错。

(4)重视数据和事实

全面质量管理强调以科学的方法进行质量管理,这就要求准确的数据和可靠的事实。质量管理不能靠主观印象和感觉,比如对服务质量作出评价时,不能自我感觉良好,而是应该有顾客满意度的数据或是其他相关的服务质量测评结果。对可以量化的特性要保持数据的及时、准确和完善,充分利用科学分析的结果;对不可量化的特性,要及时、准确地记录特性的全部信息,供有关人员参考和分析。总之,全面质量管理要求工作人员在质量管理过程中要有科学的作风、掌握科学的方法,深入调研,以数据和事实说话,为质量工作提供切实可信的依据,避免决策的主观性和任意性。

(5)持续改进

随着人们旅游经验的越来越丰富,他们对服务质量的要求会越来越高。全面质量管理认为质量的保持、改进、提高过程是一个螺旋式上升的过程,企业不能永远停留在原有水平上。这就要求领导人员要有强烈的竞争意识、问题意识、顾客意识和改进意识,不断提高质量管理水平,持续改进质量管理体系,不断采取改进措施,不断提高服务质量水平,实现更高的顾客满意和顾客忠诚。

资料阅读

上海春秋国际旅行社的全面质量管理

春秋国旅成立以来在旅行社的游客满意度排名始终名列前茅。2014年行业主管部门组织的旅行社满意度调查显示:春秋旅行社的游客满意度总指数84.91,高出上海市旅行社满意度0.95分,高出其他旅行社4.09分,全市综合排名保持第一。

春秋国旅的全面质量管理以"99+0=0"为质量理念,这意味着旅游服务过程中,有一个环节游客不满意,整体服务质量就"一票否决"。公司以满足游客需求为出发点,致力于产品全周期的质量管理,构建了由产品设计质量、招揽质量、组织质量和接待质量等组成的全面质量管理体系,并着力强化设计质量、培训质量和检验质量,进一步夯实质量基础。

(1)抓好设计质量。

公司建立和实施《品牌产品规范》,从源头上抓好产品设计质量,规定用"产品定位五步法"确定游客需求;实施《产品设计评审流程》,将顾客需求的满足程度作为产品质量评审的核心要求,并在设计阶段确定质量职责分配、旅游资源组织、游客招揽和接待等质量标准,按设计标准组织质量的测量、分析和改进活动。

对于产品实现过程中的质量除了内部监视和测量,公司还十分重视将游客反馈的信息用于产品的设计改进。公司投诉科和法务室分别根据游客投诉和法律纠纷的典型案例,每季度编制《安全质量负面清单》,在公司 OA 上公布、在业务部门张榜。此外,还要求各部门组织讲评和讨论。

根据质量反思活动达成的共识,公司在原投诉处理网络基础上,充实了监查、法务、标准和保险等专业人员以及各业务部门的主管,成立了跨部门的产品质量处理工作小组,每月召开联席会议,定期剖析投诉和法律纠纷中隐含的设计质量问题,商讨“定点清除”产品设计缺陷的措施,建立了游客意见的倒逼机制。2014 年公司的有效投诉同比下降 26%。

(2) 抓好质量培训。

为强化顾客导向的质量意识和能力,集团培训中心为计调、销售、导游、内审员等人员提供了分门别类的质量培训课程。

公司创造条件让技术骨干和质量管理人员跨专业轮岗锻炼。如:IT 工程师到业务部门、计调到门市、计调到质量部门、质量人员到业务部门等轮岗锻炼。

公司制定专项计划,定期组织旅游突发事件处置培训和演练,确保相关岗位人员具备应急处置的能力。同时,结合模拟演练和突发事件的实际处置效果,组织预案和处置能力的评审,以持续改进预案和加强培训。

人力资源部为关键岗位员工建立了质量档案作为绩效工资的考核依据之一,还规定内审员和计调参加质量培训、考核合格后才能聘用上岗。

(3) 抓好质量检验。

对于设计产品质量,公司健全了针对行程的检验流程。对于交付产品,公司建立“五位一体”的监控体系:包括财务价格内控、采购质量内控、游客满意测评、“啄木鸟”门规暗查和导游领队带团检查等,全方位、多角度地监视和测量产品质量。

其中,“啄木鸟”专职从事成熟产品的质量暗查,新产品则招募“体验师”“找茬”“挑刺”。“啄木鸟”和“体验师”以游客的身份通过电话咨询、门市暗访和跟团旅游等方式,检查门市销售、行前说明会、导游接团等组团服务质量,以及行程中游、购、娱、食、住、行等地接服务质量。

资料来源:《游客满意就是质量风向标》(国家质量监督检验检疫总局)

3. 全面质量管理的基础工作

旅游企业要做好全面质量管理,必须要做好教育、标准化、计量、信息和质量责任制等基础性工作。这些工作以质量为核心,互相结合,共同保证旅游企业做好全面质量工作。

(1) 质量教育工作

旅游企业服务质量的高低,很大程度上取决于服务人员的素质。因此,要做好全面质量管理,首先就必须建立起高素质的人才队伍。这就要坚持以人为本,持之以恒地坚持员工的教育培训工作,并将其贯穿于服务的全过程,使服务人员能够掌握质量管理的基础知识和技能,充分胜任岗位的工作。员工的质量意识、质量知识和质量技能是决定其服务质量高低的重要因素,旅游企业的质量教育工作可以围绕这三方面展开。

① 质量意识教育。

提升员工的服务质量意识是旅游企业做好质量管理的前提。首先,领导的意识是关键。要提升和强化领导的服务质量意识,要让领导充分意识到服务质量是决定企业生存和发展的前提,使领导从原来的唯成本、唯利润意识转向为服务质量意识。上世纪50年代,日本企业推行质量管理,却成效较弱,主要原因就是领导干部缺乏足够的质量意识。因此,后来日本专门请质量管理专家朱兰博士为领导干部讲课。第一,从改变领导意识开始推进质量管理,提升和强化领导的服务质量意识。第二,提升和强化各职能部门人员的服务质量意识,使其充分认识到职能部门的工作是整个服务质量工作中的重要环节,他们的工作质量会直接影响到一线服务部门的服务质量。第三,提升和强化一线服务部门人员的服务质量意识,他们是与顾客的直接接触者,他们的服务意识具有最直接的影响,通过教育和培训工作使他们充分认识到他们的工作对于他们的个人发展、部门利益和公司利益的重要意义和作用。

② 质量知识教育。

全面质量管理涉及一套完整的理念、体系和方法。因为全面质量管理要求全员参与,因此旅游企业的全体员工必须对全面质量管理的知识有全面的认识和了解,包括全面质量管理的基本理论、质量管理原则、质量管理体系、相关的质量标准和数理统计方法等等。由于每个人的层次不同,岗位不同,对质量知识的要求也有所不同。因此,旅游企业应该根据具体的需求,因地制宜地实施质量知识教育。

③ 质量技能教育。

技能是指完成某项工作所需要的专业技术和操作能力。作为一名服务人员,不仅需要具有提供优质服务的意愿和态度,而且还需要具备能够提供优质服务的能力。因此,质量技能教育是岗位教育必不可少的组成部分。不同岗位对技能的要求不同,教育培训部门应该根据岗位要求对员工实施有针对性的培训计划,使员工能够充分掌握服务标准、服务流程和服务操作方法,提升其分析问题、解决问题的能力和业务技术水平,使之能够充分胜任本职工作。

质量教育工作可以以动员、会议、内部培训、外部培训、进修、比赛、练兵、考试和考察等各种形式展开,要以多样活泼的形式和丰富多彩的内容,充分调动起大家学习的积极性,提升教育培训的效果。

(2) 质量标准化工作

GB/T 20000.1—2014《标准化工作指南　第1部分:标准化和相关活动的通用术语》认为标准化是为了在既定范围内获得最佳秩序、促进共同效益、对现实问题或潜在问题确立共同使用和重复使用的条款以及编制、发布和应用文件的活动。标准化最初产生于泰勒的科学管理。泰勒对工人们的经验、知识和技能进行收集整理和分析总结,形成了一套标准的操作方法,改变了原来师傅带徒弟的传授或仅凭个人摸索的方式。以标准化代替传统经验,极大地提升了工作效率,而且还有助于对员工进行公正合理的考核。在其最经典的三个实验中,他以生铁搬运试验确定了标准化的操作规范,以铲具试验和金属切削试验确定了标准化的工具、机器和材料。以最佳方法来统一规范员工行为,不仅有助于提升劳动生产效率,也有助于保证和提升产品和服务质量。GB/T 20000.1—2014 就明确指出标准化的重要目的之一就是"适用性",也就是用于提升产品、过程或服务在具体条件下适合规定用途的能力。

标准是通过标准化活动,按照规定的程序经协商一致制定,为各种活动或其结果提供规则、指南或特性,供共同使用和重复使用的文件。它是标准化活动的重要产物,是员工从事质量工作的重要依据。标准在适用范围上可以划分为国际标准、国家标准、行业标准、地方标准和企业标准。国际标准是由国际标准化组织或国际标准组织通过并公开发布的标准,如由国际标准组织发布的 ISO 9001:2015《质量管理体系　要求》;区域标准是由区域标准化组织或区域标准组织通过并公开发布的标准,通常指的是由欧洲标准化委员会(CEN)、非洲地区标准化组织(ARSO)、阿拉伯标准化与计量组织(ASMO)等地区标准化组织制订的标准;国家标准是由国家标准机构通过并公开发布的标准,如由国家质量监督检验检疫总局和国家标准化管理委员会发布的 GB/T 19001—2016《质量管理体系　要求》;行业标准是由行业机构通过并公开发布的标准,如由国家旅游局发布的 LB/T 046—2015《温泉旅游服务质量规范》;地方标准是在国家的某个地区通过并公开发布的标准,如由上海市质量技术监督局发布的 DB31/T 1073—2017《特色乡村旅游园区(村)服务质量导则》;企业标准是由企业通过供该企业使用的标准。

为了保证和提升旅游服务质量,旅游企业的标准化工作需要认真做好以下任务。

① 实施国家标准、行业标准和地区标准。

一方面,国家标准、行业标准和地区标准反映了政府对企业的要求和希望,而满足政府要求和期望是旅游企业提供服务质量的基本要求,因此企业应该认真贯彻和实施国家标准、行业标准和地区标准。另一方面,绝大部分旅游标准都是推荐性标准。所谓推荐性标准,是指生产、交换、使用等方面,通过经济手段调节而自愿采用的一类标准,又称自愿性标准。这些推荐性的旅游标准为企业保证和提升旅游服务质量提供了行动指南,旅游企业可以以这些标准指导工作实践。尤其是一些没有足够能力制订自己标准的中小旅游企业,更是可以以这些推荐性标准为圭臬。此外,旅游企业也可以通过这些政府标准提升自己的知名度和影响力,也为顾客提供服务保证。比如酒店可以依据 GB/T 14308—2010《旅游饭店星级的划分与评定》评选星级酒店,旅行社可以依据 GB/T 31380—2015《旅行社等级的划分与评定》评选 A 级旅行社,旅游景区也可以依据 GB/T 17775—2003《旅游景区质量等级的划分与评定》评选 A 级景区。

② 采用国际标准和国外先进标准。

旅游企业还应该积极采用国际标准和国外先进标准。一是有利于与国际接轨,能够使旅游企业更好地走向国际舞台。比如依据 ISO 9001:2015《质量管理体系　要求》建立旅游服务质量管理体系,获得 ISO 的质量认证,能够在国际合作和竞争中取得优势地位。二是有利于提升旅游企业的品牌和声誉。比如欧洲标准化委员会"旅游服务"技术委员会发布了一系列潜水旅游服务标准,如 EN ISO 24803:2017《娱乐性潜水服务　娱乐性潜水提供者的要求》和 EN ISO 11121:2017《娱乐性潜水服务　带水肺潜水入门课程的要求》等,国内相关旅游企业实施这些先进标准,能够更好地为顾客提供质量保证,更好地吸引顾客注意。三是有利于旅游企业对标国际先进标准，查找差距，进一步地提升服务质量水平。

③ 建立和实施企业标准体系。

由于国家标准、行业标准和地方标准需要综合考虑整个行业的情况，因此大部分政府的这些标准都只是对企业提出较基本的要求。而旅游企业为了比竞争对手提供更好的服务质量，就需要努力建立和实施更高标准的企业标准。另一方面，虽然政府已经发布了大量的旅游标准，但是对具体某个旅游企业而言，仍然是零散的、不全面的、不系统的。因此，旅游企业有必要建立和实施更加系统化的企业标准体系。旅游企业应该设置专兼职机构，在最高管理者的领导下开展本企业的标准化工作。该机构按照 GB/T 19001：2016《质量管理体系　要求》、GB/T 15496—2017《企业标准体系　要求》、GB/T 15497—2017《企业标准体系　产品实现》、GB/T 15498—2017《企业标准体系　基础保障》、GB/T 19273—2017《企业标准化工作　评价与改进》、GB/T 35778—2017《企业标准化工作指南》、GB/T 1001—2016《企业标准制定原则和程序》、LB/T 023—2013《旅游企业标准体系指南》、LB/T 026—2013《旅游企业标准化工作指南》和 LB/T 027—2013《旅游企业标准实施评价指南》等标准的要求和指引，围绕旅游服务质量，以顾客为中心，有序开展标准化工作。

旅游企业标准化的主要任务是形成完善的质量标准体系，保证企业运营有章可循。整个旅游服务质量标准体系包括基础标准体系、管理标准体系、服务标准体系和岗位工作标准体系四大部分组成。具体结构框架如图 3.2 所示。标准制订过程中，要注意各

图 3.2

旅游企业标准
体系结构图①

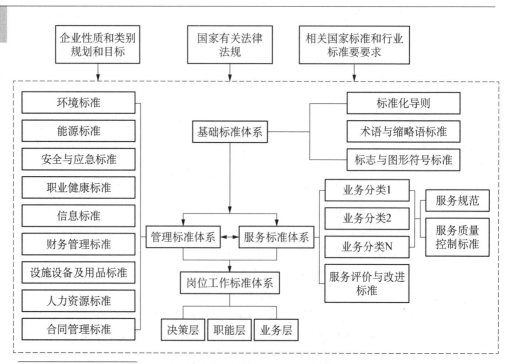

---

① 国家旅游局.旅游企业标准体系指南[S].LB/T 023—2013.

标准之间的协调相融。一旦标准制订发布，就应该严格按照标准执行和操作，检查标准的实施情况以及对标准进行审查，对实施过程中存在的问题要及时解决。此外，标准制订后并非一成不变，而是需要根据内外部环境的变化，及时对标准进行修订。

（3）质量计量工作

计量是实现量值统一和准确可靠所进行的全部活动。在质量管理中，产品设计开发、原材料采购、产品生产和产品销售都需要用到计量工作（包括测试、化验、分析等），这既关系到企业产品质量的优劣，也关系到顾客的合法利益。比如某些酒店和餐饮企业在销售某些食材时存在"压秤"问题，坑害消费者。因此，服务企业的计量工作虽然没有制造型企业那么复杂繁琐，但也依然重要，尤其是酒店、餐厅、旅游购物商店等企业都必须要做好计量工作。旅游企业的计量工作要做好以下几个环节。

① 严格遵守相关法律法规要求。

计量工作贯穿于国民经济和社会发展的各个领域，国家颁布了一系列的法律法规来规范企业的计量工作。除了最高的《计量法》外，各地还纷纷出台了与旅游企业相关的专门计量管理办法以规范企业的计量工作。比如陕西、福建、天津、成都、杭州和深圳等省市都出台了有关餐饮娱乐业的计量管理规定。如内蒙古质量技术监督局 2013 年发布的《饮食服务业计量监督管理规定》要求经营者经营的菜肴、生料、主食、酒类、饮料及其他食品，必须使用法定计量单位明确标注净含量或主要原料的净含量，并明示食品或原料的名称、所使用容器名称、食品或原料的计量单位和价格等内容，热菜应标明 1—2 种主要生料的净含量，冷菜应标明 1—2 种主要熟料或可食生料的净含量，火锅所用的生、熟涮料，如肉、菜、鱼等，应使用法定计量单位标准净含量。旅游企业应该严格遵守相关的法律法规和相关标准规范，以保证基本的服务质量，保障顾客的利益。

② 制定完善的计量制度。

旅游企业应该根据我国相关的计量法律法规和相关要求，制订适合本企业需要的计量管理制度，包括计量岗位人员责任制、计量器具管理制度、计量器具周期检定制度、计量器具日常维护和自校制度、计量器具损坏赔偿制度、计量考核和奖惩制度、计量诚信承诺制度、计量投诉处理制度以及其他相关的计量制度。

③ 配备合格的计量人员。

旅游企业应该按照需要设置相应的计量管理机构，配置相关专兼职计量管理人员，负责本企业的计量管理工作。比如，酒店可以由财务部经理负责整个企业的计量工作，制订计量工作计划，指导和监督酒店的计量工作，并协调解决各类计量问题，各部门配置兼职人员负责本部门的计量管理工作。计量人员应该接受计量培训，并具有一定的经验又有较强的责任心。

④ 配备符合要求的计量器具。

计量器具的配置应该满足产品和服务质量特性的要求。旅游企业常用的计量器具有台秤、落地磅秤、地秤、米尺、游标卡尺、千分尺、电度表、水量表、流量表等等。企业要有专门的台账来记录这些计量器具的购入、领用、报废和转移等各种业务情况。在计量器具首次使用前，需要对其进行校准，保证其精准性后再投入使用。为了保证计量设备运行的稳定性，保证其预期用途和使用频次，旅游企业还需要定期核准计量器具。对不合格的计量器具,要暂停使用,并修理和调试。实在不能使用的,应及时报废。

(4) 质量信息工作

质量信息是与质量有关的各类数据、图表、资料和文件。它包括企业的内部信息,如各类质量文件、质量标准和质量记录等。也包括外部信息,如相关法律法规、国内外标准、顾客需求、行业信息和竞争对手信息等。质量信息是旅游企业开展质量管理工作的重要依据,只有充分了解内外部质量信息,才能掌握行业发展趋势、顾客需求变化和内部质量问题,才能做好质量决策,并持续推进质量改进。因此,旅游企业必须做好质量信息工作。

① 确定各类活动对质量信息的需求。

旅游企业的整个服务运营过程包括市场调研、服务设计和开发、采购、市场营销、服务传递和售后服务等活动,每个活动要高效高质量地开展必须要掌握相应的质量信息,但是不同活动对质量信息的需求是不同的。因此,要明确各不同活动、各部门所需要的质量信息,根据需求开放不同的权限,避免信息被不恰当使用,从而提升信息利用的效率和安全性。

② 收集所需的信息。

各部门或活动负责人根据需求指定专门的人收集相关的质量信息,并明确收集信息的途径和方法。内部质量信息可以提出申请,由上级部门或其他部门提供,或是通过内部访谈、问卷调查、查询历史文件和定期记录等方式获得。外部信息可以通过网络搜索、图书馆查询、向第三方购买、外部访谈和问卷调研等多种方式收集。信息来源渠道要可靠,信息收集要完整、真实、及时。

资料阅读

重视顾客的反馈

无论是做旅游的或者做酒店的,收集顾客对企业服务质量的反馈都是必需的。但是有些酒店却不敢跟客人要反馈,或者不知道怎么要。凡事总有第一步。其实当你开口问了,你会发现许多客人是很愿意分享他们的体验的,无论是好的还是坏的。如果你的酒店有一个完整的声誉管理体系、优秀的客户服务体系、有质量的产品,那更加可以自信地跟客人要反馈了。

美国酒店管理调查公司 Software Advice 调查表明,大部分客人愿意在退房时或离店后几天内给酒店反馈。时间越长,客人反馈的可能性越低。因此,如果你重视客人反馈,就别拖太久。

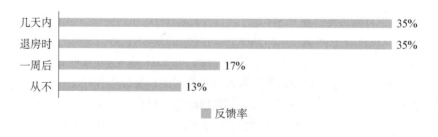

　　1. 酒店前台在请求客人反馈时要注意"三对"：对的问题、对的场合、对的客人

　　比如说客人是个商务人士，急着退房赶飞机，肯定不愿花时间在你长长的调查问卷上，这种情况下可以准备一张写好酒店在线反馈地址的小卡片，请客人在有空的时候再填写。另一种情况，拖着熊孩子的父母可能也没办法去好好填写问卷，其实酒店可以准备一份专给孩子的趣味问卷，让他们也参与进来。

　　2. 四种获取客人反馈的办法

　　(1) 名片

　　酒店名片背面可印上相关的文字，让客人知道酒店非常期待他/她的反馈。

　　例(正式)：感谢您的光临，您如果有时间欢迎到 TripAdvisor 上给我们评分。

　　例(活泼)：欢迎光临！如果小酒哪里没做好，请告诉我们改正；小酒哪里做得好，请让我们也一起高兴高兴！^_^

　　(2) 感谢邮件

　　酒店给刚离店的客户发送感谢邮件，不仅能发展粉丝，也有机会获取反馈。

　　例(正式)：希望您能抽空到 TripAdvisor 上给我们点评，不胜感激。(附上链接地址)

　　例(活泼)：可以移动鼠标给我们点个评吗？(附上链接地址)

　　(3) 客人办离店时

　　客人刚准备离店时，酒店给他们的体验还热乎乎的，其实是获取反馈的最好时机。优秀的前台员工在客人离店时会跟他们确认一切顺利，而这时候可以进一步鼓励客人留下评论，无论是直接通过前台员工或者通过在线形式。

　　(4) 在官网上指明

　　酒店官网可放一些指引性的文字或图标，提醒客人为酒店点评。也可采用一些在线推广工具，如 TripAdvisor 的小工具可提供显示评论、获取点评。

　　3. 一些小建议

　　(1) 考虑好想问客人什么，问题不要太多，并尽量保持问题简短。

　　(2) 多用选择题。客人更愿意做选择题，而且这也方便营销团队的整理分析。

　　(3) 重视反馈后跟进。如果酒店不愿意跟进问题，那干嘛还花时间收集反馈？

　　(4) 促进客人反馈的鼓励因素：餐厅/酒吧折扣、会员积分、抽奖等。

资料来源：如果你重视顾客反馈，主动问！别拖！迈点网
http://info. meadin. com/Industry/133543_1. shtml

　　③ 分析所获得的信息。

　　收集到的原始信息可能是杂乱无章的，所以首先要对这些信息进行清洗整理，然后进行定量或者是定性的分析，真正将这些信息转化为企业有用的知识。比如对于调研获得的顾客满意度数据，可以通过各种数理统计分析得出顾客对旅游企业和相关服务

的满意度,从而为质量改进提供决策依据。对于调研获得的竞争对手服务质量的数据,可以通过定性或定量的比较,分析本旅游企业在服务质量方面的竞争优势和劣势。对信息的分析要掌握科学的方法,有时还需要借助于各类定性或定量分析软件,从而保证分析的准确性。

④ 推进信息沟通,加强信息安全。

为了提高质量信息的利用效率,还需要加强对信息的沟通和共享。如旅游企业有关质量方针和质量目标的信息应该在整个企业内得到充分的沟通和理解;市场需求、顾客反馈的信息应该在服务设计和开发、服务传递等部门或环节进行共享。旅游企业内部 OA 系统的建立大大促进了相关质量信息的共享和利用,也提高了企业对信息的反应速度。在进行信息沟通和共享的同时,还需要加强信息的安全工作。旅游企业应该制订相关的信息安全制度,规范信息的保存和传递。同时,因为大量的信息都是储存在计算机中,旅游企业还应加强信息安全技术,避免信息泄漏。

酒店信息安全问题值得重视

2015 年 2 月,漏洞盒子平台的安全报告指出,国内一些知名连锁酒店以及国外一些著名酒店集团存在严重安全漏洞,房客开房信息一览无余,还可对酒店订单进行修改和取消。

报告指出,某国外酒店集团的漏洞位于其集团官网,通过这一漏洞黑客可进行订单详细的查询,获取大量订单信息,订单详情包括姓名,入住日期,客房费用,信用卡后四位,信用卡截止日期,邮件,地址等等,并可对订单进行修改、取消等操作;而另一国际集团旗下的多个酒店品牌也均存在严重漏洞,该漏洞可导致黑客任意查看酒店订单,订单信息包括姓名、电话、信用卡、地址、入住/退房时间、房型、住宿费用等敏感信息。

对于国内知名连锁酒店品牌,漏洞盒子白帽子提交出了某酒店的一枚漏洞,表示该漏洞出现在其微信接口上,可导致黑客直接访问其订单,涉及 2013—2015 年的千万级订单,包含姓名、电话、住宿费用、入住时间、房型等敏感信息,并可任意查询、取消订单;而另一连锁酒店被曝出的漏洞则可导致黑客轻松对酒店的订单进行取消操作,且无任何身份验证过程。

值得一提的是,报告指出某些酒店除了可能泄漏大量订单、开房信息的漏洞外,攻击者甚至可使用最高权限查看酒店管理系统,系统内容丰富,包括酒店各分店管理、部门组织架构等。

在要求实名制入住的酒店业,随着当下越来越多的用户用酒店官网及手机 APP 订房,这些漏洞无疑对用户隐私信息的保护形成巨大威胁。

资料来源:七大知名酒店被曝泄漏数千万条开房信息,人民网
http://gd.people.com.cn/n/2015/0216/c123932-23935960.html

（5）质量责任制

质量责任制是指企业应该以制度的形式明确规定各个部门、岗位、人员在质量方面的职责和权限，并且要与考核奖惩相结合。质量责任制是旅游企业采用经济手段管理服务质量的行之有效的方法。[①]

全面质量管理，全员参与并非是一句空话。旅游企业要完成质量目标，就必须要将质量工作分解到各个部门、岗位和人员身上，做到人人都有明确的任务和责任，从而形成一个严密的质量管理工作体系。一旦出现质量问题，就能查清责任，再通过与企业的奖惩制度相结合，就能有效的规范和激励员工的质量行为。因此，建立质量责任制是旅游企业保证和提升旅游服务质量的重要基础。

① 质量责任制以岗位责任制为基础。

质量责任制的基础是岗位责任制，要明确每个部门和岗位的质量要求、质量标准、质量规范、质量责任和质量考核等规定，并以文件形式下发。这些规定应该具体明确，具有可操作性，避免遗漏、交叉和模糊。在实施前，应该在旅游企业内部得到充分的沟通和理解，使各部门和各岗位人员都明确自己的质量责任，并承诺愿意履行相关的职责和获得相关权限。同时还要保证质量责任与岗位人员的能力相匹配，如果人员能力不足，应该对其岗位进行调整，或是通过教育、培训等方式提升其能力。实施时要杜绝有事无人负责，或相互推诿扯皮等现象。

② 责任和权限要相匹配。

质量责任制明确了相关人员的责任，但责任和权限应该相匹配，不能只要求员工承担责任却不予授权，那只会导致责任不能很好地被履行，也不能只是拥有权力，却不承担职责，那只会导致权限被滥用。合理授权是履行质量责任的必要条件，赋予员工的权力越大，所需承担的责任也就越大。旅游企业应该根据职位大小、岗位要求和员工能力合理授权，同时严格监督和检查，避免权力滥用。

资料阅读

丽思卡尔顿的员工授权

作为一家豪华酒店，丽思卡尔顿有一个闻名遐迩的规定，就是任何一位员工，无论是客房服务、门童，还是行李员，无须上级批准，都有 2000 美元的额度去服务有需要的客人。正是因为这个授权，客房人员会在发现客人落在房间的护照时，立刻打车到机场，从洛杉矶追到旧金山，在客人出国之前送还护照。

于是，就会有人问：有没有人将这笔钱花在亲朋好友身上？有没有专门的预算来预计这笔钱占收入的比例？当了解到酒店每年的额外支出很少，也没有人滥用这笔授权时，人们会感到不可思议。丽思酒店高级领导力总监 Brian 对此给了一个非常美国式的回答，那就是酒店的信条中提到的独特的体

---

① 中国质量管理协会.服务业全面质量管理[M].北京：机械工业出版社，1992：121.

验并非一定要花钱才做得到,我们的员工非常珍重酒店给予他们的权力,大家致力于在不花钱或少花钱的情况下,努力让客人得到最极致的服务,在客人遇到问题时负起第一份责任并立刻解决。

比如,有一位服务生在客人聊天时,得知客人的妻子钟爱巴黎酒店提供的意大利肉酱面,而且现在就很想吃。为了提供非凡的体验,服务员立刻向总厨们提供了巴黎酒店的电话号码,他们便可获得食谱并在旧金山为客人再现那份特别菜肴。当客房送餐人员奉上精心准备的美食时,宾客和妻子兴高采烈,喜悦之情难以言表。

Brian说类似的独特体验并不需要很多钱,但需要非常的"情感投入",酒店非常相信自己的员工,同时,员工也热爱丽思,真心愿意为客人创造传奇,这形成了一个良性循环。

不过,Brian提到,每个动用了授权的员工,在报销这笔费用时,需要将自己的故事写下来传播出去,他给我们看了一份小报,大概有6版,上面写着全球各家丽思酒店发生的各种各样的小故事。在每天的晨会时,由团队中的人轮流分享报上的小故事,再讨论如何在自己的工作中创造这个传奇服务。

资料来源:徐汉群.探究传奇服务背后的秘密:丽思卡尔顿的成功之谜,网易财经,
http://money.163.com/12/1209/09/8I997APF00253B0H.html

③ 质量责任制要与奖惩制度相结合。

质量责任制一旦建立,就需要严格执行,并定期进行逐级的检查和考核。旅游企业要有专门的服务质量管理部门负责检查和考核工作,比如酒店有专门的督导通过巡视、观察等方式监督检查员工的服务质量情况。质量责任制的检查和考核的结果要记入员工档案,与奖惩挂钩,作为工作考核、奖金发放和升降级的重要依据。

4. 质量管理小组

质量管理小组(Quality control circle),简称 QC 小组,是旅游企业推进全面质量管理非常重要的一个群众性组织。中国质量协会在 2016 年发布的《质量管理小组活动准则》指出,QC 小组是"由生产、服务及管理等工作岗位的员工,围绕组织的经营战略、方针目标和现场存在的问题,以改进质量、降低消耗、改善环境、提高人的素质和经济效益为目的,运用质量管理理论和方法开展活动的团队。"QC 小组最早产生于日本。1962年,日本科技联盟设立"QC 小组部",各地建立了 QC 小组支部,实行 QC 小组登记制度,举办培训班,创办刊物,举行 QC 小组活动成果评比选拔大会,充分调动员工参与质量活动的积极性。1978 年 9 月,北京内燃机总厂学习日本质量管理经验,诞生了我国第一个 QC 小组。1987 年 8 月,国家经济贸易委员会、财政部等部门联合颁发《质量管理小组活动管理办法》,推进我国 QC 小组走上经常化、制度化的道路。[①] 1997 年,又发布《关于推进企业质量管理小组活动的意见》全面推进 QC 小组的开展,并要求各地每年都要举办一次优秀 QC 小组的评选和表彰活动,激励企业和员工开展 QC 小组的积极

---

① 　中国质量管理协会.服务业全面质量管理[M].北京:机械工业出版社,1992:305.

性。2016 年中国质量协会又发布了协会团体标准 T/CAQ 1021—2016《质量管理小组活动准则》,为员工科学开展 QC 小组提供了指导。

(1) 质量管理小组的特点

一般来讲,QC 小组主要具有以下 5 大特点:

① 广泛的参与性。全面质量管理要求全员参与,充分体现了其群众性特征。通过广泛发动群众力量,充分发挥群众智慧,实现质量的持续改进和突破,形成人人积极参与质量的良好环境。广泛的参与性,一是表明只要是有志于参与质量改进的员工都可以参加 QC 小组,不应该人为设置门槛,二是应该充分发动群众,鼓励员工积极参与,出谋划策。

② 明显的自主性。QC 小组不是行政命令自上而下建立的,它以员工自愿参加为基础,实行自主管理。通过这种自主性,提升员工的主人翁意识,发挥员工的主动性和创造性。

③ 明确的目的性。QC 小组不是自娱自乐的兴趣小组,要有明确的活动目的。通过 QC 小组活动,能够解决实际问题,改进服务质量,降低成本,提高人的素质和经济效益。

④ 高度的民主性。虽然 QC 小组的成员可能是领导人员,也可能是一般的服务人员,但是小组长是民主选举产生的,并不论职位高低。成员相互尊重,各抒己见,集思广益。

⑤ 严密的科学性。为了保证 QC 小组能够实现其建立目的,必须采取科学的工作方法,利用全面质量管理的基本思想,遵循 PDCA(策划、实施、检查和处置)的工作程序,使用一定的统计方法,分析问题、解决问题。

(2) 质量管理小组的活动程序

QC 小组以全员参与、持续改进、遵循 PDCA 循环、基于客观事实和应用统计方法为主要原则,主要针对问题解决型课题和创新型课题两类项目展开具体活动。对旅游企业而言,所谓的问题解决型课题就是对已经发生顾客不满意的服务或管理现场存在的问题进行质量改进,既可以改进服务结果质量,也可以改进服务过程质量。创新型课题是对现有的技术、工艺、技能和方法不能满足实际需求,运用新的思维研制新产品、服务、项目、方法,所选择的质量管理小组课题。

问题解决型课题的基本活动程序如下:

问题解决型课题顾名思义就是以解决问题为主。小组课题,既可以自选,也可以指定,但应该明确,宜小不宜大。通过对问题现状的深入研究,小组设定解决问题拟达成的目标。然后,综合运用各种分析方法查找问题原因,并最终确定主要原因。再根据原因逐条制订对策,必要时提供多条对策方案以供选择。对策应该具体明确,具有可操作性。确定对策后,着手实施对策。对实施效果要进行检查,如果达成预期目标,则制定巩固措施,并总结和确定新的课题。如果未达成目标,则需要再进行原因分析,寻求新的解决方案。

创新型课题的活动程序也同样是如此。它要求 QC 小组根据创新型课题要达到的目标,直接提出各类可行的方案,并从中选择最佳方案。并根据此方案确定具体可行的

图 3.3

问题解决型课题
活动程序①

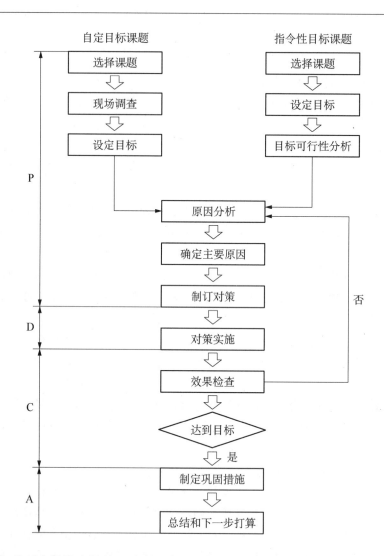

对策建议,然后实施检查效果。达到目标,则将创新型的成果标准化,形成今后固定的工作程序。不达标,则对当初的方案再斟酌,重新制订和选择最佳方案。

3.3 服务标准化和个性化

全面质量管理要求企业推进标准化工作。越是大规模企业,对服务标准化的需求就越多。泰勒的科学管理和克劳士比的符合性质量管理之所以取得成功,在于适应了大规模企业生产的现实需要。旅游企业标准化最早大量应用于连锁性餐饮企业(如麦当劳和肯德基等)和世界著名酒店集团(如希尔顿、喜来登酒店等),也是因为不断扩大的企业市场规模要求以标准化的产品和服务来保证服务质量和提升服务效率。从顾客

① 中国质量协会. 质量管理小组活动准则[S]. T/CAQ 1021—2016.

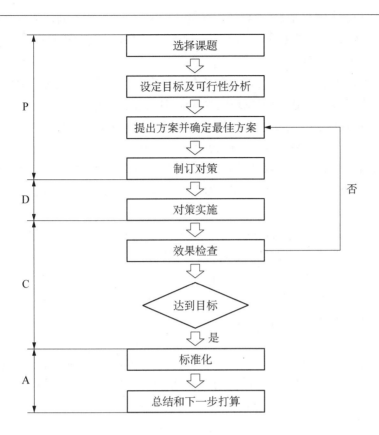

图 3.4

创新型课题
活动程序①

角度看,相对制造业,由于服务的无形性、生产和消费同步性等特点,服务质量有更大的不确定性。为了保证每个顾客都能享受到同等质量的服务,旅游企业就必须要求员工能够严格实施服务标准。

然而,随着市场经济的发展,一方面,顾客比以前更加挑剔,对旅游服务质量的要求越来越高,另一方面,在摆脱经济的基本束缚后,顾客的需求也越来越多样化。原来的标准化服务无视顾客的差异,只能满足最基本的服务质量,而更加个性化、人性化的服务成为了高质量的重要表现形式,也成为企业赢取竞争的重要武器。标准化服务强调统一性,在取悦顾客上显得捉襟见肘,无法实现更满意的服务质量,也无法有效建立和维持与顾客之间的关系。新的市场形势要求旅游企业推出更高质量的个性化服务。在观念上,旅游服务质量的发展正从标准化服务向个性化服务演变。

1. 服务个性化的困境

旅游企业推进个性化服务会遭遇一系列的困境。首先,针对不同顾客提供不同服务,要求服务更加多样,更加精细,更加复杂,无疑会导致企业经营成本上升。

其次,个性化服务也可能导致服务任意化。由于缺乏统一的规范要求,服务人员可能凭借自身的喜好、心情、关系等随意提供服务,在过分取悦于某些顾客的同时,可能忽

---

① 中国质量协会. 质量管理小组活动准则[S]. T/CAQ 1021—2016.

略其他顾客的要求和感受,从而导致服务的不公平,引发顾客不满。从权力的角度来看,个性化意味着需要更多的员工授权,但如果缺乏有效的制约和监管,权力往往会被滥用,从而导致管理困难。

再次,服务个性化意味着对服务人员有更高的要求。服务个性化需要服务人员能够很好地与顾客交流沟通,随时发现顾客需求,且能够有效地帮助顾客解决问题。这就要求服务人员有更强的主观能动性,更好的交流沟通能力,以及更丰富的经验和技能。然而一线服务人员的工资待遇通常较低,学历层次也不高,而且在当今一线服务人员紧缺、匆忙培训上岗的情况下,要求他们发挥更强的主观能动性,以更高的技能帮助顾客解决问题,在实践中会存在一定难度。而如果招募更高素质的人才,又会大大增加企业的服务成本。

最后,从管理上来看,标准是企业对员工进行考核和评价的重要依据。个性化服务意味着每个员工提供的服务和每个顾客接受的服务都可能存在差异性,在放弃统一标准的情况下,很难评判孰优孰劣。虽然按照"适用性"理论,顾客才是评价主体。但一方面,顾客在既缺乏服务标准的参考、也缺乏其他服务质量认知和比较的情况下,通常并不确切知道自己是否真的被很好对待。而且,"顾客感觉"是一种非常模糊和主观的评价。另一方面很多企业都缺乏系统完善的顾客评价体系,一般都只对整个服务作出评价,而无法细化到单个服务员工。即使是与银行柜台服务类似,每次服务结束都要求顾客作出满意度的评价,但是一是评价太粗,二是顾客往往碍于情面不愿意做出过低评价。因此,当前许多所谓的顾客评价也仅仅只能反映大概服务质量,并不能对每个员工做出准确评价。因此,服务个性化大大增加了管理的难度。

2. 服务标准化和个性化的协调

由于服务个性化存在的一系列问题,企业必须要有一套明确的标准作为服务人员的行动指南。但是一方面,顾客并不了解这些标准,有时也难以理解这些标准,另一方面,事实上顾客也并不关心标准,他们只在意产品是否适用,自身需求是否得到满足。因此,必须有效处理好服务标准化和个性化的协调问题。

(1) 大中旅游企业坚持标准化,小企业追求个性化

大中旅游企业由于规模大,员工数量多,管理复杂,服务控制难度大。统一的服务标准化便于管理和考核,以利于提升管理效率和保证服务质量。而且标准化容易复制,成本低廉,因此有助于企业进一步扩大规模。肯德基、麦当劳等餐饮企业,以及如家、7天等经济型酒店之所以能够保持快速扩张,关键原因之一就是坚持服务标准化。对大中企业来讲,标准化是个性化的重要基础,只有在做好标准化的前提下,才能再考虑如何提供个性化服务。而小企业因为人员少,管理简单,因此可以根据顾客需求提供更加个性化、人性化的服务,通过高质量的灵活服务创造主顾之间和谐愉悦的服务气氛。服务个性化才是小企业与大中企业竞争的有力武器。

(2) 积极制订高规格的企业标准

由于需要综合考虑大部分企业的实际情况,统一的国家标准、行业标准和地方标准只能保证最基本的服务质量,而且这种统一的标准化会导致服务的同一性,从而加剧市

场竞争,降低企业利润。企业应该根据自身的服务定位,积极制订更高层次的企业标准,以标准差异形成产品和服务差异,从而获得竞争优势和超额垄断利润。比如同样是五星级酒店,但酒店之间的服务品质却会存在很大差异,价格从而也有天壤之别,这就是因为很多知名品牌酒店都会根据市场需要制订自身的服务标准。

(3)"以顾客为中心"的服务标准化

在激烈的现代市场竞争环境下,"以顾客为中心"已经成为企业经营的普遍共识,但事实上企业的绝大部分员工和主管其实并不了解顾客,他们只能按照既定的要求或规范进行相应操作。为了实现顾客满意,就必须要保证执行的标准能够符合顾客意愿。要改变企业导向式的服务标准化,坚持"以顾客为中心"制订和实施标准。要努力缩小服务标准的两大差距。第一个差距是标准与顾客需求之间的差距。朱兰指出:"对大多数质量部门而言,长期以来质量的定义就是'符合规格'。实际上他们认为符合规格的产品也会满足顾客的需要。这种认识是合乎逻辑的,因为这些部门很少与顾客接触。但这种认识可能会十分错误。"[①]为了保证标准的有效性,就要求在充分做好顾客需求调研工作的基础上,实现标准对顾客需求的全面真实反映,努力缩小转化差距。第二个差距是标准与实施之间的差距。要通过充分的教育培训,严厉的奖惩措施,保证员工熟悉标准,并严格履行标准,努力缩小实施差距,改变"有标不依"的现状。很多时候顾客的抱怨,不仅是因为员工服务意识欠缺,更重要的是员工对企业标准缺乏全面了解。

(4)促进个性化服务标准化

服务标准化工作要不断细化。标准不仅要考虑普遍性的需求,还要考虑到各种例外事件的发生。在标准制订的时候,设计人员就需要周全考虑,将各种可能发生的情况都以标准的形式确定具体的解决方案。如国家标准 GB/T 15971—2010《导游服务规范》不仅规定了导游服务的具体程序,而且还考虑到旅游过程中可能出现的各种意外情况,并确定了具体的解决方法。如变更计划行程的处理、丢失证件或物品的处理、丢失或损坏行李的处理、旅游者伤病、病危或死亡的处理、自然灾害及骚乱的处理等等。此外,服务标准化是一个不断完善的过程,很多情况可能事先无法预料。但一旦发生,旅游企业就需要总结经验教训,形成标准化的处理方法,要在实践中不断提升企业的服务标准化程度,形成全面系统的服务标准体系。

(5)坚持一线员工服务标准化,上级主管服务个性化

一线员工接待顾客多,工作强度大,为了保证基本服务质量以及便于管理,必须以标准化的服务约束员工的行为。当发生标准未能考虑的例外事件时,一线员工应该积极向上级主管报告。上级主管需要充分发挥主观能动性,灵活处理这些事件,更好地满足顾客需求。而且,事情处理后,上级主管应该形成书面报告,总结经验教训,以利于形成案例和标准。因此,为了促进标准化和个性化协调,对一线员工要求努力提升服务意识,严守标准规范,形成向上汇报制度。对上级主管要注重授权,注重能力和素质的提升和培养。总之,岗位分配应各尽其能,各级人员应各司其职。

服务标准化和服务个性化是一对矛盾。服务标准化更有利于效率,服务个性化更

---

① 约瑟夫·M·朱兰,A·布兰顿·戈弗雷.朱兰质量手册[M].北京:中国人民大学出版社,2003:9.

有利于满足顾客需求,但是在实践中都又存在一定的困难或障碍。效率和质量对服务企业同等重要,在提升管理效率和服务效率的同时,也能有助于改善服务质量,这就必须有效协调服务标准化和服务个性化之间的关系。要坚持以顾客为中心的高规格服务标准化,坚持将个性化的服务标准化,以企业的标准化实现顾客眼中的个性化。

思考题

1. 质量管理的主要内容有哪些?
2. 质量管理的四个发展阶段及其特点是什么?
3. 什么是全面质量管理?
4. 为何要推进全面质量管理?
5. 全面质量管理要做好哪些基础性工作?
6. QC 小组有什么特点?
7. QC 小组展开活动的基础程序是怎样的?
8. 为什么服务标准工作对旅游企业很重要,但又会产生什么样的问题?
9. 旅游企业该如何协调标准化和个性化工作?
10. 在新的技术背景下,旅游企业如何提供个性化服务?

第 2 篇

构建旅游服务质量管理体系

Constructing Tourism Service Quality Management System

本章导读

做好旅游服务质量,不能头痛医头,脚痛医脚。不断救火式地去解决各种零散问题无助于从根本上改进服务质量。旅游服务质量是诸多因素综合作用的结果,因此旅游企业必须建立系统性的服务质量管理体系,以过程的方式和系统的眼光考虑所有影响服务质量的环节,才能实现服务质量的持续性改进,创造顾客满意和顾客忠诚。旅游企业可以利用"服务金三角"模型、ISO 9001 和 ISO 9004标准,以及卓越绩效模式等建立符合自身需要的旅游服务质量管理体系。其中,ISO 9001《质量管理体系 要求》经过几十年的应用,数次的修订,已经成为应用最广泛的质量管理模式。该体系对企业的质量管理活动进行了全面规范,成为提升质量管理水平的强有力保障。

本章首先介绍了旅游服务质量管理体系的概念及特征,"服务金三角"、ISO 9001、ISO 9004 以及卓越绩效模式的基本内容。然后在阐述 ISO 9000 族标准基础上,详细介绍了旅游企业如何利用 ISO 9001:2015 标准建立旅游服务质量管理体系。

通过本章学习,应该了解旅游服务质量管理体系以及 ISO 9000族标准,掌握七项基本管理原则和 PDCA 循环,熟悉 ISO 9001 标准的主要内容。

4.1　旅游服务质量管理体系

1. 旅游服务质量管理体系的内涵

旅游服务质量是诸多因素综合作用的结果,不仅会受到一线服务部门的直接影响,而且还受到后台职能部门(如采购部、人事部、技术部和营销部等)的各种影响。以旅行社为例,旅游服务质量不仅取决于导游的带团质量,还取决于计调部旅游行程安排的合理性,以及营销部门服务承诺的有效性。因此,管理旅游服务质量,必须要有过程的方法和系统的眼光,这就需要建立科学合理的旅游服务质量管理体系。所谓旅游服务质量管理体系从企业层面上是指旅游企业建立和实施的在服务质量方面指挥和控制企业的管理体系。而从旅游目的地或政府的层面上看,因为旅游服务涉及到了食、住、行、游、购、娱,以及政府、公共服务和目的地居民等各大要素,因此旅游服务质量管理体系应该是旅游目的地(或政府)建立和实施的对全域旅游范围内所有旅游相关要素在旅游服务质量方面的管理体系。本章主要是从企业的角度讨论旅游服务质量管理体系,旅游目的地层面的讨论主要集中在第 10 章。

理解旅游服务质量管理体系,应该把握好它的四个特性:系统性、目的性、适宜性、动态性。

（1）系统性

体系是指相互关联或相互作用的一组要素。一方面,旅游服务质量管理体系是由若干个要素(或子系统)组成的一个不可分割的整体系统。例如,酒店包括前厅、客房和餐饮三大基础服务要素,有的酒店还包括康体、美容和商务等其他要素,旅游景区也包括了游览、住宿、餐饮、交通、购物和娱乐等各项旅游服务要素。所有这些要素构成了一个完整的旅游服务系统,共同影响服务质量。另一方面,各要素之间存在相互关联或相互作用的关系。例如,虽然前厅、客房和餐饮是酒店三大相对独立的部门,但三者仍然会相互影响,如客房打扫效率和质量会影响到前厅的客房安排质量,餐饮也会影响到客房的点餐质量。各要素之间的相互影响在前后台体现得更加明显,例如旅游企业的人事招聘和培训质量会直接影响前台的服务质量。ISO 9001《质量管理体系　要求》为此就特别以过程的方法强调要素之间的前后影响关系。因此,要注意到旅游服务质量管理体系有很多要素组成,它们成为旅游服务质量管理的基本单位,而这些要素既有相对独立性,又与其他要素存在相互关联或相互作用。我们一定要以系统的观点看待整个旅游服务质量管理体系。

（2）目的性

旅游服务质量管理体系的目的就是追求稳定的高质量,使旅游服务质量满足顾客要求和期望,赢得顾客满意和顾客忠诚,同时也使旅游企业获得良好的经济效益。近年来,"天价虾"、"天价白开水"等"宰客"事件频现,反映了一些旅游企业不顾服务质量,片面追求短期利益。建立旅游服务质量管理体系,就要求首先在经营理念上发生重大变化,由原来的效益优先和成本优先转向质量优先和顾客优先,由原来的短期利益转向长远效益。然后根据不同旅游企业的特点,充分识别旅游服务质量管理体系的各要素和过程,改善过程、优化资源配置,确保顾客满意。建立旅游服务质量管理体系,就要以顾客满意作为旅游企业塑造品牌、扩大市场份额、获得利润的基础,通过质量管理体系持续有效运行并使其最佳化,最终实现顾客和企业的双赢。

（3）适宜性

旅游服务质量管理体系的建立和实施受到内外部因素的影响,因此它应该与环境相适宜。一是与内部环境相适宜,比如应该根据旅游企业类型、规模、产品、员工和顾客等差异,建立与之相适应的旅游服务质量管理体系。二是与外部环境相适宜,比如应该充分考虑当地法律法规的要求,考虑行业正在发生的变化,有时可能还需要考虑竞争对手的情况等。适宜性是为了保证建立的旅游服务质量管理体系能够更加有效规范地运行。因此,不同旅游企业的旅游服务质量管理体系应该是有所差异的,要避免不切实际地直接套用其他企业的服务质量管理体系。

（4）动态性

旅游企业的内外部环境可能会发生变化,比如组织机构进行重新调整,高层出现重大变动,产品体系发生变化,采用了更先进的技术和设备,财务状况发生变更,顾客需求发生了改变等。为了保证旅游服务质量管理体系能够始终良性运转,这要求适时地对体系进行调整和改进。而且任何旅游服务质量管理体系在建立之初总是不太完善,需要企业通过摸索和实践不断地改进和完善。旅游企业要以动态的角度来看待旅游服务质量管理体系,不是建立后就一劳永逸,不再变革。

2. "服务金三角"与旅游服务质量管理体系

"服务金三角"是由美国管理学家卡乐·阿尔布瑞契特（Karl Albrecht, 1985）在总结众多服务企业管理实践基础上提出的一种有关服务管理的系统观点,它被认为是服务组织管理的基石。"服务金三角"认为任何服务企业要想获得成功——保证顾客满意,就必须具备三大要素:一套完善的服务策略,一批具有良好素质、能精心为顾客服务的服务人员,一种既适合市场需要又有严格管理的服务系统。简而言之,以顾客为核心的,以服务策略、服务人员和服务系统为三角构成的体系就是"服务金三角"（如图 4.1 所示）。

图 4.1

服务金三角[①]

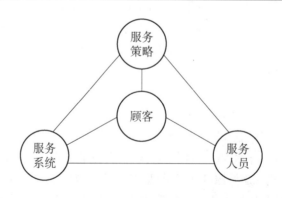

———————————————

① 宋彦军. TQM、ISO 9000 与服务质量管理［M］.北京:机械工业出版社,2007:212.

"服务金三角"指出了服务企业成功的基本要素。在"服务金三角"中,顾客是核心。企业的所有活动都应该围绕顾客展开,最大限度地满足顾客需求,实现顾客满意。顾客是一切服务的出发点,也是归宿。三大关键成功因素分别是服务策略、服务人员和服务系统。服务策略位于金三角顶端,是第一关键要素,指的是服务企业应该根据目标市场和企业能力采取具有针对性的服务方式,最大化地取得服务成效,确保企业在竞争中能够获胜。服务人员是第二关键要素。大部分服务都是通过服务人员实现的,他们的素质、能力、意识等直接决定了服务的成败。服务系统是第三关键要素。服务要取得成功,不能仅仅依靠服务人员,还需要依靠各类资源的有效利用和各大部门的相互配合,这就要求建立一个良性的服务系统,并对各个服务过程进行有效控制。

服务策略、服务人员和服务系统除了都始终需要围绕顾客之外,三者彼此之间也是相互关联的。服务策略和服务人员的关系体现在服务策略要能有效执行,必须获得服务人员的理解和支持,而服务人员也应该从企业的服务策略出发,规范自己的行为。服务系统和服务人员的关系体现在服务人员是服务系统的重要组成部分,没有服务人员的系统是无法运行的系统。而另一方面,服务人员工作的顺利展开,也需要整个服务系统的支持和配合。服务策略和服务系统的关系体现在服务系统的设计应该符合服务策略的要求,有助于服务策略的顺利实施。

"服务金三角"概念的提出为旅游企业建立服务质量管理体系奠定了理论基础。因为"服务金三角"构建的重要目的是为了保证顾客满意,这与旅游服务质量管理体系的构建目的是一致的。因此,整个旅游服务质量管理体系可以以顾客为中心,围绕服务策略、服务人员和服务系统三大要素建立和实施。事实上,早在 1994 年的 ISO 9004—2《质量管理和质量体系要素　第 2 部分:服务指南》中,就利用"服务金三角"概念构建了服务组织建立质量管理体系的原则(如图 4.2 所示)。

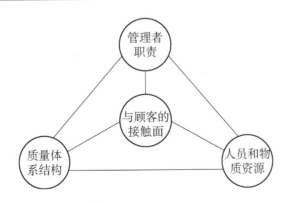

图 4.2

服务质量管理体系的关键方面[1]

如果按照图 4.2 模型来建立旅游服务质量管理体系,那顾客就是整个管理体系的焦点,关注与顾客的接触面,确保顾客满意。管理者职责、人员和物质资源、质量体系结构是构建体系的三大关键要素。管理者职责上,领导者充分发挥作用,建立质量方针和

---

[1] 国家技术监督局.质量管理和质量体系要素　第 2 部分　服务指南[S].GB/T 19004.2:1994.

目标,确定部门职责和权限,实施质量策略,引导旅游企业开展各种质量活动。人员和物质资源主要指旅游企业的服务人员和他们所拥有的各项物质资源,服务人员具备足够的素质、能力和意识,发挥服务积极性,设施设备等各项物质资源得到合理配置,从而保证服务质量达到预期效果。按照 ISO9004—2:1991 的表述:质量体系结构要求服务组织应开发、建立、实施和保持一个质量体系并形成文件,作为能够实现规定的服务质量方针和目标的手段;各质量体系要素应组织起来以便对影响服务质量的全部运作过程进行恰当的控制和保证;质量体系应该强调预防性活动以避免发生问题,同时一旦发生故障时,不丧失做出反应和加以纠正的能力。总体来讲,质量体系结构合理有效,各项制度完备,服务过程顺畅,整个体系才能够为服务质量提供充分的保证。

3. ISO 9001、ISO 9004 与旅游服务质量管理体系

ISO 9001《质量管理体系　要求》是被广泛使用的质量管理体系,具有很强的通用性。尤其是最新的 2015 版本中,特别强调了服务,因此可以被很好地用于指导旅游企业的服务质量实践。旅游企业可以完全按照 ISO 9001 标准的要求,建立科学合理的旅游服务质量管理体系。ISO 9001:2015 提出,采用质量管理体系是组织的一项战略决策,能够帮助其提高整体绩效,为推动可持续发展奠定良好基础。具体看,实施 ISO 9001质量管理体系可以实现四大潜在益处:①稳定提供满足顾客要求以及适用法律法规要求的产品和服务的能力;②促成增强顾客满意的机会;③应对与组织环境和目标相关的风险和机遇;④证实符合规定的质量管理体系要求的能力。

在整体框架上,ISO 9001:2008 标准以过程为基础,主要围绕管理职责、资源管理、产品实现以及测量、分析和改进四大部分内容实施质量管理体系设计。而新版的 ISO 9001:2015 标准则是从组织环境、领导作用、策划、支持、运行、绩效评价和改进七个方面对质量管理体系进行重新设计。为了更好地提升内部质量管理水平,也为了与国际接轨,旅游企业可以依据新版的 ISO 9001 标准建立符合企业要求的旅游服务质量管理体系,而且通过审核还能获得 ISO 9001 的权威认证。因为 ISO 9001 是认可程度最高、使用范围最广的质量管理体系,所以本章后面部分将详细介绍旅游企业如何采用 ISO 9001 标准。

除了 ISO 9001 外,旅游企业还可以依据 ISO 9004 建立自己的旅游服务质量管理体系。2000 版的 ISO 9004 标准的标题是《质量管理体系　业绩改进指南》,2008 版改为《追求组织的持续成功　质量管理方法》,2015 版改为《质量管理　组织质量　持续成功指南》,虽然名称发生变化,但本质上都是通过质量管理使企业获得持续成功。它与 ISO 9001 相互补充,可以一起使用,也可以单独使用。它超越了 ISO 9001 标准的要求,强调组织的使命、愿景、价值和文化,组织绩效的分析和评价以及自我评价,它为企业在质量管理基础上实现持续性成功提供了指南。在整体框架上,ISO 9004:2018 标准主要围绕组织环境、组织身份、领导作用、过程管理、资源管理、组织绩效的分析和评价,以及改进、学习和创新等七个方面对整个质量管理体系进行了设计。旅游企业可以依据 ISO 9004:2018 标准的要求制订旅游服务质量管理体系。因为 ISO 9004 标准的兼容性,旅游企业也可以结合 ISO 9001 等其他标准一起制订质量管理体系。但要注意的是,ISO 9004 不作为认证或合同的目的。

4. 卓越绩效模式与旅游服务质量管理体系

卓越绩效是指通过综合的组织绩效管理方法，为顾客、员工和其他相关方不断创造价值，提高组织整体的绩效和能力，促进组织获得持续发展和成功。① 这一概念源自于美国的马尔科姆·波多里奇奖。马尔科姆·波多里奇国家质量改进法案于 1987 年 8 月 20 日被写进美国法律，依据该法案，创立了波多里奇质量奖。现在它已经与欧洲质量奖、日本戴明奖一起，成为世界三大国家质量奖。波多里奇奖的评审标准就是卓越绩效准则（Criteria for Performance Excellence），该准则包括了领导，战略策划，关注顾客，测量、分析与知识管理，关注员工，关注过程，结果共七大类目，目的是促进企业通过绩效管理来增强竞争力，为顾客创造更大的价值，提升企业的整体绩效和能力，也促进组织和个人的学习。

为了引导组织追求卓越，提高产品、服务和发展质量，增强竞争优势，促进组织持续发展，借鉴国内外卓越绩效管理的经验和做法，结合我国企业经营管理的实践，我国于 2004 年发布了 GB/T 19580—2004《卓越绩效评价准则》和 GB/Z 19579—2004《卓越绩效评价准则实施指南》两个卓越绩效标准。2012 年这两个标准换版，并于 2012 年 8 月 1 日正式实施。《卓越绩效评价准则》为组织追求卓越提供了模式，为卓越绩效的自我评价提供了准则，也成为全国质量奖的评价依据。该准则主要是从领导、战略、顾客与市场、资源、过程管理、测量、分析与改进以及结果等七个方面规定了组织卓越绩效的评价要求，旅游企业可以依据该准则建立基于卓越绩效的旅游服务质量管理体系。

卓越绩效准则用"绩效"替代"质量"，并不是忽视质量的作用，而是要将全面质量管理的理论贯穿于整个企业的管理体系，而不仅仅只是作为质量管理体系的基础。② 基于卓越绩效建立旅游服务质量管理体系反映了企业从关注服务质量到关注整个管理系统质量的演变，在追求服务质量的同时，寻找质量、成本和效益的平衡，最终是通过服务质量实现企业的卓越绩效。

4.2　ISO 9000 族标准

想要建立旅游服务质量管理体系，就必须要熟悉国际一流的质量管理体系。ISO 9000 族标准是国际标准化组织（The International Organization for Standardization，简称 ISO）制定的有关质量管理的一组国际标准，在全世界范围内得到了充分认可和广泛应用。ISO 9000 族标准可以帮助组织建立并有效运行质量管理体系，是质量管理体系通用的要求或指南，且不受具体的行业或经济部门的限制，可以广泛用于各种类型（包括服务业）和规模（包括各类中小型企业）的组织。ISO 9000 族标准主要由 ISO 下设的 TC176 负责制订和修订。ISO/TC176 即 ISO 第 176 个技术委员会，它成立于 1979 年，全称是"质量保证技术委员会"，1987 年更名为"质量管理和质量保证技术委员会"。

---

① 国家质量监督检验检疫总局，中国国家标准化管理委员会. 卓越绩效评价准则［S］. GB/T 19580：2012
② 詹姆斯·埃文斯，威廉·林赛. 质量管理与卓越绩效［M］. 北京：中国人民大学出版社，2016：452.

1. ISO 9000 族标准的产生

第二次世界大战之后,随着国际贸易的迅速发展和市场竞争的日趋激烈,企业对供方产品质量的要求越来越高,对供方进行质量管理体系审核逐渐成为国际贸易和合作的新要求。许多发达国家和大公司纷纷制订了采购产品的质量保证标准和文件,但这些不一致的标准给供方带来了繁重的负担。因此,制订统一的、科学的并被广泛认可的质量管理体系成为世界各国的迫切需求。ISO 在总结世界各国、尤其是发达国家质量管理经验的基础上,于 1986 年 6 月 15 日发布了世界上第一个质量管理标准:ISO 8402:1986《质量　术语》,由此开启了 ISO 9000 族标准的发展历程。

"ISO 9000"不是一个标准,而是一族标准的统称,即由 TC176 制定的所有国际标准。TC176 于 1987 年 3 月正式发布了名为"质量管理和质量保证"的系列标准,形成了 ISO 9000 族的第一个版本。这一版的标准共有六大标准构成:

ISO 8402:1986　　质量　术语;

ISO 9000:1987　　质量管理和质量保证标准　选择和使用指南;

ISO 9001:1987　　质量管理体系　设计/开发、生产、安装和服务质量保证模式;

ISO 9002:1987　　质量管理体系　生产和安装质量保证模式;

ISO 9003:1987　　质量管理体系　最终检验和试验的质量保证模式;

ISO 9004:1987　　质量管理和质量管理体系要素　指南。

ISO 9000 族标准一经推出,被世界众多国家和地区广泛采用。目前,全世界大约有 150 多个国家和地区采用了该族标准,有 50 多个国家和地区建立了质量管理体系认证制度,世界各国质量管理体系审核员注册的互认和质量管理体系认证的互认制度也在全世界范围内得以建立和实施。

2. ISO 9000 族标准的修订与发展

ISO 9000 族标准制订后并非一成不变的,一般 5—8 年就需要进行一次修订,最长 8 年一定要改版,以确保标准的内容与思路及时更新,能充分反映最新的质量管理实践成果和思想,能更好满足世界范围内标准使用者的需要。自 1987 年以来,ISO/TC176 共对其进行了 4 次较大的修订。

(1) 1994 版标准

ISO/TC176 于 1993 年完成了 ISO 9000 族标准的第一阶段修订工作,并于 1994 年正式发布了 ISO 9000 修订版,包括 ISO 8402 和 ISO 9000、9001、9002、9003、9004 共六个标准。这一版保持了 1987 版标准的基本结构和总体思路,只是对标准的内容进行技术性局部修改。具体来看,与 1987 年版本相比,ISO 8402:1994 中的术语增加到了 67 条,ISO 9000:1994 扩展成为 ISO 9000 族标准的选择和使用指南,ISO 9001、ISO 9002 和 ISO 9003 在结构上未作大的调整,只有小规模的修改。[①] 因此,这一修改被认为是过

---

① 郎元.ISO9000 族标准的最新进展——ISO/TC176 1994 年年会情况简介[J].质量与可靠性,1995(2):40—43.

渡性质的。

随后,ISO/TC176 为了适应质量管理的要求,又陆续发布了一系列的标准和技术文件。截至 1999 年末,各类标准文件数量已经达到 27 个。

(2) 2000 版标准

在标准的使用过程中,质量管理者不断发现 1994 年版本的 ISO 9000 族标准存在着各种不足,不能完全满足质量管理的需求。具体来讲,主要存在以下问题:一是 1994 版标准有着明显的制造业特征,不能完全适用于服务业的要求;二是 1994 版标准的框架主要是针对规模较大的组织,难以适用于中小规模的组织;三是 1994 年版的标准过多,语言不易理解,导致使用不便;四是 1994 年版本的标准没有充分考虑到与其他管理标准的相容性。基于此,ISO/TC176 对旧版本进行了大量的修改,并于 2000 年推出了新的 ISO 9000 族标准。

新标准大规模缩减了旧版本的标准数量,主要标准有 5 个,分别为:

ISO 9000:2000　质量管理体系　基础和术语;

ISO 9001:2000　质量管理体系　要求;

ISO 9004:2000　质量管理体系　业绩改进指南;

ISO 19011:2002　质量和(或)环境管理体系审核指南;

ISO 10012:2003　测量管理体系　测量过程和测量设备的要求。

其中,ISO 9000、9001、9004 和 19011 是 ISO 9000 族的核心标准,ISO 10012 是指导标准。除此之外,ISO/TC176 还推出了一系列的技术报告和小册子为质量管理体系的建立和运行提供指导和支持。

除了结构上的变化,2000 版标准在内容上也发生了显著变化。比如新标准强化了通用性,使其不仅能适用于制造业,也能适用于服务业以及其他组织,不仅能适用于大企业,也适用于中小规模企业;新标准强调了质量管理的八项管理原则,这既是新标准的理论基础,也是实施质量管理的基本准则;新标准在语言上更加通俗易懂,即使是非质量管理人员也能容易理解文本内容;新标准还增强了与其他管理体系标准的相容性。2000 版的 ISO 9000 族标准进一步促进了标准的广泛使用,对提高组织的质量管理水平、增强国际贸易、保护顾客利益、提高质量认证的有效性等方面产生了积极而深远的影响。

(3) 2008 版标准

ISO 9000 族标准在广泛使用的同时,也面临来自各方的挑战,比如顾客的要求越来越高,质量管理工具变得更加复杂,人们为了认证而认证,对质量管理体系的信心在下降等等。ISO/TC176 又开始了对 ISO 9000 族标准的新一轮修订,并逐步发布了ISO 9000族的 2008 版本。新版本的核心标准是 4 个:

ISO 9000:2005　质量管理体系　基础和术语;

ISO 9001:2008　质量管理体系　要求;

ISO 9004:2009　追求组织的持续成功　质量管理方法;

ISO 19011:2002　质量和(或)环境管理体系审核指南。

其他还包括一些指导标准,如 ISO 10012:2003《测量管理体系　测量过程和测量设备的要求》和 ISO 10006:2003《质量管理体系　项目质量管理》,以及一些相关标准,如 ISO 10001：2007《质量管理　顾客满意　组织行为规范指南》、ISO 10002：2004《质量管理　顾客满意　组织处理投诉指南》、ISO 10003：2007《质量管理　顾客满意　组织外部争议解决指南》、ISO 10005：2005《质量管理体系　质量计划指南》等等，另外再包括《质量管理原则》、《选择和使用指南》等小册子。但相比之前 2000 版的大幅修改，2008 版的 ISO 9000 族标准变动相对较小，主要是对已发生或易发生误解的地方进行修订或说明。同时，进一步增强与其他标准的相容性。

（4）2015 版标准

2012 年，ISO/TC176 在庆祝 ISO 9001 实施 25 周年的时候，指出有必要构建未来 25 年新的质量管理体系模式，由此开启了新一轮的 ISO 9000 族标准的修订工作。2015 年 9 月 23 日，ISO 发布了最新版的 ISO 9001：2015，从而 ISO 9000 进入了 5.0 时代。新版本的核心标准仍然是原来的 4 个：

ISO 9000：2015　质量管理体系　基础和术语；

ISO 9001：2015　质量管理体系　要求；

ISO 9004：2018　质量管理　组织质量　持续成功指南；

ISO 19011：2018　管理体系审核指南。

新版本出现了一些新的变化，主要有：①采用了新的高级结构，使之与现代公司管理运行更加接近，有助于与公司现有的管理体系相融合；②引入了基于风险的思维，而不再使用原来的预防措施；③更加强调了组织环境的要求；④强调了"服务"，使之能够更好适用于服务企业；⑤更加灵活的文件化消息要求；⑥将 2000 版提出的八项质量管理原则修改为七项管理原则；⑦通过使用共同的框架和核心概念进一步强化了标准与其他标准的相容性。

3. ISO 9000 族标准的构成

根据 ISO 指南《管理体系标准的认证和制定指南》，管理体系标准主要分为三类：

（1）A 类：管理体系要求标准

此类标准用于向市场提供有关组织的管理体系的相关规范，用以证明组织的质量管理体系能够满足内部或外部的要求。如 ISO 9001：2015《质量管理体系　要求》等就属于这类族标准。

（2）B 类：管理体系指导标准

这类标准通过为管理体系要素提供额外的指南或仅提供不同于质量体系要求的指导意见，从而帮助组织实施或完善其质量管理体系。如 ISO 9004：2009《质量管理体系　追求组织的持续成功》提出了超过 ISO 9001 要求的指南和建议，ISO 10006：2017《质量管理体系　项目质量管理指南》又为项目质量管理提供了专门的指导意见。

（3）C 类：管理体系的相关标准

这类标准旨在为管理体系的某个特定部分提供进一步的信息，或为有关的支持性技术提供指南。如 ISO 9000：2015《质量管理体系　基础和术语》为 ISO 9000 族标准提供了术语解释，ISO 10004：2012《质量管理　顾客满意　监视和测量指南》为顾客的测量提供了进一步的指导。

类别	代号	名　称	说　明	
A 类	ISO 9001	质量管理体系　要求	ISO 9001 规定了质量管理体系的要求,可用于内容质量管理,也可作为认证的依据。	表 4.1
	ISO 13485	医疗器械　质量管理体系　用于法规的要求		ISO 9000 族标准的构成①
B 类	ISO 9004	质量管理体系　追求组织的持续成功	ISO 9004 为超越 ISO 9001 的要求,提高组织总体绩效提供指南。ISO 9001 与 ISO 9004 可以一起使用,也可能单独使用,ISO 9004 提供了超出 ISO 9001 要求的指南和建议,但 ISO 9004 不是 ISO 9001 的实施指南。	
	ISO 10006	质量管理体系　项目质量管理指南		
	ISO 10012	测量管理体系　测量过程和测量设备的要求		
	ISO 10014	质量管理　实现财务和经济效益的指南		
	ISO 手册	ISO 9001 在中小型组织中的应用指南		
C 类	ISO 9000	质量管理体系　基础和术语	ISO 9000 标准描述了质量管理体系的基本原理,并规定了质量管理体系术语。	
	ISO 10001	质量管理　顾客满意　组织行为规范指南		
	ISO 10002	质量管理　顾客满意　组织处理投诉指南		
	ISO 10003	质量管理　顾客满意　组织外部争议解决指南		
	ISO 10004	质量管理　顾客满意　监视和测量指南		
	ISO 10005	质量管理体系　质量计划指南		
	ISO 10007	质量管理体系　技术状态管理指南		
	ISO 10008	质量管理　顾客满意　B2C 电子商务交易指南		
	ISO/TR 10013	质量管理体系文件指南		

① 张智勇. ISO 9001:2015 内审员实战通用教程[M]. 北京:机械工业出版社,2017:3—4.

类别	代号	名　称	说　明
	ISO 10015	质量管理　培训指南	
	ISO/TR 10017	统计技术指南	
	ISO 10018	质量管理　人员参与和能力指南	
	ISO 10019	质量管理体系咨询师的选择及其服务使用的指南	
	ISO 19011	管理体系审核指南	

4. 质量管理原则

2000 版的 ISO 9000 族标准的重要创举就是提出了八项质量管理原则。这八项原则是对世界各国质量管理的实践以及相关质量管理理论的重要总结，它以精简易懂的语言表述了质量管理的一般性规律，不仅可以有效地指导企业建立和实施 ISO 9001 质量管理体系，也有助于组织管理者建立正确的质量管理理念，指导其日常的质量管理工作。这八项管理原则是以顾客为关注焦点、领导作用、全员参与、过程方法、管理的系统方法、持续改进、基于事实的决策方法和与供方互利的关系。在 2015 版的 ISO 9000 族标准的修订中，ISO/TC176 重新评估了这些原则，将其中的一个原则——"管理的系统方法"合并至"过程方法"，并对其中一些原则的语言表述进行了调整，由此形成了七项管理原则。这七项管理原则成为了 ISO 9000 族标准的理论基础。ISO 发布的《质量管理原则》对这些原则进行了详细介绍。

（1）以顾客为关注焦点（Customer focus）

原则陈述：质量管理的主要关注点是满足顾客要求并且努力超越顾客期望。

提出缘由：组织只有赢得和保持顾客以及其他相关方的信任才能获得持续成功。与顾客互动的每个方面都提供了为顾客创造更多价值的机会。理解顾客和其他相关方当前和未来的需求有助于组织的持续成功。

关键益处：增强顾客价值；增强顾客满意；提升顾客忠诚；增加重复性业务；提高组织声誉；扩展顾客群；增加收入和市场份额。

可采取行动：辨识从组织获得价值的直接和间接的顾客；理解顾客当前和未来的需求和期望；将组织的目标与顾客的需求和期望联系起来；在整个组织内沟通顾客的需求和期望；对产品和服务进行策划、设计、开发、生产、交付和支持，以满足顾客的需求和期望；测量和监测顾客满意并采取适当的措施；确定有可能影响顾客满意的利益相关方的需求和期望，并采取措施；积极管理与顾客的关系，以实现持续成功。

（2）领导作用（Leadership）

原则陈述：各级领导建立统一的宗旨和方向，并且创造环境使全员积极参与实现组织的质量目标。

提出缘由：统一宗旨和方向的建立以及全员的积极参与，能够使组织将战略、方针、过程和资源与实现目标保持一致。

关键益处：提高实现组织质量目标的效果和效率；组织的过程更加协调；改善组织各层级和职能间的沟通；开发和提高组织及其人员的能力，以获得期望的结果。

可采取行动：在整个组织内，就其使命、愿景、战略、方针和过程进行沟通；在组织的所有层级创建并保持共同的价值观、公平以及道德的行为模式；创建信任和正直的文化；鼓励全组织对质量的承诺；确保各级领导者成为组织成员的楷模；为人员提供履行职责所需的资源、培训和权限；激发、鼓励和认可人员的贡献。

（3）全员参与（Engagement of people）

原则陈述：在整个组织内各级人员的胜任、被授权和积极参与是提高组织创造和提供价值能力的必要条件。

提出缘由：为了有效地管理组织，尊重并使各级人员参与是重要的。认可、授权和能力提升会促进人员积极参与实现组织的质量目标。

关键益处：增进组织内人员对质量目标的理解并提高实现目标的积极性；提高人员改进活动的参与度；促进个人发展、主动性和创造力；提高人员的满意度；增强整个组织内的相互信任和协作；促进整个组织对共同价值观和文化的关注。

可采取行动：与员工沟通，以提升他们对个人贡献的重要性的理解；推动整个组织内部的协作；促进公开讨论，分享知识和经验；授权人员确定绩效的制约因素并大胆地采取积极主动措施；认可和奖赏员工的贡献、学识和改进；能够对照个人目标进行绩效的自我评价；进行调查以评估人员的满意度，沟通结果并采取适当的措施。

（4）过程方法（Process approach）

原则陈述：只有将活动作为相互关联以连贯系统进行运行的过程来理解和管理时，才能更加有效和高效地得到一致的、可预知的结果。

提出缘由：质量管理体系是由相互关联的过程所组成的。理解这一体系如何产生结果，有助于优化组织体系和提升绩效。

关键益处：提高关注关键过程和改进机会的能力；通过协调一致的过程体系，得到一致的、可预知的结果；通过有效的过程管理、高效的资源利用及跨职能壁垒的减少，获得最佳绩效；使组织能够向利益方提供关于其稳定性、有效性和效率方面的信任。

可采取行动：确定体系的目标和实现这些目标所需的过程；确定管理过程的职责、权限和义务；了解组织的能力，并在行动前确定资源约束条件；确定过程相互依赖的关系，并分析每个过程的变更对整个体系的影响；将过程及其相互关系作为体系进行管理，以有效和高效地实现组织的质量目标；确保获得运行和改进过程以及监视、分析和评价整个体系绩效所需的信息；管理能影响过程输出和质量管理体系整个结果的风险。

（5）改进（Improvement）

原则陈述：成功的组织持续关注改进。

提出缘由：改进对组织维持当前的绩效水平，对其内外部环境的变化做出反应并创造新的机会都是极其重要的。

关键益处：改进过程绩效、组织能力和顾客满意；增强对调查和确定根本原因及后续的预防和纠正措施的关注;提高对内外部的风险和机遇的预测和反应的能力;增加对渐进性和突破性改进的考虑;加强利用学习实现改进;增强创新的驱动力。

可采取行动:促进在组织的所有层级建立改进目标;对各层级员工进行教育和培训,使其掌握如何应用基本工具和方法实现改进目标;确保员工有能力成功的筹划和完成改进项目;在整个组织内开发和展开过程以实施改进项目;跟踪、评审和审核改进项目的计划、实施、完成和结果;将改进考虑因素融入新的或变更的产品、服务和过程开发之中;认可和奖励改进。

(6) 循证决策(Evidence-based decision making)

原则陈述:基于数据和信息分析和评价作出的决定,更有可能产生期望的结果。

提出缘由:决策是一个复杂的过程,并且总是包含一些不确定性。它经常涉及多种类型和来源的输入及其解释,而这些解释可能是主观的。重要的是理解因果关系和可能的非预期后果。对事实、证据和数据的分析可导致决策更加客观和可信。

关键益处:改进决策过程;改进对过程绩效和实现目标能力的评估;改进运行的效果和效率;提高评审、挑战以及改变意见和决定的能力;提高证实以往决定有效性的能力。

可采取行动:确定、测量和监视证实组织绩效的关键指标;使相关人员获得所需的所有数据;确保数据和信息足够准确、可靠和安全;使用适宜的方法分析和评价数据和信息;确保人员有能力分析和评价所需的数据;基于事实,权衡经验和直觉进行决策并采取措施。

(7) 关系管理(Relationship management)

原则陈述:为了持续成功,组织应管理与利益相关方(如:供方)的关系。

提出缘由:利益相关方会影响组织的绩效。当组织管理与所有利益相关方的关系以最优化他们对组织绩效的影响时,才更有可能实现持续成功。对供方及合作伙伴的关系网的管理是尤为重要的。

关键益处:通过对每一个与利益相关方有关的机会和制约因素的响应,提高组织及利益相关方的绩效;利益相关方对目标和价值观有共同的理解;通过共享资源、能力以及管理与质量有关的风险,提高为利益相关方创造价值的能力;拥有管理良好、可稳定提供产品和服务流的供应链。

可采取行动:确定相关的利益相关方(如:供方、合作伙伴、顾客、投资者、雇员或整个社会)及其与组织的关系;确定并管理需优先考虑的利益方的关系;建立平衡短期利益和长远考虑的关系;收集并与利益相关方共享信息、专业知识和资源;适当时,测量绩效并向利益相关方提供绩效反馈,以增强其改进的主动性;与供方、合作伙伴及其他利益相关方确定合作开发和改进活动;鼓励和认可供方与合作伙伴的改进和成效。

4.3　ISO 9001 质量管理体系

ISO 9001:2015《质量管理体系　要求》是 ISO 9000 族标准最核心的标准,国内将其等同转化为 GB/T 19001—2016《质量管理体系　要求》,由国家质量监督检验检疫总局和国家标准化管理委员会于 2016 年 12 月 30 日发布,2017 年 7 月 1 日正式实施。ISO 9001 所确定的质量管理体系是通用的,适应于各类组织,也包括旅游企业。它既可以用于旅游企业内部,也可以用于外部各方。也就是说,这一质量管理体系既可以用于旅游企业自身持续提高服务质量、增强顾客满意的需要,也可以用于获得相关质量认证或保证供应商或其他合作方产品和服务质量的需要。但 ISO 9001 并不要求企业在实施时与标准完全统一,在文件中它特别强调了 3 个不要求统一:不要求所有组织有统一的质量管理体系结构,不要求组织的文件与 ISO 9001 标准的条款结构一致,不要求组织使用的术语与标准特定术语一致。这意味着旅游企业在实施 ISO 9001 的时候,完全可以根据企业自身的性质和需要制订符合 ISO 9001 要求的服务质量管理体系。

在建立和实施 ISO 9001 的时候,需要注意 ISO 9001 标准所规定的只是通用型的质量管理体系,与具体产品和服务的要求不同。此外,虽然 ISO 9001 可以用作认证使用,但不能为了认证而认证,要真正将 ISO 9001 作为持续改进服务质量的有效手段。

1. 过程方法

过程方法是质量管理的重要原则之一,在 ISO 9001 标准中又重点强调了这一方法。虽然过程方法并非是强制性要求,但是 ISO 9001 倡导企业在建立和实施质量管理体系以及提高其有效性上采用这一方法,通过满足顾客要求增强顾客满意。过程是指利用输入实现预期结果的相互关联或相互作用的一组活动。它由输入源、输入、活动、输出、输出接收方、控制和检查点所构成,整个过程中又有特定的监视和测量检查点用于控制,这些检查点根据相关的风险有所不同。单一的过程要素示意图见图 4.3。

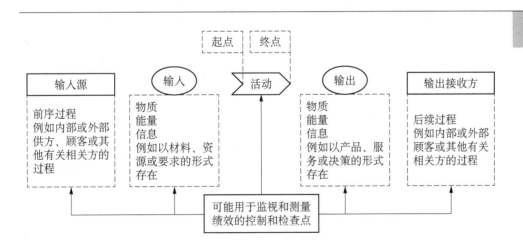

图 4.3

单一过程要素示意图①

在服务质量管理体系中应用过程方法,可以使旅游企业全面理解服务的整个提供过程,促进部门之间和员工之间的相互协调配合,同时识别过程中的薄弱环节,持续改进过程以取得更好的过程绩效。为了保证过程的有序运转,旅游企业还需要对过程的

① 国家质量监督检验检疫总局,中国国家标准化管理委员会. 质量管理体系　要求[S]. GB/T 19001:2016.

各个环节进行有效的监视和测量,控制过程风险。旅游企业还应该从增值的角度考虑过程,通过过程为企业创造更高的价值。

在旅游服务的提供过程中,过程通常并非是孤立的,不同过程相互交互。比如旅行社提供导游服务的过程中,会涉及旅行社的设计过程、计调过程、采购过程和人事过程等相关过程。因此,要将相互关联的过程作为一个系统加以理解和管理,打破隔阂,这有助于旅游企业更有效和高效地提升旅游服务质量。ISO 9001 提出过程方法包括按照组织的质量方针和战略方向,对各过程及其相互作用进行系统的规定和管理,从而实现预期结果。在采用过程方法时,可通过采用 PDCA 循环以及始终基于风险的思维对过程和整个体系进行管理,从而有助于有效利用机遇并防止发生不良的结果。

2. PDCA 循环

PDCA 是美国质量管理专家戴明在 20 世纪 60 年代所提出的,又被称为戴明环。它是 Plan(策划)、Do(实施)、Check(检测)和 Action(处置)四个单词的缩写,反映了质量改进必须经过的 4 个阶段。因为这 4 个阶段会持续地循环下去,故被称之为 PDCA 循环。

P 指策划,任何质量工作都始于策划。好的质量计划能够尽量避免服务差错,保证服务目标实现。策划时可以采用"5W1H"技术,即:Why(为什么做),弄清制订计划的缘由;What(做到什么程度),确定计划要达到的目标;Where(在哪里做),确定实施计划的地点;Who(由谁来做),确定实施计划的部门和人员;When(什么时候做),确定实施计划的时间和进度;How(怎么做),确定实施计划的具体措施。D 指实施,一旦计划制订完后,就需要按照计划内容采取行动。实施计划时要强调执行力,确保计划能够顺利实施。C 指检查,要对照计划,检查实施效果,及时发现实施过程中存在的问题。检查的目的是为了保证预期的目标能够实现。A 指处置,一是要总结,成功经验要转化为标准化的工作或制度,失败教训要总结,避免问题的再次产生,二是要处理问题,针对检查发现的问题,要查找原因,寻找解决方案,由此进入下一个 PDCA 循环。

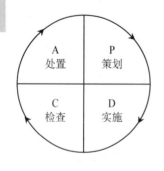

图 4.4

PDCA 循环

PDCA 循环适用于旅游服务质量管理的各个过程,比如服务设计过程、采购过程、服务提供过程等等,也适用于整个旅游服务质量管理体系。ISO 9001 质量管理体系就是以 PDCA 循环搭建基本框架。ISO 9001 中的 PDCA 循环图见图 4.4,简要描述如下:

——策划(Plan):根据顾客的要求和组织的方针,建立体系的目标及其过程,确定实现结果所需的资源,并识别和应对风险和机遇;

——实施(Do):执行所做的策划;

——检查(Check):根据方针、目标、要求和所策划的活动,对过程以及形成的产品和服务进行监视和测量(适用时),并报告结果;

——处置(Act):必要时,采取措施提高绩效。

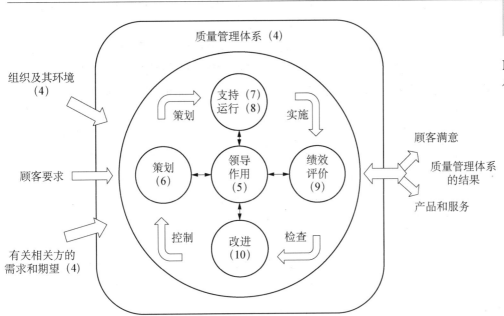

图 4.5

ISO 9001 的结构
在 PDCA 循环中
的展示①

注：括号中的数字表示 ISO 9001：2015 中的相关章节

3. 基于风险的思维

基于风险的思维是实现质量管理体系有效性的基础。以前的 ISO 9001 版本只是隐含了基于风险的思维概念，比如，采取预防措施消除潜在的不合格，而 2015 版的 ISO 9001 直接提出"基于风险的思维"，直接将其融入整个质量管理体系，使之成为过程方法的重要组成部分。从整个标准来看，基于风险的思维并不是 ISO 9001 的某一个条款，而是贯穿整个质量管理体系的一种思维模式，因此在标准的多个条款中都提出了与风险管理有关的要求，比如 ISO 9001 条款"质量管理体系及其过程"中提到"按照 6.1 要求应对风险和机遇"，条款"策划"提到"应对风险和机遇的措施"，条款"绩效评价"提到"应利用分析结果评价应对风险和机遇所采取措施的有效性"，条款"改进"提到"需要时，更新在策划期间确定风险和机遇"。因为质量管理体系的主要用途之一就在于预防，所以 ISO 9001：2015 不再设立"预防措施"这一章节，而是要求在过程中运用基于风险的思维替代原来的预防概念。

旅游企业在服务提供中可能遇到各类风险，如旅行社遭遇预订的航班延误或取消，旅游目的地发生政治动乱或自然灾难，这些都可能严重影响旅游服务的提供。因此，旅游企业需要有完善的风险预案，为提升整个服务质量管理体系的有效性、获得改进结果以及防止不利影响奠定基础。

风险是不确定性的影响，既可能有负面的影响，也可能有正面的影响，比如有利于组织吸引顾客、开发新产品或服务，风险的正面影响可能提供机遇。因此基于风险的思

① 国家质量监督检验检疫总局，中国国家标准化管理委员会. 质量管理体系　要求，GB/T 19001：2016.

维,除了要应对风险的危害,旅游企业还应该积极利用可能的机遇,以更好地服务于顾客。

应对风险和利用机遇并不要求旅游企业一定要运用一个正式的风险管理方法或文件化的风险管理过程。当然,企业也可以采用比 ISO 9001 要求更广泛更严格的风险管理方法,比如采用专门的 ISO 31000:2018《风险管理 指南》进行风险管理。

4. 标准主要内容应用

(1) 范围(标准条款:1)

ISO 9001 的"范围"确定了标准的适用范围。如果旅游企业需要证实其具有稳定提供满足顾客要求和适用法律法规要求的产品和服务的能力,或者想要通过质量管理体系增强顾客满意,都可以采用 ISO 9001 标准。而且是不管何种类型、何种规模的旅游企业都可以采用这一标准。

ISO 9001 中的"产品和服务"仅指预期提供给顾客或顾客所要求的产品和服务,不包括顾客非预期结果,比如强制购物、随意更改旅游路线等,也不包括产品和服务形成过程中的非预期结果,比如旅游开发对环境造成污染,这由其他管理体系控制。法律法规要求可称作法定要求,这是质量管理体系必须要达到目标,也是最基本的目标。

从用途上来看,ISO 9001 可以用作旅游企业内部质量管理,第二方的评价、评定或注册,第三方质量管理体系认证或注册,在合同中作为对合作方的质量管理体系要求,也可以为法律法规引用作为强制性要求。

(2) 组织环境(标准条款:4)

组织环境这一章由"理解组织及其环境"、"理解相关方的需求和期望"、"确定质量管理体系的范围"和"质量管理体系及其过程"四部分内容组成。具体解释如下:

① 理解组织及其环境。

组织环境是指对组织建立和实现目标的方法有影响的内部和外部因素的组合。既有内部因素,如人力、财务和制度等,也有外部因素,如政治、经济、社会、文化、技术和自然等,既可能包括正面因素,如生态环境改善、技术进步等,也可能包括负面因素,如资金链出现障碍、员工流失率增加等。旅游企业应该对所有这些可能会影响其服务质量的因素进行监视和评审,保证整个服务质量管理体系与环境相适应,同时也能应对环境所带来的风险和机遇。

② 理解相关方的需求和期望。

除了组织及其环境,相关方的需求和期望也是旅游企业建立服务质量管理体系的重要输入。所谓相关方,指的是可影响决策或活动,被决策或活动所影响,或自认为被决策或活动影响的个人或组织。它既可以来自旅游企业内部,如员工、股东、工会等,也可以来自于企业外部,如顾客、供方、政府等。旅游企业要识别所有影响其服务质量的相关方及其要求,并将这些要求落实到服务质量管理体系中去,而且还随时需要监视相关方的需求和期望的变化,以判断是否需要对服务质量管理体系进行改进。比如从 2015 年开始,全国多地出台文件规定旅游企业不得使用"准×星级""相称于×星级"等用语迷惑顾客,这就必然要求企业在签订合同或是广告宣传时作出调整。

③ 确定质量管理体系的范围。

ISO 9001 虽然是通用的,但某些要求不一定适用于所有企业,因此旅游企业在建立服务质量管理体系时还需要考虑条款适用性。如果旅游企业认为某些要求是不适用的,必须要符合两个条件:一是不影响组织确保其产品和服务合格的能力或责任,二是对增强顾客满意也不会产生影响,否则就不能认为其符合 ISO 9001 标准的要求。比如,某旅游设备企业完全由顾客负责产品的设计和更改,企业只是根据要求进行加工和生产,不存在任何的设计开发,也无权进行任何的修改,那 ISO 9001"8.3 产品和服务的设计和开发"对该旅游企业就不适用。如果某旅游企业专做旅游路线定制,旅游路线主要是由顾客提出,旅游企业负责提出修改意见以及制订具体的行程安排,那此时旅游企业就不能宣称不适用于"8.3 产品和服务的设计和开发",因为行程安排是否合理会直接影响顾客满意。如果存在不适用,那不适用的要求和理由,必须在文件中说明。

④ 质量管理体系及其过程。

"质量管理体系及其过程"再次明确旅游企业要以过程方法建立整个服务质量管理体系,要确定各类过程,确定这些过程所需的输入和输出,确定过程的顺序和相互作用,确定和应用所需的准则和方法以确保过程的有效运行和控制,确定过程所需的资源并确保可获得,分配过程的职责和权限,评价和改进过程。必要时,还要有成文的信息以支持过程运行。

（3）领导作用(标准条款:5)

领导作用这一章包括"领导作用和承诺""方针"和"组织的岗位、职责和权限"三部分内容构成。具体解释如下:

① 领导作用和承诺。

领导作用和承诺强调了最高管理者的作用和以顾客为关注焦点。最高管理者并不局限于某一个管理者,而可能是最高管理层的一组人。ISO 9001 提出最高管理者要发挥质量管理体系的十大领导作用和承诺:1)对质量管理体系的有效性负责;2)确保制定质量管理体系的质量方针和质量目标,并与组织环境相适应,与战略方向一致;3)确保质量管理体系要求融入组织的业务过程;4)促进使用过程方法和基于风险的思维;5)确保质量管理体系所需的资源是可获得的;6)沟通有效的质量管理和符合质量管理体系要求的重要性;7)确保质量管理体系实现其预期结果;8)促进人员积极参与,指导和支持他们为质量管理体系的有效性作出贡献;9)推动改进;10)支持其他相关管理者在其职责范围内发挥领导作用。旅游服务质量在根本上取决于最高管理者的作用,尤其是广大中小旅游企业,只有抛弃将企业作为赚钱工具的短期思维模式,制订企业使命和愿景,建立和实施服务质量管理体系,推进持续性改进,才能真正推动服务质量的提升和企业的长远发展。

领导作用还必须以顾客为关注焦点,为此必须要做到三点:一是确定、理解并持续地满足顾客要求以及适用的法律法规要求,二是确定和应对风险和机遇,这些风险和机遇可能影响产品和服务合格以及增强顾客满意的能力,三是始终致力于增强顾客满意。

案例

　　某旅行社门市的主要职责之一是为顾客提供旅游咨询。审核员对其进行审核时,询问门市经理:"你们门市的主要目标是什么?"门市经理回答说:"这是销售为王的时代,我们只看销售业绩,谁有业绩,谁就会有更高的回报。如果业绩不好,那只能辞退。业绩,就是我们最主要的考核目标。"

　　问题:你觉得这符合 ISO 9001 的要求吗?

　　分析:根据 ISO 9001:2015 标准"5.1.2　以顾客为关注焦点",旅行社应该以顾客为关注焦点,始终致力于满意顾客,而不应该只关注销售业绩。因此,该旅行社的做法明显违背了 ISO 9001 的要求。

　　② 方针。

　　方针是指最高管理者正式发布的组织的宗旨和方向,而质量方针是最高管理者正式发布的本组织的质量宗旨和质量方向。旅游企业最高管理者在制订质量方针时,应确保"一个适应与支持、两个承诺、一个框架"。"一个适应与支持"是指质量方针应适应组织的宗旨和环境并支持其战略方向。企业的宗旨是多方面的,包括经营、环境、安全等,质量方针应该与其他宗旨和方针相适应,协调一致,而且还要支持企业的战略方向。"两个承诺"是指满足适用要求的承诺和持续改进服务质量管理体系的承诺。比如下面两个质量方针:

　　质量方针 1:满足顾客需求,经营诚实守信,品质凝聚人心

　　质量方针 2:宾客至上,服务第一,优质安全,追求卓越

　　质量方针释义:

　　宾客至上:宾客是我们效益的来源,我们将以宾客为关注的焦点,一切的运行以实现宾客满意为目标。

　　服务第一:我们管理的最终目的是保持、提高服务质量,以实现宾客的满意。

　　优质安全:通过我们不懈的努力,为宾客提供优美的环境、优质的服务、让宾客时刻感受到安全、舒适和便利。

　　追求卓越:不断提升员工的服务意识,采用科学管理方法,使酒店持续向前发展。

　　相比质量方针 1,质量方针 2 中"宾客至上、服务第一"与企业的宗旨相适应,"优质安全"和"追求卓越"体现了两个承诺。

　　"一个框架"是指要为制定质量目标提供框架。质量方针相对比较抽象,需要依靠质量目标实现。比如如果旅游运输服务的质量方针提到"安全、正点",那可以通过具体化的质量目标得以落实:行车安全事故为 0;火灾爆炸事故为 0;旅客人身伤亡事故为 0;不发生食物中毒、行李被盗事故;不发生旅客坠车跳车、挤砸烫伤事故;责任晚点事件为 0,确保客车正点运行等。[①]

　　质量方针作为顶层设计,在相当长的时间内应该能够指导旅游企业的服务质量实

───────────

① 　张智勇. ISO 9001:2015 内审员实战通用教程[M]. 北京:机械工业出版社,2017:76.

践。一旦制订后,应以成文信息保持,并且由最高管理者通过培训、会议、通知等各类方式使方针在全组织范围内得到充分沟通、理解和应用。

③ 组织的岗位、职责和权限。

为了保证质量管理体系的有效运转,旅游企业最高管理者需要明确组织结构、相关岗位设置、岗位职责和权限,做到岗位结构合理、职权明确。而且要以文件化的形式明确相关岗位的职责和权限,并且通过各种形式(如会议、培训等)相互了解相关的职责和权限,从而使人人明确自己的职责和权限,彼此各司其职,相互配合,使企业的服务质量管理体系更有效地开展。

在 2015 版的标准中取消了"管理者代表"的岗位。之前的版本明确提到"管理者代表",规定最高管理者应在本组织管理层中指定一名成员,其职责和权限是确保质量管理体系所需的过程得到建立、实施和保持,向最高管理者报告质量管理体系的绩效和任何改进的需求,确保在整个组织内提高满足顾客要求的意识。取消管理者代表,是因为要将整个质量管理体系融入企业的日常业务,不需要有人专做体系。另一方面也是希望最高管理者能够承担更多的质量管理体系责任,避免体系管理和实际运行两张皮现象。

(4)策划(标准条款:6)

策划一章内容由"应对风险和机遇的措施"、"质量目标及其实现的策划"和"变更的策划"三部分内容构成,具体解释如下:

① 应对风险和机遇的措施。

前面已经提过,ISO 9001 强调基于风险的思维。旅游企业在策划服务质量管理体系时,要充分考虑到内外部因素和相关方的要求,识别可能的风险和机遇,目的是为了确保服务质量管理体系能够实现其预期结果,增强有利影响,预防或减少不利影响,以及实现改进。在此基础上,要制订应对这些风险和机遇的措施,并且在整个服务质量管理体系中整合这些措施,同时还要评价这些措施的有效性。旅游业属于脆弱性行业,受政治、经济等各类外部因素的影响较大。因此,各旅游企业都应该做到未雨绸缪,有备无患。

机遇可能导致采用新实践,推出新产品,开辟新市场,赢得新顾客,建立新合作伙伴关系,利用新技术和其他可行之处,以应对组织或其顾客的需求。比如智能机器人的出现为酒店提升服务效率提供了新的机遇。但寻求机遇也可能意味着需要承担风险,比如智能机器人降低了服务中的人性化、温情化要素。还比如 2018 年春节大量大陆台湾同胞需要返台为中国东方航空公司和厦门航空公司增设春节加班机创造了机会,但是在已经对外售票的情况下台湾民航局批准与否又会给航空公司服务质量带来巨大风险。

② 质量目标及其实现的策划。

质量目标是指在质量方面所追求的目的。旅游企业应该确保在相关职能、层次和服务质量管理体系所需的过程上建立相应的质量目标。质量目标应该满足 7 大要求:1)与质量方针保持一致;2)可测量;3)考虑适用的要求;4)与产品和服务合格以及增强顾客满意相关;5)予以监视;6)予以沟通;7)适时更新。其中,特别要注意的是质量目标在内容上应该是可以测量的,但这并不意味着一定要量化,而是指最终可以以某些指标来衡量这些目标是否实现。因此,质量目标可以是定性的,也可以是定量的,如果能够定量的应该尽量定量。比较下面两例质量目标:

质量目标1：优质一流,顾客满意。

质量目标2：通过ISO 90001质量认证;顾客满意度达到95%;顾客投诉及时处理率不低于99%。

显然,质量目标2可测性更强,更加符合质量目标的要求。

质量目标在实施的时候还要注意层层分解,因为旅游企业的总的质量目标需要各相关部门和人员的共同努力,因此在相关的职能部门、层次和过程上也需要建立质量目标,但具体分解到哪一层次,需要依据企业的具体情况而定。质量目标在制订时,还需要各部门和人员之间沟通和协调,如果目标无法得到组织内部的认可,最终目标将很难实现。确定目标后,再通过各种形式在组织内部得以沟通。在实施过程中,需要不断地对质量目标进行监测,查找问题,分析原因,寻找对策。有时,还需要根据实际情况对质量目标进行调整,最终目标是确保质量目标的实现。

在策划质量目标时,旅游企业应确定要做什么,需要什么资源,由谁负责,何时完成,如何评价结果。要有相应的成文信息,使质量目标一目了然,又具有很强的可操作性。

③ 变更的策划。

服务质量管理体系会受到内外部环境变化的影响。因此,它不是一成不变的,而是在其适宜性、充分性和有效性受到影响的情况下要进行一定的调整。比如,新技术的引进,新合作伙伴的加入,组织结构的重大调整等等,可能会对整个服务质量管理体系产生影响。这时,旅游企业就需要考虑对服务质量管理体系作出一定调整。调整时,旅游企业需要考虑：变更的目的及其潜在后果,整个服务质量管理体系的完整性,所需资源的可获得性,以及对职责和权限的分配或再分配。

(5) 支持(标准条款：7)

支持这一章包括"资源"、"能力"、"意识"、"沟通"和"成文信息"共五部分内容,具体解释如下：

① 资源。

资源是旅游企业实施服务质量管理体系的基础和前提。之前版本的ISO 9001标准对人力资源、基础设施和工作环境在内的资源提出了明确要求,而2015版的ISO 9001标准中资源的范围更广,将人员、基础设施、过程运行环境、监视和测量资源、组织的知识5项资源作为基础性资源,并提出了强制性要求。为了建立、实施、保持和持续改进服务质量管理体系,旅游企业必须要考虑现有内部资源的能力和局限,如果内部资源不足,还需要考虑从外部供方获取资源。

人员是ISO 9001标准提到的第一资源。旅游企业应当确定并配备所需的人员,以有效实施服务质量管理体系,并运行和控制其过程。旅游企业,尤其是酒店员工流失率相对较高,为了保证服务质量,需要通过人员招聘、激励制度等保证企业能够有足够的稳定的服务人员供给。

基础设施是标准提到的第二资源。基础设施包括建筑物和相关设施、设备(包括硬件和软件)、运输资源、信息和通讯技术。旅游企业应确定、提供并维护所需的基础设施,以运行过程,并获得合格产品和服务。比如不同星级的酒店就对设施设备提出了不同的质量要求。旅游电商企业则要求信息和通讯技术能够足够保证网站的安全高速运转。旅游企业要经常对基础设施进行维修保养,以保证基础设施能够满足服务质量的需要。

> 　　审核员来到某餐厅进行质量检查,发现大厅里空调坏了,顾客吃得满头大汗。审核员问,空调什么时候坏的,服务人员说,上个星期就坏了。审核员又问,为什么到现在还没有修理啊? 经理说,我们早就报修过了,但是修了几次也没修好。反正夏天马上就要过了,等天凉了就不要开空调了。而且,我们准备在秋天的时候再买台新的,那时会便宜点。
>
> 　　问题:你觉得该餐厅的处理方式符合 ISO 9001 的要求吗?
>
> 　　分析:ISO 9001:2015 标准"7.1.3　基础设施"提出"组织应确定、提供所需的基础设施,以运行过程,并获得合格产品和服务。""7.1.4　过程运行环境"提出"组织应确定、提供并维护所需的环境,以运行过程,并获得合格产品和服务。"虽然该餐厅已经试图维修空调,但最终并没有解决问题,整个服务环境太过闷热,顾客吃得满头大汗,并没有实现满足顾客要求。因此,并不符合 ISO 9001 标准的要求。

过程运行环境是标准提到的第三资源。旅游企业应该确定、提供并维护所需的环境,以运行过程,并获得合格产品和服务。适宜的过程运行环境可能是人为因素和物理因素的结合,如社会因素(如员工歧视、内外部矛盾等)、心理因素(如员工的情绪、压力等)、物理因素(如客房的温度、湿度、照明、卫生、噪音、气味等)。作为服务业,旅游企业特别要关注社会因素和心理因素对过程运行环境的影响,一线员工的情绪、压力会直接影响到旅游服务质量。

监视和测量资源是标准提到的第四资源。当利用监视或测量活动来验证旅游产品和服务符合要求时,旅游企业应当确定并提供确保结果有效和可靠所需的资源。这里指的监视和测量资源不仅仅只是指监视和测量设备(如摄像头、公平秤),而是指为实现监视和测量过程所必需的人员、设施设备、监视和测量方法、监视和测量环境等。对旅游企业而言,很多监视和测量都主要是由检查人员完成的,如酒店客房打扫检查或是暗访,此时检查人员就是一种监视和测量资源。还比如旅游企业经常利用顾客满意度调查法对服务进行评价,此时这种测量方法也成为一种资源。旅游企业应当确保所提供的监视和测量资源适合所开展的监视和测量活动的特定类型,并且得到有效维护以确保持续适合其用途。而且,企业还应该保留适当的成文信息,以表明这些监视和测量资源适合其用途。

组织知识是标准提到的第五资源。知识就是生产力,这里的组织知识指的是旅游企业特有的知识,通常从其经验中获得,是为实现旅游企业目标所使用和共享的信息。旅游企业的知识可以来自于内部,如知识产权、经验知识、失败教训、获取或分享未成文的知识和经验以及改进结果等,也可以来自于外部,如标准、学术交流、专业会议、从顾客或外部供方收集的知识等。旅游企业应确定必要的知识,以运行过程,并获得合格产品和服务。为了应对不断变化的需求和发展趋势,旅游企业应不断审视现有的知识,确定如何获得或接触到更多的必要知识和进行知识更新。

② 能力。

能力指的是应用知识和技能实现预期结果的本领。光有人,但没有能力不行。旅游企业要确保在其控制下的服务人员具备相关的能力,从而保证他们的工作不会影响服务质量管理体系的绩效和有效性。如果服务人员能力不足,应当通过适当的教育、教训或经验,提升他们的能力,保证他们能够胜任相关工作。或者,也可以通过重新分配工作,或聘用、外包给胜任的人员,以保证人员的工作能力。旅游企业还需要经常评价保证人员能力的措施是否有效,评价的方式包括操作考核、管理人员测评、观察等等。为了表明人员是具有相应能力的,还需要保留相关证据,如教育和培训记录,员工的学历证书、技能证书、考核记录、工作经历等等。

③ 意识。

提升旅游服务质量,管理人员和服务人员的质量意识尤其重要。旅游企业应该确保员工充分理解质量方针,并将其作为自己岗位工作的行动指南;确保员工了解与其有关的质量目标,使之能够为之努力;确保员工意识到自己的工作对企业服务质量管理体系有效性的贡献,包括改进绩效的益处,使之愿意投入工作并配合其他人员的工作;确保员工充分了解其工作如果不符合服务质量管理体系要求的后果。

表 4.2 是一些正确和错误的质量意识。旅游企业应该通过教育、培训、宣传、会议、稽查等各种方法培养员工正确的质量意识,纠正错误的质量意识。

表 4.2 正确与错误的 质量意识[①]	正确的质量意识	错误的质量意识
	1. 质量是做出来的,而不是检验出来的 2. "预防错误""第一次就做对"是最经济的 3. 提高质量就是降低成本 4. 执行标准,不可以打折扣 5. 80%的质量不良是管理决策或组织制度造成的 6. 预防甚于治疗,任何过失可以事先避免 7. 质量必须超过顾客的期望 8. 革除马虎之心,是追求质量的第一要务 9. 本位主义是引起质量灾难的源头 10. 质量是追求卓越及永无止境的学习,质量和每个人息息相关 11. 质量不提高,公司会破产,员工会失业 12. 不良品多,是件不光荣的事 13. 工作场地不讲究整洁,会造成更多的不良 14. 机器、工具、模具平时不保养,生产不出好产品 15. 不依照作业标准工作,不良率会增高 16. 做正确的事,零缺陷是可以达到的	1. 大部分问题错在第一线人员 2. 孰能无过,质量也不例外 3. 出什么价,有什么质量 4. 质量好一定投入的钱多 5. 质量是检查出来的,不是做出来的 6. 质量是质管部门的事 7. 质量是一件很花钱的事 8. 99%的良品率意味着一个企业的质量水平很高了 9. 质量是一线服务人员要控制的事 10. 质量是需要管理人员控制的,与服务人员无关 11. 质量是很抽象的东西,要有高深的知识才能掌握

---

① 张智勇. ISO 9001:2015 内审员实战通用教程[M].北京:机械工业出版社,2017:98.根据需要做调整。

④ 沟通。

为了推进服务质量管理体系的实施,旅游企业应确定与服务质量管理体系相关的内部和外部沟通。沟通内容具体包括:沟通什么、何时沟通、与谁沟通、如何沟通和由谁沟通。沟通的目的是为了彼此了解服务质量体系相关的内容,促进相互理解、信任、合作。沟通可以是单向的,也可以是双向沟通。沟通内容根据双方需要,比如服务过程、职责和权限、顾客满意度等。沟通的方式可以是会议、口头交流、公告、邮件、内部刊物等各种方式,要畅通沟通渠道,提升沟通效率。沟通必须要形成相应的沟通制度,确定沟通的内容、时机、人员、渠道等等,保证沟通在可控范围。

案例

审核员来到某酒店前厅了解顾客满意度情况。前厅经理说:"我们酒店的顾客满意度都是由第三方进行统计的,他们每个月都会将统计结果反馈给酒店。具体情况你需要问询总经理办公室,他们比较清楚,我们一线部门不太清楚。"

问题:你觉得这符合 ISO 9001 的要求吗?

分析:ISO 9001:2015 标准"7.4　沟通"提出"组织应确定与质量管理体系相关的内部和外部沟通",顾客满意作为评价酒店和部门服务质量的重要手段,应该在酒店内部得以充分沟通。只有让各个部门清晰地了解本部门的顾客满意情况,才能认清问题,查找原因,制订对策,否则顾客满意度调查也只是形式主义,并无助于提升服务质量。所以,该酒店的做法并不符合 ISO 9001 的要求。

---

⑤ 成文信息。

为了确保服务质量管理体系的有效性,旅游企业应该确定 ISO 9001 标准所要求的成文信息以及企业所需要的成文信息。2015 版的 ISO 9001 标准以"成文信息"取代之前版本中的"文件"和"记录",也删除了质量手册、程序文件的要求。相比老版本,成文信息更加笼统。旅游企业在创建和更新成文信息时,应该确保适当的文件标识和说明(如标题、日期、作者、索引编号)、形式(如语言、软件版本、图表)和载体(如纸质的、电子的),还需要对文件进行评审和批准,以保持其适宜性和充分性。对于成文信息,旅游企业应确保在需要的场合和时机,均可获得并适用,同时予以妥善保护(如防止泄密、不当使用或缺失)。如果文件一旦发生变更,要有相应的变更程序,旧版文件要及时收回,避免错用。对于外来文件,应进行适当识别,并加以控制。ISO 9001:2015 要求的成文信息共有 25 处,旅游企业在建立体系的时候必须在这些地方严格提供成文信息。

(6)运行(标准条款:8)

"运行"这一章包括"运行策划和控制"、"产品和服务的要求"、"产品和服务的设计开发"、"外部提供的过程、产品和服务的控制"、"生产和服务提供"、"产品和服务的放行"和"不合格输出的控制"共七部分内容,具体解释如下:

① 运行策划和控制。

对运行进行策划和控制是旅游服务提供的基础。旅游企业应该确定满足产品和服务要求的整个过程,从进行市场调研识别顾客需求开始,到服务的设计和开发、采购、人员培训、服务提供、服务控制,再到服务评价、售后和顾客保留等一系列活动。通过整个运行过程,旅游企业将顾客要求转化为相关产品和服务,以及顾客满意和顾客忠诚。旅游企业应该对整个运行过程进行系统策划和控制,使最终实现预期效果。策划和控制的内容包括:确定旅游企业产品和服务的要求,建立保证过程有效运行的控制准则以及产品和服务的接收准则(比如具体的服务规范、服务流程等),确定为达到符合产品和服务要求所需要的各类资源(如人力资源、基础设施、运行环境等),要按照策划的准则对运行过程进行控制,确定并保持、保留成文信息。

② 产品和服务的要求。

旅游服务过程的输入就是产品和服务要求,没有明确的有效的产品和服务要求,旅游企业就不可能提供令人满意的服务质量。产品和服务要求应该能够满足顾客的要求、法律法规的要求和企业所认为的必要要求。为此,旅游企业应该做好与顾客之间的沟通,沟通可以发生在售前、售中和售后;沟通的方式可以是问询、交流、访谈、问卷等各种方式;沟通的内容应包括提供有关产品和服务的信息、处理问询、合同或订单,包括变更;获取有关产品和服务的顾客反馈,包括顾客投诉;处置或控制顾客财产;关系重大时,制定应急措施的特定要求。

旅游企业对产品和服务要求要进行评审,确保本企业准确理解了产品和服务的要求,并且有能力向顾客提供满足要求的产品和服务。评审应该在企业在对顾客作出服务承诺之前进行。评审的内容包括:顾客规定的要求,包括对交付及交付后活动的要求;顾客虽然没有明示,但规定的用途或已知的预期用途为其所必需的要求;组织规定的要求;适用于产品和服务的法律法规的要求;与以前表述不一致的合同或订单要求。旅游企业应该确保与以前规定不一致的合同或订单要求已得到解决。如果顾客没有提供成文的要求,旅游企业在接受顾客要求前应对顾客要求进行确认。比如餐厅点餐后,服务人员应该向顾客进行菜品确认,避免出错。如果产品和服务要求已发生变更,旅游企业应确保相关的成文信息得到修改,并确保相关人员知道已变更的要求。

③ 产品和服务的设计开发。

产品和服务的设计开发包括设计和开发策划、设计和开发输入、设计和开发控制、设计和开发输出、设计和开发更改五大流程。

在设计和开发策划阶段,旅游企业应该确定设计和开发活动的性质、持续时间和复杂程度;确定所需要的过程阶段,包括在适当阶段进行设计和开发评审;确定在适当阶段进行设计和开发的验证和确认;确定设计和开发过程所涉及的职责和权限;确定设计和开发所需的内外部资源;当涉及很多部门和人员参与时,要确定参与部门、人员之间的接口控制;确定顾客参与设计和开发时的需求;确定后续生产和服务提供的要求;确定顾客和其他相关方所期望的对设计和开发过程的控制水平;明确相关的成文信息。

在设计和开发输入阶段,旅游企业应该针对设计和开发的产品和服务,确定必需的要求,包括具体产品和服务的功能和性能要求,它是顾客要求的进一步转化和明确;来源于以前类似设计和开发活动的信息,这有助于提升设计和开发效率和效果;法律法规要求和相关的标准或行业规范;因产品和服务性质所导致的潜在失效后果,这意味着在设计和开发时设计人员需要考虑到可能失败的后果,并将其作为设计和开发的输入加以考虑,以避免失败的产生。

在设计和开发控制阶段,旅游企业应对整个设计和开发的过程进行控制,以确保设计和开发活动能够得到预期的结果。为此,旅游企业应该实施必要的评审活动,以评价设计和开发的结果满足要求的能力。评审可以在设计和开发的任何一个阶段进行,可以通过会议评审、同行评审等方式进行。旅游企业还需要实施验证活动,以确保设计和开发输出满足输入的要求。验证通常是在设计和开发的结果输出之前进行。旅游企业还要实施确认活动,以确保形成的产品和服务能够满足规定的使用要求或预期用途。确认可以由顾客确认、相关机构检测、顾客参加评审等等。针对评审、验证和确认过程中确定的问题,应该积极采取措施进行修正。

在设计和开发输出阶段,旅游企业应该确保输出能够满足输入的要求,满足后续产品和服务提供过程的需要。输出还应该包含或引用监视或测量方面的要求,适用时,包括接收准则,比如相关的验收规范。此外,还需要规定对于产品和服务的预期目的及其安全和正常使用所必要的产品和服务的特性。比如旅行社开发了一条新的旅游路线,那对该路线中的一些注意事项需要作出清晰明确的说明。

在设计和开发更改阶段,旅游企业可以对整个设计和开发进行更改,更改可以发生在任何时候,但对更改应该进行识别、评审和控制,要确保更改不会对满足要求产生不利影响。

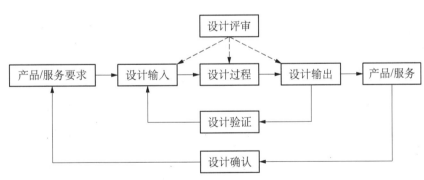

图 4.6

设计评审、验证和确认的关系[1]

④ 外部提供的过程、产品和服务的控制。

外部供方的产品和服务既包括采购的原材料,也包括服务外包的产品和服务,他们共同构成了旅游企业自身产品和服务的一部分。尤其是旅行社,大量的服务都是属于外购服务,旅行社只是将这些外购服务进行优化组合再销售给顾客。酒店除了日常采

---

[1]　宋彦军. TQM、ISO 9000 与服务质量管理[M]. 北京:机械工业出版社,2007:174.

购外,越来越多的服务也都已经外包出去,由第三方提供。而所有这些外部供方的产品和服务都会直接影响到旅游企业的服务质量,因此旅游企业必须对外部供方的产品和服务进行控制。

旅游企业首先需要对外部供方的能力进行评价,根据评价结果,选择合格的供方作为合作伙伴。评价应该有严格、标准的评价程序,避免不规范选择供方。然后,旅游企业需要对供方的绩效进行监视和再评价,保证他们能够始终如一地提供满足企业要求的产品和服务。如果评价不合格,那就需要供方进行整改,否则重新选择供方。

为了确保外部提供的过程、产品和服务不会对旅游企业稳定地向顾客提供服务的能力产生不利影响,企业还应该确保外部提供的过程保持在其服务质量管理体系的控制之中,规定对外部供方的控制及其输出结果的控制。

为了保证外部供方的产品和服务满足要求,旅游企业与供方之间就相关要求应该进行充分沟通和理解。沟通的内容包括需要供方提供的过程、产品和服务。对供方提供的产品和服务的批准要求,涉及方法、过程和设备的,也要有相关的批准要求,还有对供方产品和服务放行的批准要求,以及要求供方的人员满足某些资格,对供方的绩效的控制和监视要求等。

案例

　　某顾客在五星级酒店的礼品店买礼品,因为产品质量有问题,要求礼品店退货,但礼品店认为是顾客使用不当所导致的产品问题,坚持应该由顾客承担责任。顾客因此向酒店投诉,酒店回复说:礼品店并不属于酒店,这件事应该找礼品店解决,酒店对此也无能为力。

　　问题:你如何看待酒店的处理方式?

　　分析:ISO 9001:2015 标准中"8.4.1　总则"提到"组织应确保外部提供的过程、产品和服务符合要求","8.4.2　控制类型和程度"提到"组织应 a)确保外部提供的过程保持在其质量管理体系的控制之中;b)规定对外部供方的控制及其输出结果的控制"。虽然酒店将礼品店外包出去,但是位于酒店内部,其服务质量直接影响酒店的服务质量水平。顾客并不会将礼品店与酒店区别看待,其在礼品店购买产品很重要的一个原因也是出于对酒店的认可和信任,因此,酒店必须对礼品店的服务质量进行控制。由此可见,酒店的这种处理方式并不符合 ISO 9001 的要求。

---

⑤ 生产和服务提供。

为了保证旅游服务质量,旅游企业需要对生产和服务过程进行控制。一是要确保相关人员获得有关生产和服务的成文信息,明确了解拟生产的产品、提供的服务或进行的活动的特性,比如了解服务规范和操作流程,还要了解拟获得的结果,比如了解提供给顾客的最终服务应该是什么样的,如西餐摆台效果;二是要获得和使用适宜的监视和测量资源,比如安装摄像头对服务进行监控;三是实施监视和测量活动以保证过程及其输出满足控制准则与产品和服务的接收准则,比如服务人员打扫完客房后,由领班或主管进行质量抽查;四是为过程的运行使用适宜的基础设施,并保持适宜的环境,比如餐厅应该保持干净、卫生、整洁,装饰优雅,气味宜人,音乐和谐;五是配备胜任的人员,包括所要求的资格,比如旅行社安排的导游必须拥有导游证;六是若输出结果不能由后续的监视或测量加以验证,应对生产和服务提供过程实现策划结果的能力进行确认,并定期再确认;七是采取措施防止人为错误;八是对产品和服务的放行、交付和交付后的活动进行控制。

生产和服务提供过程中,要注意妥善保管顾客或外部供方的财产。财产不仅包括有形财产,如工具、物品,还包括无形的知识产权和个人资料。在网络时代,旅游企业尤其是需要注意保护好顾客的个人信息,避免信息泄漏。同时,还要保护顾客的资产,避免银行卡、信用卡等被盗刷。

⑥ 产品和服务的放行。

旅游企业应在适当阶段实施策划的安排,以验证提供的产品和服务的要求已经得到了满足。除非得到有关授权人员的批准,适用时得到顾客的批准,否则在策划的安排已圆满完成之前,不应向顾客放行产品和交付服务。比如餐厅在出菜前,由厨师或服务人员对菜品进行确认;旅行社在正式提供某条旅游路线前,由企业人员先实地体验;酒店在正式开业前,也需要试营业一段时间。

⑦ 不合格输出的控制。

生产和服务提供过程中,还可能遭遇到不合格品。旅游企业应该对不合格输出进行识别和控制,防止顾客不满。企业可以通过纠正,隔离、限制、退货或暂停对产品和服务的提供,告知顾客,获得让步接收的授权等方式处置不合格输出。比如,餐厅可以重新加工不合格的菜品,游乐园可以暂停运营有障碍的游乐设备,旅行社可以告诉顾客行程安排有问题获得他们让步等等。

(7) 绩效评价(标准条款:9)

"绩效评价"这一章包括"监视、测量、分析和评价""内部审核"和"管理评审"三部分内容,具体解释如下:

① 监视、测量、分析和评价。

监视、测量、分析和评价有助于随时掌握旅游企业的服务质量现状,发现问题,寻找原因和制订对策。监视、测量、分析和评价可以发生在旅游服务过程的各个阶段,旅游企业需要确定的是监视和测量的对象、方法和时间。监视和测量应该保留适当的成文信息,以作为结果的证据。

顾客满意是旅游企业监视和测量旅游服务质量的最直接的方法之一。顾客满意是指顾客对其要求已被满足程度的感受。旅游企业可以通过问卷调查、顾客对交付产品或服务的反馈、顾客座谈、市场占有率分析、顾客赞扬、担保索赔和经销商报告等各种方式了解顾客的满意程度。

对监视和测量所获得的数据要进行分析和评价,可以采用直方图、排列图、控制图、散布图等各种数据统计方法。旅游企业应利用分析结果评价产品和服务的符合性、顾客满意程度、服务质量管理体系的绩效和有效性、策划是否得到有效实施、针对风险和机遇采取的措施的有效性、外部供方的绩效和服务质量管理体系改进的需求。

② 内部审核。

内部审核是旅游企业自我完善、保持服务质量管理体系有效运行的手段。通过内部审核，可以保证各个过程都处于可控状态。因此，旅游企业应该按照策划的时间间隔进行内部审核，确定服务质量管理体系是否符合企业自身的服务质量管理体系要求，是否符合 ISO 9001 的标准要求，是否得到有效的实施和保持。

为了保证内部审核的顺利进行，旅游企业事先应该进行内部审核方案的策划，确定审核准则、审核范围、审核职责、审核时间和审核方法等。实施内部审核时，要建立有力的审核队伍，编制具体的审核计划，编写检查表，实施审核，确定不合格项，编写审核报告，对不合格项要采取纠正措施和跟踪管理。

③ 管理评审。

管理评审是由旅游企业最高管理者按照策划的时间间隔对企业的服务质量管理体系进行评审，以确保其持续的适宜性、充分性和有效性，并与企业的战略方向保持一致。管理评审一般以会议的形式进行，由最高管理者主持，相关部门负责人参与，对所需评审内容进行审核。评审的内容至少包括以往管理评审所采取措施的实施情况，与服务质量管理体系相关的内外部因素变化，有关服务质量管理体系绩效和有效性的信息（如顾客满意、质量目标的实现程度、不合格以及纠正措施、内外审核的结果等等），资源的充分性、应对风险和机遇所采取措施的有效性和改进的机会。

管理评审不同于内部审核。区别在于：一是目的不同，内部审核是为了验证服务质量管理体系是否具有符合性和有效性，找出不符合项并采取纠正措施，而管理评审是评价服务质量管理体系的适宜性、充分性和有效性；二是审核者不同，内部审核由企业内部审核员负责审核，而管理评审由最高管理者负责，相关部门负责人参与审核；三是依据不同，内部审核主要是依据审核准则，如 ISO 9001，企业内部的相关文件等，而管理评审主要是考虑顾客期望以及内外部因素的变化；四是程序不同，内部审核通常是现场审核，而管理评审一般是会议审核；五是输出不同，内部审核要开具不符合项并提出纠正措施，而管理评审会涉及体系变更、质量方针和目标调整、机构改革、过程改进等大的调整。但两者也有一定的联系，内部审核是管理评审的前提，内部审核结果作为管理评审的重要输入之一。

（8）改进（标准条款：10）

"改进"这一章包括"总则"、"不合格和纠正措施"和"持续改进"三部分内容，具体解释如下：

① 总则。

总则要求旅游企业采取必要的措施实施改进，目的是为了满足顾客要求和增强顾客满意。改进既包括对整个服务质量管理体系的改进，也包括对产品和服务的改进。改进的方法可以是纠正、纠正措施、持续改进、突破性变革、创新和重组。

② 不合格和纠正措施。

不合格是指未满足要求，也就是旅游服务质量存在问题。一旦出现服务质量问题，旅游企业必须积极采取纠正和纠正措施。纠正和纠正措施是两个不同的概念，纠正是指为消除已发现的不合格所采取的措施,而纠正措施是指为消除不合格的原因并防止再发生所采取的措施。当发现了服务质量问题,不能仅仅只进行纠正,还需要查找原因,采取纠正措施,保证下次不再出现类似问题。旅游服务过程中,有些问题反复出现,就是因为没有采取相应的纠正措施。制订纠正措施时,有时还需要更新在策划期间确定的风险和机遇,甚至是变更服务质量管理体系。对所采取的纠正措施,旅游企业还应该评审其有效性。

③ 持续改进。

由于旅游企业的内外部环境会发生变化,顾客的需求也会发生变化,而且随着竞争日益激烈,顾客对服务质量的要求也会越来越高,这就要求旅游企业必须保证服务质量管理体系的适宜性、充分性和有效性。旅游企业应该考虑绩效评价中提到的分析和评价的结果以及管理评审的输出,以确定是否存在需求和机遇,要将需求和机遇作为持续改进的一部分加以应对。

思考题

1. ISO 9000 族标准确定的质量管理原则有哪些?

2. 如何理解 PDCA 循环?

3. 为什么要以过程方法来设计整个服务质量管理体系?

4. 旅游企业为何要实施 ISO 9001 质量管理体系?

5. 为何要对服务外包企业的质量进行控制?

6. ISO 9001 提到的资源有哪些? 为何要对这些资源进行控制?

7. 内部审核和管理评审有何区别?

8. 如何区分纠正和纠正措施?

9. ISO 9001 质量管理体系是否能够解决旅游企业的所有服务质量问题?

10. 调查一下你身边旅游企业实施 ISO 9001 质量管理体系的现状,然后思考一下为什么很多旅游企业并没有依据该标准建立服务质量管理体系。

本章概述

　　了解顾客是构建旅游服务质量管理体系的基础,而顾客期望是影响感知旅游服务质量的决定性因素。所谓"期望越大,往往失望越大!"因此,只有有效地进行顾客期望管理,才能切实提升顾客感知的服务质量。顾客期望是一个具有多层次的模糊概念,个人需求、经验、营销沟通、口碑声誉、有形展示以及价格等多种因素都会对顾客期望产生深刻影响,而且期望还会随着个人掌握的信息变化而发生变化。如何适时掌握顾客期望、并进行有效管理对旅游企业而言是重大挑战。本章在阐述顾客期望内涵的基础上,讨论了如何做好顾客期望管理。

　　通过本章学习,应该掌握顾客期望的概念、构成、层次以及影响因素,了解顾客期望的动态调整过程,学会如何有效管理顾客期望。

5.1　顾客期望的内涵

1. 顾客期望的概念和构成

服务质量管理发展至今,世界上形成了两大独立的学派:北欧学派和北美学派。北欧学派以格鲁罗斯(Grönroos)和古梅松(Gummesson)为主要代表人物;北美学派以帕拉索瑞曼(Parasuraman)、齐塞尔(Zeithaml)和贝利(Berry)等人(简称 PZB)为主要代表人物。两个学派观点虽有不同,但都赞同在服务质量概念中引入顾客期望。克里斯廷·格罗鲁斯(Christian Grönroos)于 1982 年在顾客期望的基础上提出了顾客感知服务质量的概念和总体感知服务质量模型。PZB 对服务质量评价的 SERVQUL 模型同样也是从顾客期望角度出发而建立的。将顾客期望引入服务质量,早已深入人心。

从企业角度看,研究旅游服务质量的意义是为了通过更好的旅游服务提升顾客的满意度和忠诚度,从而提高企业的知名度和美誉度,最终增加企业的收益。然而旅游服务质量的提升不能一厢情愿,企业觉得重要的质量要素或者认可的服务质量可能与游客的认知存在差异。企业的旅游服务质量只有得到游客的认可和赞赏,才能真正起到质量效果。因此,对旅游服务质量的理解,必须从顾客的角度出发才有意义。应当记住,重要的是顾客对质量如何理解,而不是企业对质量的诠释。[①] 从顾客的角度看,旅游服务质量应该是格鲁罗斯等人认可的感知服务质量,也就是顾客对旅游企业服务质量的主观感受。这种主观感受很大程度上取决于顾客的期望。任何顾客在选择产品或服务之前,都会有某种期待,这就形成了最初的旅游期望。而旅游服务质量就是顾客期望与实际服务表现的比较。

著名营销大师李维特表示,顾客购买的不是产品或服务,而是期望。顾客期望是顾客对要发生的旅游企业服务表现的一种事前期待。顾客在消费旅游服务之前,由于受到广告或口碑等的影响,会在心理上对旅游企业及其服务确定某种目标或标准,这就形成了顾客期望。顾客期望一般都是正面期望(好的期望),反映了顾客对旅游企业高质量服务的渴望。任何顾客在选择消费之前,都希望得到较好的服务质量,如果有负面期望,顾客会放弃购买。因此,期望是顾客消费旅游服务的动力,而已经选择购买旅游服务的顾客都是抱有正面期望的顾客。期望又是旅游企业保证质量的约束条件,因为如果企业实现不了顾客期望,顾客满意度就会下降,最终可能导致顾客流失。

了解顾客的期望并不容易,因为有一些顾客事实上并不清楚自己到底想要什么,而有些顾客也并不会将其期望明确地告知旅游企业。根据迦卡·加塞罗的理论,从期望的清晰程度上进行划分,顾客期望包括了三种类型:模糊期望、隐性期望和显性期望。模糊期望是指顾客期望旅游企业能够帮助其解决问题,但是并不清楚具体的方式和途径。很多时候,顾客知道需要通过旅游企业的服务改变现状,但却无法表达或是不知道通过做什么或是如何去做来实现其目的。如顾客希望在旅游目的地能够放松心情,但是并不确切知道如何去放松。隐性期望是指顾客认为旅游企业理所当然应当提供的,

---

① 　克里斯廷·格罗鲁斯.服务管理与营销:服务竞争中的顾客管理[M].北京:电子工业出版社,2009:52.

非常明确,并不需要自己特别表达出来的期望。比如最基本的安全期望、卫生期望,满足这些期望是旅游企业最基本的服务要求。显性期望是指顾客明确知道要什么,并且能够表达出来的期望。比如顾客在选择旅行社产品的时候,明确告知要求住宿五星级酒店,这就是显性期望。模糊期望和隐性期望虽然没有明确地表达出来,但是如果不能够满足,顾客就会表示不满。

在顾客期望构成上,如果从期望的内容进行划分,顾客期望包括了结果期望和过程期望。也就是顾客既期望能够从旅游企业得到服务,即期待好的服务结果,也期望旅游企业能够很好地提供服务,即期待好的服务过程。顾客总是希望既能够帮助他解决问题,但同时也能够被很好地对待。在旅游供给短缺的时候,相比过程期望,顾客会更加关注结果期望。比如机票紧张的时候,顾客更关心是否能够获得机票。而在旅游供给充裕的时候,因为结果质量都是大同小异,顾客较多地会关注过程期望。

从价值的角度看,顾客对旅游服务的评判标准是服务是否为顾客创造了价值。因此,顾客期望可以理解为顾客总价值(或总收益)和顾客总成本的期望。胡正阳、李丰、胡跃东以此将顾客期望分为顾客总价值期望和顾客总成本期望两个层面。顾客总价值期望包括了产品价值期望、服务价值期望、个人价值期望和形象价值期望,顾客总成本期望包括了货币成本期望、时间成本期望、精力消耗期望和体力消耗期望。[①] 这八项期望决定了顾客在消费旅游服务之前期望的大小,它会直接影响顾客对旅游服务的选择和质量的评价。

2. 顾客期望的层次

顾客期望从层次上由低到高可以分为基本期望、适宜期望和理想期望。旅游企业必须要满足顾客的基本期望和适宜期望,否则顾客就会不满意。在满足这些期望的前提下,有条件可以试图满足顾客的理想期望,这时顾客就会感到兴奋。图 5.1 反映了顾客的这三种期望层次。

图 5.1

顾客期望
层次图

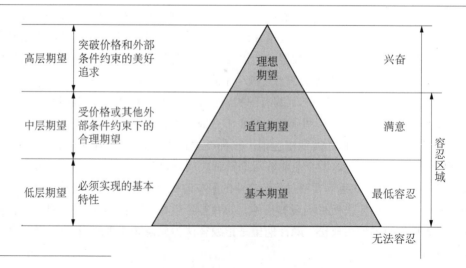

① 胡正阳,李丰,胡跃东.全面顾客管理[M].北京:中国商业出版社,1995:17—18.

基本期望：基本期望是指旅游企业必须提供的一些基本服务功能。旅游企业必须要满足顾客一些最基本的服务需求，但是即使满足后顾客也不会因此而满意，而一旦不满足却会引起顾客强烈的不满。比如饭店的饭菜必须是干净新鲜没有异味，如果达到了这些要求，顾客并不会在意，但如果顾客发现没有清洗干净或是已经变质，顾客就会很不满意。基本期望是被顾客认为理所当然应该实现的期望。一般来讲，基本期望与旅游服务的价格没有必然的关系，不管旅游服务的价格高低，基本期望都必须要满足。

适宜期望：适宜期望是在一定价格条件下或是其他外在约束条件下顾客所形成的期望。从价格来看，旅游服务的价格越高，顾客抱有的期望也就越大，反之，期望也就越小。适宜期望体现出了顾客都希望获得物有所值的服务。如果旅游企业无法实现顾客的适宜期望，顾客就会感到失望，觉得服务不值。如果实现了顾客的这种期望，顾客就会感到满意。比如旅行社推出了两条同样是 8 晚 9 天的新马泰旅游路线，一条价格是 3500 元，而一条却要 7500 元。因为价格不同，顾客对这两条路线的期望也会有很大差异。对价格高的路线，顾客希望能够有更高品质的旅游享受，如舒适的飞机、豪华的酒店、精致的美食、较少的购物活动等等。如果旅行社没有很好地满足顾客的这些要求，顾客就会感到不满。而对价格低的路线，顾客的期望相对也低，即使旅游中安排了较差一点的酒店，顾客也可能不会抱怨。图 5.2 反映了价格与期望的关系。但需要值得注意的是，顾客的适宜期望可能会与旅游企业的适宜期望产生冲突，顾客认为是在这个价格下理所当然应该享受的服务，企业却可能会认为顾客要求过高。这既可能是顾客的原因，比如顾客不熟悉市场，也可能是企业的原因，比如企业无法有效地控制成本，这就要求旅游企业查清原因，对顾客需要进行一定的引导，管理好顾客期望，或是企业需要控制成本，尽量满足顾客需求。

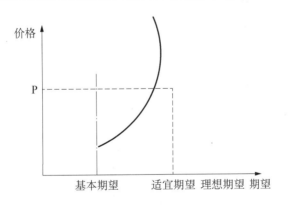

图 5.2

价格与顾客期望

理想期望：理想期望是指物超所值的期望，或是在现有约束条件下不太可能实现的期望。顾客在消费旅游服务之前，往往会抱有某种非常美好的想法，但却并不指望在现有的条件下能够实现。这些美好的想法就形成了顾客的理想期望。如果这些期望没有得到满足，顾客并不会不满意，如果期望都到实现，即使是极小一部分都会给顾客带来兴奋感，实现得越多，顾客的兴奋感也就越强。比如顾客非常希望能够体验一家五星级酒店顶层的豪华套房，但由于经济的原因只预订了这家酒店的普通客房。在入住的时候,由于一些原因他被免费升级到顶层的豪华套房,这时顾客就感到极度的兴奋。一般来讲,顾客往往并不会明确表达出自己的理想期望,而且理想期望有时也会比较模糊,旅游企业需要与顾客进行沟通,或是通过察言观色去了解顾客内心的美好追求。理想期望的实现能够有效地增进与顾客的感情,提升顾客的忠诚度。

基本期望和适宜期望构成了顾客的容忍区域。基本期望构成了顾客的最低容忍限,一旦旅游企业无法实现基本期望,服务将会进入无法容忍区,顾客就会抱怨或投诉。适宜期望构成了容忍度上限,适宜期望越不能被满足,顾客就越不能容忍。容忍是针对现实的期望而言,理想期望超越了顾客容忍的范畴。每个顾客由于期望不同,因此其容忍区域都不同。顾客对不同的质量要素有不同的期望,顾客对这些要素的容忍区域也不同,核心服务的容忍区一般都要小于非核心服务。

3. 顾客期望的影响因素

顾客之所以有期望,主要是因为存在个人需求,以及来自内外部各种信息的干扰。顾客从自身经验、旅游企业的各种营销推广活动、新闻媒体的报道和亲朋好友的告知等各种渠道中了解关于旅游服务的各种资讯。其中有正确的,也有片面的或是错误的,但这些信息的共同作用会使顾客对旅游企业及其服务形成正确的或是片面的印象,由此顾客就产生了某种期望。了解顾客期望的影响因素,有助于旅游企业更好地管理顾客期望,使顾客期望能够维持在一个合宜的水平。

(1) 个人需求

个人需求是顾客生理或心理在某种失衡状态下进行调整而产生的某种需要。生理或心理失衡会使顾客产生某种欲望,而欲望是产生需求的直接动因。比如当顾客劳累时,他就需要寻求放松,当他饥饿时,就需要就餐。而有什么样的需求,就会直接导致顾客产生什么样的期望。因为顾客有寻求放松的需求,所以他就期望旅行社能够给他安排相应的旅游活动。因为顾客有就餐的需求,所以他就期望饭店能够提供一顿美味的饭菜。需求既可能是自我产生的,也可能是因为外部因素的刺激比如旅游企业的广告宣传、同事朋友的炫耀而被激发。需求一旦产生,就成为期望产生的最直接力量。但这种初始期望在内外部信息的干扰下会进行重新的调整,形成更高或较低的期望。

(2) 经验

经验是指顾客有过消费过类似旅游服务的经历,经验有助于顾客获得关于旅游服务的基本信息。顾客可能消费过类似旅游服务,也可能是第一次尝试。相对应的,顾客期望可能是有经验的期望,也可能是无经验的期望。有经验的期望往往是清晰的、明确的,顾客知道自己确切要什么。而没经验的期望可能是模糊的,而且由于没有参考标准,具有一定的不稳定性。顾客期望一般会随着经验的变化而变化,经验越丰富的顾客往往会抱有较高的期望。旅游企业的服务质量至少应该达到顾客经历过的水平,否则他们很难满意。但同样,经验越丰富的顾客其期望也越理性,他们清楚知道现实的服务质量水平,了解什么样的期望才能实现,因此不太可能抱有过高期望。从这方面讲,他们又容易满意。而没有任何经验的新顾客,可能持有较低期望,即使是一般的服务质量也容易使他们满意;但是如果受到外部信息的片面影响,他们也可能会持有过高期望,也就容易导致失望。

(3) 营销沟通

旅游企业通过广告、媒体报道、人员推销、参展参会、服务咨询等各种营销沟通方式在树立企业形象、吸引顾客消费的同时,也会直接影响顾客的期望。旅游企业良好的营销沟通方式会使顾客产生正面的期望。比如旅游目的地所做的美轮美奂的电视广告会给顾客留下美好的印象,从而使顾客对旅游目的地产生很高的期望。而如果营销手段失败,沟通不畅,会降低顾客的期望。比如旅行社网站设计粗糙,页面缺乏美感,就会降低顾客对旅行社产品的期望。此外,有的旅游企业经常做广告,而有些企业则极少做广告,在顾客对这些不太做广告的企业了解非常有限的情况下,顾客可能会对广告较多的旅游企业持有更高期望。如果在服务咨询沟通时,服务人员态度欠佳,专业技能欠缺,无法有效回答顾客问题,也会使顾客降低期望。营销沟通还包括了旅游企业所做的服务承诺。如果旅游企业对顾客做出了某种服务承诺,如"假一罚十",顾客就会对企业有更高的期望。

(4) 口碑声誉

口碑是指非商业相关个人间进行的关于旅游企业或服务的面对面的交流。它是一种口头上的传颂,多发生在亲朋好友、左邻右舍,或是同事之间。而且随着网络的发展,口碑能够通过网络实现大规模的快速传播。营销沟通属于企业的主动商业行为,而口碑则是顾客间的口口相传,尤其是经常发生在亲朋好友这种强关系下。因此,相比营销沟通,口碑往往更具信服力。旅游企业的口碑越好,顾客期望也就越高。声誉也同样如此,旅游企业声誉越好,顾客期望也就越高。良好的口碑、优质的品牌、政府的表彰和媒体正面的报道都有利于创造良好的声誉。由于口碑和声誉对顾客期望有正面的影响,因此旅游企业必须努力地提高服务质量以满足顾客的高期望,否则会影响企业的口碑和声誉。

某经济型酒店网络点评

资料阅读

现在越来越多的顾客会通过网络点评来了解旅游企业实际的服务质量水平。旅游企业口碑的传播已经不再仅仅局限于亲朋好友、左邻右舍或同事之间这种狭窄的范围,而是通过网络实现大规模的快速传播。大众点评网、携程、美团、新浪微博等为旅游企业构建了多渠道的口碑和声誉传播的网络平台,顾客很容易通过这些平台获得旅游企业的信息。网友在网上传递的这些信息很容易影响顾客的期望。好的点评会提高顾客的期望,而负面的点评会降低期望甚至是吓退顾客。下面是大众点评网顾客对于某经济型酒店的评价,这些评价细致而全面,顾客期望的程度是高低评价综合作用的结果。

薯条翩翩：房间：1(一般)；环境：1(一般)；服务：1(一般)

适合来玩但不挑住宿的人，本来嘛，要是一天都在外面玩基本回房就洗洗睡了，所以这里还是很实惠的，所谓麻雀虽小五脏俱全，也非常干净整洁。这个地段这个价格也难找了，所以生意好得很啊！

阿子路：房间：1(一般)；环境：1(一般)；服务：1(一般)

地理位置相当优越，走路5分钟到外滩。

从人民广场走路到这只需15—20分钟。

房间很小，但布置得很温馨，也很干净。

绝小而精，卫生间像是日本式的集成设施。

门是折叠的，坐在马桶上都能看电视(还是个不错的凳子呢)。

价格也非常的实惠，购物吃饭也是超方便的说。

嘟嘟无敌：房间：2(好)；环境：2(好)；服务：2(好)

在和朋友玩，真的很晚了，就在海上小屋里住了一晚。

额……真的！是小屋！

真的好小好小。

可能是运气不好，洗澡的时候没热水。

真悲剧……

麻雀虽小，五脏俱全。

不过真的。好小。

不适合马子大的人啊。哈哈哈！

rachel_宝宝：房间：2(好)；环境：1(一般)；服务：1(一般)

处在黄金地段，价钱还这么平民。当然节假日是很难订到房间的。

给了一个上下两个床的房间，厕所非常小，房间还算整洁。

服务也还行，有种在船上的感觉，总体还行吧。

君心若：房间：1(一般)；环境：3(很好)；服务：2(好)

名字很好玩，一听就有上海的味道，房间不是一般的小，不过你出来玩又不是住在家里，价廉物美就好啦！

主要是地理位置很方便，离外滩和人民广场都很近，这点好。

洗手间什么下次再弄干净点吧，小归小，还是要注重卫生的哦！

Oliverss：房间：2(好)；环境：2(好)；服务：1(一般)

好不容易才订到的这里，很便宜的说，地理位置相当优越，走路5分钟到外滩，从人民广场走路到这需要15—20分钟。房间布置很合理，但是很难定到床铺。

Duanmuzichu：房间：3(很好)；环境：3(很好)；服务：3(很好)

我住的是522的上下铺，房间很干净。大约7平方左右！床单被子我非常满意，没有南方被褥的潮湿感。

下铺比上铺的床稍微大一点。

唯一美中不足的是房间的隔音不是太好，要是有半夜回来的客人很觉得有点吵。必须关窗子。

如果下次去上海还会再住哪里！

根据大众点评网资料整理编辑

（5）有形展现

有形展现是指旅游企业的建筑设计、装潢装修、设施设备、员工仪表仪容、服务物品等能够直接展现在顾客面前的有形要素。好的有形展现在提升旅游服务质量的同时，也提高了还未消费的顾客期望。装修奢侈豪华的酒店与装修普通的酒店相比，顾客对前者会有更高的期望。顾客一般都会认为设计独特、装修豪华、设施设备高档、员工形象气质佳、服务物品精致的旅游企业更能提供好的服务质量。尤其是当顾客缺乏其他有关旅游企业信息的时候，顾客更多地是从有形的表面来推测其服务质量的高低。

（6）价格

前面在期望层次理论中提到，价格与期望有正相关的关系。旅游服务的价格越高，顾客抱有的期望也就越大；反之，期望也就越小。因此，旅游企业必须要能够提供物有所超，甚至是物超所值的旅游服务。否则，顾客容易不满。

4. 动态的顾客期望

顾客期望并非静止不变的，而是会随着内外部条件的变化而变化，顾客期望总是处于不断的调整之中。这种动态变化主要体现在以下几个方面：

（1）模糊期望、隐性期望和显性期望的转化

很多顾客，尤其是初次消费的顾客，往往并不清楚自己要求的是什么样的服务，经常是"让我愉悦、刺激、舒适、安全"等比较模糊的感觉。随着顾客旅游消费经验的增加，他对于想要什么会更加清楚明白。过去的经历使他了解旅游服务内容、服务过程、服务能力、服务产出等等，以前对于旅游企业及其服务的模糊性认识随之会变得越来越清晰，模糊的期望会开始向显性期望转化。比如顾客第一次去某饭店吃饭，他的期望可能很简单很模糊，就是希望"环境好、饭菜好、服务好"。但是第二次他再去这家饭店吃饭，他的期望可能就会更加清晰明显，比如希望"不用排队、能够坐在靠窗的位置、菜肴要微辣、饭店应该给他一定的折扣"等等。

隐性期望和显性期望之间也会相互转化。随着顾客与旅游企业交往得越来越多，彼此会建立起良好的长期关系，顾客的显性期望就会慢慢变成隐性期望。比如顾客每次去某酒店都要求将低枕头换成高枕头，随着酒店越来越熟悉顾客的行为，下次这位顾客入住的时候酒店就会主动给顾客更换枕头，显性期望就转变成隐性期望。但是隐性期望也可能转变成显性期望。当顾客的隐性期望没有被得到满足时，隐性期望就可能显性化。高枕头已经成为顾客的隐性期望，但如果酒店因为某些原因没有主动更换，顾客就又会提出来。当顾客的要求发生变化，比如顾客因为身体的原因要求使用低枕头的时候，他也必须再明确提出来，关于枕头的隐性期望也就转变为显性期望。

图 5.3 反映了这种动态的顾客期望转变。其中，实线是一种有意识的转变，虚线是一种无意识的转变。随着经验丰富，模糊期望会有意识地转变为显性期望。随着关系的加强，显性期望会无意识中转变为隐性期望。随着隐性期望得不到满足，或顾客需求改变，隐性期望也会有意识地转变为显性期望。

图 5.3

顾客期望动态
调整模型 1[①]

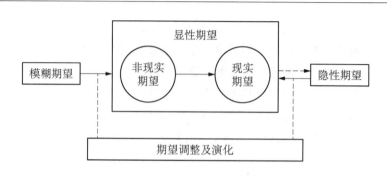

（2）顾客期望在消费过程中不断调整

顾客在旅游消费之前会形成初始期望，但是在消费过程中，随着顾客接触到的信息越来越多，他会调整原来的期望。比如，在还未消费的时候，顾客可能抱有过高的期望。但是在旅游服务的过程中，顾客发现服务场所的装潢、服务人员形象和态度等等都没有达到原本的期望，这时他就会慢慢地下调自己的期望。顾客的这种自动心理调节能够起到很好的自我保护作用。越是乐观开朗的顾客，越是能够进行有效的自我调节，越是容易使自己满意。如果顾客在一开始时抱有过低期望，服务过程中服务人员与他的交流沟通、企业的服务承诺等都可能会提高顾客的期望，顾客可能希望在后继的服务中能够得到更好的待遇。如图 5.4 中顾客期望动态调整模型所示，假设顾客开始时对所有的质量要素保持相同的低期望状态，随着他进入服务场所，开始接受服务，顾客逐步了解企业的一些质量效绩表现。顾客首先接触到的一般都是有关服务有形性、保证性和响应性的部分要素，如果这些要素的表现高于原有的期望，顾客就会提高包括这些要素在内的所有质量要素的期望。在后面的消费阶段，顾客会根据其所获得的更多的质量感知继

图 5.4

顾客期望动态
调整模型 2

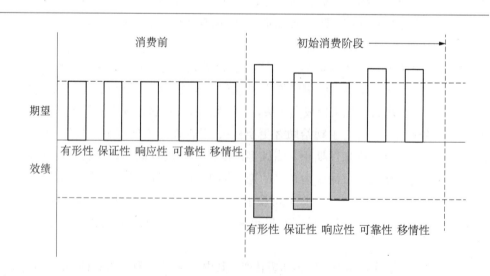

① Ojasalo, J., Quality Dynamics in Professional Service [M]. Helsinki/Helsingfors：Swedish School of Economics/CERS，1999：97.

续再调整其期望。期望是顾客经验不断积累的结果,经验越丰富的顾客越难使他们满意。

(3) 顾客期望的螺旋式上升

从总体上看,顾客期望一般都会螺旋式不断上升。旅游企业总是想法设法通过满足顾客期望来提高其服务质量水平,但是期望的满足却会导致下一轮期望的提高。日本质量管理专家狩野纪昭博士(Dr. Noriaki Kano)提出质量可以分为魅力质量(Attractive Quality)和必须质量(Must-be Quality)。必须质量是指必须要提供的质量特性,不然顾客就会感到不满意,而即使提供了顾客也不会感到特别的兴奋和满意。魅力质量是指如果企业充分提供,顾客就会感到非常满意,如果不提供,顾客也不会因此而不满意。顾客的期望如果得到满足,他就会满意。但是同种期望的反复满足会让顾客慢慢习以为常,顾客的满足感和兴奋感会逐步减退,企业提供的质量特性就会演变成必须质量。在没有新的刺激的情况下,顾客可能会选择离开。企业为了留住顾客,提升顾客的满意度,必须要进一步地提高企业的服务质量水平。企业可能会提供一些魅力质量以增强顾客的兴奋感。但是,魅力质量的反复使用,会慢慢让顾客觉得理所当然,魅力质量会逐步转变为必须质量。事实上,企业因为要满意顾客而造成顾客无意识中提升了顾客期望。顾客期望在旅游消费过程中,可能会因为某些原因下降,但从长时间尺度看,顾客的期望会伴随着服务质量的提高而不断上升。顾客期望的上升给旅游企业服务质量的管理带来了巨大挑战,要想顾客满意会变得越来越困难。

5.2　顾客期望对质量管理的挑战

制造业产品质量的评价往往有明确的、客观的标准,企业可以直接根据产品的性能、尺寸、硬度等技术指标来衡量质量的好坏。但旅游服务的质量更多需要考虑顾客的心理,顾客期望直接影响他们对旅游企业的服务质量感知水平。然而,顾客期望的复杂性使得旅游企业试图取悦于每一位顾客变得非常困难,顾客期望给旅游企业服务质量管理者带来了一系列的困惑和挑战。

(1) 旅游服务质量一般,但是顾客却很满意

如果刚开始顾客的期望较低,即使是一般的旅游服务质量,只要其超过了顾客期望,顾客就会觉得满意。而且,有时顾客会为了平衡心态,可能故意调低期望。但对旅游企业而言,不能因为顾客满意度高或没有不满意,就认为服务质量真的表现良好。顾客会在不断的尝试中和外部信息的接触中了解市场普遍的质量水平和其他企业的质量表现。当旅游企业面临竞争的时候,低质量的服务最终还是会流失顾客。

(2) 旅游服务质量很好,但顾客却不满意

如果顾客抱有较高的期望,即使是很好的旅游服务质量,如果不能达到顾客期望,顾客也会觉得不满意。即使有时候旅游企业觉得顾客的期望不太现实,但只要顾客认为在现有条件下可以实现,那他就会表示出不满。顾客的过高期望可能的确是一种不现实的理想,但也可能是来自于以往的经验。旅游企业需要认真地分析顾客的期望,与顾客很好地进行沟通。另一方面,旅游服务质量即使很好,但可能与竞争对手相比还存在着一定差距,也可能旅游企业只是秉承着一贯的做法,丧失了服务必要的一些灵活性

和创新性。对这些引起的顾客不满意,旅游企业需要进行反思。

（3）同样的旅游服务质量,上次是好的,现在却被认为一般

前面提到,顾客期望是动态变化的。顾客的期望在上一次得到满足,下一次期望就会提升,虽然是同样的旅游服务质量,但顾客的满意度却会下降。比如,在网络普遍收费时代,当顾客初次免费使用酒店的网络时,他可能会觉得服务质量很好,但在下次入住时对此质量的感知却会下降。所以,对旅游企业而言,有时保持稳定的服务质量并不意味着一定就是好的服务质量。

（4）同样的旅游服务质量,有人认为是好的,但有人认为一般

旅游企业坚持着标准化的服务,对所有的顾客都一视同仁,提供相同的旅游服务质量水平,但有的顾客对此觉得很满意,有的却认为一般。由于顾客的需求不同、经验不同和持有信息不同,每个顾客都持有不同的期望,有人容易满足,但有人却要求很高。要像制造业一样实现100%的高质量对旅游企业来讲是异常困难的,但追求持续高质量是旅游企业永恒不变的主题。

（5）顾客满意旅游服务质量,但他却离开了

即使顾客满意旅游企业提供的服务,但顾客却还是有可能选择其他企业的服务,并没有变成企业的忠诚顾客。旅游企业自以为了解顾客的期望,但忽视了很多顾客喜欢新奇的个性。在始终如一、亘古不变的服务中,顾客虽然满意自己的期望得到了满足,但是好奇和尝新的期望会慢慢地产生,这可能是来自于其他企业广告、媒体报道、亲朋好友口碑等各种渠道的刺激。主题公园、游乐园等就是典型的例子,如果这些乐园不能创造新的刺激点,游客就会选择离开。

5.3 服务质量差距模型

顾客期望与感知旅游服务质量会存在一定的差距,正是这种差距决定了顾客是不满意,还是满意或是兴奋。PZB在20世纪80年代开发了服务质量差距模型用来研究顾客期望与服务质量之间差距产生的原因。该模型认为最终两者之间存在差距是因为四大差距共同导致的：管理人员对顾客期望的理解与顾客对服务的期望之间存在差距,企业制订的服务质量标准与管理人员对顾客期望的理解之间存在差距,企业实际提供的服务质量与企业制订的服务质量标准之间存在差距,企业对外的宣传与企业实际提供的服务质量之间存在着差距。

服务质量差距模型分为上下两部分,上半部分涉及与顾客有关的内容,下半部分展示了与服务企业有关的内容。服务期望的形成主要是受口碑、个人需要和过去经历等因素的影响。顾客对于服务质量的感知事实上是企业服务传递的结果,而服务人员如何提供服务、提供什么样的服务却受到服务质量的规范是否合理和管理层对于顾客期望的理解是否正确的影响。顾客在体验服务的时候,他会将感觉到的服务质量与他心目中的预期质量相比较,并且在比较过程中还会受到企业宣传沟通的影响,最终形成顾客自己对服务质量的评价。从服务质量差距模型可以看出,顾客期望与服务表现的差距主要是来自于服务管理过程,这为旅游企业提高服务质量提供了思路。

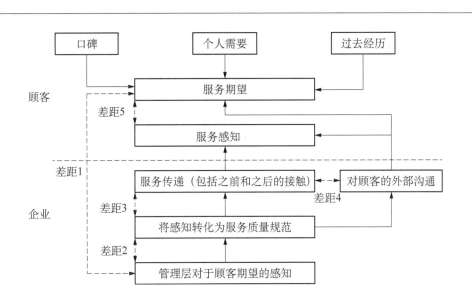

图 5.5

服务质量
差距模型①

（1）管理者认识的差距：不了解顾客期望

提升服务质量的第一步就是必须了解顾客的期望，但是顾客想要得到的服务与管理者认为顾客想要的服务之间会存在差异。"子非鱼，焉知鱼之乐"，企业自以为了解顾客的想法，提供了其想要的服务，但事实上可能只是一厢情愿。比如，旅行社可能认为只要没有购物顾客就会满意，但并没有考虑到有很多顾客有着强烈的购物需求。酒店可能认为其提供了健身房，质量就会提高，但其实很多顾客经过一天疲惫的游玩后根本就不会有健身的需求。导致这一差距产生的原因是多样的，主要有以下因素：

① 管理者可能并不重视顾客的期望，常常以自己的主观想法代替顾客的期望。

② 管理者通过市场调研了解到的顾客信息可能是不准确的，这主要是调研人员和调研方法存在问题。调研人员可能缺乏相应的知识和技术，或是缺乏足够的工作投入去了解顾客的需求。在方法上，顾客期望复杂而又多样化，调查人员容易错误地将少数顾客的需求当作是大部分顾客的共同需求，不能够把握绝大部分目标顾客的需求心理。

③ 有关顾客的信息可能是准确的，但是对信息的分析和理解可能会存在问题。在分析时，可能遗漏了重要的顾客期望，或是没有把握顾客各期望的重要程度。

④ 关于顾客期望的信息在向上传递过程中可能出现了歪曲和遗漏。与顾客接触的一线服务人员或是信息调查分析人员向管理层传递的信息可能是不准确的，或是没有将必要的信息及时告知管理层。这既可能是因为这些人员对顾客期望缺乏足够重视，也可能是因为内部管理问题导致了沟通不畅。

（2）服务质量规范的差距：没有正确的服务规范

在将顾客期望转化为实际行动之前，需要进行必要的服务设计，制订必要的服务规

① Zeithaml V A，Berry L L，Parasuraman A. Communication and Control Processes in the Delivery of Service Quality [J]. Journal of Marketing，1988,52(2)：35－48.

范。即使管理者能够清楚地认识顾客的期望,但也未必能够将之完全准确地转化为相应的服务规范,这之间可能会存在着一定的差距。产生这种差距的原因有:

① 缺乏相应的服务设计,不完善的质量规范。虽然企业掌握了充分的顾客信息,但是却没有针对这些信息进行服务设计,将顾客期望转化为服务要求和服务标准。这可能是管理者重视不够,或是主观认为有些顾客期望不重要或难以实现而未加以考虑,或是觉得服务质量标准化难度太大而没有标准化,或是管理者对标准规范的制订缺乏必须的人力资源和财力资源的支持;也可能是设计人员的能力问题,不知如何进行服务设计,如何制订标准。

② 对服务质量缺乏必要的目标。有些管理者认为与有形产品相比,服务业质量很难确定目标,因此不设质量目标,只有服务理念或服务人员的行为规范,如"顾客是上帝""必须微笑面对顾客""不得与顾客发生争执"等等,或是设置较"虚"的目标,如"服务质量能更进一步""努力保证顾客满意"等。目标应该具有一定的层次性、激励性和可衡量性。没有可靠有效的目标,就无法有效地将顾客期望落到实处。

③ 转化顾客期望的确存在一定难度。顾客期望有时是模糊的,企业即使意识到了顾客的这种期望,但真正要将其转化为相应的服务要求却有一定的难度。比如人们想要去度假,其期望就是休闲和放松,但是如何定义休闲和放松,以什么样的标准来满足所有人的休闲和放松需求,却并不容易,往往会陷入自以为是的局面和顾此失彼的困境。

(3) 服务传递的差距:未按服务规范提供服务

服务传递的差距在于服务人员提供的服务没有达到事先制订的服务标准。即使旅游企业制订了很好的服务规范,但是由于服务人员没有很好地执行,所以服务规范等于形同虚设,没有起到相应的作用。造成这种差距的主要因素有:

① 服务规范的可实施性可能存在问题。服务规范可能过于宽泛,导致规范的参考价值差,服务的随意性较大。服务规范也可能过于详细,约束了服务人员服务的灵活性,从而影响服务质量。服务规范也有可能因为没有考虑到服务人员的利益而使得服务人员抵制这些规范。

② 服务人员的意识问题或能力问题。服务人员可能已经适应了原有的操作方法,而不愿改变原来的习惯。特别是一些老的服务人员可能因为资历问题而不愿接受新的东西。服务人员也可能没有能力来实施这些标准,比如对于新进人员,由于没有进行很好的培训,所以实施标准时会存在一定的困难。

③ 服务规范没有做好宣传和培训工作,服务人员对规范不熟悉不了解。尤其是实习人员、兼职人员和新进人员,因为宣传培训不到位,容易出现服务不达标的情况。

④ 服务过程缺乏必要的监督和管理。企业没有对服务传递进行相应的监督和考核,没有将惩罚标准与服务传递结合起来,过于人情化管理而忽视了规范的权威性,这些都导致规范执行不力的问题。

⑤ 服务过程中缺乏协调。服务的完成需要同部门的员工、各部门的员工相互协调配合,但是如果员工只关心自己利益,部门利益,遇到问题相互推诿,那势必会影响服务质量。

（4）市场信息传播的差距：没有遵守服务承诺

旅游企业的营销宣传可能与其实际提供的服务质量存在差距。这种过度承诺可能是因为：

① 旅游企业为了美化自己的形象，吸引顾客，可能会做一些夸张华丽的广告或是做出过度承诺。比如，一些酒店在做广告时，将酒店和房间的图片用绘图软件进行了修正美化，使图片看起来美轮美奂，但实际却与效果图相差甚远。

② 企业的营销部门与运营部门可能缺乏交流和配合。这主要体现在两方面：一是广告策划人员不了解企业的实际运营能力或是没有与运营部门进行沟通就做出了不切实际的广告宣传；二是服务人员并不了解广告宣传中所做出的服务承诺，对顾客的要求置之不理。

资料阅读

　　紫色香山熏衣草庄园位于安徽省合肥市长丰县岗集镇，2018年在其一篇微信推文《"美到窒息！"合肥紫色香山熏衣草庄园花海绽放！100万株熏音草进入观赏期啦！》，文中提到，该旅游项目占地约200亩，是合肥最大的熏衣草庄园。6月3日，消费者向媒体投诉，看到类似广告推文后，身边亲友都慕名去了这个庄园，结果看到的"花海"却还没一个足球场大，且熏衣草植株里有许多杂草及马鞭草，与宣传内容严重不符。他们质疑紫色香山涉嫌过度营销、虚假宣传，欺骗消费者，同时感到非常失望。消费者反映，"合肥紫色香山熏衣草庄园现场与宣传严重不符，去过有种上当受骗的感觉。""花海在哪里！我可能去了一个假的熏衣草庄园。""园区熏衣草太少，看着更像蔫巴巴的菜地。"紧接着，网上出现了"打脸合肥人！花50元看'山寨'熏衣草，我想我可能去了一个假的熏衣草庄园……"等热帖。到过现场的网友纷纷留言表示，"确实很坑"。

　　从网上获取的现场图片看，整个庄园熏衣草植株比较矮小，植株间有大量裸露土地，且刚刚进入花期，并无"花海"场景。紫色香山管理处工作人员表示，占地200亩并非指熏衣草种植面积，熏衣草种植面积为30余亩。该工作人员，由于天气原因，庄园里熏衣草长势并没有预计中的好，与推文图片有差距。他同时承认在熏衣草庄园混种了马鞭草等花卉，但他认为这是国内大部分熏衣草庄园的种植模式，这样能达到更好的观赏效果。

　　针对消费者举报情况，长丰县市场监督管理局会同县旅游局等单位到现场调查，约谈庄园负责人并责令立即停止违法广告，删除网站虚假宣传内容并立案调查处理。

　　资料整理来源：《自称"美到窒息"实际像"菜地"，安徽一熏衣草庄园被立案》（澎湃新闻网）

（5）服务质量感知差距：感知服务质量低

这一差距是前面所有差距的综合反映，前面的差距越大，顾客体验到的服务质量与其期望的服务质量间的差距也就越大。事实上，第五差距是服务质量的结果，而其产生的原因就是前面四项差距。所以旅游企业不应该仅仅局限于对第五差距的认识,而是应该清楚认识到是否存在着前面的四大差距,以及导致这些差距产生的原因。当然差距也有可能是正的,差距越大,反映的质量感知也就越好,就越能留住老顾客,以及提升旅游企业的口碑。

5.4　管理顾客期望

顾客期望直接影响顾客对旅游服务质量的评价,对顾客期望的有效管理可以帮助旅游企业实现高的顾客满意度。旅游企业可以从以下几方面进行顾客期望管理。

(1) 充分了解顾客期望

顾客期望管理最重要的是充分了解顾客期望。从 PZB 的服务质量差距模型可以看出,服务质量低下的第一要因就是企业不能很好地把握顾客期望。旅游企业应该通过各种渠道收集顾客期望的信息,包括顾客抱怨、问卷调查、观察法等各类方法。

① 顾客抱怨。

旅游企业虽然经常头疼于顾客抱怨,但顾客抱怨却是了解顾客期望的良好途径。顾客之所以抱怨往往是因为企业没有很好地满足其期望,认真地分析这些抱怨,旅游企业就能很好地把握顾客真正的期望是什么。如有顾客投诉某预订的酒店地址偏僻,入住不太方便,酒店了解这个情况后,推出了接机的服务,赢得了顾客的广泛赞誉。顾客除了直接向旅游企业抱怨,还可能在网上进行抱怨,甚至还会向政府部门投诉,虽然在一定程度上会影响企业的形象和声誉,但是却提供企业了解顾客期望的机会。旅游企业要注意收集这些信息,认真总结,努力改进,尽力满足,最终还是能够赢得顾客的认可。

② 问卷调查。

旅游企业还可以通过发放问卷的方式了解顾客的期望,这是市场调查中非常常用的一种方法。但问卷设计的合理性会直接影响调查的结果。一份完整的问卷包括了三个基本部分:问卷说明、顾客资料和提出的问题。问题可以采用封闭式,也可以开放式。

封闭式问题:即先将所有的问题都设计好,顾客只要在备选答案中选择自己的期望就可以,可以单选,也可以多选。

如:从上海到厦门旅游,在交通工具的选择上,你更倾向于(　　　　)。

A. 飞机　　　　　　　B. 火车　　　　　　　C. 汽车

开放式问题:顾客可以自由回答这种问题,不受任何的限制。

如:旅游过程中,你最厌恶的是(　　　　)。

封闭式问题事先拟定,调查和统计都较为简单,但限制了顾客的思路。开放性问题能够了解顾客较为全面的想法,但是过于分散,不利于统计。一般在问卷设计时,都是开放式和封闭式相结合。旅游企业可以进行当面、邮寄、电话或网上的问卷调查。

某酒店顾客期望调查表

您的姓名：＿＿＿＿＿＿＿
您的电话：＿＿＿＿＿＿＿
E-MAIL：＿＿＿＿＿＿＿
性别：□ 男　　　□ 女

1. 您对我们酒店的最不满意的是：

2. 针对您本人，您觉得酒店应该增加哪些服务或设施？

3. 如果酒店提供信息服务终端，您最希望接受哪些信息服务？
□ 交通路线与周边环境　　□ 本地景区景点信息　　□ 本地美食和娱乐推荐
□ 本地民俗特产信息　　　□ 本地旅行社信息　　　□ 折扣、促销、优惠信息
□ 代买各类车票　　　　　□ 租赁汽车　　　　　　□ 收费电影、游戏

4. 在办理入住退房时让您等候的时间里，您最想要获得哪些服务？

5. 你觉得酒店是否有必要推出专门的女性楼层，为什么？

③ 观察法。

观察法是指通过现场观察而了解顾客期望的一种方法。旅游企业采用观察法搜集资料，主要是通过一线服务人员留意顾客的反映或是行为而获得。比如服务人员可以

通过观察顾客对店面旅游广告的反应或是阅读的时间了解他们对旅游产品的兴趣。服务人员也可以通过记录顾客的一些特殊偏好而了解顾客的习惯。观察法操作比较简单、方便,但需要服务人员能够有敏锐的洞察力,而且能够随时记录下来。

由于不同的顾客有不同的期望,对于获得的顾客信息要进行归纳整理,既要了解顾客的共性需要,又要了解尤其是老顾客和关键顾客的个性需求。将分析的数据要存入电脑信息系统,可以随时调用。

(2)显性化顾客期望

顾客期望经常是模糊的、隐性的,旅游企业应该将这些期望显性化。有很多顾客,尤其是第一次消费的顾客往往无法清楚地表达其期望。旅游企业的服务人员应该通过逐步地诱导,了解顾客真正的想法。服务人员首先必须清楚地了解顾客消费的目的,在此基础上给顾客一定的推荐,由顾客进行选择。比如顾客在向旅行社咨询时,服务人员需要确定顾客是度假,还是蜜月、疗养、观光。如果是度假,就可以推荐和介绍海滨度假胜地、山岳度假胜地、田园度假胜地等不同类型的度假地供顾客选择。推荐和介绍工作对于显性化顾客期望很重要,因为顾客虽然不知道自己想要什么,但是一般都很清楚自己不想要什么。通过反复地交流沟通,服务人员就能真正了解顾客的期望。

隐性的期望一是源于顾客自认为旅游企业应该满足顾客最基本的要求,但顾客的基本要求和旅游企业理解的基本要求之间会存在一定的差距。比如顾客认为酒店应该同时提供微信支付和支付宝服务,但酒店却有可能没有意识到顾客的这种基本要求。为了避免顾客对后续的服务不满,服务人员要明确告知服务的基本内容,以及不提供的服务,通过顾客的反映了解其隐性期望。二是顾客认为自己已经与旅游企业确定了长期的关系,企业应该熟知自己的一些特殊习惯和要求。显性化这种期望就要求服务人员能够将顾客的这些期望进行记录和保存,即使服务人员变动,也同样能够了解顾客的期望。

(3)确定适宜的顾客期望

顾客期望越低,顾客就越不愿意来消费,而顾客期望越高,就越难以使其满意,因此应该将顾客期望确定在合适的水平。顾客期望受到营销沟通和口碑声誉等的影响,旅游企业应该通过积极的广告宣传以及优质的服务质量树立良好的企业形象,增强知名度和美誉度,提高游客期望的同时,增加游客消费信心。但是旅游企业的宣传要真实,服务承诺要可靠,不能过于吹嘘夸张和做出不切实际的承诺,这会导致游客产生过高期望,最终游客的失望会影响企业的形象。比如有旅行社在广告宣传时承诺"豪华游""准四星酒店",但事实上无论是饭菜质量还是酒店选择都远没有达到这种程度。还有旅行社宣传承诺"纯玩团",但实际上却增加了若干个购物点,并竭力鼓动游客购物。还有一些旅游企业,不注意改进服务质量,而是一味地在网上刷好评。这些没有兑现的承诺或是虚假的宣传好评都可能造成游客心理落差,引起投诉。当然,虚高的期望也有可能是受文学作品、历史典故的影响所导致的,但引起的这种类型失望对旅游企业服务质量的影响相对较小。

酒店刷好评的常见手段

2013 年是酒店消费者点评数大爆发的一年。据慧评网的酒店舆评管理数据库显示,截至 2013 年底,18 大主流点评网站收录的酒店点评信息已经猛增至 662 万条,增长率近 150％;点评覆盖 6 万多家国内酒店,平均每天产生 1.8 万条。除此之外,消费者在自媒体平台(以微博为主)发布的酒店点评信息更是浩如烟海。根据 2010 年来酒店点评的强劲增长趋势,预计 2014 年将有数以千万计的酒店点评被消费者抒发并分享。

中国饭店协会和慧评网联合发布的《2014 年中国饭店市场网络口碑报告》(以下简称《报告》)显示,网络口碑已成为影响消费者预订酒店的主导因素。通过直接影响酒店消费者的决策过程,在线点评在酒店产业链生态中的角色和地位越来越重要。Tripadvisor 研究显示,超过 85％的用户非常重视酒店的口碑质量,近 90％的用户在做出预订决策前查看用户点评。

然而,近年来,酒店或在线旅游企业招募"水军"伪造住户刷虚假好评屡见诸报端。虚假评价、消费者上当等现象仍屡禁不止,甚至有越来越猖獗的趋势。目前酒店常见的刷好评方式有:有偿点评、以积分或优惠券利诱、盗用住客会员卡信息自行刷好评。

方式一:招募"水军"进行有偿好评

记者在一个名为猪八戒的网站看到,酒店方在该平台上发布的刷好评需求有 100 条之多。以成县圣品天下酒店为例,该酒店公然在标题中写到"每个合格稿件:￥5.00,共需要 100 个稿件",具体需求为"新经营酒店,急需好评排位,请各位看官在'去哪儿网'搜索'成县圣品天下酒店',进入酒店主页然后写好评,文字必须 50 字以上,入住日期为 4—7 月之间,不得复制粘贴,看酒店图片和资料自由发挥,语意通顺,但是不得天马行空、太过夸张。必须全部给五星,网站审核显示出来后方可合格,每条好评 5 元"。另外,试睡员及专家点评 50 元/条,价格更高。

而在该要求下方显示,截至目前共有 49 个服务商参与,36 个稿件已合格。随后,记者在"去哪儿网"搜索"成县圣品天下酒店",网站显示旗下有 100 条用户点评,远高于周边酒店的平均点评人数。而点评内容也多为"酒店房间设施很齐全,卫生打扫得也很干净"等类似字眼。其中,点评者多为新手,仅有此一篇点评记录。记者对该酒店周边 5 公里内的 67 家酒店按照消费者评分进行排序,该酒店位于第 2 位。

方式二:以返现等形式利诱顾客好评

好评返现并不是电商领域的独有现象,在酒店界,以返现、优惠券或额外积分等形式利诱住户给予好评也比比皆是。以保定市大午温泉度假村为例,该酒店在预订页面公然有"好评返现 15 元"的字样。而记者"在去哪儿网"看到,该酒店在保定市同档次酒店(1 848 家)好评排名中,位于第 52 位。

而在记者打电话预订另一酒店暗访时,该酒店前台工作人员在电话中暗示记者离店后,可"进行 50—100 字左右的点评,若点评较好,酒店方会赠送 100 元的代金券,客人可直接用于下次住宿"。

方式三：盗用住客会员卡信息自行刷好评

2014年10月，相关媒体记者暗访调查发现，7天连锁酒店潘家园店员工竟使用顾客的会员卡信息，代替顾客在7天连锁酒店官网上给该店好评，以提高满意率。据了解，该门店值班经理要求前台员工尽快提升该店的满意率，并让前台工作人员利用上班的空闲时间来完成该项工作，要求该店的满意率要在8月底之前达到93%。具体操作手段为"为顾客办理入住手续的同时为其办理会员卡，并改为从官网预订房间，然后待顾客退房离店后，用顾客的会员卡信息登录官网，代替顾客给该店好评"。

点评一般为客人离店后根据自身入住体验而进行的真实评论，但以上操作正是钻了"客人一般都不会去修改会员卡密码"的空子，如此一来，"店员只需要将默认密码修改成方便好记的密码，就可以用客人的账户名登录官网，以客人的名义做出评价"。上述文章透露，由于都是利用空闲时间突击点评，所以数个评价的时间都较为集中。高强度好评突击之下，该门店的满意度在较短时间内得到提升。9月28日，潘家园店的满意率是89.2%，到了9月30日晚上，该店的满意率就变成了89.6%，上升了0.4%。

中国旅游研究院副研究员杨彦锋表示，旅游业商家和消费者的信息不对称问题一直存在，所以已消费用户的点评和攻略很大程度上会影响潜在用户的消费。业内人士认为，刷好评反映的深层情况是酒店业对UGC这一新的细分业务的激烈竞争。

事实上，酒店方也已经越来越重视住店客人的酒店评论。据了解，上海虹桥地区某国际酒店管理集团管理的五星级酒店，安排了专门的电子商务经理每天关注并回复6家OTA和点评网站中客人对他们酒店的点评。该电子商务经理每天需要花上超过一半的时间来查看和处理这些点评。

一位不愿透露姓名的业内人士对记者表示，刷好评是酒店预订行业早有的潜规则。酒店预订业竞争相对激烈，对酒店方来说，以上几种常用的刷好评办法经常混合使用。此外，找各种旅游达人或"大号"推广软文刷质量也并不少见。而软文推广和正常旅游攻略推广之间的界限并不明显，对此的认定及监管难以落地。此外，虚假点评虽然只是少数，但由于大家直接面对的都是散乱的单独点评，所以很容易受到虚假信息的影响。

资料来源：《酒店惯用三种方式刷好评　难以得到有效监管》(新浪网)

(4) 适度超越顾客期望

旅游企业的服务超越顾客的期望可以给他们带来惊喜，从而给企业带来很好的口碑，也有利于忠诚顾客的培养。但是经常性地超越顾客期望会提高他们的期望，最终导致旅游企业可能无力再满足顾客的期望。因此，旅游企业不能经常不计成本地超越顾客的期望，而是要对顾客期望进行合理引导，降低顾客因为超越期望而带来的不切实际的想法。旅游企业最主要做的还是持续性地改进服务质量，满足顾客适宜的期望。同时，在适当的时候，给予顾客一定的刺激，适度超越顾客期望，给顾客创造惊喜，让顾客满意，强化他们对旅游企业的感情。

思考题

1. 为什么我们经常会说"期望越大,失望越大"?

2. 假设假期你想要去三亚旅游,你会抱有什么样的期望? 你为何会有这种期望?

3. 为什么对于同样的旅游服务质量水平,不同的顾客对其评价可能都是不同的?

4. 为什么顾客的期望会不断地上升? 作为旅游企业,又如何应对这种情况呢?

5. 你觉得应该如何有效地管理顾客的期望?

6. 旅游企业雇佣水军进行网络好评会产生什么样的负面影响?

7. 你觉得是否要超越顾客期望? 为什么? 如果要超越的话,又要注意什么?

8. 谈谈你对服务质量差距模型的认识。

本章导读

良好的旅游服务质量需要资源的有效支撑。旅游服务资源是指能够被旅游企业利用提升旅游服务质量的全部要素组合,包括了人力资源、财务资源、信息资源、技术资源、公共资源、顾客资源等一系列内外部资源。本章主要关注三大核心问题:一是作为供给,旅游服务资源与需求的匹配程度会影响到旅游服务质量的水平,尤其是供给不足不仅会导致顾客抱怨,还会导致顾客流失,因此做好供求管理是保障旅游服务质量的基本内容;二是从具体的资源看,旅游企业多为劳动密集型企业,员工的素质、经验、技能、情绪等都会对服务质量产生重要影响,所以有效的人力资源管理是提升服务质量的一项关键内容;三是作为交互的旅游服务,顾客本身也是旅游服务的重要组成部分,甚至有企业将顾客作为"兼职员工",他们的参与和与企业的关系会影响到他们对服务质量的感知,因此,旅游企业有必要做好顾客管理。

本章首先从旅游服务需求的波动性入手讨论供求管理,提出平衡旅游供给和需求的策略。其次,对员工管理和顾客管理进行深入讨论。员工管理主要分析员工的角色、员工情绪管理和员工关系管理。顾客管理主要探讨了顾客参与管理和顾客关系管理。通过本章学习,应该掌握供求管理的基本理论,掌握员工情绪管理和员工关系管理,掌握顾客参与管理和顾客关系管理。

6.1 供求管理

供需不匹配是旅游企业面临的难题之一。一方面,旅游服务具有生产和消费同步性、产品易逝性等特征,无法像制造企业一样以库存来灵活调节产品的市场供给;另一方面,旅游需求又具有明显的季节波动性,资源过多配给可能导致资源浪费、成本增加,而资源不足又容易产生顾客不满。因此,实现供求平衡既是旅游企业做好收益管理的重要内容,也是保障旅游服务质量的重要内容。

1. 旅游服务需求的波动性

旅游服务需求是指人们具有支付能力并且愿意购买某个旅游产品的需要或欲望,它受到各种客观和主观要素的综合影响。客观要素包括旅游服务本身的价格、相关服务的价格(如替代品和互补品)、可自由支配的收入、闲暇时间等,而主观要素包括旅游者偏好和对商品未来的预期等。所有这些要素又往往受到经济、政治、文化、自然等宏观条件的影响,由此就容易形成旅游服务需求的周期性波动和随机性波动。

(1) 周期波动性

周期性波动也称规律性波动,是指经济呈现出有规律的扩张和收缩。旅游服务需求具有较为明显的周期性波动,这既与我国的假日制度有关,也与旅游的季节性有关。假日制度上,为了刺激旅游需求,我国从 1999 年开始实施黄金周制度,由此形成了"五一""十一""春节"等旅游高峰期。例如,2017 年国庆中秋黄金周 8 天,杭州共接待游客 1 864.03 万人次,旅游收入 155.79 亿元,占全年游客总量的 11.45% 和旅游收入的 5.1%,而著名的西洲景区黄金周客流量更是达到了 455.46 万人,占全年客流的 15.98%。[①]如何有效满足游客需求,充分保障旅游服务质量水平,已经成为黄金周各城市、各景区的重大挑战。如果说假日制度是人为创造的旅游需求波动,那旅游季节性则主要取决于地理位置和自然节律的变化。比如位于黑龙江牡丹江市的雪乡每年 10 月开始降雪至次年 4 月,雪期长达 7 个月,积雪厚度可达 2 米左右。积雪随物具形,千姿百态,使整个雪乡成为童话般的世界。[②] 因此,雪乡的旅游旺季主要集中在冬季,尤其是从 12 月至次年 3 月。

除了年度周期性波动外,还有每周、每日的周期性波动。比如商务型酒店周末的客房出租率常常低于工作日,而度假型酒店则相反。餐饮企业则不仅要面对周末和工作日客流量的变化,有时还要面对中午和晚上客流量的巨大差异。

---

① 数据来源:杭州旅游发布:2017 年"十一"黄金周假日快讯专刊之八[EB/OL],www. cclycs. com/a220556. html;2017 年杭州旅游统计公报[EB/OL],http://hznews. hangzhou. com. cn/jingji/content/2018-01/26/content_6783370. htm

② 雪乡介绍[EB/OL]. 中国雪乡官网,www. zhongguoxuexiang. com

我国的假日制度历史

　　1949 年中华人民共和国成立,根据当时政务院发布《全国年节及纪念日放假办法》,我国法定假日的基本格局:每年四个节假日,元旦 1 天、春节 3 天、"五一" 1 天、"十一" 2 天,全民法定假日共 7 天。与此同时,我国一直实行每天 8 小时、每周 48 小时的工时制度。算下来,就是一周工作六天,星期天公休,全年 52 天公休。加上法定假日 7 天,全国每年的法定休息时间为 59 天。"单休时代"就此开始。虽然有着星期日休假的规定,但是真正能享受到假期氛围的人,还是少数。曾有退休老人回忆,20 世纪五六十年代的时候,只记得周末都是"义务劳动日,哪有什么休闲"。由于一周只有星期天才能休息,那时的上班族到了周末,大多是在家里打扫卫生、修理电器和家具、看望老人、陪孩子等,也没办法好好休息。"战斗的星期天,疲劳的星期一"就成了当时的流行说法。单休制度的实行,让上班族很难离开自己工作生活的城市到外地去。某种程度上,人们其实是被"固定"在了工作上。

　　1994 年 2 月 3 日,国务院发布第 146 号令,实施每周工作 44 小时的工时制度,自 3 月 1 日起,当月第一周星期六和星期日休息,第二周星期日休息日,依次循环。即"隔周五天工作制",就是每隔一周,多休息一个星期六。于是人们就把休息两天的那周称为大礼拜,而工作六天的那周称为小礼拜。这时的中国人,才开始有了"度周末"的意识,很多人生平第一次真正意义上的旅游就是趁着大礼拜的空隙完成的。

　　在"大小礼拜"实行一年之后,1995 年 3 月 25 日,国务院令再次宣布,自当年 5 月 1 日起,全国实行 5 天工作制。同年 7 月,我国《劳动法》正式出台,在有关工作时间和休息的相关制度中规定:"国家实行劳动者每日工作时间不超过八小时、平均每周工作时间不超过四十四小时的工时制度。"从此国人的假期一下子增加了 52 天,达到每年 111 天,双休日也成了中国人生活的一部分。有人曾形容,每周有两日不用上班上学,简直是比天上掉馅饼还美好的事,"美好到以至于当年开始要实行这个规定的时候,大家还以为是谣言,怎么都不肯相信。"

　　在双休日实行四年之后,1999 年国务院再次修改假日制度,增加了三天法定假日,随后就形成了"五一"和"十一"黄金周假期,国人的假期总天数增加到 114 天。到了 2007 年,"五一"黄金周被取消,中秋、端午和清明为法定假日,天数增至 115 天。其实除去每年双休的 104 天假期,国人的法定公共假期是 11 天。

资料整理来源:中国人假期 65 年变迁史:单休改双休用了 45 年
http://news.sina.com.cn/c/zg/jpm/2015-08-11/17481336.html

(2)随机波动性

　　与周期波动性不同,随机波动性是指旅游服务需求不会完全按照规律产生波动,而是受到意外或突发因素影响产生的随机波动。游客的旅游需求并非是刚性需求,具有脆弱性,会受到政治和自然等外部要素的严重影响。例如,2017 年 11 月 26 日印尼巴厘岛阿贡火山喷发,考虑到火山灰影响飞行安全,巴厘岛伍拉莱国际机场关闭,导致近 15 万名游客滞留巴厘岛。我国外交部多次提醒中国公民谨慎前往巴厘岛旅行,由此导致对巴厘岛地区的旅游服务需求骤减。2020 年春节开始全球爆发的新型冠状病毒也使旅游业遭受巨大的随机性波动,世界各国旅游业,尤其是出入境旅游业受到了严重冲击。联合国世界旅游组织发布的数据显示,2020 年全球入境游客总人次较上一年减少 10 亿人次,降幅达 74%。其中,亚洲和太平洋地区减少 84%,降幅最大;非洲和中东地区减少 75%;欧洲地区全年下降 70%;美洲则减少 69%。2020 年全球旅游业收入损失 1.3 万亿美元,成为"旅游业历史上最糟糕的年份"。

2. 旅游服务供给能力

供给与需求相对应,经济学对于供给的解释是生产者在一定时期内,在各种可能价格下愿意而且能够提供出售的该种商品的数量。[①] 而旅游服务供给能力是指在保障服务质量的前提下,在某个时刻或某个时间段旅游企业所能服务的顾客人数,包括最大服务供给能力和最佳服务供给能力。最大服务供给能力是指在特定的时间内能够满足顾客需求的服务供应能力的上限,代表最大的服务产出。最佳供给能力指旅游企业在保证服务资源被有效利用,同时顾客获得良好的服务质量感知的条件下的服务供应能力,代表着最优的服务产出。[②] 一般来讲,最佳服务供给能力低于最大服务供给能力。如果服务的顾客数量超过最佳供给能力,顾客感知的服务质量可能会下降。最佳服务供给时旅游企业是满负荷运转,旅游资源有效但不被过度使用,顾客能及时获得高质量的服务;最大服务供给时虽然旅游资源能够实现最大旅游服务产出,但是企业超负荷运转,服务质量不一定能得到保证。

因为服务需求的波动性,旅游企业的服务供求关系常处于不平衡状态,如下图 6.1 所示,供求关系会出现以下几种特殊情况。

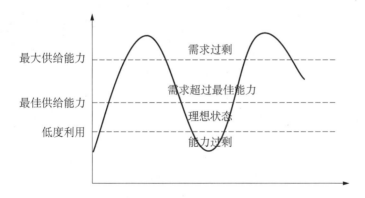

图 6.1

需求相对于供给能力变化图[③]

理想的状态是旅游服务需求与最佳服务供给能力平衡。旅游企业的所有的资源都处于理想状态,员工没有过度工作,旅游资源没有过度使用,设施设备等均正常运作,顾客所有的需求得到高质量的满足。然而,此种平衡状态在现实服务中很难实现。由于需求的波动性,最佳能力往往会超出或低于需求。

①　高鸿业. 西方经济学[M]. 北京:中国人民大学出版社,2007:24.
②　黄晶. 旅游服务管理[M]. 天津:南开大学出版社,2006:116.
③　同上书,117.

旅游服务需求低于最佳供给能力时,供给过剩。此时,旅游企业人力资源、物质资源等均未实现充分利用。此时,虽然顾客不需等待,能够充分享受更多的旅游资源及更好的员工服务,但是以高成本为代价,容易导致企业亏损,最终使优质服务无法持续。而且,顾客过少,景区或店面冷清,也容易使顾客对服务质量产生怀疑,丧失消费信心。

旅游服务需求高于最佳供给能力时,虽然旅游企业也能够为顾客提供服务,但各类资源使用过度。同时,由于顾客数量增加超出员工能够提供的高质量服务能力,旅游服务质量下降,顾客满意度降低。当需求超出最佳供给能力越多,顾客感知的服务质量水平可能下降越多。

旅游服务需求超过最大供给能力时,供给严重不足。一方面,超额的旅游需求导致顾客长时间等待,既容易引起顾客抱怨,也容易产生安全隐患。以 2016 年开园的上海迪士尼为例,有报告显示"排队时间长"已经成为乐园服务质量的最大痛点。[1] 另一方面,超负荷资源利用使得服务人员疲惫不堪,设施设备易损易坏,从而出现更多的服务差错,进而导致旅游服务质量下降,引起顾客不满。因此,维持旅游服务需求与供给之间的平衡是旅游企业工作的重中之重。

3. 平衡旅游服务需求与供给

(1) 需求管理

① 准确做好需求分析。

需求管理的第一步就是充分识别旅游服务需求的对象,挖掘他们的真实需求,既要识别顾客需求的主要内容,避免供给与需求的结构性偏差,又要预测市场的总体需求水平,避免供给与需求的总量性偏差。可以充分利用访谈法、观察法、问卷调查法等多种方法充分了解顾客的基本人口统计特征(如年龄、性别、收入、职业等)以及动机与需求,从而可以更有针对性地提供服务。可以充分分析当前的经济情势、政策背景、社会发展趋势、行业统计数据,综合利用德尔菲法、专家讨论法等定性分析法和回归模型、时间序列等定量分析法,对市场需求作出准确预测,做到有备无患。

② 有效采用定价策略。

价格是决定需求的最直接因素。一般情况下,旅游服务价格与顾客的旅游需求呈反方向变动的关系,降低价格会增加需求,提高价格则会降低需求。价格与需求之间这种此消彼长的关系被称为需求规律。因此,旅游企业可以通过定价策略灵活调整顾客的需求。为了平衡供求关系,在旅游服务需求低谷时,可通过降价策略或打折的方式刺激顾客的消费需求;在需求高峰时,可以采取全价或涨价的方式控制需求上升。典型的就是黄金周期间,包括景区、酒店、旅行社等在内的众多旅游企业都会纷纷涨价,既是为了获得更高的利润,也是为了适度降低顾客需求。可以说,价格杠杆是一种最简单、最直接调节市场需求的手段。

③ 充分利用预定系统。

预定系统是了解和控制旅游服务需求的有效武器。通过预定,尤其是付费预定,可以实现旅游服务的提前销售,并且事先了解不同时间段的顾客数量,做好应对工作,从

---

① 记者. 上海迪士尼点评报告:"值得去"成最多评价"排队时间长"是最大痛点[N]. 中新网.

而减少因生产和消费同步性导致的更高需求风险。预定系统包括现场预订、电话预订和网络预订等多种形式。随着互联网的迅速普及,网络预订已经成为一种最高效便捷的预订方式,不仅一些大型酒店、旅行社、景区等旅游企业建立了自身的网络预定系统,众多中小型旅游企业也充分利用携程、驴妈妈、去哪儿、艺龙、淘宝等各大电商平台开放了网络预定。以国内最大的旅游电商携程为例,截至 2017 年底,其已在全球 200 个国家和地区与近 80 万家酒店建立了长期稳定的合作关系,机票预订网络也已覆盖国际国内绝大多数航线。这一平台的成功运营使众多中小型旅游企业,尤其是酒店,可以在全球范围内及时了解自身的需求情况。

④ 加强双方沟通协调。

由于需求过多容易引起顾客不满,因此建立良好的企业与顾客之间的沟通机制,畅通沟通渠道成为缓解甚至是解决顾客抱怨的重要方式。比如旅游景区一旦客流量较高,旅游企业可以通过电话、短信、微信等多种渠道事先告知游客,或是推荐客流量少的景点,使游客能够重新规划自己的行程。在游客排队时,也可以像世博会、迪士尼一样明确需要排队等候的时间,使游客做好心理准备,产生合理的心理预期。同时,在发生问题或者游客产生不满情绪时,同理心的沟通是化解矛盾、缓解不满情绪的一剂良药。

⑤ 灵活运用营销方式。

当需求不足时,旅游企业可以采用多种营销方式促进旅游服务需求的增加,包括媒体广告、营销公关、销售推广、直接营销和现场传播等多种形式。媒体广告主要包括电视广告、杂志广告、报纸广告、广播广告和网络广告等多种形式。其中,我们尤其要关注微博、微信、贴吧、新兴视频网站等网络自媒体的迅速发展,要充分利用其制作成本低、推广速度快、传播受众广等特点,加快自媒体营销推广。营销公关是指以打造品牌为中心,借助新闻媒介、公益活动等方式与社会公众建立良好的关系。销售推广主要是针对旅游中间商的一种营销方式,旅游企业应该积极畅通销售渠道,提升中间商的销售积极性。直接营销是指通过人员推销、直接邮寄、电话营销、邮件营销等方式直接针对顾客的一种营销方式。现场传播就是利用现场的场景展示和布局增强顾客的消费信心。

(2) 供给管理

① 不断提升员工能力。

员工能力是决定服务质量的关键要素之一,尤其是在客流量较大的情况下,综合能力强、业务素质高的员工更是能够保障旅游服务忙中有序、量中有质。因此,旅游企业始终要将提升员工能力作为保障和提升服务质量的重点工作来做。要积极做好各项培训工作,一是通过课堂讲授、案例探讨、模拟培训、现场观摩、角色扮演、参观访问等多种方式做好岗前岗中的常规培训工作,提高员工的知识和技能,端正态度和观念;二是建立师徒制,以老带新,口口相传,手把手教,培养工匠精神;三是积极推进交叉培训、工作轮换,使员工掌握多种业务操作技能,能够灵活处理各类服务问题,在旅游需求高峰期能够更好地满足多部门的需求。

② 充分利用社会资源。

人员不足往往是困扰旅游企业需求过旺时的最大问题。一方面,旅游企业应该积极稳定自身的员工队伍,降低流失率;另一方面为了降低人员成本,可以积极利用社会兼职人员和实习人员以暂时缓解人员紧缺压力。但需要注意的是兼职人员和实习人员工作经验不足、企业忠诚度不高,容易出现服务质量问题。因此,一是旅游企业要把好招聘关,尽可能选择能力强、素质高、有职责心的员工,大中院校具有专业知识背景的学生成为最佳选择之一,旅游企业应该积极与学校建立长期的合作伙伴关系,稳定为企业输送高质量的正式或兼职、实习员工;二是旅游企业要做好岗前培训工作,使员工具备最基本的业务能力;三是旅游企业要建立良好的激励措施,使兼职和实习员工也能够较稳定地、满怀热情地、高质量地完成各项工作。

③ 积极推进顾客自我服务。

顾客自我服务也能够在一定程度上缓解员工紧缺的问题。一方面,充分发挥设施设备的重要作用,使顾客能够利用机器顺利完成各项服务工作。典型的如地铁站、火车站的自助售票机,银行的自助存取款机,餐厅的自助点餐机,以及手机上的各类自助服务平台,这些设施设备或平台的推出,极大缓解了员工服务不足的问题。另一方面,尝试培养顾客自我服务的习惯,比如美国大部分麦当劳顾客用餐完毕后都是自己收拾垃圾,放回托盘,相应就能减少劳力;还比如有一些超市推行自助结账,也降低了对收银员的要求,甚至还有一些超市利用人脸识别系统实现了无人管理。顾客的自我服务不仅需要先进设备和技术的投入,还需要顾客的自我熟悉和掌握,而在这一学习过程中,服务效率和质量可能会有短暂的下降,但一旦顾客习惯后,将极大地缓解供需的不平衡问题。

④ 丰富服务项目内容。

季节性是造成需求波动的重要原因,除了依赖价格和促销平衡不同时间段的需求之外,更重要的是丰富旅游企业服务项目的内容,既要开发适合不同季节(或时间段)的旅游产品,也要开发季节性差异小的旅游产品。比如冬季一直以来是安徽旅游的淡季,景区门票和酒店价格都会有大幅度下降,但2017年以来安徽积极推进冬季旅游产品的开发,如大力发展黄山、大别山等地的温泉旅游。同时,新建大别山滑雪乐园、马鞍山启迪乔波滑雪场、合肥华润冰纷万象滑冰场等一批冬季运动基础设施,为冰雪旅游的发展创造了有利条件。此外安徽还大力挖掘本地特有的民俗风情,举办各类比赛和节庆活动,尽量减少季节性的影响。

4. 顾客排队管理

一旦顾客需求过多,排队就成为常态。顾客既可能是在服务现场排队等待,也可能是在预订、咨询、投诉等电话业务中在线等待,还可能是在购买服务或产品后运输过程中的中途等待。但不管何种排队等待,都可能会引起顾客的不满,甚至会导致顾客直接离开。因此,缓解排队现象、消除顾客在排队过程中的不满情绪成为旅游服务质量管理中的常见问题之一。

(1) 排队心理学

排队等待时间虽然是一个客观时间,但每个人的感知却是不同的,顾客等待的实际时间远没有他们认为等待的时间或者感觉等待是否公平更加重要。[1] 卡茨(Katz)和拉

---

① Metters 等著,金马译. 服务运营管理[M]. 北京:清华大学出版社,2004:201.

森(Larson)等人在一项排队研究中发现,人们一般会过多地估计自己的等待时间,而且随着等待时间变长,他们的满意度会降低。[①] 因此,在研究旅游服务质量时,我们必须要关注顾客的排队心理。

戴维·梅斯特(David Maister)在《排队的心理学》一文中将排队时人们的心理分为8种现象[②]:①空闲的时间要比忙碌的时间感觉更长;②服务前的等待要比服务中的等待感觉更长;③焦虑会使等待感觉更长;④不确定的等待要比确定的等待感觉更长;⑤未解释的等待要比有解释的等待感觉更长;⑥不公平的等待要比公平的等待感觉更长;⑦独自等待要比集体等待感觉更长;⑧服务价值越高越愿意等待。概括起来看,我们需要关注顾客在排队时的以下几种心理:

① 无聊的感受。

受制于排队环境,顾客往往会处于空闲状态,无所事事,注意力得不到转移。而越是无聊,等待的时间就会感觉越久。尤其是在以前手机、IPAD 等智能设备并不普及,顾客又不能随意离开队伍的情况下,这种无聊状态更加明显。此外,如果是独自一人排队,没有熟悉的人可以聊天游戏,那也会产生无聊感。因此,旅游企业应该想方设法转移顾客的注意力,让无聊的排队变得更加丰富多彩。

② 焦虑的感受。

俗话说"心急水不沸",越是感到焦虑,等待就越是难熬。顾客在排队时由于对等待时间、原因等因素的未知,或是自己有急事,都容易产生焦虑感。顾客担心被遗忘,担心企业不了解自己等待的现状,担心其他队伍中的人先接受到服务,担心自己的事不能够及时完成。所有这些焦虑都会放大对排队时间的感知,从而容易引起顾客的不满、暴躁,甚至是愤怒。因此,旅游企业应该时刻注意顾客的焦虑情绪,做好解释和安抚工作。

③ 对不公平的愤怒。

任何非先到先得的排队都是不公平的。"不患不均,而患不公"是一种常见心态,尤其是在长时间排队的情况下,任何不公平的排队都会导致顾客利益受损,引起强烈不满,甚至引发顾客之间、顾客与企业之间冲突。因此,旅游企业既要在制度上保障排队的公平性,同时又时刻关注队伍,避免插队现象的发生。但要注意的是,排队公平并非是绝对的。一方面,对任何企业来讲,都有重要的和一般的顾客,最重要的顾客往往是第一位的,那他们就应该值得被优先对待,但这需要一定的技巧性。另一方面,服务接待有人数限制,比如餐厅有 2 人位、4 人位、10 人位等,那就需要根据顾客人数进行合理安排,并非一定是先到先得。

(2) 顾客排队管理策略

顾客排队等待事实上也是一种企业对顾客需求的储存行为。企业通过提前设计好的排队策略将有需求的顾客进行储存,来减少服务供给机会的流失。然而因为顾客排

① Katz K L, Larson B, Larson R C. Prescription for The Waiting in Line Blues: Entertain, Enlighten and Engage [J]. Sloan Management Review, 1991,32(2): 44.

② David H. Maister. The Psychology of Waiting Lines, in J. A. Czepiel, M. R. Solomon, and C. F. Surprenant (eds.), The Service Encounter: Managing Employee/Customer interaction in Service Businesses (Lexington, MA: Lexington Books, 1985), 113 - 123.

队会对旅游服务质量带来负面影响,因此企业要针对顾客排队心理,做好顾客排队管理。

① 改善排队环境。

如上述所示,排队会导致顾客心理发生变化,创造良好的排队氛围,转移顾客的注意力,对改善排队质量具有重要意义。一是改善排队等候区的环境。比如夏天光照强烈,长时间户外排队更容易产生生理和心理问题,因此可以增加遮阳设备和喷雾装置增强排队的舒适度,也可以提供免费饮料为顾客解暑降温。二是增加服务项目,降低顾客在排队过程中的无聊和焦虑感受,提升排队体验。比如世博会期间针对游客排队过长的问题,有场馆在排队区域提供户外演出,使游客在排队时也能享受到场馆的优质服务。以服务出名的海底捞在顾客排队时不仅提供小食,甚至还免费提供娱乐、美甲等服务。此外,排队区域还可以增设电视机、图书和报纸等供顾客消遣。这些额外服务的提供不仅能够缓解顾客排队的无聊感,而且还能够更高的展示企业的服务质量。三是加强引导和沟通服务。出现人数较多的等候排队情况,旅游企业应当安排员工引导顾客进行排队,同时做好顾客解释与沟通工作,告知注意事项,随时关注顾客的负面情绪。

② 利用现代技术。

旅游企业还应充分利用现代技术有效缓解排队现象。一是充分利用预定系统。预定系统不仅能够帮助企业了解顾客需求,也能够避免顾客现场排队。顾客可以根据预定时间直接享受服务,比如敦煌莫高窟利用信息化技术实现了门票的网络预约制,游客提前购买好门票,减少了在景区景点排队等候的时间,而且这也避免了因文物保护需要对游客数量限制而造成的停止售票的情况,解决了游客排队却无票可售的问题。二是积极推进网络服务,顾客可以通过官网或其他网络平台实现网络咨询、网络提交资料和网络下单,避免去现场排队。比如华住集团旗下的轻奢品牌城家 CitiGO 采用自助服务,通过后台的数据对接和现代科技,客人可以通过手机自助办理入住和退房。希尔顿酒店也推出了一款名为 HH Honors 的应用,该应用能够为住客提供入住办理和电子门匙等服务。通过该应用,顾客将不再需要到前台办理繁琐的入住手续,也不再需要将时间耗费在排队上。

③ 优化排队结构。

排队结构不同,排队体验会有很大差异。因此,要不断优化排队结构,提升排队的效率和质量。排队结构分为单列排队、多列排队和数字排队三种形式。单列排队,也称蛇形排队,是指顾客仅排成一列队伍,前面顾客结束服务后,后面顾客上前接受服务,这一排队形式坚持了先到先得的服务原则。多列排队是指多个服务台同时为顾客提供服务,顾客可根据自身需求或偏好选择窗口接受服务。旅游企业多采用这种排队方式提供服务,但这种排队形式并不能保证服务的完全公平性。数字排队是指顾客到达服务场地按照顺序领取数字号码,根据叫号接受服务,而且号码牌上有时还会明确注明前方等待的顾客人数。餐厅及银行多采用这种排队方式,它既能够保证排队服务的公平,也能够创造良好的排队环境。旅游企业可根据企业规模大小以及顾客数量科学调整和不断优化排队结构。

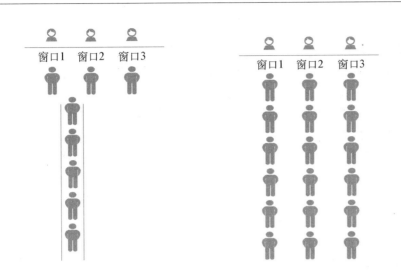

图 6.2

单列排队（左）

图 6.3

多列排队（右）

此外,旅游企业还可以按顾客群体、服务时间、紧急程度等不同调整排队结构。例如,根据游客群体不同,绝大部分旅游景区景点对团队游客与散客进行分窗口接待。部分客流量大的旅游景区景点在排队购票时甚至还开辟出专门的学生窗口、老年人窗口、军人窗口及其他优惠窗口。企业在面对 VIP 顾客或者大客户时也会开辟专门接待室进行接待,创造快速优先服务的条件。根据服务所需时间的不同,旅游企业还可进行服务分流,例如咨询、问询服务可单独安排窗口或工作人员及时提供服务,避免出现顾客耗费长时间排队只为了询问简单问题这类现象。而根据服务紧急程度不同,旅游企业还可开辟专门的应急通道或绿色通道以快速解决问题。

④ 开发特色服务。

针对不愿排队但具有较高消费能力的客户,旅游企业还可以量身推出快速服务。例如,迪士尼景点为解决特色项目排队严重的问题,推出迪士尼快速通行证,使游客能够在特定时间段体验指定景点,这极大缩短了等待时间。此外,迪士尼为消费能力更高的游客还推出了价格较高的套餐,包含专人接待、专人讲解、专属入园通道、预留演出观赏区域等贵宾礼遇。

6.2　员工管理

员工是企业最宝贵的资源,在服务过程中他们具有举足轻重的作用,他们的意识、经验、技能和情绪等不仅直接决定了旅游服务质量的高低,也直接体现了企业的服务形象,尤其是前台接待人员更是如此。因此,有效的员工管理对旅游服务质量至关重要。

1. 员工的角色

"角色"一词最早出现于 20 世纪 20 年代社会学家格奥尔·齐美尔的《论表演哲学》一文中,是一个戏剧舞台表演的用语,用以指演员按照剧本的规定所扮演的某一特定任务。后来人们发现现实社会与戏剧舞台之间存在联系,并逐渐将"角色"一词用于讨论社会问题。人类学家林顿在《人格的文化背景》中将角色理解为行为期待或规范,他认为个体在社会中占有与他人地位相联系的一定地位、当个体根据他在社会中所处的地位而熟悉自己的权利和义务时,他就扮演了相应的角色。现在,"角色"一词已被广泛用于社会心理学领域。

实际生活中,"角色"一词离我们并不遥远,每个人每天在不同的情境中扮演着不同的"角色",人成为不同角色的一个综合体。例如,一个成年男性在家庭中会扮演"父亲""儿子""丈夫"等不同的角色,在职场生活中又会扮演"管理者""被管理者"等角色。这些角色是否能够扮演好,不仅影响到自身的健康和发展,也会影响到与这些角色紧密相关的其他人。员工是人们在职场中的一种角色,这种角色表现会对旅游企业的服务质量产生重要影响,具体来看:

(1)员工是服务质量的实践者

旅游企业制订服务质量方针和目标,构建旅游服务质量管理体系,形成整个旅游服务质量管理的顶层设计框架,但最终还需要依赖全体员工的共同实践。蓝图描述得再宏伟,体系构建得再完备,如果没有员工的理解、认同和配合,也不可能做好服务质量。作为实践者,员工应该充分理解企业的质量管理体系,认清自己的质量职责,努力提升自己的岗位技能,认真完成质量任务。

(2)员工是服务质量的传递者

旅游服务质量属于感知服务质量,这种感知很大程度上来自服务人员的服务表现。在服务传递中,员工的仪表仪容和行为举止都充分展示着旅游企业的服务质量,顾客会据此判断企业的服务质量水平。因此,作为传递者,员工不仅需要遵循企业的要求、践行企业的服务质量管理活动、充分体现企业的服务质量水平,又要与顾客有效沟通、充分理解顾客的需求和期望、努力实现顾客满意。如果企业要求和顾客要求之间存在冲突,在企业授权下,员工应该坚持"以顾客为关注焦点"的质量原则,真正做好服务质量的传递者。

(3)员工是服务质量的保证者

所谓的质量保证是致力于提供质量要求会得到满足的信任。体现在员工身上,就是服务人员所表达出的自信与可信的知识、礼节和能力。如果服务人员在顾客面前能够表现出甜美的微笑、充分的尊重和礼貌、渊博的知识、专业的技能和真诚的关心和帮助,那就能够给顾客极大的消费安全感和信心。作为保证者,员工应该努力提升自身的服务意识,不断提高专业素养。

随着体验经济的兴起,企业对员工的角色也有了新的认识。企业创造舞台,顾客成为体验者,而员工也有了一个新的角色"表演者"或"演员"。迪士尼乐园率先将"演员"一词灌输给企业员工,无论是扮演卡通人物,还是销售商品或是旅游讲解,都被称作是"表演",员工只要是在前台(游客所在区域),就必须扮演好他们的新角色。区别于简单的员工身份,"演员"要求员工将每一次服务都当作是一场演出,为顾客创造难以忘怀的印象。

在社会心理学中,角色根据存在形态的不同,可以分为理想角色、领悟角色和实践角色。[①] 理想角色也称为期望角色,是社会或团体对某一特定社会角色所设定的理想的规范和公认的行为模式。领悟角色是指个人对其所扮演社会角色行为模式的理解。实践角色是指个体根据他自己对角色的理解而在执行角色规范过程中所表现出来的实际行为。理想角色总是趋于完美,可以体现在企业的规章制度中,反映出企业对员工工作的期许,也可以体现在顾客对员工服务的要求和期待中。由于每个员工的认知方式、价值理念不同,他们对自己角色有不同的理解,由此形成了各自不同的领悟角色。由于主客观条件不同,即使是相同的领悟角色,实践角色也会存在差异。旅游企业要充分认识到员工在服务质量中的实践者、传递者和保证者的角色定位,并且通过充分沟通使每个员工认识到自己的角色要求,同时不断提升员工的意识、经验和技能,从而减少理想角色、领悟角色和实践角色之间的差距,减小服务质量的差异性。

2. 员工的情绪和情绪劳动

为了扮演好自己的角色,员工应该具备良好的意识、经验、技能和情绪。然而,意识可以教育,经验可以积累,技能可以学习,情绪却难以掌控。情绪是我们日常生活中常见的一种心理活动,它是基于人们对外界事物的刺激而产生的不同生理和心理反应。[②] 情绪有很多种分类,如喜、怒、忧、思、悲、恐、惊七种情绪,或是愤怒、悲伤、恐惧、快乐、爱意、惊讶、厌恶、羞耻八种情绪。但现代心理学认为,人的基本情绪主要是四类:快乐、悲哀、愤怒和恐惧。

员工的情绪会直接影响旅游服务质量。主要体现在以下几个方面:

(1) 情绪会影响顾客的情绪

一般来讲,情绪具有明显的外部表现。人在情绪活动中,其面部表现、身体动作、语音语调等都会出现一系列的变化。比如人快乐的时候,嘴角会翘起,面颊上抬,眼睑收缩,眼睛尾部会形成"鱼尾纹",而在伤心的时候,则会嘴角下拉,眉毛收紧。情绪具有传染性,在与顾客的交互过程中,顾客会观察和感受到员工情绪的外部表现,从而产生相关的情绪反应。比如,在服务过程中,当员工热情洋溢、满脸微笑时,顾客容易产生积极情绪。反之,员工的悲伤和愤怒,则会引起顾客的不快和愤怒。服务质量是顾客的一种感知,受到员工情绪的影响,消极的顾客情绪会降低他们对服务质量的判断。因此,好的服务质量要求员工以积极的情绪去引导顾客产生积极情绪。

(2) 情绪会影响员工的服务表现

快乐、兴趣、满足、自豪、爱等积极情绪具有明显的激励作用,会刺激员工提升工作的主动性和积极性,愿意更好地提升服务质量,完成企业的质量目标;而恐惧、悲伤、痛苦、失望等消极的情绪会让人消沉,不仅会降低员工工作的主动性和积极性,还会影响到他们的认知水平,比如无法集中精神、无法做出更好地判断等,从而影响他们的服务表现。好的服务质量并不是按部就班地工作,而是要在与顾客的交互中不断发现顾客

---

① 刘永芳等. 社会心理学[M]. 上海:上海社会科学院出版社,2004:45.
② 李中斌. 情绪管理[M]. 大连:东北财经大学出版社,2017:2—3.

的需求,并想方设法满足他们的需求。如果没有积极情绪的引导,员工不可能很好地完成这些工作。因此,好的服务质量要求员工能够始终保持积极的情绪。

(3) 情绪会影响团队的服务表现

员工的情绪不仅会传染给顾客,还会传染给其他员工,从而影响整个团队的服务表现。影响团队服务表现的重要因素之一就是团队士气,而某些成员,尤其是团队领导悲伤、恐惧的消极情绪会极大影响到整个团队的士气,降低团队工作的效率和效果。因此,好的服务质量要求每个团队成员都应该始终保持积极的情绪,尤其是团队领导,要创造良好的团队氛围,鼓舞士气,及时消除团队中的负面情绪。

(4) 情绪会影响员工的身心健康

情绪作为一种心理活动,会直接影响到员工的身心健康。我国最早的医学典籍《黄帝内经》就有"怒伤肝、喜伤心、忧伤肺、思伤脾、恐伤肾"的记载。消极情绪往往会影响人的免疫系统、内分泌系统和消化系统,导致各种身体疾病。比如悲伤会导致人胃痛和腹泻,也会危害人的心脏。恐惧则会导致人呼吸急促、心跳加快,甚至引起昏厥。焦虑则会引起头痛、胸闷、失眠、消化不良和抑郁等各种不良症状。疾病不仅仅会导致员工更多的不良情绪,更会严重影响员工的日常工作,降低服务的效率和质量。

情绪对于服务提供至关重要,因此,霍克希尔德(Hochschild)于 1979 年率先提出了情绪劳动(Emotional Labor)的概念,他指出为了使自己适合某种场合,人们就需要表现或抑制自己的情绪。[①] 1983 年在其出版的《情感整饰:人类情感的商业化》(*The Managed Heart: Commercialization of Human Feeling*)一书中以案例的形式对航空公司的空乘人员进行了研究,发现他们不仅要付出体力劳动,还要努力管理自己的情绪,即使是受到顾客的侮辱,他们也需要嘴角上扬,保持微笑。他将情绪劳动正式定义为"管理自己的情感以创造一种公正可见的面部和肢体的表现"。并指出情绪劳动发生需要有 3 个条件:①必须与公众进行面对面接触或者语言沟通;②目的是影响顾客产生某种情绪状态或者情绪反应;③雇主能够对员工的情绪活动实施控制。在情绪劳动状态下,情绪被商品化了。因为员工的情绪劳动是为了获取工资,因此情绪劳动具有交换价值。[②]

情绪劳动提出来后,引起众多学者的研究兴趣,对其也有了不同的理解。阿什福思和汉弗莱(Ashforth and Humphrey)将情绪劳动定义为"员工为了满足组织的要求而表达恰当情绪的行为"。[③] 如果说霍克希尔德强调员工对自己内心情绪感受的管理,那阿什福思和汉弗莱则是更关注情绪表达的行为,强调外在的表现形式,认为情绪劳动实质上是一种印象管理。莫理斯和费尔德曼(Morris and Feldman)则指出情绪劳动很大程度上取决于社会情境,认为情绪劳动是"在人际交往过程中,个体通过努力、计划和控制

① Hochschild A R. Emotion Work, Feeling Rules and Social Structure [J]. American Journal of Sociology, 1979,85: 551 – 575.

② 傅慧,段艳红. 情绪劳动研究述评与展望[J]. 管理学报,2013,10(9):1399—1404.

③ Ashforth B E, Humphrey R H. Emotional Labor in Service Roles: The Influence of Identity [J]. Academy of Management Review, 1993,18(1): 88 – 115.

使自己表现出组织要求的情绪行为"。①

综上所述,可以看出,情绪劳动就是为了实现服务质量目标,员工按照旅游企业要求进行的情绪调节行为。

3. 情绪的影响因素

要调节员工的情绪,就必须了解情绪的影响因素。情绪受多种因素的综合影响,归纳来看,主要是受内部因素和外部因素的影响。内部因素主要是个人因素,包括价值观、性格和身体状况等,外部因素主要包括生活压力和工作压力。

（1）内部因素

① 价值观。

价值观是人们认定事物、判定是非的一种思维或取向。客观事物（包括人、事、物）的是非曲直、主次轻重,都由价值观来决定。它内藏于心,但却决定人的行为和态度,也影响人的情绪。比如员工追求金钱至上,一旦工资达不到预期的目标,就容易产生焦虑和不满。如果员工追求个人主义价值观,过度看重自我利益,就容易与旅游企业要求的"以顾客为关注焦点"相冲突,受到企业领导纠正或批评,就容易产生不满、抑郁,甚至是愤怒的情绪。因此,员工应该具有积极、乐观、正确的价值观,并且与旅游企业的价值观保持契合。

② 性格。

不同性格的人对同一情境会有不同的认知反应,从而产生不同的情绪。性格是在人对现实的稳定态度和习惯化的行为方式中所表达出的具有核心意义的个性心理特征。② 它是后天养成的,但一经形成,就相对比较稳定。英国心理学家培因（Bain）和法国心理学家李波（Ribot）根据个体的心理机能将人的性格划分为理智型、情绪型和意志型。理智型的人通常以理智支配行为,做事三思而后行,极少受情绪的左右;而情绪型的人则不善于思考,易受情绪控制,常感情用事;意志型的人行动目标明确,富有主动性和自制力,不容易受外界因素的干扰。

人的性格还能划分为 ABCD 四种类型。1959 年,美国两位心脏病专家弗里德曼（Friedman）与罗森曼（Rosenmon）基于人体疾病提出了 A 型和 B 型性格,后来其他人又提出了 C 型和 D 型性格。A 型人格具有强烈持久的目标动机,处处追求完美的内在倾向,强烈持久地追求赞誉与进步的欲望,容易连续卷入多项事务,挑战极限压力,习惯于突击完成工作,经常特意使自己的心理与身体处于机警状态。这种性格的人患上冠心病和心肌梗死的概率要远高于其他人群。因为过强的竞争意识,过度追求成功,所以在情绪上容易急躁和焦虑,容易愤怒。B 型人格与 A 型人格相反,性情随和,不喜争斗,与人交往时,较为顺从,做决定时容易犹豫不决,日常工作生活缺少计划,平时比较沉默,说话常低声细语,当得到他人帮助后会非常感激,并加倍报答。这种性格的人因为有耐

---

① Morris J A, Feldman D C. The Dimensions, Antecedents, and Consequences of Emotional Labor [J]. Academy of Management Review, 1996,21(4): 986-1010.

② 李中国. 心理学[M]. 北京：北京师范大学出版社,2016：295.

心、能容忍,所以不太容易产生不良情绪。C型性格是大多数癌症病人的一种普遍性格特征,这部分人易屈服于外界压力,与别人过分合作、过分谦让或原谅一些不该原谅的行为,在生活中,又往往会为了让别人高兴不惜牺牲自己;性格上比较谦虚,容易满足,生活中没有主意和目标,而且缺乏自信,常常因无力应对生活压力而感到绝望和孤立无援,容易产生悲观、消极的情绪,而且情感表达不良,对负面情绪过分压抑,容易有严重的焦虑、抑郁的倾向。总体来看,C型性格的人焦虑、抑郁、愤怒、情绪控制压抑等症状较明显。D型性格是忧伤型性格,他们往往会体验到很多的不愉快、忧伤、焦虑、紧张和担心等,比如经常担心某些问题等。思想上他们对生活中的负面刺激,如一些不愉快的事情更为关注,并体验到更多的压力。遇到一点烦心的事,然后就一整天想着这件事。在社会交往中,总是压抑自己表达情感,以免导致他人的不认可或拒绝。与他人相处时,总感到紧张和不安全。看上去性格孤僻,爱独处,不合群,也喜欢乱发脾气。[①] 这部分人不仅容易患上冠心病,也容易产生各种消极情绪。

③ 身体状况。

生理和心理紧密相关,相互影响。情绪会影响人的身体状况,人的身体状况也会影响人的情绪。如果人身体健康,没有任何疾病困扰,那就会心情愉悦、神清气爽。但如果人处于亚健康状态,甚至是受到病痛的折磨,则容易产生悲伤、郁闷、痛苦、恐惧等各种消极情绪。这些消极情绪又会引起抵抗力下降、消化功能下降、睡眠质量下降等一系列症状,导致疾病的进一步恶化,由此形成恶性循环。

此外,有些疾病直接与某些情绪相关。比如,甲亢患者的甲状腺素的升高会引起交感神经兴奋性增高,影响精神神经系统,从而导致紧张焦虑、焦躁易怒等负面情绪。而抑郁症病人因为遗传、神经生化、神经内分泌等问题,则经常表现为情绪低落、闷闷不乐,甚至会悲观厌世。

(2) 外部因素

人生并非总是一帆风顺,人们会遭遇各种各样的困境,承受或大或小的压力。压力处理不好,就容易产生各种问题,包括认知问题(如记忆下降、无法集中精神、无法作出准确判断、只关注负面问题等),生理问题(如疼痛、失眠、便秘、反胃、抵抗力下降等),行为问题(如暴饮暴食或没有胃口、酗酒、抽烟、拖延、不负责任等),以及各类情绪问题(如抑郁、焦虑、愤怒、悲伤、孤独等)。因此,我们要谨慎对待各种生活和工作的压力。

① 生活压力。

影响人们情绪的生活压力主要来自于家庭问题、居住环境和邻里关系等方面。具体来看:

● 家庭问题:

家庭问题是最主要的影响因素。俗话说:家和万事兴,和睦的家庭关系是快乐情绪的重要源泉。家庭父慈子孝、夫妻和睦、兄友弟恭,大家相互理解和包容,那人们就会常常处于愉悦之中,即使有其他负面情绪,也容易消解。但如果家庭关系紧张,关系淡

---

① 刘曦.活出全新的自己[M].北京:中华工商联合出版社,2014:30—36.

漠,甚至是经常争吵,那就会产生焦虑、郁闷、愤怒等负面情绪,而且还容易将这种情绪带到工作中去,从而影响服务表现。除了家庭成员之间的关系外,还有家庭的财务问题、子女的教育问题、房产问题等也都会影响到人们的情绪。比如当前人们很重要的焦虑来源之一就是子女教育,在"望子成龙、望女成凤"的殷切期待下,幼升小,小升初,上高中,考大学,都给家长带来了巨大的压力。

- 居住环境:

居住环境也会影响到人的情绪。从大的小区环境看,良好的自然环境和人文氛围,能够让人心旷神怡,陶冶情操,愉悦身心,产生积极的情绪。而嘈杂、污染的环境则容易让人烦躁不安,激动愤怒。从小的住宅环境看,房屋的面积、光线、色调等也都会影响到人的情绪。居住环境宽敞、干净、明亮、整洁、舒适,让人心情愉悦,反之则可能让人产生焦虑、紧张,甚至是恐惧。

- 邻里关系:

与居住环境紧密相关的还有邻里关系。远亲不如近邻,好的邻居、邻里关系和社会气氛,不仅有助于解决一些生活和工作问题,也能够通过各种邻里活动丰富人们的情感生活,这对于促进积极情绪都有正面的影响。反之,各种邻里矛盾和对立则会产生各种负面情绪。

② 工作压力。

工作压力有多种压力源,主要有以下几种:

- 角色压力:

角色压力来自于角色模糊和角色冲突。所谓角色模糊是指员工对角色的行为标准不清楚,不明确自己的义务和权力。角色冲突是一个人扮演一个或多个角色时,由于不能胜任,造成不合时宜而发生的矛盾和冲突。它包括角色间冲突和角色内冲突,角色间冲突是员工承担不同角色时发生的冲突,比如员工既承担领导的角色,但同时在同事中又可能扮演着朋友的角色甚至是亲属的角色,这些角色容易发生冲突。常见的角色冲突发生在工作角色和家庭角色之间。角色内冲突是同一个角色,由于社会上人们对他的期望与要求不一致,或者角色承担者对这个角色的理解不一致,而在角色承担者内心产生的一种矛盾与冲突。比如对导游这个角色而言,一些导游认为自己只要把行程都安排落实好就可以,但是游客可能希望除了行程之外,每个人的旅游生活和情绪也要照顾到位,这之间就会产生冲突。角色压力容易引起员工无所适从,焦躁忧虑。

- 业务压力:

如果员工对安排的业务不太熟悉,或是业务难度超过了员工的能力,或是工作强度大,工作时间长,一旦让员工觉得难以按时完成任务或达成目标,就会产生业务压力,引起焦虑、紧张和愤怒。对旅游企业而言,员工还要面对来自顾客的压力。顾客的要求有时难以实现,顾客的不满和投诉又极可能影响绩效和考评。员工既要取悦于顾客,又要让领导和公司满意,但如果不能很好处理好这双重业务压力,就容易产生情绪问题。而更严重的是,为了完成任务,保证服务质量,员工还必须随时压抑自己的负面情绪,一旦负面情绪找不到合适的渠道发泄,就极容易产生心理疾病。

美国易发抑郁症职业中服务业高居榜首

美国滥用药物和精神卫生管理局开展了一项名为"药品使用与健康全国调查",被调查者对他们在一生中及过去一年中出现的抑郁症情况进行了描述。工作人员对这些信息进行了分析,将被调查者所从事的职业分为21类,然后对他们从2004到2006年间以及去年一年间出现抑郁的情况进行了综合。

结果显示,照看小孩和照顾老人及重度残疾人日常起居生活的护工最易患抑郁症,患病比例高达11%,抑郁时间持续两周或更长时间。患病期间,他们丧失生活兴趣和各种乐趣,至少会出现四种症状,即在睡眠、饮食、精力、注意力和自我形象等方面出现问题。

其次,为他人准备和提供餐饮服务的工作人员,包括厨师、酒吧招待员及餐厅服务员也易患抑郁症,他们中有10.3%的人出现这类问题。同列"易患抑郁症榜"第三位的职业是卫生保健工作人员和社会工作者,患病比率为9.6%。

患抑郁症比例最低的行业为工程师、建筑师和调查员等,为4.3%。

这份报告还显示,在过去一年中,有7%的全日制工作人员曾与抑郁症进行战斗,其中女性比男性、年轻人比年长的同事更易被抑郁症所困扰。

滥用药物和精神卫生管理局还在报告中指出,抑郁症每年使美国损失300亿至440亿美元。

此外,由于这项调查涉及的职业种类广泛细致,所以分析结果比较客观准确。如在一个分类中,就划分为在艺术、传媒、娱乐和体育等不同界别工作的人员。而在针对为个人提供服务的护工中,在一家托儿所工作的人员与在个人家中照顾老人的护工就感觉完全不同。

令人感到欣慰的一点是,全日制工作同时也是预防抑郁症的一个有效方法。调查显示,在没有工作的人群中,有12.7%的人患有抑郁症,显然高于全日制工作人员7%的比例。

资料来源:《美国易发抑郁症职业大排行　年损失达440亿美元》(央视网)

- 人际关系压力:

人际关系是人与人交往过程中形成的心理关系,是影响员工工作情绪的重要因素之一。员工关系紧张,彼此勾心斗角,嫉妒争斗,工作中不愿配合和帮助,则容易导致员工产生一系列的负面情绪,甚至还会产生心理障碍,同时还会影响整体的工作氛围和团队情绪,降低团队工作表现。此外,人际关系压力还来源于领导与员工之间的关系,如果领导不能公平对待所有员工,关心、爱护和帮助下属,则会导致员工产生抵触情绪,最终影响工作。

- 职业发展压力:

每个员工都希望有良好的职业发展机会,包括更好的晋升空间和更高的薪酬待遇。如果员工对未来在企业的职业发展前景感到迷茫或是感觉希望渺茫,就会产生职业不安全感,从而产生较大的心理压力和不良的情绪表现。比如在旅游行业,一些旅行社导游因为工资收入不高,发展晋升无望,产生了职业焦虑,职业认同感不高,工作积极性下降,甚至逐步放弃这一职业。

● 工作环境压力:

工作场所的照明、通风、温度、噪声、卫生和安全措施等条件不仅会影响到员工的生理健康,还会影响到其情绪。舒适温馨的工作环境能够让人身心放松,提升服务表现。低矮、昏暗、局促的工作空间和脏乱差的工作环境则会影响员工心情,使员工心情烦躁、郁闷。比如一些酒店的顾客服务区域环境舒适,但是后台工作区域却位于酒店的地下室、角落或其他偏僻地方,空间狭窄,声音吵闹,缺乏采光和通风,使员工产生不好的工作体验。

4. 情绪管理

由于情绪在服务质量中的重要作用,企业和员工必须要做好情绪管理。所谓情绪管理是指通过对自己和他人情绪的认知,培养个体和群体驾驭情绪的能力,从而确保个体和群体保持良好的情绪状态,产生良好的管理效果。[①] 简单讲,就是通过对情绪的调节,避免消极情绪的产生,或是尽量降低消极情绪的负面影响,并充分发挥积极情绪的作用。这既依赖于员工自己的调节,又要充分发挥企业的作用。但由于员工情绪受到各种因素的综合影响,它不是一成不变的,而是随着情境的变化或是需求的变化发生改变。因此,对旅游企业来讲,相比其他影响服务质量的要素,管理员工的情绪更加困难。

(1) 员工层面

第一,正确认识表演。表层表演(Surface Acting)和深层表演(Deep Acting)是员工调节情绪的两种常见策略。表层表演是当员工感知到自己的情绪与企业所要求的情绪规则不一致时,通过改变可见的表情和行为与企业的期望相一致,但内心情绪并未发生变化。深层表演是当员工感知到自己的情绪与企业所要求的情绪规则不一致时,改变自己的内心情绪使之与外部情绪表现相一致。前者是掩饰自己的情绪,后者是改变自己的情绪。表层表演水平高的员工,掩饰消极情绪,假装积极情绪是件容易的事。但如果表演拙劣,容易被识破,引起顾客不满。而深层表演要求员工积极主动地产生新情绪,要求员工尽可能努力激活那些能够积极情绪的思想、想象和记忆等心理活动,[②]比如想想最美好的事。只有内心体验到快乐,才能真正表现得快乐,让顾客感知到快乐。

第二,正确认识情绪。人之所以为之人,就在于人有着丰富的情感和多样的情绪。有情绪是正常的,要了解自己的负面情绪,允许自己有负面情绪,"金无足赤,人无完人",不要让负面情绪成为我们生活和工作的阻碍。认识情绪实质上也是认识自我的过程。但对负面情绪要有正确的认识,不能纵容和放大负面情绪。美国心理学家阿尔伯特·埃利斯提出情绪 ABC 理论,A 是激发事件(Activating event),B 是信念(Belief),C是行为后果(Consequence)。该理论指出,激发事件只是引起情绪和行为后果的间接原因,直接原因则是个体对激发事件的认知和评价而产生的信念。也就是说,人们的负面

① 李中斌. 情绪管理[M]. 大连:东北财经大学出版社,2017:20.
② 文书生. 西方情绪劳动研究综述[J]. 外国经济与管理,2004,26(4):13—15.

情绪和行为障碍,并非是由某一事件直接激发的,而是个体对此事件的不正确认识和评价所产生的错误信念而引起的。埃利斯认为,正是由于我们常有的一些不合理的信念才使我们产生情绪困扰。因此,我们需要对客观世界有正确的认知,这有助于避免负面情绪的产生,或是极大降低负面情绪的强度。

资料阅读

焦虑自评量表

焦虑自评量表(Self-Rating Anxiety Scale,SAS)是由 W. K. Zung 于 1971 年编制的。从量表构造的形式到具体评定的方法,都与抑郁自评量表(SDS)十分相似,是用来分析人们焦虑症状的简便有效的工具,在 SAS 咨询门诊中被广泛使用。

请根据您最近一周的实际感觉,在适当的数字上划"√"				
问　　题	没有或很少	有时	经常	大部分或全部时间
01. 我觉得比平常容易紧张或着急	1	2	3	4
02. 我无缘无故地感到害怕	1	2	3	4
03. 我容易心里烦乱或觉得惊恐	1	2	3	4
04. 我觉得我可能将要发疯	1	2	3	4
05. 我觉得一切都很好,也不会发生什么不幸	4	3	2	1
06. 我手脚发抖打颤	1	2	3	4
07. 我因为头痛、颈痛和背痛而苦恼	1	2	3	4
08. 我感觉容易衰弱和疲乏	1	2	3	4
09. 我觉得心平气和,并且容易安静坐着	4	3	2	1
10. 我觉得心跳得很快	1	2	3	4
11. 我因为一阵阵头晕而苦恼	1	2	3	4
12. 我有晕倒发作,或觉得要晕倒似的	1	2	3	4
13. 我吸气呼气都感到很容易	4	3	2	1
14. 我的手脚麻木和刺痛	1	2	3	4
15. 我因为胃痛和消化不良而苦恼	1	2	3	4
16. 我常常要小便	1	2	3	4
17. 我的手脚常常是干燥温暖的	4	3	2	1
18. 我脸红发热	1	2	3	4
19. 我容易入睡并且一夜睡得很好	4	3	2	1
20. 我做恶梦	1	2	3	4
总粗分 =　　　　　　　　　　　　　　标准分 =				

SAS 的主要统计指标为总分。将 20 个项目的各个得分相加,即得到总粗分;用粗分乘以 1.25 以后取整数部分,为标准分。一般来讲,SAS 标准分的分界值为 50 分,轻度焦虑为 50—59 分,中度焦虑为 60—69 分,重度焦虑为 69 分以上。

第三,合理发泄情绪。面对各种各样的压力和由此产生的负面情绪,要及时宣泄排解,否则容易引起更加严重的心理疾病。但如果不分时间、场合、地点随意发泄情绪,不仅不能调控好不良情绪,还会造成不良后果。合理的发泄情绪是为情绪找寻一个适当的出口。可以选择向他人倾诉、进行一场运动,或是放声歌唱等。为自己营造舒适而安全的方式疏解内心的情绪,可以接受自己生气和落泪。当个体感觉生气或想哭的时候,为自己创造一个机会、环境或空间,让自己在安全的情境下释放情绪。

第四,理智控制情绪。当发现自己出现不良情绪并难以进行控制管理时,可让自己冷静下来进行情绪记录。将自己的情绪产生的原因、当下感受、行为状态进行记录。事后进行情绪反思,在反思过程中可选择信任的他人或依托专业人士进行情绪恳谈。交流恳谈的过程中打开自己,面对问题。当自己取得阶段进步后可进行情绪测试,验证自己的情绪管理能力是否有提升,同时根据测试情境掌握控制方法。

(2) 企业层面

第一,完善企业制度。旅游企业需思考员工工作不良情绪的来源是否与企业管理制度、规则不完善、不公有关。建立统一、规范、公平、公开的考核制度和人才选拔制度是根本。合理公平的管理制度有利于创造良好的团队工作氛围,提升员工融洽度。

同时,管理者应思考管理方式是否存在缺陷,避免强制、生硬、缺乏人情味的管理方式。管理者除去对员工工作绩效的管理外,也应当对员工动态进行关注与记录。对于情绪出现明显波动的员工可采取面谈。沟通是了解情况的有效措施,也是解决问题的基础。管理者在进行面谈时应注意处理好面谈的氛围,注意面谈态度,对于面谈情况应有系统性记录。

第二,加强沟通和培训。企业管理工作中与员工接触最为紧密的部门当属人力资源部,一直伴随着员工从选拔到离职。人力资源部门应当发挥沟通作用,为员工及时疏导和排解情绪问题。对刚进入企业的新员工,难免会面临职场适应、企业融入、人际关系等问题,这些容易导致焦虑、紧张等情绪出现。入职的第一课要能够为员工提供信息,加强交流提供帮助。同时,人力资源部要充分作好情绪管理的培训工作。一方面,对员工进行相关的情绪管理培训,提升他们管理和控制情绪的技巧;另一方面,对管理者进行培训,提升他们的情绪管理的知识和员工管理水平。

第三,实施员工压力管理。压力是导致员工产生消极情绪的重要因素。旅游企业应该采用各种方式尽量降低员工的工作压力,同时提升员工的抗压能力。一是创造和谐愉悦的企业文化,形成互帮互助、友好协助的人际关系,避免内部斗争对人际关系的不良影响;二是创造舒适的工作环境,保持工作场所干净整洁、通风透气、降低噪音、增加绿植;三是确定合适的与员工能力匹配的工作量,避免员工长时间超负荷工作;四是注重员工能力的提升和开发,使他们能够更加从容地应对各项工作;五是给予员工具有竞争力的薪酬和福利待遇,减少员工的经济、生活压力;六是定期举办各类团建活动,在日常紧张的工作之余为员工提供放松身心的机会。此外,旅游企业还应该主动关心员工的生活和健康,及时为员工排忧解难。

5. 员工关系管理

员工关系包括员工与员工的关系和企业与员工的关系,本章主要是指劳资双方的关系,它对旅游企业的绩效和服务质量会产生强烈的影响。2008 年 3 月 31 日,东方航空公司云南分公司因为飞行员对公司不满,发生 18 个航班"集体返航事件",致使 1500 多名旅客滞留昆明巫家坝机场。没有满意的员工,就没有满意的顾客。糟糕的员工关系会使员工产生严重的负面情绪,消极怠工,不仅影响服务质量,还会导致员工流失。因此,旅游企业必须要做好员工关系管理。

员工关系管理(Employee Relations Management,ERM)是指以促进企业经营活动的正常开展为前提,以缓和、调整企业内部员工冲突为基础,以实现企业管理者与员工的合作为目的的一系列组织性和综合性的管理措施和手段的总和。员工关系管理的核心是心理契约,通过与员工之间的沟通,更多采用柔性的、激励性的、非强制性的手段,提升员工的满意度和忠诚度,促进企业与员工矛盾和冲突的化解,实现企业的目标。[①]

员工关系脱胎于劳动关系,但早期的劳动关系更多是一种对抗关系。雇主主要关注员工是否偷懒浪费,消极怠工,员工主要关注工资待遇,工作条件和安全健康等问题。工人与企业之间矛盾和纠纷不断,甚至出现各类罢工现象。20 世纪初,美国就开始了一系列的改革劳动关系的运动。直到 20 世纪八九十年代,员工关系管理逐步代替劳动关系管理,并成为新的人力资源管理哲学。员工关系管理强调"以人为本",以企业与员工之间的合作关系为基础。企业与员工之间有着共同利益,双方应该以共赢替代对抗。因此,企业应该从员工出发,以积极的心态来处理员工关系,创造良好的劳动环境,提高员工对企业的认同度、满意度和忠诚度,最终实现双方的共同发展。

从人力资源管理职能上看,员工关系管理主要包括劳动关系管理、员工关系诊断、员工沟通管理、员工纪律管理、员工冲突管理、员工信息管理和员工咨询服务等。[②]

(1) 劳动关系管理

劳动关系管理主要是对员工与企业之间的工作时间、休息时间、劳动报酬、劳动安全卫生、劳动纪律与奖惩、劳动保险、职业培训等方面形成的各种关系进行管理。具体包括劳动合同的订立、变更、终止和解除,围绕劳动时间、劳动报酬、安全卫生和保险福利方面的劳动保护,以及工作过程中产生的各类劳动争议的处理。

(2) 员工关系诊断

员工关系诊断主要是做好员工满意度调研,了解员工的工作心态和情绪,解决员工关心的问题,建立良好的员工关系。旅游企业可以通过访谈、反馈、工会,以及定期的满

---

① 王长城,关培兰.员工关系管理[M].武汉:武汉大学出版社,2010:4.
② 田辉.员工关系管理[M].上海:复旦大学出版社,2015:5—6.

意度调查等多种途径了解员工关系,及时发现员工关系以及关系管理中存在的问题,深入剖析问题根源,基于 PDCA 循环,制定员工关系改进计划,实施并对计划效果进行有效评估。

（3）员工沟通管理

畅通旅游企业与员工之间的沟通渠道,建立和完善双向沟通的机制和平台,加强管理层与员工之间的互动,积极引导员工及时地反馈意见。可以通过内部报纸期刊、网站、OA 系统、邮件、公告栏、会议等多种渠道发布企业消息,通过访谈、邮件、电话、论坛、OA 系统、投诉和建议信箱等多种渠道收集员工意见和反馈。要定期举办管理层与员工之间的沟通见面会,创造和谐的沟通局面,及时了解员工问题并解决问题。

（4）员工纪律管理

无规矩不成方圆。旅游企业需要制订和完善规章制度以规范员工的行为,做到奖惩有据、得当。纪律要在企业内充分沟通并得到理解,一旦发布,就需要严格执行,决不纵容。要以严格的纪律管理,保护双方的合法权益,规范企业对待员工的方式和工作期望。[①]

（5）员工冲突管理

员工与旅游企业可能会发生一些冲突,如员工申诉和人事纠纷。员工关系管理人员要及时处理员工冲突,对员工的不满情绪及时进行疏导,积极帮助解决员工问题,避免矛盾升级恶化。比如前面提到的东航反航事件不仅严重影响服务质量,造成顾客强烈不满,也严重影响企业的形象,最终导致管理层受到处罚。

（6）员工信息管理

旅游企业应该通过信息管理系统尽可能地记录和完善员工信息,为企业决策提供信息依据。员工信息包括员工的出生年月、家庭住址、婚姻状况、教育学历、联系方式等基本信息,也包括合同情况、工作经历、培训记录、奖惩情况、职位变迁等工作信息。员工信息应及时更新。

（7）员工咨询服务

旅游企业应该为员工提供有关国家法律法规、企业政策和规章制度、个人职业发展和心理等方面的咨询服务,实施员工援助计划（Employee Assistance Program, EAP）,协助员工平衡工作和家庭的关系,缓解工作压力,解决人际关系困境,促进员工职业更好发展,身心更加健康,从而使他们能够更好地为企业和顾客提供高质量的服务。

6. 员工满意度管理

员工满意度管理是实施员工关系管理的重要内容之一。旅游服务质量的管理是过程管理,要实现顾客满意,就要求服务过程中的每个环节都要满意。员工作为服务过程中不可或缺的一环,其重要程度不言而喻。哈佛大学的一项调查研究显示:员工满意度每提升 3 个百分点,顾客满意度就提高 5 个百分点。[②] 因此,旅游企业有必要做好员

---

① 程延圆.员工关系管理[M].上海:复旦大学出版社,2010:6.

② 王长城,关培兰.员工关系管理[M].武汉:武汉大学出版社,2010:204.

工满意度管理。

员工满意度是员工对所从事的工作及工作环境的一般态度,受到工作本身、报酬、晋升、认可、工作条件、福利、自我、管理者、同事和组织外成员等多重要素的共同影响。为了了解员工的满意度水平,发现并解决员工管理中存在的问题,旅游企业需要定期进行员工满意度的调研和分析。

员工满意度可以围绕工作环境满意度(物理环境及所需的设施设备等)、工作回报满意度(薪酬和福利待遇)、工作本身满意度(工作适合度、责任匹配度、成就感和安全感)、人际关系满意度(与同事和领导的关系)、个人发展满意度(工作晋升、教育培训等)和企业整体满意度(对企业文化、战略和管理水平的认同,员工参与程度,对企业前景的期待等)等方面展开。一般来讲,企业可以通过正式的调查问卷了解员工的满意度水平。目前,最常用的员工满意度调查问卷有工作描述指数问卷、明尼苏达满意度调查表和彼得需求满意度调查表。

(1) 工作描述指数问卷

工作描述指数问卷(Job Descriptive Index,JDI)最初是由史密斯(Smith)和休林(Hulin)于1969年设计的员工满意度调查问卷,是最被广泛使用的问卷之一,被认为是员工满意度调查的"黄金标准"。该问卷从工作、晋升、报酬、管理者和同事五个方面对员工满意度进行调研,共包括了72个题项。问卷每个题项都是一个形容词或短语,如对工作的满意度评价包括"有吸引力的"、"常规的"、"满意的"、"枯燥的"、"好的"、"有趣的"等等18个题项,员工只要回答"是"或"不是"或是"?"(表示不能决定)。JDI研究小组于1985年、1997年和2009年陆续推出了修订版本。

(2) 明尼苏达满意度调查表

明尼苏达满意度调查表(Minnesota Satisfaction Questionnaire,MSQ)是由美国明尼苏达大学编制的用于评价员工满意度的量表。它包括两个长式量表(1977版和1967版)和一个短式量表。长式量表共有20个大项,每项下有5个小项,共有100项调查内容。这20个大项是:个人能力的发挥,成就感,活动,提升,授权,公司政策,报酬,同事,创造力,独立性,道德价值观,识别,责任,安全,社会地位,社会服务,管理——员工关系,管理——技术,多样化,工作条件。采用等级进行评价,1977年版本是"非常满意,满意,既没满意也没不满意,不满意,非常不满意",1967年版本是"不满意,有点满意,满意,非常满意,极其满意"。完成长式量表需要花费15—20分钟时间。短式量表是对20个大项进行直接评价,只要花费5分钟的时间。

(3) 彼得需求满意度调查表

彼得需求满意度调查表(Porter Need Satisfaction Questionnaire,NSQ)是适用于调查管理人员满意度的开放式量表。管理人员的满意度不仅会影响自己的工作表现,还会直接影响部门的服务质量,甚至还会波及到其他部门。彼得需求满意度调查聚焦于管理问题,如"你在当前的管理位置上个人成长和发展的机会如何?"每个问题都有两项,一个是"应该是",一个是"现在是"。两者相比较,分数相差越大,满意度越低;反之,满意度越高。

旅游企业也可以基于前人的研究和企业的实践,自行设计问卷,但要注意问卷的信度和效度。然后,定期发放问卷实施满意度调研。对调研数据要进行统计分析,找出员工管理存在的问题和原因,积极实施各类对策,努力提升员工的满意度。对实施的改进措施要进行跟踪反馈,评估措施的经济性和效果,好的措施要保持,效果不佳或成本过高的需要再改进。

7. 员工援助计划

员工援助计划(Employee Assistance Program,EAP)是企业为促进员工关系和提升绩效而为员工提供的一项长期的援助和福利项目。从狭义上讲,它主要为员工及其家属解决心理健康问题,但从广义上讲,它泛指企业为员工提供的涉及工作和生活等多个方面问题的援助措施和行动。国际员工援助专业协会(International Employee Assistance Professionals Association,简称 EAPA)就认为,员工援助计划是一项为工作场所中个人和组织提供咨询服务的专项方案,旨在帮助识别和解决员工所关心的问题,而这些问题会影响到员工的工作表现,同时也会影响到整个组织机构业绩目标的实现。可见,从发展趋势看,员工援助计划正从狭义向广义方面发展。[①]

员工援助计划诞生于美国,最初源于对员工酗酒行为的干预和纠正,但到现在已经拓展到用于识别和解决员工关心的一系列问题,包括健康、婚姻、家庭、财务、酒精、药物、法律、情绪、压力以及其他等各类会给工作绩效带来负面影响的个人问题。到目前为止,世界 500 强企业中有 90% 以上的都为员工提供了 EAP 服务。美国有四分之一以上的企业为员工提供 EAP 服务,大多数员工超过 500 人的企业也都有 EAP,员工人数在 100—500 人的企业中有 70% 以上的也有 EAP,并且这个数字正在不断增加中。[②] 由于员工对服务质量的重要影响,员工援助计划也在国外一些旅游企业广泛实施,比如美国运通公司、万豪酒店集团和美国航空公司等。

(1) 员工援助计划的核心内容

员工援助计划的核心是透过对员工深层次的关怀来提升他们的工作绩效,实现员工与企业组织的共同和谐发展。2010 年,EAPA 发布了《EAPA 标准和员工援助计划专业指南》(简称《指南》)。《指南》确定了员工援助计划的八项核心内容(或关键技术),这些内容为解决员工个人问题提供了有效方法。

① 要为企业领导(经理,主管和工会官员)提供咨询,培训和协助,以使他们能够管理陷入困境的员工,改善工作环境并提高员工工作绩效;

② 积极推进员工、家庭成员和工作组织对员工援助服务的可获得性;

③ 及时识别和评估可能影响工作绩效的员工个人所关心的问题,并保密;

④ 运用建设性面谈,激励和短期干预方法,帮助员工处理影响工作绩效的问题;

⑤ 为员工提供诊断,治疗和帮助,以及相关事件监控和后续服务;

⑥ 企业与员工治疗提供者和其他服务提供者之间建立和维持有效的关系,并管理好与这些服务提供者间的合同关系;

---

① 李新建. 员工关系管理[M]. 天津:南开大学出版社,2009:260.
② 程延圆. 员工关系管理[M]. 上海:复旦大学出版社,2010:160.

⑦ 为企业提供咨询服务,以促进员工获得覆盖医疗和行为问题的健康益处,包括但不限于酗酒、药物滥用、精神和情绪障碍;

⑧ 评估员工援助服务对企业和个人工作绩效的影响。

(2)员工援助计划的实施要点

《指南》同样确定了员工援助计划的实施要点,明确了七大环节:计划设计、管理、保密和监管对保护权的影响、员工援助计划直接服务、无毒场所和药物滥用专家服务、战略性合作伙伴、评估。

① 计划设计。

实施员工援助计划前需要对整个计划进行设计。第一,对企业和员工的需求进行评价,根据企业的架构和文化设计适合的员工援助计划;第二,要符合相关的法律和规章制度;第三,企业内应该有相关的建议程序,使领导、员工等相关人员能够参与以保证员工援助计划得到理解、接受和获得支持;第四,应该设计有专门的员工援助服务提供体系,而且要区别于企业的其他流程和部门,如人力资源部;第五,员工援助计划还应该满足其他紧急的需求或是增加与原员工援助计划一致或互补的其他新服务,如小孩和老人的照顾服务;第六,员工援助计划应该有明确的书面政策声明;第七,要确定完整的员工援助服务实施方案。

② 管理。

实施员工援助计划时要注意:第一,有书面的员工援助计划实施程序;第二,要配备一定数量的专业人员以确保计划目标的实现;第三,要确保专业人员能够胜任他们的工作;第四,要确保所有的附属机构都理解和接受员工援助计划的政策、程序和他们的责任,不要仅仅认为自己只是治疗者;第五,为员工提供服务的援助人员应该接受案例会诊和监管,以维护员工利益,确保服务质量,以及提升援助人员专业技能。第六,要确保和支持专业人员能够维持和提升他们的专业知识和能力;第七,应该保留相关记录;第八,员工援助计划应采取一切合理的预防措施来限制其承担责任的风险,这就要求严格按照专业标准操作,严格遵循法律法规要求;第九,所有援助人员应该遵守 EAPA 道德准则。

③ 保密和监管对保护权的影响。

员工援助计划涉及到员工的个人问题,因此企业各方应该注意保护员工的个人隐私信息。企业应制定并执行书面保密政策,要反映适用的法律,职业标准和道德标准,并明确阐明所有保密限制条件,比如在某些法律监管下或法庭命令下需要披露相关信息。

④ 员工援助计划直接服务。

员工援助计划直接服务对象主要是员工及其家庭人员、公司领导和公司整体。第一,员工援助计划应识别和/或评估客户的问题,制定适当的行动计划,并在必要时建议或推荐客户适当的资源以解决问题;第二,应该为员工及其家庭成员和企业提供危机干预;第三,提供短期问题解决方案;第四,确保合适的后续服务及对进程进行观测;第五,对企业领导进行培训,使其知道员工援助计划的目的、程序以及他们承担的角色;第六,为企业领导提供咨询服务,从而为负责监督工作绩效的领导提供支持和政策建议,并采取适当措施以处理问题员工;第七,就可能影响员工在工作场所的行为或员工福利的问题、政策、实践和事件向组织提供咨询;第八,通过各种方式宣传鼓励员工及其家庭成员和领导使用该计划。

⑤ 无毒场所和药物滥用专家服务。

员工援助计划应支持企业制定和实施倡导和支持无毒工作场所的政策、程序、计划和服务,同时确保承担药物滥用专家的人员符合交通部的规定,能够胜任药物滥用专家的角色。

⑥ 战略性合作伙伴。

有效实施员工援助计划需要合作伙伴的大力支持。第一,员工援助计划应该是定位在公司层面,可以有效地沟通并影响到公司执行层,当它与企业内部活动完全结合时,它对企业是最有用的;第二,应该与为企业提供服务的所有健康医疗系统合作;第三,应该与为员工提供工作/生活、健康和其他相关服务的机构系统进行合作;第四,应该充分识别和利用健康和其他社区服务资源;第五,应该充分留意那些会对员工援助计划产生影响的外部机构的活动,如监管机构、立法机构、法庭、专业协会等。

⑦ 评估。

为了更好地实施员工援助计划,还需要制订专门的计划对员工援助计划的适宜性、有效性和效率进行评估。无论是对员工援助计划的过程还是结果,都应该有可衡量的目标。企业至少每年依计划评估一次。

6.3　顾客管理

1. 顾客参与管理

由于旅游服务生产与消费的同步性,顾客会被动或主动卷入到服务的生产与传递过程中。顾客参与作为一种行为,表现为顾客在旅游服务过程中扮演角色、承担责任和发生行为。顾客参与不仅会对旅游企业的生产效率产生重要影响,比如餐厅顾客的自助服务能够降低企业的人力成本和提升运营效率,而且也会对旅游服务质量产生显著的影响,洛夫洛克(Lovelock)和杨(Young)就曾指出,自助餐不仅降低人力成本,而且允许顾客自主选择喜欢的食物和想要的数量,并且不需顾客等待。[①]

(1) 顾客参与的类型

顾客参与可以划分为积极参与和消极参与[②]、主动参与与被动参与。积极参与和消极参与是指顾客参与的影响程度。积极参与是指顾客在旅游服务过程中扮演积极角色,影响到服务的过程和最终的结果。比如旅游景区推出的游客互动节目,游客的热情参与创造了气氛,强化了节目的效果,加深了游客本人和其他游客的感受。消极参与是指顾客的行为并不会对服务的过程或结果产生影响,他只是作为单纯的观众或听众。

① Dabholkar P A. How to Improve Perceived Service Quality by Increasing Customer Participation [C]. Proceedings of the 1990 Academy of Marketing Science (AMS) Annual Conference. Springer International Publishing, 2015: 483-487.
② B·约瑟夫·派恩,詹姆丝·H·吉尔摩. 体验经济[M]. 北京:机械工业出版社,2002:37.

比如顾客观看演出,并不会对演出本身产生影响。游客纯粹的观光游,景区也不会因为游客的观赏而改变。

主动参与与被动参与指的是顾客的参与态度。主动参与是指顾客主动与旅游企业发生接触,愿意为服务生产做出努力和贡献。比如顾客主动参与旅行社的旅游服务、餐厅的自助服务、景区的游乐服务等等,顾客在参与过程中得到满足。被动参与是指顾客为了得到相应的旅游服务,不得不参与服务的某些生产过程,在服务过程处于被动的地位。比如当旅行社不提供网上付款的情况下,顾客不得不前往营业厅与企业接触;还比如顾客不得不接受旅行社安排的购物活动、自费项目等。主动参与和被动参与是相对的,对于不一样的人、不一样的场合、不一样的时间,同一参与行为可能会归于不同的类型,这关键取决于顾客对这些行为的看法。比如有些顾客非常乐于接受旅行社安排的购物活动。

图 6.4 是顾客参与类型图,横轴是积极参与和消极参与,纵轴是主动参与和被动参与,横轴和纵轴共同构建了四种顾客参与类型。其中最好的参与类型是积极主动型,能够创造较强的顾客体验;最糟糕的是积极被动参与,因为顾客的勉强和不配合,既影响顾客的旅游情绪,也可能影响其他顾客,甚至还会带来服务的冲突。为了更好地提供服务,寻求高的顾客满意,应该积极促进将消极参与转变为积极参与,将被动参与转化为主动参与。

图 6.4

顾客参与
类型图

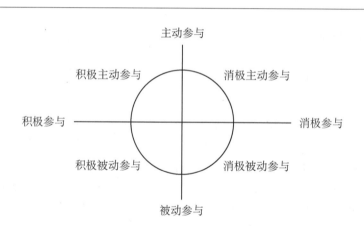

此外,根据参与程度,顾客参与还可以分为只需要顾客在场的低度参与、需要顾客投入的中度参与、顾客与企业共创服务的高度参与三种。[①] 低度参与情境下,顾客只要到场就可以,所有的服务都是标准化运作,顾客只是被动接受服务,如快餐店的服务。中度参与情境下,顾客需要投入一定的资源,标准化服务因顾客投入而具有一定的定制化,顾客成为服务的"辅助者",如全方位服务餐厅。[②] 高度参与情境下,顾客主导整个

---

① Bitner, M. J., Faranda, W. T., Hubber, A. R. & Zeithaml, V. A. Customer contributions and roles in service delivery [J]. International Journal of Service Industry Management, 1997, 8(3): 193 – 205.

② 全方位服务餐厅(full-service restaurant),区别于快餐店,人们是坐在座位上有服务人员提供服务,饭后结账的餐厅。

服务,服务属于典型的定制化、个性化服务,如完全定制化的个人旅游。参与程度不同,对服务人员的要求也不同,顾客的体验也不同,感知的服务质量也就会有差异。

	低度参与	中度参与	高度参与	表 6.1
顾客角色	服务传递时顾客需要出现	为了实现服务,顾客需要一定投入	顾客与企业共创服务	顾客参与类型[1]
标准化程度	产品是标准化的	顾客投入使标准化产品定制化	积极的顾客参与引导定制化的服务	
服务提供方式	服务提供并不考虑单个顾客	服务提供需要考虑顾客需求	没有顾客的积极参与,服务将无法提供	
顾客投入	顾客唯一的投入可能就只是支付	顾客需要一定的投入(信息,材料)以获得恰当的结果,但服务由服务方提供	顾客投入是必须的,结果由共创实现	
例子	航空旅行、旅馆服务、快餐服务	理发、体检、全方位服务餐厅	婚姻咨询、个人培训、减肥课程	

　　顾客参与的存在使得服务质量变得更难以控制,不仅顾客自身的积极参与会影响服务的效果,而且其他顾客的行为也会影响他对服务的感知。在开放的旅游服务系统中,顾客与顾客会相互影响。比如其他顾客的不文明行为会使人感到厌恶和反感,从而影响旅游的心情。这就要求顾客在旅游过程中能够提升素质,做好文明旅游。

　　(2) 顾客参与对旅游服务质量的影响

　　① 降低了顾客的服务等待时间。

　　前面在讲排队的时候提到等待时间会影响服务质量,如果顾客在等待的时候无所事事,无聊的感觉使其感知的等待时间更长。而顾客参与行为本身会使顾客有更多的事情可做,从而有助于降低顾客感知的等待时间。尤其是当顾客对所参与的服务非常熟悉,或者只需要很低的专业技能的时候,他们更愿意参与服务以降低等待时间。[2]

　　② 提升了顾客对服务的控制感。

　　所谓控制感是指顾客认为自己能够影响和控制服务过程和结果的程度。顾客参与服务使其能够掌握更多的服务知识,更深入地了解服务的过程和结果,而且积极参与还会对服务的过程和结果产生影响,这都增强了顾客对服务的控制感。达布霍尔卡(Dabholkar)提出控制感包括了决策控制和认知控制,决策控制指的是顾客可以自由选择是否参与服务,认知控制是指当顾客获得足够信息或能够对情势作出判断时的控制

①　Bitner M J, Faranda W T, Hubber A R, Zeithaml V A. Customer Contributions and Roles in Service Delivery [J]. International Journal of Service Industry Management, 1997, 8(3): 193 - 205.

②　Dabholkar P A. How to Improve Perceived Service Quality by Increasing Customer Participation [C]. Proceedings of the 1990 Academy of Marketing Science (AMS) Annual Conference. Springer International Publishing, 2015: 483 - 487.

感。顾客参与提升了决策控制和认知控制，从而提升了感知的服务质量。[①]

③ 强化了顾客的旅游服务体验。

体验是以服务为舞台，以商品为道具，使每一个人以个性化的方式参与其中，并让人留下难以忘怀的印象。[②] 顾客参与是一种行为概念，体验是一种心理上的感知，顾客参与是体验产生的重要前提，只有参与行为的发生才能构成心理上的体验。越是积极主动的顾客参与，越是能够强化顾客的旅游服务体验。风靡全球的迪士尼之所以能够成功，就在于它以丰富多彩的演出活动，不断更新的游乐项目持续推进顾客的参与，为顾客创造一种无与伦比的体验。

④ 促进了旅游服务改进和开发。

为了更好地提升旅游服务质量，旅游服务需要不断地改进，也需要企业不断推出新的旅游产品或服务项目。改进和开发并非盲目进行，而应围绕顾客展开，以顾客需求调查为基础，有序进行。而顾客作为旅游企业提供旅游服务的最终消费方，参与到旅游服务的生产、传递、消费全过程，不仅能够发现顾客对旅游服务的新需求，而且还能够及时获取顾客的建议和反馈，从而更好地实现服务的改进和开发。从价值共创的角度看，顾客参与旅游服务有助于实现服务价值共创，顾客通过获得成就感、荣誉感或奖励等方式提升感知的服务质量。

（3）顾客参与管理

① 开发参与型旅游产品。

旅游企业在开发旅游服务时，要积极推动顾客参与由低度参与向中度参与、高度参与转化，由被动参与向主动参与转化，激发顾客参与的热情和兴趣，强化顾客的体验。传统旅游景点以观光为主，属于游客在场的低度参与，景区开发旅游项目时，可以考虑利用资源条件推出中度或高度参与的旅游项目，增强旅游的体验感。旅行社在安排旅游路线时，也需要考虑将低度参与的观光项目与其他中度或高度参与的游乐项目结合起来，丰富旅游内容。比如有旅行社在旅游产品中提供潜水、跳伞等课程，或是皮划艇比赛，篝火晚会等各种活动，转变了单一的观光拍照的旅游方式，丰富和强化了游客体验。此外，参与项目一定是基于充分的顾客需求调研，能够满足顾客的需求和期望，不能够强制顾客参与，比如旅游中强制顾客购物或强制参加自费项目，这反而会引起顾客反感。

② 增强服务互动性。

一是从进一步增强顾客体验的角度增强服务互动性。旅游企业可以推出各类互动性的服务项目，比如有的餐厅定期举办各类单身派对、情人节派对、音乐派对等主题派对活动；有的餐厅举办"章鱼烧，顾客一把抓"的活动，顾客抓多少玻璃球，就可以享受多少章鱼烧。二是从更好了解顾客需求的角度增强服务互动性。旅游企业要善于在服务过程中关注顾客需求变化，主动寻问顾客意见，耐心倾听顾客声音。对于顾客参与旅游

---

① Dabholkar P A. How to Improve Perceived Service Quality by Increasing Customer Participation [C]. Proceedings of the 1990 Academy of Marketing Science (AMS) Annual Conference. Springer International Publishing，2015：483－487.

② B·约瑟夫·派恩，詹姆丝·H·吉尔摩著. 体验经济[M]. 北京：机械工业出版社，2002：19.

服务的意见、看法进行认真记录与反馈。这种互动性不仅有助于企业提供更加个性化、人性化的服务,也有助于解决顾客抱怨和投诉,实现服务质量的持续性改进。比如,希尔顿欢朋酒店在新年时邀请漫画家在前台观察顾客的特征,入住酒店的这些顾客会被问及新年愿望,漫画家继而将客人的心愿和特征结合起来,完成速画,用漫画的形式帮助客人"实现"了新年心愿,给顾客创造了服务惊喜。

③ 共创旅游服务和产品。

旅游企业应该充分认清顾客的角色,明白顾客不单是旅游服务的消费方,也可以是旅游服务的生产方。而且相比旅游企业,顾客群体数量更加庞大,可以充分发动顾客力量,利用顾客智慧,加强旅游服务和产品的价值共创。比如旅行社可以举办旅游路线全民设计大赛,推选出精品旅游路线;旅游商店可以推出自制旅游纪念品服务,自制陶器、玻璃器皿、明信片等,提供顾客体验的同时集聚顾客创意。为了吸引顾客价值共创的积极性,要增加服务项目本身的趣味性,同时给做出贡献的顾客提供一定的物质或精神上的奖励。

④ 加强顾客教育。

除了一些简单服务,顾客参与需要顾客对服务比较熟悉,或是具备一些基本的技能。否则,顾客参与一是可能导致顾客对服务望而却步,不愿参加;二是可能导致顾客在参与中受到挫折,引起顾客本人、其他顾客以及员工的不满。因此,旅游企业有必要对顾客进行一定的教育培训以使其能够更好地投入顾客参与,尤其是高程度的顾客参与。旅游企业可以通过操作说明、服务流程图、事先讲解或演示,甚至是课程的形式对顾客进行一定的教育培训,使其掌握基本的参与技能。同时,也要加强对顾客素质的教育,避免顾客的低素质行为给他人和企业带来困扰。比如旅游前,旅行社要召开行前说明会,除了告知注意事项外,还有必要进行文明旅游的宣传。

2. 顾客关系管理

顾客是旅游企业最为宝贵的资源和财富,做好顾客关系管理对旅游服务质量的提升意义重大。一方面,顾客关系管理能够使旅游企业更加了解顾客需求,更有针对性地为顾客提供服务,以更个性化、人性化的服务提升旅游服务质量,实现更高的顾客满意和顾客忠诚。另一方面,良好的顾客关系增强了顾客与企业和员工之间的情感,使顾客更容易理解企业和员工的服务难处,也越有可能包容企业服务质量中的一些不足,减少顾客的投诉。① 此外,良好的顾客关系也使顾客对旅游企业的业务更加熟悉,更能够投入顾客参与,从而提升感知的服务质量。因此,旅游企业有必要做好顾客关系管理。

(1)顾客关系管理内涵

CRM(Customer Relationship Management)即顾客关系管理,最早发展于美国的"接触管理",用于专门收集与企业有联系的顾客的所有信息,并存储于数据库中。后来又经历了关系管理和客户关怀,并最终发展成为客户关系管理。顾客关系是顾客与企

---

① 但旅游企业不能以此作为不改进的理由,长期的出错最终会导致顾客丧失消费信心。而且,另外一面,顾客关系还可能带来顾客更高的期望,而一旦得不到满足,则更容易产生抱怨和不满。

业之间相互作用和相互影响的关系。顾客关系管理是企业以顾客为中心展开的顾客关系建立和保持的整个商业过程,最终目的是为了提升顾客满意度和忠诚度,实现企业的长期成功。菲利普·科特勒认为 CRM 管理各个顾客的详细信息以及所有顾客"接触点"。

顾客关系管理首先是一种管理理念,强调以顾客为中心。这一理念来自于现代市场营销,主张顾客是企业最重要的资源,通过与顾客建立关系,识别顾客需求,改进服务质量,为顾客最大化地创造价值,最终实现企业利润的长期增长。当前有一些旅游企业只关心短期利润,甚至有企业以宰客的方式获利。顾客关系管理理念要求旅游企业改变短期利润思维,重视顾客关系的建立和维持,将销售额和利润看作是服务好顾客的自然结果。

其次,顾客关系管理是一种管理模式,需要以顾客为中心对整个企业流程进行组织和再造。顾客关系管理要系统整合从营销、生产、销售、服务和售后等各个与顾客紧密相关的领域,同时加强顾客信息在各部门的共享,这与 ISO 9001 要求的质量管理体系是一致的。

最后,顾客关系管理是一种管理技术,信息技术的迅速发展为以顾客为中心理念的落实提供了强有力的技术支持。CRM 软件整合了互联网和电子商务、多媒体技术、数据仓库和数据挖掘、专家系统和人工智能、呼叫中心等当代最新的信息技术,极大提升了旅游企业收集、加工、分析和利用顾客信息的效率和质量,为顾客关系的建立和维持,提供人性化、个性化的服务奠定了扎实的基础。[①]

图 6.5

CRM 内涵与
层次结构[②]

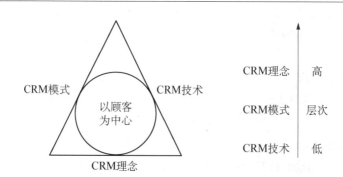

（2）顾客关系管理的基本步骤

要做好顾客关系管理,需要解决几个问题:谁是旅游企业的顾客? 他们有何需求和期望? 如何与顾客建立和维系关系? 而要解决好这些问题,可以从以下步骤实施顾客关系管理:

① 企业内部支持。

顾客关系管理要求以顾客为中心,在经营的理念、模式和技术上要进行深刻变革。

① 花拥军.客户关系管理[M].重庆:重庆大学出版社,2012:16—17.
② 同上书,17.

它同全面质量管理一样,涉及到旅游企业的各个部门和业务,如市场调研、产品和服务设计、采购、营销、服务、售后等。因此,必须在整个旅游企业范围进行充分沟通,得到所有部门和员工的理解和支持,让所有部门和员工充分认识到顾客关系管理带来的长期益处,充分发挥他们的主观能动性,确保各部门相互合作,减少顾客关系管理在实施过程中的阻碍,从组织上保障顾客关系管理的顺利实施。①

② 顾客群体细分。

不同顾客对旅游企业的价值贡献是不一样的,传统营销认为市场存在 80/20 法则,即 20％的顾客创造 80％的利润。菲利普·科特勒甚至在其《营销管理》中甚至提出:20％最有价值的(按人均算)顾客创造 150％—300％的利润;而 10％—20％最没有价值的顾客会把利润降低 50％—200％,中间 60％—70％顾客持平。可见,只有那些最重要的顾客才能更好地为企业创造价值。而且维持一个老顾客的成本要远低于开发一个新顾客的成本。因此,旅游企业需要识别最主要的顾客群体,根据他们的偏好,提供有针对性的产品和服务,很好地做好顾客关系管理,以提升旅游服务质量水平。但同时,旅游企业也不应该忽视剩余的 80％的顾客。美国学者克里斯·安德森的长尾理论让我们更加清晰地认识到尾部顾客对企业的重要性。尤其是在网络经济时候,如果不能很好地服务好尾部这些顾客群体,糟糕的网络口碑会迅速发酵扩大,极大地影响旅游企业的品牌。

③ 顾客信息积累。

做好顾客关系管理,关键是充分掌握顾客的需求和偏好。顾客信息积累是一个长期的过程,要根据顾客的消费情况、与顾客的日常沟通和互动情况等有目的、有计划地持续收集顾客信息,不断丰富和完善顾客信息数据库。而且顾客信息要动态调整、不断更新、能够充分反应顾客需求和偏好的最新变化,使顾客信息真正有助于旅游企业的服务决策。现代信息技术的高速发展,尤其是大数据时代的到来,为旅游企业收集和积累顾客信息提供了极大的便捷,但要注意避免引起顾客的反感,以及要注重对顾客隐私的保护。

④ 针对性服务设计和传递。

对顾客信息要进行充分挖掘和分析,既要从整体上去发现目标细分市场上顾客的总体特征、需求和偏好,也要从个体上去发现特定顾客的特征、需求和偏好,从而有针对性地为整个市场或单个顾客提供更加有效的服务。比如,在丽思·卡尔顿酒店,顾客的偏好会被充分记录下来,并被用于每一次服务。有一个经典例子就是:有一名韩国客人入住澳大利亚的丽思·卡尔顿酒店后,打电话给客房服务部,要求将浴室内原有的润肤乳液换成另一个品牌的产品,服务人员很快满足其要求。三周后,当这位客人入住美国新墨西哥的丽思·卡尔顿酒店时,他发现酒店已经在客房浴室摆放上了他想要的那种乳液。

⑤ 顾客关系管理评价。

为了提升顾客关系管理的效果,改进与顾客的关系,促进顾客满意和顾客忠诚,需

---

① 夏林根,张懿玮,王立龙.旅游企业管理[M].上海:上海人民出版社,2012:198—199.

要对顾客关系管理进行评价,及时发现问题,分析原因,不断改进。2016 年中国质量协会通过了 T/CAQ 10301—2016《顾客关系管理评价准则》,为评价顾客关系管理提供了框架。该标准从"领导,策划,支持,运行、评价、分析与改进,结果"六个方面对顾客关系管理进行评价。"领导"评价高层领导在顾客关系管理中的作用,以及驱动企业形成以顾客为导向的价值观的能力。"策划"需要对环境进行分析和目标市场进行选择,评价企业对竞争环境的识别和分析、实施顾客关系管理策划的能力。"支持"从信息化管理、人力资源管理评价企业实现顾客关系管理必要的资源支持能力。"运行"从顾客之声获取、需求分析、期望实现和沟通管理等方面评价企业实现顾客关系管理的能力。"评价、分析与改进"评价企业根据顾客感知质量与感知价值评价驱动顾客关系管理持续改进。"结果"从经营绩效、顾客感知结果和期望实现结果等方面评价企业在顾客关系管理方面的成效。

图 6.6

顾客关系管理
评价准则
框架图[①]

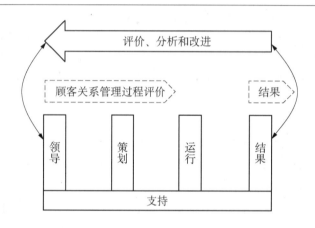

(3) 顾客关系中的数据管理

顾客数据是顾客关系管理的基础,一般包括数据收集、数据存储和数据挖掘和分析等内容。

① 数据收集。

顾客数据收集是一项长期细致的工作。收集的信息主要有三类:描述类数据、行为类数据和关联类数据。[②] 描述类数据用来描述顾客的基本人口统计特征信息,如性别、年龄、住址、联系方式、职业和收入等。行为类数据用来描述顾客的消费行为和偏好,如消费记录、通话记录、网站浏览记录、需求记录、投诉记录和兴趣爱好等。关联类数据是与顾客行为相关的,反映和影响顾客行为和心理等因素的相关信息,如顾客满意度信息、忠诚度信息、顾客终身价值信息等。这类信息通常需要专门调研或是通过数据分析才能获得。

顾客数据收集的方法有询问法、观察法、实验法、问卷调查法、桌面访谈法和系统记录法等各种方法。旅游企业可以根据需要灵活选择适用的方法,也可以同时采用多种

---

① 中国质量管理协会. 顾客关系管理评价准则[S]. T/CAQ 10301—2016.
② 花拥军. 客户关系管理[M]. 重庆:重庆大学出版社,2012:17.

方法收集顾客信息。顾客数据收集的渠道包括企业内部记录和调查的信息、专门数据调研公司和咨询机构的数据、各类销售渠道的数据、媒体的数据、政府部门的数据、研究机构的数据以及与其他合作结构交换的数据等。不同来源渠道的数据成本不同,旅游企业也应该根据需要和实力选择合适的数据来源渠道。

② 数据存储。

旅游企业要建立专门的顾客数据仓库存储顾客信息。数据仓库(Data Warehouse)始于上世纪 80 年代中期,是一个面向主题的、集成的、相当稳定的、反映历史变化的数据集合。所谓"面向主题的",是指数据仓库的建立和使用都是围绕主题实现的,根据主题确定包括的具体数据内容。每一个主题应该具有独立性。[①] "集成的"是指将分散的源数据进行抽取和清洗,消除数据中的不一致性后集成至数据仓库。"相当稳定的"是指数据一旦进入数据仓库,就将被长期保存,一般数据只能用于查询,而极少能修改或删除。"反映历史变化"是指数据应该动态变化,数据应该实时更新,数据仓库应定期加载刷新。

数据仓库的结构主要包括数据源、数据仓库、数据集市以及数据管理和应用工具。数据源是数据仓库系统的基础,内外部数据经过抽取、清洗、装载和刷新后进入数据仓库。数据集市是数据仓库的一个子集,根据部门或用户的需要,从数据仓库中抽取相关的数据发布到数据集市。然后用户就可以利用 OLAP(联机分析处理)工具以及各类前端工具查询工具、报表工具、数据挖掘工具等对数据进行查询、分析和处理。

③ 数据挖掘和分析。

数据挖掘(Data Mining)是从大量的、不完全的、有噪声的、模糊的甚至随机的实际应用数据中,提出隐含在其中的、人们事先不知道的但又是潜在有用的信息和知识的过程。[②] 大数据时代的到来为旅游企业提供了海量的数据,但这需要通过数理统计、计算机、人工智能等各类技术对数据进行深入地挖掘和分析。

数据挖掘的基本任务主要有关联分析、序列分析、分类分析、聚类分析、回归分析和偏差分析等。这些分析或是能够发现顾客行为的变化趋势,或是洞察影响顾客行为变化的潜在因素,或是寻找各种相似性实现顾客分类等。企业可以利用 SAS、SPSS、R、RapidMiner 和 WEKA 等各类软件进行数据挖掘分析。

(4) 顾客关系的维系和忠诚管理

顾客关系建立后,如果不注意维系,顾客仍然会流失。顾客流失,对企业而言不仅意味着利润减少,还意味着企业必须花费更大代价吸引新顾客,重新再建立关系。因此,旅游企业应该采取措施维系顾客,降低流失率,提升顾客的忠诚度。

① 减少顾客流失。

为了减少顾客流失,企业首先需要计算顾客流失率。顾客流失率是顾客的流失数量与全部服务顾客的数量的比例。旅游企业应该根据同行水平或竞争对手确定顾客流失警戒点,时刻对顾客的流失保持警醒。其次,需要分析顾客流失的原因,可能是服务

---

① 花拥军. 客户关系管理[M]. 重庆:重庆大学出版社,2012:119.
② 朱明. 数据挖掘导论[M]. 合肥:中国科学技术大学出版社,2012:2.

质量差、创新不足、价格过高、竞争对手强劲等各种原因。再次,需要估计顾客流失导致的损失与减少顾客流失的成本进行比较,如果损失大于成本,就应该尽可能挽留顾客。最后,制订挽回顾客的对策,包括全面改进服务质量,为顾客创造更大价值,提高顾客流失的反应速度,加强与顾客的沟通和情感联系等。

② 提升顾客忠诚。

顾客忠诚度是顾客对企业的产品或服务产生感情,形成偏爱并长期重复购买该企业产品或服务的程度。顾客忠诚是旅游服务质量提升的目标,是反映企业旅游服务质量水平的重要指标。顾客忠诚包括了垄断忠诚、亲缘忠诚、惰性忠诚、方便忠诚、价格忠诚、激励忠诚和超值忠诚等各种类型,其中超值忠诚是典型的感情或品牌忠诚,是旅游企业最有价值的忠诚。[①] 旅游企业应该采用各种方式努力提升顾客忠诚度。

除了持续性改进旅游服务质量,提升顾客满意度外,旅游企业还可以推进顾客忠诚计划。所谓的顾客忠诚计划是对频繁购买产品或服务的顾客给予一定回报或奖励的计划。美国航空公司是率先实施顾客忠诚计划的公司之一,它于上世纪 80 年代推出了免费里程计划。现在世界上许多的航空公司和酒店都已经开展了顾客忠诚计划。顾客忠诚计划包括独立积分计划、积分计划联盟模式、联名卡、会员俱乐部等多种模式。独立积分计划是旅游企业仅为顾客对自己的服务消费行为以及推荐行为提供积分,根据一定时间段内顾客的积分额度,提供不同级别的奖励。这一计划相对来讲成本较高。积分计划联盟模式是众多的合作伙伴使用同一积分系统,顾客可以仅凭一张卡就可以在不同服务场所积分,并尽快获得奖励,这一计划更有效、经济。联名卡是旅游企业与银行合作发行的信用卡,如美国航空公司与花旗银行联名发行的信用卡。[②] 会员俱乐部是为会员提供一系列优惠政策,它可以对每个购买产品或服务的人开放,也可以面向特定群体或愿意支付少量费用的顾客。[③] 这些顾客忠诚计划不仅刺激了顾客的消费,提升了顾客忠诚,而且本身也已经成为了旅游企业服务质量的组成部分,影响顾客对服务质量的感知。

资料阅读

喜达屋的顾客忠诚计划

1999 年,喜达屋集团发布了 SPG 俱乐部(Starwood Preferred Guest)计划。全球近 100 个国家的 1 000 多家参加计划的酒店所提供的无限住日期标准间住宿、可在数百家航空公司兑换到的无日期限制机票、SPG Moments 拍卖网站 spg.com/moments 提供的一生难得的体验等招牌举措让 SPG 俱乐部计划成为全球常旅客公认的最优回馈计划,也成为喜达屋最为显著的竞争优势。

① 丁建石. 客户关系管理[M]. 重庆:重庆大学出版社,2007:74.
② 孙恒有. 服务营销实战[M]. 郑州:郑州大学出版社,2004:294—295.
③ 菲利普·科特勒. 营销管理[M]. 上海:格致出版社,2015:143.

　　2012 年,SPG 俱乐部计划又新发布一系列全新精彩礼遇,会员入住次数越多即可获得更多精彩选择以及更为个性化的礼遇,包括终身会籍、首创的 24 小时登记入住以及可提供专属服务与卓越入住体验的喜达屋大使服务。

　　"随着全球化的不断推进,越来越多的旅行者前往世界的更多地方旅行,"喜达屋主席兼首席执行官陈盛福先生(Frits van Paas SChen)如是说道,"现在,我们面临着千载难逢的良机,即能够在常旅客中推广我们称之为'超越理性的品牌忠诚(loyalty beyond reason)'活动。很多独具鉴赏力的宾客已经对那些司空见惯的积分与毫无新意的奖励内容感到厌倦。因此,我们投资并推出了与众不同的全新个性化礼遇,以奖励那些真正为我们带来众多商业机会的宾客。"

　　根据陈盛福先生的数据,2% 的宾客为喜达屋带来了高达 30% 的利润。鉴于此,公司在过去三年内经过精心酝酿与试点推出了一项极为个性化的专属大使服务,以更好地了解那些具有影响力的贵宾的需求与渴望。对照客户群,喜达屋发现这群为数不多的精英旅客能够带来两位数的市场份额变化。从试点中得出此结论后,喜达屋精心开发了一系列全新礼遇,以吸引这些精英会员。

　　"我们清楚地从旅客那里了解到,他们渴望更多选择、更多掌控以及更为个性化的服务,"喜达屋分销、客户忠诚与合作伙伴市场营销高级副总裁 Mark Vondrasek 说道,"现在,通过更为便捷的交流方式与新兴科技,我们能够更加深入地了解客户及其喜好,甚至是每次旅行的不同特性。我们通过提供全新的精彩选择与专属服务,超越了简单的积分累积过程,意图建立一种融入生活的客户忠诚度。"

　　(1) 告别下午三点登记入住限制：你好,Your24TM

　　喜达屋打破了酒店业长期以来固有的下午三点登记入住传统,赋予了喜达屋常旅客掌控自己的入住及离店时间的权利。Your24 让会员能够在一天的任何时间点选择入住与退房。例如,宾客在晚上 10 点入住,那么他并不一定非要在退房当日的晚上 10 点离店。Your24 计划面向那些每年在喜达屋酒店完成 75 晚以上入住的会员。

　　(2) 面向高收益旅客的终极专属服务

　　以成功的试点计划为基础,喜达屋开始拓展其独具创意的专属服务,为最为尊贵的宾客提供私人大使。现在,每年完成 100 晚入住的会员均将受邀尊享这一特别服务,在全球 1100 多家喜达屋酒店内感受无与伦比的专属大使服务体验。该服务与传统旅行礼宾计划的不同之处在于会员与大使之间存在着密切的私人关系。喜达屋大使一对一地服务宾客,了解他们的爱好及每次旅行的事务,从而提供独具个性的定制化入住体验。大使还可以提供酒店之外的服务,即使宾客不在旅行中,他们亦可协助其处理事务。

　　(3) 喜达屋提供终身会籍以奖励忠诚客户

　　为了表达酒店对最为忠诚、保持会员资格最久的宾客的谢意,SPG 俱乐部计划推出了 SPG 俱乐部终身会籍。现在,总计完成 250 晚入住并至少(连续或不连续)保持五年精英会籍的会员将可获得 SPG 俱乐部终身黄金会籍。总计完成 500 晚入住及(连续或不连续)10 年 SPG 俱乐部计划白金会籍的会员将可终身尊享顶级会员礼遇。

（4）客户忠诚计划的实质：喜达屋提升了所有精英会员礼遇

"我们的目标是为 SPG 俱乐部赋予丰厚礼遇，让全球旅行无法不选择喜达屋，"Vondrasek 如是说道，"我们还希望该奖励计划能够为所有常旅客带来更多惊喜。我们知道，绝大多数会员也参加了其他酒店的客户忠诚计划，但我们相信，这些礼遇的提升一定会吸引更多宾客将心里的砝码偏向喜达屋酒店。鉴于此，我们升级了所有的精英礼遇，会员完成更多入住将可获得更多精彩奖励。"SPG 俱乐部计划 100 晚礼遇：完成 100 晚入住的最低标准之后，SPG 俱乐部会员便可拥有自己的专属大使。SPG 俱乐部 75 晚礼遇：在喜达屋酒店完成 75 晚入住之后，会员每符合条件的 1 美元消费可获得 4 点 Starpoints 积分。会员还可享受 Your24 服务以更好掌控自己的入住及退房时间。SPG 俱乐部 50 晚礼遇：完成 50 晚入住之后，会员将可享受 10 晚套房房型升级奖励。套房入住奖励需要在抵达之前 5 天确认。白金会籍会员（每年 25 次或 50 晚入住）：现在可在登记入住时选择免费早餐作为迎宾礼品。白金会籍会员还可以选择 Starpoints 奖励积分或当地礼品。黄金会籍会员（每 10 次或 25 晚入住）：现在可在登记入住时获得迎宾礼品并可选择 Starpoints 奖励积分、免费客房内互联网连接或免费饮品作为奖励。

资料来源：《喜达屋面向全球旅行者推出业内首创的酒店客户忠诚计划礼遇》（凤凰网）

思考题

1. 旅游服务需求有何特点？
2. 如何做好旅游服务需求和供给的平衡？
3. 如何改善旅游企业的排队情况？
4. 做好旅游服务质量，为何要关心员工的情绪？
5. 员工情绪受到哪些因素的影响？
6. 为什么要做好员工关系管理？员工关系管理又包括了哪些内容？
7. 什么是员工援助计划？如何做好员工援助计划？
8. 顾客参与对旅游服务质量有何影响？你觉得旅游企业如何做好顾客参与管理？
9. 什么是顾客关系管理？你觉得应该从哪些方面做好顾客关系管理？
10. 什么是员工忠诚计划？找一找旅游企业员工忠诚计划的案例。

本章导读

　　近年来,旅游服务行业频繁出现顾客遭遇消费陷阱、交通事故与导游发生冲突等不利于旅游行业发展的事件。究其原因,无论顾客的责任大小,相关旅游企业均存在服务不当的行为,而倡导并实行科学合理的旅游服务流程管理有助于相关企业降低投诉率,重新赢得顾客的信任和喜爱。本章从旅游服务设计、旅游服务承诺、旅游服务投诉和旅游服务补救四个方面讨论了旅游服务的过程管理,阐述了相关的概念、工具、管理流程及作用,并进一步指出唯有重视旅游服务每一个环节的设计和管理,方能持续改进旅游产品和服务质量,提高顾客的满意度。

　　通过本章的学习,应该熟悉旅游服务的设计,掌握旅游服务的承诺管理、旅游服务的投诉管理以及服务的补救机制。

7.1 旅游服务设计

20 世纪五六十年代以来,服务业的高速发展以及服务领域劳动力的迅猛增加,促使服务经济成为继工业经济发展以后新的经济形态。随着服务经济的到来,服务设计作为一门跨学科、跨领域的新兴学科逐渐受到重视,上到政府机构,下到高校、企业都已经开展对服务设计科学的理论研究与实践。

服务设计一词,最早源于 1984 年,美国金融家 G. 利恩·肖斯塔克(G. Lynn Shostack)于哈佛企业评论发表题为《设计服务》(Designing Services)的论文,最早将"服务"与"设计"相结合,提出服务需要被设计。1991 年在设计管理学领域比尔·霍林斯(Bill Hollins)夫妇在其著作《完全设计》(Total Design)中正式提出"服务设计"(Service Design)一词。① 同年,迈克尔·霍夫(Michael Erlhoff)博士第一次将"服务设计"作为专业学科确定下来,并进行教学方面的实践和推广。经过多年的发展,服务设计不仅被应用于经济领域,甚至被延伸发展至更宽阔的公共领域,例如交通、医疗、金融等。其中"协同共创、将服务上升到更好的体验层次、系统化的多层次的解构设计"等思想成为服务设计的核心。②

中国的服务设计教学研究起于 21 世纪。2002 年,江南大学邀请德国科隆应用科技大学比吉特·梅杰(Birgit Mager)教授举办了一期以"服务设计"为主题的全国工业设计高级培训班。此后,越来越多的国内院校开设了服务设计的本科、研究生课程,进行理论研究、学术交流及实践探索。服务设计不仅被引入金融和传统企业,还渗透到互联网、公共建设等诸多热门领域。学术界对服务设计开展的大量实践研究,标志着服务设计的价值开始受到人们的重视,也标志着服务设计在国内开始逐步兴起。

与此同时,伴随着全球设计一体化程度越来越高,我国国内的一些设计公司敏锐地发现了市场对服务的需求。如浪尖提出"全产业链设计创新服务"的概念,凭借在设计产业链上的雄厚实力及丰富资源,成功构建以设计集群为核心,包含供应链平台、高端制造平台、文化平台、研发平台、品牌策略平台、知识产权平台、教育及交流平台、创新服务平台、众创平台在内的"D+"全产业链设计创新服务平台。近年来,越来越多的设计公司将业务转向设计咨询业务,产生了很多优秀设计咨询公司。如唐硕体验创新咨询机构、faceui 体验创新咨询公司等,为全球数百家企业解决界面、产品、服务及商业的体验问题,其中唐硕金融在电子产品方面,faceui 在车联网、O2O 电商、金融方面都有很多优秀的案例,其对于小罐茶的设计可谓其中典范。

1. 旅游服务设计的概念

服务设计是一种思维方式,是系统地定义问题与解决问题的方法论。由于服务设

---

① 胡鸿等.服务经济下国际服务设计的兴起,中国服务设计发展报告(2016)[M].北京:电子工业出版社,2016:27.
② 胡鸿等.中国服务设计的产生和现状,中国服务设计发展报告(2016)[M].北京:电子工业出版社,2016:37.

计是一个正在发展的新领域,因此目前并没有一个被普遍认可的定义或者清晰的服务设计语言。

从流程来看,服务设计的过程是通过现场的体验,使用有形或无形的媒介,创造创意的过程。从目的来看,服务设计从顾客的角度来设置服务,其目的是确保服务界面。从顾客的角度来讲,包括有用、可用以及好用;从服务提供者来讲,包括有效、高效以及与众不同。

本书引用胡鸿等学者的定义,将旅游服务设计概念界定如下:旅游服务设计是将顾客、场景、体验、流程等相关元素进行有效的组织和规划到一项服务中,其目标是为顾客提供有用、易用、有效、高效且与众不同的服务,从而提高旅游服务品质和游客体验的设计行为活动。[①]

旅游服务设计离不开五大原则,即:以顾客为中心、共同创造、按顺序执行、有形展示、整体性。

(1) 以顾客为中心

旅游服务设计必须以人为中心。为了提升顾客体验,旅游服务设计需要建立一个特定的情境,研究典型顾客的特点,观察顾客是如何感知、使用产品或服务,同时综合考虑顾客背后的文化、文脉等因素。不仅要使顾客在接受相关服务时感觉方便,还要试图去满足他们的生理、精神等方面的需求,甚至试图去满足其人生价值的实现。

(2) 共同创造

旅游服务设计的诞生,给设计带来一种融合的、跨界的方式和思维,为设计介入旅游活动和旅游企业提供了更广阔的途径与平台。而要实现改善旅游服务质量的目标,旅游服务设计需要顾客来共同参与建立、提供、享受服务的过程。在以顾客为中心的共同目标下,接受旅游服务和提供旅游服务的人被整合在一起。

(3) 按顺序执行

服务营销领域的学者认为:服务是一种行为过程,服务提供者和服务接受者会参与到服务过程的每一个环节。因此,必须制定严密的设计标准及服务过程,并按照顺序一一执行,从而确保服务质量。

(4) 有形展示

有形展示是指一切可以传达服务内容、特点及优势的有形组成部分。"有形"不仅包含产品,还包含所有用以帮助服务实现的实体物品、环境及设施。具体而言,服务的有形展示包括外部设施和内部设施两部分。外部设施如外观设计、标识、周边环境、停车场、广告图片等;内部设施如室内装饰、气氛、布局、员工着装、宣传材料等。有形展示实质上是将服务进行"包装"后提供给顾客,可以说,是旅游服务的门面担当,是第一印象。

(5) 整体性

旅游服务设计不是孤立地去研究顾客与环境,而是通过特定的情景,把顾客、旅游对象、环境、过程四大因素组成一个相互作用、相互依赖、具有特定目标的系统,因此整

---

① 胡鸿等.服务经济下国际服务设计的兴起,中国服务设计发展报告(2016)[M].北京:电子工业出版社,2016:27.

体性是旅游服务设计的重要原则。在旅游服务设计中,必须综合考量旅游服务使用者、旅游服务提供者、合作伙伴和商业用户等交互对象和参与者行为的各方面因素,从而有效地提高旅游品牌和旅游企业的整体形象,使顾客对旅游服务产生更大的满意感。

2. 旅游服务设计的流程

关于服务设计的流程,不同的学者和设计公司会有不同的做法。意大利米兰理工大学的塔西(Roberta Tarsi)将服务设计分为四个阶段：共创设计(Co-designing)、构思(Envisioning)、测试及原型制作(Testing & Prototyping)、执行(Implementing)。[①] 英国 Live work 服务设计公司的设计流程分为五个部分：理解-确认,想象-检验,设计-测试,创造-监控,变为可能-获取。而斯坦福大学 D-School 的服务流程体现了人本主义的设计思维,包含移情、定义、设想、原型、测试五个阶段。英国设计委员会则提出了面向服务设计的双钻石设计流程。[②] 台湾宋同正教授提出的 IDEA 服务设计流程包含探究、设计、执行和评估四个阶段,以及探索、解释、主张、原型、验证、交付六个执行步骤,和服务缺口、概念共创、视觉化、反思和检视五个里程碑。[③]

概括而言,展开服务设计的流程有两种：

一是以服务设计师为主导而进行的服务设计流程。从研究顾客入手,发现机会点,界定服务概念、内容、价值之后,进行原型制作及测试,最终推出一套完整的服务设计方案来实施。

二是以共创的视角展开服务设计,从第一种路径的第一个步骤起,就将顾客融入进来,一起进行设计、发现机会点,共同界定服务概念、内容、价值主张,共同制作服务原型,并加以测试,以形成最终较为完善的服务方案。在该模式下,服务设计师们的角色不再仅仅是主导设计的工作,而是为帮助顾客进行设计活动而设计。

需要指出的是,服务设计最大的魅力在于其可生长性、灵活性和适应性,因此针对不同的项目需要采用不用的设计路径。由于旅游活动具有较强的体验性,因此本书基于著名设计理论家唐纳德·诺曼(Donald Norman)提出的以用户为中心的设计理念[④],将旅游服务设计的流程归纳为以下四个阶段：

(1) 需求分析：顾客体验调查与分析

该阶段运用市场调研、顾客研究、角色扮演等工具确认问题、顾客需求及服务机会点。包括了解顾客的需求偏好和个性化特征;分析顾客在相关服务提供过程中可能出现的各种行为和需求,如儿童或残障人的特殊需求;分析整个服务流程,确定由顾客参与的具体环节以及参与程度等。本阶段将大量的信息进行整理、分析,同时对顾客进行分类,从中提取后期设计需要关注的痛点。

(2) 设计：通过利益相关者分析找出服务接触点

该阶段运用服务蓝图、顾客旅程、接触点表格、系统图等工具,重新对上一阶段的结

① 陈嘉嘉.服务设计[M].江苏：江苏凤凰美术出版社,2016.158.
② 陈嘉嘉.服务设计[M].江苏：江苏凤凰美术出版社,2016 164—170.
③ 宋同正.序—服务设计的本质内涵和流程工具[J]设计学报,2014,19(2)：1—8.
④ 陈嘉嘉.服务设计[M].江苏：江苏凤凰美术出版社,2016.114.

果进行审视及分析,将前面发现的机会点重新进行整理、判断,并通过对利益相关者的分析找出旅游服务接触点。服务设计中的利益相关者(Stakeholder)是一个非常重要的概念,打破了传统工业设计思维中"顾客-企业"关系的概念,体现了服务设计系统交互的特征。利益相关者在服务设计中是与顾客利益相关的所有个人(组织),对利益相关者的分析,识别出重大利益相关者,将有助于优化整个服务流程。如图7.1。

图 7.1

旅游企业利益相关者类型

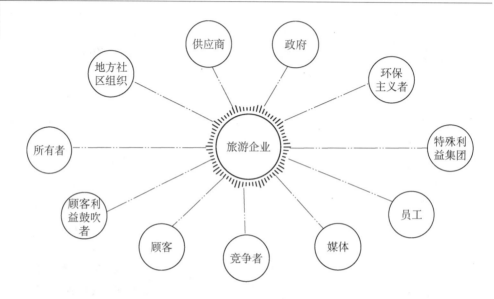

而所谓旅游服务接触点,是顾客与旅游产品或相关服务发生接触的地方。当顾客在旅行过程中,寻求客服支持、与服务人员交流、收到单据、看到媒体的广告等,都是接触点。这些接触点可以是人与人、人与物或人与网络等的直接交互,也可以是间接影响服务体验的环境。如图7.2所示,就是顾客在航空公司订购机票过程中的服务接触点。在一一列出所有的服务接触点之后,考虑哪些需要改造优化、哪些需要创新设计,进而对服务接触点的解决方案提出概念设计,从而优化服务流程。

图 7.2

航空公司顾客接触环节和接触点

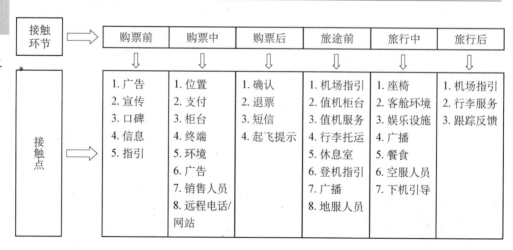

（3）评估：服务情境模拟构建和完善服务流程

本阶段可以使用服务原型、易用性测试等工具。要求在一个真实的或模拟的旅游服务场景里，设计人员观察或亲身参与服务者和被服务者之间的关系和互动，从而评估原有设计中的优缺点，发现不足之处并进行改进，进一步完善服务流程，更好地判断设计服务实现的可行性。在这一阶段，可以邀请真实的顾客参与服务设计，认真聆听并采纳他们的意见。

（4）执行和生效：建立评价和反馈机制

该阶段将旅游产品或服务推至市场上，并建立相应的使用评价与反馈机制，根据使用者反馈进行下一轮的产品与服务的再设计。在整个过程中，服务设计师们需考虑利益相关者的需求与相关企业实施服务的可行性，在探索过程中创造一种让顾客想用、好用与可用的产品或服务，以确保相关旅游服务或旅游服务系统能一直满足其商业或社会需求。

3. 旅游服务设计的方法

旅游服务设计的方法，也即基于 WHO，WHAT，HOW 这三个最基本的设计所需要回答的问题而使用的分析工具（见表7.1）。需要指出的是，这些方法和工具可根据实际情况进行选用与组合。由于本书篇幅限制，在这里我们仅选取几种较为常用的方法进行介绍。

表 7.1　旅游服务设计的方法及工具列表

	方法及工具
WHO（服务对象）	角色扮演（Role Play），顾客日记（User Diary），顾客旅程（Customer Journey Map），亲和图（Affinity Diagram），顾客画像（Persona）等
WHAT（服务内容）	服务蓝图（Service Blueprint），情绪板（Mood Board），情景构建（Scenario Building），利益相关者地图（Stakeholder Map），系统图（System Map）等
HOW（服务方式）	服务原型（Service Prototype），使用案例（Use Cases）等

（1）角色扮演（Role Play）

角色扮演是以戏剧化的表演方式来理解顾客的感受与行为。具体做法是：

① 以观察、访谈、扮演、感知等形式获取顾客信息。例如设计人员可以扮演"客人"和"服务员"等角色，进行模拟服务。

② 以信息卡的形式写下需扮演角色的性格特征、情绪感受等。

③ 以抽取卡片的方式来决定进行表演，并同时记录下不同人表演同一角色的过程。

④ 分析每个角色的表演，提取共性的需求。

需要注意的是，表演活动不一定要真人扮演，也可以借助一些道具完成；不仅限于扮演任务，还可以扮演物品。这一方法主要侧重于不同顾客群体之间的互动，参与者的流动性以及有形展示。

（2）顾客画像（Persona）

顾客画像是基于对顾客的认知而进行的视觉化表述。其本质上是将顾客研究的结果打包到某个模板之中，这个模板可以将不同类型顾客的不同需求最概括最全面的容纳进来。具体做法是：

① 以观察、访谈、扮演、感知等形式获取顾客信息。

② 列出具有共性的顾客特征、行为、喜好、习惯、态度，甚至是怪癖等。

③ 将这些共性的特征变成"一个人"，塑造角色。

表 7.2	顾客画像（Persona）		
	肖像 PORTRAIT	姓名	
顾客画像模板[①]		职业	
		其他	
	服务态度（顾客有执行解决问题的能力吗?） ◎ 可自己完成 ◎ 需要他人意见 ◎ 需要他人完成		
	描述（Description）		
	描述顾客,他或她使用服务的情况是什么? 目的是什么? 使用服务是会产生什么样的情绪? 描述情绪反应时要注意和前面模板中的性格特征相呼应		

（3）服务蓝图（Service Blueprint）

服务蓝图由肖斯塔克（Shostack）于 20 世纪 80 年代初提出。服务过程往往是由一系列分散的活动组成，这些本来就分散的活动又是由无数不同的员工完成的，因此顾客在接受服务过程很容易感到没有人知道他们真正需要的是什么。因此，为了了解服务过程的性质，就需要把这个过程的每个部分都按步骤地画出来，这就是服务蓝图的由来。

服务蓝图是一种基于过程流程图的设计工具，既可以用来分析改善现有服务过程，又可以用来开发新的服务流程。它可以将不同服务接触点进行可视化的呈现，同时还能反映出具体服务内容与顾客之间的互动关系，因此被广泛应用于服务设计中。服务蓝图包括顾客行为、前台员工行为、后台员工行为和支持过程。其中，顾客行为是指顾客在购买和消费服务以及对服务进行评价的过程中所采取的行动，其中包括与员工的互动。例如，在餐厅中，顾客先要等位排队、点餐、然后再用餐，或许还要填写服务质量评价表等。前台员工行为是指顾客能够看到的服务人员的行为及其程序，比如餐厅中服务人员为客人推荐餐饮、填写点菜单、上菜、换碟、收款、开具发票等。后台员工行为是指顾客看不到的服务人员为支持前台服务所采取的行为，比如餐厅厨师的烹饪和洗碗工的清洁行为。支持行为是指发生在企业内部的支持服务人员的所有服务行为及程序，其中包括内部员工之间的互动，比如餐厅的材料购买和储存。

图 7.3 为"服务前台"部分的服务蓝图模板，根据该模板，在绘制服务蓝图时应依据以下步骤进行：

① 识别目标顾客群。在此阶段，可使用顾客画像工具来理解顾客需求，并将顾客分类整理好。

② 梳理顾客使用服务的流程，描绘顾客行为。梳理完毕后，将每个阶段的旅程以故事版的形式填入图 7.3 第一行的格子里。

---

① 　陈嘉嘉. 服务设计［M］. 江苏：江苏凤凰美术出版社，2016：184.

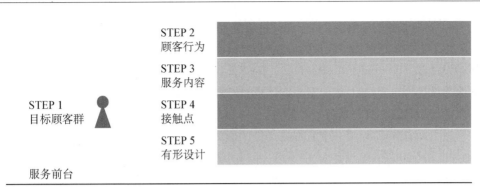

图 7.3

服务蓝图模板①

③ 整理服务内容。确定每个阶段需提供给顾客的服务有哪些,并填入图 7.3 第二行的格子里。

④ 明确接触点。即界定在每个阶段中,与顾客接触的服务是有形的还是无形的。并将结论填入图 7.3 第三行的格子里。

⑤ 确定有形设计。在此阶段,需确定有形展示内容。

⑥ 进行后台设计。步骤与前台设计相同,在此就不再赘述。

⑦ 标出前后台互动的关系。

服务蓝图在服务流程管理中有很多益处。通过提供把"他们做什么"视为整体的服务框架,可以进一步强化顾客导向。需要指出的是,不同的企业和服务,服务蓝图的形式会有所区别,可根据实际情况加以调整。例如,我们以前面所说的餐厅作为案例,画出的服务蓝图如图 7.4 所示。

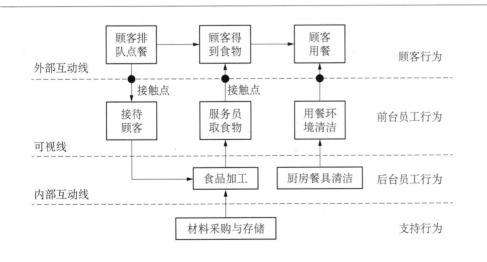

图 7.4

餐厅服务蓝图②

---

① 本模板仅展示"服务前台"部分内容,不包括"服务后台"和"支持系统"。资料来源:陈嘉嘉. 服务设计[M]. 江苏:江苏凤凰美术出版社,2016:202.

② 张淑君. 服务管理[M]. 北京:中国市场出版社. 2016:73.

4. 旅游服务设计案例：贵州铜关村旅游服务设计

为了进一步理解服务设计的流程和方法,本书以腾讯 CDC,全称"腾讯用户研究与体验设计部"(Customer Research & User Experience Design Center)为贵州铜关村进行的服务设计为案例,展示旅游服务设计是如何将游客、场景、体验、流程等相关元素进行有效的组织和规划到一项服务中去的。

在贵州省黎平县,有一个名不见经传的侗族村寨,它没有因宏伟壮观、气势磅礴的"地坪花桥"而闻名,也没有因"中国第一侗寨"雄壮辉煌的鼓楼群而扬名,却是以歌声悠扬婉转、清脆悦耳的侗族大歌为周边侗寨所熟知。贵州黎平县铜关村是侗族大歌发源地之一,由于历史渊源和民族文化的影响,在这里哪怕是耄耋之年的老妇老汉,也能唱出动人的情歌。尽管有着美好的历史与文化,但铜关村也正面临着和中国其他乡村一样的困境:文化传承因丧失主体日渐凋敝;亲情关系因疏于联络日渐破碎;家长错过了陪伴孩子成长的最重要时机,家庭教育系统缺失;土地被荒芜更被工业化农药化肥侵蚀,产出日益凉薄。这不仅削弱着村民们的民族自信心、自豪感和归属感,也让乡村失去活力没有了生机。2011 年起,腾讯基金会计划在贵州省黎平县盖一座以"侗族大歌"命名的生态博物馆,这也是全国第一座侗族大歌馆。腾讯 CDC 在其官方网站上展示了为其做旅游服务设计的全过程。

首先是建立服务顾客画像。探访铜关,访谈村民,整理成顾客画像。

其次,进一步对铜关村的旅游历程进行分析。旅程前期从预订客房、准备行程到入住,无论是面对游客或服务提供者,落地过程肯定会遇到许多问题。比如在旅程前,游客要预订食宿,安排旅游行程时,需了解完整的旅游信息和预订方式,以最简单的方式认识——预订——实地到当地旅游;而对于服务方来说,需要考虑如何降低服务管理的技术门槛和工作量,让没有很多经验的村民也能接收预订、准备迎接游客并提供服务。因此团队绘制了服务蓝图,找出了服务接触点,确认了服务缺口(见图 7.5)。

接着,利用服务蓝图的框架,设计团队与产品运营和技术团队讨论,依照现有微信平台技术与硬件资源,共同设计服务触点,并开始分头展开铜关旅游线上、线下等触点和服务运营规则的设计与开发(见图 7.6)。

除了线上旅游预定与导览信息服务,当游客来到线下,博物馆的旅游体验也是服务中心重要的触点。设计者期望这趟实地的旅程给游客带来美好的体验回忆并影响游客,让他们在结束旅游回去后传播,吸引更多客的好奇与参与。

最后,验证实施。2015 年 8 月—12 月,博物馆正式对外开放后,共接待了 40 批,共 1774 人次的客人;歌队在博物馆内进行侗族大歌表演 10 场次,402 人次村民参加侗族大歌表演,观众有 305 人次;来博物馆旅游的客人中,到村民家进行民俗体验的有 126 人次,13 户村民参加了民俗展示。如今不只是务农,村民有的做酒店服务员,有的通过手艺制作工艺用品、建筑,大家不用离家务工,在家就能就业。

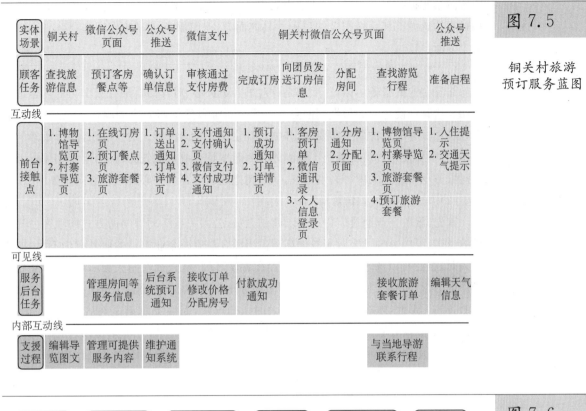

图 7.5

铜关村旅游
预订服务蓝图

图 7.6

旅游服务覆盖
的触点设计

7.2　旅游服务承诺

在追求顾客满意度方面,每一个旅游企业都想尽力使自己提供的服务与顾客预期达到平衡。但由于服务在很大程度上取决于企业员工的努力,所以顾客满意度取决于员工对顾客预期的理解。然而由于顾客和服务员工这两者的个别差异以及情境因素的多变性,每次服务接触时的服务提供情况是各不相同的,因此旅游企业有必要将一些抽象的服务概念转化为具体、可测量的绩效标准,并作为制度传达给每一位员工,这就需要进行服务承诺管理。

1. 旅游服务承诺的概念和作用

旅游服务承诺就是旅游企业向顾客做出的明确保障,即承诺交付一定水平的服务,并且当承诺无法履行时,会给予顾客一定形式的赔偿。[①] 实践证明,旅游服务承诺会促

---

① [比]保罗·格默尔,巴特·范·路易,罗兰·范·迪耶多克. 服务管理整合的视角(第3版)[M]. 北京:清华大学出版社. 2017:313.

使旅游企业提高服务质量,将注意力集中于如何使顾客满意度最大化,同时也有助于增加顾客的忠诚度和获得积极的口碑。具体而言,旅游服务承诺的作用主要体现在以下几个方面:

(1) 有助于树立顾客导向的服务理念

旅游企业的服务承诺,一般都是针对顾客最关心、对其而言最有吸引力的内容进行承诺。这就促使企业必须做到两点:一是在确定服务承诺内容的时候,关注并深入了解顾客对服务的各种期望和要求,并据此确定相关承诺内容;二是在履行服务承诺的过程中,必须要使一线员工真正了解到顾客满意度是企业最优先的任务,所有相关员工都会对服务承诺的相关内容高度重视,从而树立起以顾客为中心的顾客导向服务理念。

(2) 有助于增强营销效果

首先,旅游企业通过广告、宣传、营销人员、公共关系活动等沟通方式向顾客公开提出的承诺,可以影响顾客对服务的期望。当顾客对旅游企业提供的服务兴趣不大、期望不高时,企业可以通过增强承诺的内容和力度,以此增强顾客的兴趣和期望值,从而产生一定的营销效果;其次,旅游企业通过服务承诺,可以降低顾客感知购买风险,由于旅游服务的无形性,顾客通常要承担较大的认知风险,而服务承诺是对服务效果的一种"有形"的预示(对服务效果的描述)和保证(如赔偿金额)。服务承诺可以起到一种保险作用,因而可以降低顾客由于各种不同认知风险而产生的心理压力,增强顾客对旅游服务的可靠感和安全感,因此能吸引新顾客,从而达到营销的目的。最后,服务承诺本身也是企业品牌塑造和形象宣传的重要组成部分。

(3) 有助于提高顾客的忠诚度

旅游企业提出服务承诺,必然也会伴随着对应的执行标准和支持体制。因此,服务承诺的提出客观上建立了一种信息反馈系统,它为顾客提供了评判服务质量是否合格的依据,这有利于顾客意见的反馈并便于顾客监督。此外,由于要求赔偿的顾客相对不容易背叛,对于旅游企业来说服务承诺管理使其可以在服务失败的时候尽快采取服务补救,从而有利于提高顾客的忠诚度。

(4) 有助于促进企业的内部营销

旅游服务承诺所承诺的质量标准,对顾客是一种吸引力,而对服务人员是一种鞭策力,一种挑战,更是一种激励。这有助于增强服务人员的责任心和振奋他们的精神,促进他们以更大的热情投入到服务工作中去,同时也有利于企业营造团结向上的良好氛围。美国的汉普顿客栈通过调查认为,服务承诺不仅可以保障顾客的满意度,而且会对员工产生如下影响:69%的人认为这使企业成为更好的工作场所;90%的人认为服务承诺会促使他们工作得更出色;93%的人表示这会激励其他相关合作部门的人工作得更出色。[①]事实上,一家旅游企业敢于推出服务承诺,这本身就体现了一种气魄、一种信心、一种企业精神,因此旅游服务承诺管理客观上有利于企业的内部营销。

---

① [比]保罗·格默尔,巴特·范·路易,罗兰·范·迪耶多克.服务管理整合的视角(第3版)[M].北京:清华大学出版社.2017:318.

2. 旅游服务承诺管理的内容

要使旅游服务承诺取得效果,就必须要做好服务承诺管理。具体而言,旅游服务承诺管理由三个部分构成：承诺内容管理,承诺沟通管理和行使程序管理。

(1) 承诺内容管理

旅游服务承诺从内容上来看可以分为三种类型：全方位满意承诺,多属性特定承诺,复合承诺。全方位满意承诺是最有力的全方位满意保障,顾客的整体满意度都能得到保证。多属性特定承诺专注于一个或多个服务属性,是最普遍的服务承诺。复合承诺则是前两者的结合,既有助于顾客聚焦于重要的服务方面,又减少了全方位服务承诺的模糊性。例如,一家酒店承诺为顾客提供高品质的服务,三种不同类型的承诺表述如表 7.3 所示。

	示　　例
全方位满意承诺	我们承诺：在您与我们共度的时光中,我们将竭诚提供您所期望的高标准服务。如果您有任何不满意,请立即告诉我们……您不应该为不满意的服务付费。
多属性特定承诺	我们承诺：在您入住期间,我们保证您享有安静、安全和干净的住宿环境。如果我们不能兑现这一承诺,请立即告诉我们……您不应该为不满意的服务付费。
复合承诺	我们承诺：在您入住期间,我们将竭诚为您提供以下服务： 1. 及时、主动、热情问候客人,解答客人问题时,语言温和、耐心。 2. 为客人提供一尘不染、窗明几净的居住环境,保证公共区域及工作岗位干净、整洁。 3. …… 如果我们不能兑现上述承诺,请立即告诉我们……您不应该为不满意的服务付费。

表 7.3

三种类型的服务承诺示例

从表 7.3 可以看出全方位满意承诺可以提供范围最广泛的保证,但是其表述也最为模糊,在执行过程中很容易因为没有明确的标准而使该承诺的价值大打折扣,变得“有名无实”“徒有其表”。

多属性特定承诺专注于一个或多个服务属性,因为顾客满意度的核心标准很可能归结为某一个或几个特定的服务因素。例如对入住酒店的客人来说,安静、安全和干净的住宿环境是非常重要的质量标准,酒店出于成本控制和风险控制的考虑,会向顾客保证这几项对其有意义的服务因素,但保障也仅限于此。

复合服务承诺将全方位满意的宽范围和特定的服务属性相结合,明确了具体的特定服务标准,既保障了顾客的利益,对一线员工而言也更容易执行。

总体而言,在定义承诺内容时,企业应当遵循以下问题：

① 要注意做出承诺的范围,即保障重要的服务因素,而不是不太重要的服务因素。

② 避免夸大其词,若标准定得太高,会因为营运基础薄弱,执行能力差,导致提出要求后,员工疲于应付承诺指标,从而降低或扰乱其他营运层面的标准。

③ 为服务承诺设置合理的保障条件。例如,德国汉莎航空股份公司承诺可以保证乘客顺利转机,其条件是：在没有因天气或航空管制原因导致延迟的情况,并且该保障仅适用于德国汉莎航空股份公司的所有航班。

④ 注意差异化和品牌特色。在做出服务承诺时,最忌讳完全模仿别人的条款,胡乱承诺,从而丧失了品牌宣传的好机会。

资料阅读

探鱼、云海肴、西贝都在努力做顾客承诺

探鱼做的是川菜里的烤鱼,产品线更聚焦,是流行的单品突破战略;云海肴做的是云南菜,摒弃了传统酒楼的大而全的繁重体验,产品线虽然不长但很精致,把云南的地域风情做到了极致,形成了轻松的异族风情体验;西贝作为老牌大哥,则几乎一直都是餐饮业态的引领者。这三家企业有一个共同点,那就是都有非常醒目的"顾客承诺"。

(1)探鱼的顾客承诺分为三条:出品速度承诺;服务水平承诺;产品质量承诺

◎ 承诺 18 分钟内上齐菜品,在承诺时间内未上的菜品免费赠送;

◎ 对餐厅的服务不满意,只要提出具体行为,菜品 8 折;

◎ 产品不满意,餐厅无条件退换。

(2)云海肴的顾客承诺只有一条——出品速度

◎ 从北京到云南需要 240 分钟,而我们用 28 分钟让您品尝来自云南的味道。超时送 28 元代金券,可立即使用。

(3)西贝的承诺只有一条——出品速度

◎ I love 莜,西贝向你承诺,25 分钟内上齐所有菜品,任何菜品不合口味,可换可退。25 分钟内菜未上齐,补偿酸奶两罐。

针对以上餐饮品牌的顾客承诺总结,发现了关于餐饮顾客承诺的一些共同规律:

(1)承诺以解除顾客对风险的担忧

针对顾客承诺多旨在解除顾客心中的顾虑。比如鱼生、川菜等餐饮细分品类,都是顾客又爱又怕的,常常会引起顾客对于食品安全的担忧——鱼生行业总是不断爆出死鱼和寄生虫的新闻,川菜则一直难以摆脱口水油的阴影。

(2)承诺以提升顾客对品牌优势的认知

这常常出现在一些有自己独特竞争优势的品牌店,比如一个做健康概念的餐厅,其所有的食材都来自山上林间,那这个品牌就常常愿意把自己的某种食材来源承诺出来,用于强化顾客对他们的差异化认知。

(3)承诺以倒逼营运,提升顾客体验

产品的特性并不是探鱼的强项,所以,探鱼的承诺则更多在服务上,其对服务态度承诺和出品速度承诺,都是典型的倒逼营运进行改善的方式。

资料来源:根据红餐网资料整理

---

(2)承诺沟通管理

对于旅游企业而言,既可以将服务承诺明确地告知顾客,也可以只是规定好相关保

障措施,但是不告知顾客,即做出隐性服务承诺。

明确的服务承诺最广为人知,作用也最为明显。顾客可以根据旅游企业的服务承诺和相关条款对其进行筛选,同时也降低了顾客投诉门槛。明确的服务承诺常见的沟通方式如下:

① 以企业的经营目标和宗旨表现出来。例如某旅行社的经营宗旨就是:"以'诚信、奉献、求实、创新'的经营理念,志在为每一位游客提供安全、便捷、优质的服务,这是我们追求的永恒目标。"

② 通过传播媒介,树立良好的企业形象。例如携程旅行网在各大媒体平台宣传其企业形象,同时也是一种服务承诺的告知。如"携程在手,说走就走","放心的服务,放心的价格。"等。

③ 以海报、公告等形式向顾客提供服务承诺。例如阿联酋航空公司的官网首页,就写着其服务承诺:"阿联酋航空服务体验,让你在旅行中随时享受极致舒适与贴心关怀。"

④ 以规定的形式向顾客保证。例如与顾客签订服务水平协议等。

⑤ 通过服务人员与顾客的直接接触,向顾客表达企业和服务人员的具体承诺。

然而,除了以上这种明确的服务承诺,旅游企业还有一种服务承诺是隐性的。隐性服务承诺由于没有明确告诉顾客,所以其营销作用较小,仅限于为投诉的顾客提供合理的服务补救措施。一般情况下,这些隐性的服务承诺补偿的数量也要比明确的服务承诺要少得多。尽管如此,对旅游企业而言,隐性服务承诺仍然具有以下优点[1]:

① 当服务失败的风险过大时,它们可以把过度支出的风险最小化。例如,西班牙国家铁路公司曾发布一份服务承诺,对于任何超过 5 分钟的延误,都承诺对所有乘客做出退款赔偿。但是,发布还不超过 24 小时,西班牙国家铁路公司就撤回了该服务保证,因为技术问题,有 900 名乘客延误,赔偿总额高达 6.5 万欧元。

② 防止顾客恶意滥用赔偿。例如比利时的一家旅游书籍音响连锁店采用了隐性的全方位满意保障。所有的书都可以无条件退款,即使没有出具任何购买凭证。但是,为了防止顾客恶意滥用该服务承诺,这家零售商更愿意使用隐性保障。

③ 有些服务承诺如果明确说出来,会让顾客有不安全感,让顾客觉得企业是在暗示服务失败可能会出现。例如航空公司如果慎重承诺乘客的行李都会随乘客同机到达,就会让乘客感觉到,发生在该航空公司的行李丢失问题比其他航空公司严重。因此这类服务承诺,还是作为隐性服务承诺比较合适。

(3) 履行承诺管理

服务承诺管理的最后一个环节就是履行承诺。这一部分包含两个内容,一是赔偿,二是行使程序。

赔偿是指当服务承诺无法兑现时,顾客会收到的补偿,以弥补给顾客带来的所有不便和损失。这份赔偿会鼓励顾客就所有的服务失败和企业进行沟通,也是企业进行服务补救的重要机会。行使程序则是指企业应该明确告知顾客,当服务承诺没有兑现时,

---

① [比]保罗·格默尔,巴特·范·路易,罗兰·范·迪耶多克.服务管理整合的视角(第 3 版)[M].北京:清华大学出版社.2017:315.

顾客该如何联系企业？以及为了得到赔偿他们必须做些什么？需要指出的是，行使程序必须尽可能简单，甚至可以主动进行，以方便顾客并有助于及时消除其不满情绪。

表7.4 携程预订赔偿条款[①]	预订确认后变更最高首晚房费赔付	第一步：主动协调 如您在订单确认后，抵达酒店前，酒店无法安排入住，携程会立即通知您，并与酒店协调为您安排原标准或以上级别的房间入住，承担由此产生的差价，差价金额上限为原订单的首晚房费。若无法安排您入住原酒店任何房型，携程会帮助您预订附近同等酒店，并承担由此产生的差价，差价金额上限为携程原订单的首晚房费。
		第二步：履行赔付 经调查情况属实后，携程会在您离店后1个工作日内，联系您履行赔付事宜，请您保留好入住发票及水单。
	到店无房最高首晚房费赔付	第一步：联系携程 若订单已得到携程确认，您在约定时间到店发现无房，请立即拨打24小时服务热线10106666（海外请拨打 + 86 - 21 - 34064888），通知携程。
		第二步：协调解决 携程立即与酒店协调为您安排原标准或以上级别的房间入住，并承担由此产生的差价，差价金额上限为携程原订单的首晚房费。若无法安排您入住原酒店任何房型，携程会帮助您预订附近同等酒店，并承担由此产生的差价，差价金额上限为携程原订单的首晚房费。
		第三步：履行赔付 经调查情况属实后，携程会在您离店后1个工作日内，联系您履行赔付事宜，请您保留好入住发票及水单

7.3　旅游服务投诉

近年来，随着旅游业的快速发展，各种关于旅游服务的负面新闻也常见于报端。根据人民网旅游3·15投诉平台所公布的旅游投诉数据显示，2016年该平台共收到有效投诉1477条，较2015年增长了0.68%。其中涉及云南、北京的投诉数量居全国前二，广东和上海并列第三，针对在线旅游企业的投诉量达46%，携程旅行网、去哪儿网、途牛旅游网投诉数量居在线旅游企业前三甲。主要投诉集中在旅行社（38.6%）、景区（20.2%）、航空（15.8%）、酒店（15.1%）、和导游（7.4%）等五个领域，旅游合同与行程不符、导游强迫购物、服务态度差仍是投诉的重灾区。从投诉对象来看，在线企业的投诉主要集中在机票和酒店领域，省份的投诉主要集中在景区和退货方面。[②]　2017年上半年，涉及旅行社投诉仍然最多，占比为36.4%，其次为酒店投诉（22.5%）、航空投诉（19%）、景区投诉（11.5%），导游投诉（5.6%）和交通投诉（5%）。涉及旅行社的投诉主要涉及产品货不对板，商家无故取消订单、不退款，导游态度差、强制购物等问题。[③]

---

① 资料来源：携程官网.
② 资料来源：《2016全国旅游投诉排行榜出炉　谁被"吐槽"最多？》（人民网）
③ 资料来源：《2017上半年旅游投诉舆情：八成在线企业回复率超80%》（人民网）

如前文所述,旅游服务产品出错的概率要远远大于有形产品,而随着顾客的维权意识日益提高,形形色色的投诉和各种各样的诉求使旅游企业处理相应投诉的机制和方法发生了重大的变化,投诉管理在旅游企业中占据着越来越重要的地位。

1. 旅游服务投诉的概念及影响因素

旅游服务投诉是指顾客为维护自身和他人的旅游合法权益,对损害其合法权益的旅游经营者和有关服务单位,以书面或口头形式向企业或政府有关部门提出投诉,要求维护其合法权益的行为。根据投诉对象的不同,投诉又划分为向企业管理者投诉和向其他官方机构投诉两种类别(Hirschman,1970)。顾客是否投诉受到各种因素的影响。具体来看,主要包括以下几个方面:

(1)顾客对旅游服务的不满程度

一般而言,顾客对服务不满的程度越高,认为服务失败给自己带来的伤害越大,投诉的可能性也就越大。相应的,企业对投诉也应该越重视。比如,因为游客在旅游过程没有购物消费,导游对游客的服务态度发生了迅速转变,甚至还辱骂游客,导致游客强烈不满,最终游客不仅向旅游监管部门投诉,而且还在网络曝光了导游的不良行为。

(2)服务对顾客的重要性

旅游服务对顾客越重要,服务失败后带给顾客的损失越大,则顾客投诉的可能性越高。例如有一案例:有顾客预订了某酒店的婚宴服务,但由于酒店工作人员的失误导致当天婚宴重复预订,最后不得不取消该顾客的预订,并提出愿意双倍返还定金作为赔偿。但由于婚宴对于顾客意义重大,顾客对酒店这种不负责任的行为非常不满,遂向消保委投诉。

(3)投诉成本

投诉成本主要包括投诉需要花费的时间、精力、金钱以及引起争执、面临尴尬等心理上的负担等。通常情况下,投诉成本越低,投诉的可能性越大;如果投诉的成本超过所得,顾客则不会投诉。比如在国外旅游,除非损失重大或是非常不满,很多服务问题因为投诉成本顾客并不会选择投诉。投诉的收益和成本之间的对比很难有固定的衡量标准,很大程度上取决于顾客的自我认知。

(4)顾客预期

顾客在进行投诉的时候,一般都有其心理预期。常见的顾客投诉期望包括:求发泄,求尊重和求补偿。[①] 首先,顾客在接受旅游服务时,因为遭遇挫折,一般会带着怒气投诉或抱怨,如果能把自己的怨气全部发泄出来,他们的烦闷情绪就会获得释放和缓解,从而获得心理平衡,此为"求发泄";其次,一旦发生投诉,顾客总认为自己的意见是正确的,并希望得到服务人员或管理人员的重视,要求别人尊重他们的意见,当面认错并赔礼道歉,此为"求尊重";最后,投诉的目的在于获得财产上和精神上的补偿,此为"求补偿"。除了上述心理预期会影响顾客的投诉行为外,顾客对投诉预期成功的可能性越大,越可能进行投诉。

---

① 覃安迪.客户服务投诉—管理与处理实战技巧[M].北京:中国财富出版社.2015:17—20.

（5）其他因素

影响顾客是否投诉的因素还包括顾客本人的价值取向、性别、年龄、受教育程度、收入、家庭类型等。例如，研究表明，受教育程度越高、收入水平越高的顾客一般有较多的购买经验，自信心也高，认为投诉的成功率大，因此倾向于用投诉来表达自己的不满。

2. 旅游服务投诉管理原则

旅游服务投诉是一项复杂的系统工程，要真正处理好顾客投诉并非易事，在具体实施过程中，需要经验和技巧，因人、因事、因时灵活处理。就管理层面而言，旅游服务投诉管理需要遵循以下原则：

（1）降低投诉门槛

投诉管理的首要原则是降低投诉门槛，鼓励不满意的顾客进行投诉。如果顾客不投诉，旅游服务机构可能无法意识到顾客的不满，就没有机会进行服务补救。不满意又不投诉的顾客可能会选择离开，并容易产生不利于行业发展的负面口碑。有研究表明，投诉提交率只有 9%，投诉管理的目的之一就是要将投诉数量最大化，同时将实际服务问题的数量最小化[①]。降低门槛的常见方式有：清晰告知如何联系相关企业，准备投诉卡片积极邀请顾客投诉等。

（2）快速反应，及时处理

对于投诉处理结果满意与否的关键因素之一是反应时间。德国一项调查显示，只有 8% 的人愿意在填完一项投诉后花费一周以上的时间来等待结果。因此，旅游企业和相关机构应该在接到投诉之后迅速给出反馈，告知顾客投诉已经收到并正在处理，同时应该详细列出处理投诉的员工姓名、电话并给出处理结果的最迟日期。2017 年上半年数据显示，同程旅游、去哪儿网、途牛旅游网、艺龙旅行网、马蜂窝和驴妈妈旅游网的投诉回复率均为 100%，但平均回复时长为 3.37 天，每条投诉平均处理时长达到 10.39 天。[②] 总体看，旅游企业投诉处理反应还不够快，处理还不够及时。

表7.5 2017上半年旅游企业投诉回复率	企业	去哪儿	携程	同程	途牛	阿里旅行	马蜂窝	驴妈妈	艺龙	美团	穷游
	投诉率	28.5%	24.3%	10.2%	9.8%	9.5%	2.5%	2.5%	1.5%	0.9%	0.3%
	回复率	100%	82%	100%	100%	94%	100%	100%	100%	0%	0%

（3）公平性

对旅游企业而言，了解顾客投诉时的期望并公平地对待顾客，重视与投诉顾客的沟通，是企业提高自己服务水平、赢得顾客信任的机会。克莱默（Clemmer）和施耐德（Schneider）（1996）在回顾以往学者研究的基础上总结指出，公平有三个维度：结果公

---

① ［比］保罗·格默尔，巴特·范·路易，罗兰·范·迪耶多克. 服务管理整合的视角（第 3 版）[M]. 北京：清华大学出版社. 2017：423.

② 资料来源：《2017 上半年旅游投诉舆情：八成在线企业回复率超 80%》（人民网）

平,程序公平和互动公平。

首先,结果公平是指顾客对可感知交换结果的公平感知,即企业给顾客补偿的方式和力度是否令顾客满意,真正有效的补偿不仅要考虑经济补偿,而且应该考虑顾客的额外成本和不愉快的购买经历等因素,给予感情和心理方面的补偿。其次,程序公平是指顾客对整个投诉处理过程的公平感知,顾客投诉时除了想得到服务人员的倾听和道歉外,最想知道的是企业会怎样处理问题,因此投诉处理人员在耐心听完顾客投诉后,可以先询问顾客的意见,与顾客达成共识,进而决定处理方案。最后,互动公平是顾客对于自己被看待和处理方式的一种公平感知,这涉及服务人员的礼貌与态度,解决问题过程中的主动性与努力程度,同情心以及解释、道歉等行为。顾客希望在投诉时,投诉的对象能扮演好一个听众的角色,把自己的不满痛痛快快的发泄出来,因此处理顾客投诉的人员要真心理解,保持耐心,积极热情地处理相关问题,见表 7.6。

禁　忌	正　确
立刻与顾客摆道理	先听,后讲
急于得出结论	先解释,不要直接得出结论
一味地道歉	道歉不是办法,解决问题是关键
言行不一,缺乏诚意	说到做到
"这是常有的事!"	不要让顾客认为这是普遍性
"你要知道,一分价钱,一分货物。"	"无论什么样的顾客,我们都提供同样优质的服务。"
"绝对不可能!"	不要用如此武断的口气
"这个我们不清楚,你去问别人吧。"	"为了您能够得到更准确的答复,我帮您联系×××来处理好吗?"
"这个不是我们负责的,你问别的部门吧。"	"为了您能够得到更准确的答复,我帮您联系×××来处理好吗?"

表 7.6

*处理投诉的
禁忌做法[①]*

总之,企业在处理顾客投诉的时候一定要注意维护顾客感受到的公平性,唯有此,才能消除顾客内心情感上的对立和隔阂,重新赢得对方的信任。

3. 旅游服务投诉管理流程

(1) 投诉信息接收及鉴别分类

投诉信息接收一般由服务投诉受理人员或一线工作人员负责。在接收过程中,工作人员首先要对投诉信息进行鉴别,如旅游过程中发生的投诉问题,到底是旅行社未履行合同,还是导游服务态度问题,还是游客自己的问题;接着,工作人员评估该投诉接收处理的优先级,一般而言需考虑以下三方面因素:一是问题的性质,如果问题越严重,

---

① 覃安迪. 客户服务投诉—管理与处理实战技巧[M].北京：中国财富出版社.2015：53.

则越需要优先处理;二是顾客性质,由于关键顾客可以带来更多的销量和利润,因此重要顾客的投诉应该得到优先处理;三是根据投诉者所期望的行动判定处理优先级,通常情况下,那些威胁要给媒体写信、向消费者组织告状或者将服务供应商告上法庭的投诉者会得到较高的优先级。

（2）确定投诉处理责任部门

根据顾客投诉的内容,相关服务人员需要迅速寻找关键点,聆听关键词以判断直接责任发生源,从而确定投诉的具体受理单位和受理负责人。为了尽可能地方便顾客,节约运营成本,旅游企业应该适当授权给客服人员或一线员工,能够当时当地处理的问题就不要移交。

（3）提出处理方案

根据实际情况,迅速制定投诉的处理方案,并与顾客达成共识。投诉处理的关键是要取得顾客的谅解,因此与顾客达成共识十分重要。客服人员或一线员工应该根据平时的积累及经验,马上找出当前顾客投诉最重要的问题所在,然后看看所属情况是否在常见问题之列,若是常见投诉问题,则应该有备选方案可供选择处理。若情况较为复杂,则要通知顾客稍加等待,明确承诺对方给出处理结果的最迟日期,记录好联系方式,然后汇报上级部门寻求解决方案。确定处理方案后,应联系顾客道明原因,与之协商,直至顾客满意为止。

（4）处理顾客投诉

投诉处理方案一旦确定,应该立即投入投诉的实际处理过程。根据实际情况,采取一切可能的措施,挽回已经出现的损失,同时要掌握处理进度,保证时间和效率。

（5）记录备案,实施奖惩

旅游企业应将投诉整个处理流程记录备案（不论成功与否）。一方面可以总结经验,对相关工作环节提出合理优化建议,另一方面留存的案例也便于提高工作的效率和质量,为以后遇到同类问题提供合理的解决方案。与此同时,企业应认真寻找产生顾客投诉的原因,如果有直接引起顾客投诉的责任人,一定要给予相应的惩罚,并做好跟进反馈。例如事后电话回访或给顾客写信,告知其投诉的处理方式和结果。

此外,旅游企业的投诉管理系统中应该包括以下对于投诉处理的绩效考核:[①]

① 投诉数量、表扬的比例、集中受理的投诉数量限制;

② 处理投诉的速度,通常以要求的平均天数和超时处理的投诉所占的比例来衡量;

③ 顾客对于投诉处理的满意度;

④ 由投诉分析产生的（成功的）改进项目数量;

⑤ 在工作会议、年报或内刊上公开表扬处理投诉的月度优秀员工。

---

① ［比］保罗·格默尔,巴特·范·路易,罗兰·范·迪耶多克.服务管理整合的视角（第3版）[M].北京:清华大学出版社.2017:431.

国家旅游局发布《旅游经营者处理投诉规范》行业标准

2017 年 8 月 15 日,国家旅游局发布《旅游经营者处理投诉规范》(LB/T 063—2017),并于 2017 年 10 月 1 日起实施。该行业标准明确指出处理投诉的三大原则:

① 旅游经营者应建立合理高效的投诉处理流程。如图 7.7 所示。

② 旅游经营者应尽可能促成与投诉者协商和解,避免争议激化。

③ 旅游经营者处理投诉时,工作人员应态度和善积极,使用文明礼貌用语,使用普通话或能与投诉者有效沟通的语言。

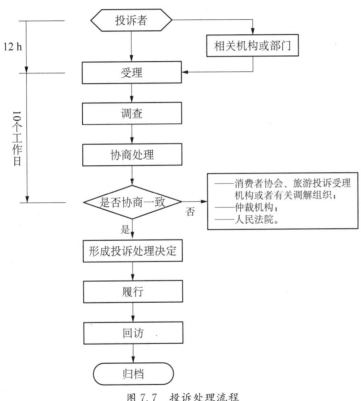

图 7.7　投诉处理流程

此外,该标准还明确规定了旅游经营者处理投诉的基本要求,投诉处理机构设置、人员配置和制度建设要求,投诉受理的范围和方式以及投诉处理要求。例如在投诉受理环节指出:

① 旅游经营者应友好地接待投诉者,理解投诉者的情绪,耐心听取相关诉求,不应推诿和拒绝。

② 旅游经营者应建立投诉受理记录,记录内容包括涉事双方基本信息、事由或事情经过、相关证据及资料、投诉诉求(投诉者提出的解决问题的具体要求)等。

③ 旅游经营者应在 12 小时内做出受理决定,特殊情况下不应超过 24 小时。

④ 投诉受理后,旅游经营者应立即告知(通知)投诉者;由相关机构或部门转办的投诉,旅游经营者还应立即告知转办的机构和部门。

在"协商处理"环节,标准指出:

① 旅游服务过程中发生投诉的,旅游经营者应评估即时解决问题的条件和能力,第一时间与投诉者协商处理意见,以确保后续服务开展:

a. 能够当场解决的问题,应立即解决;

b. 不能立即解决的,应与投诉者约定后续解决方案。

② 旅游经营者应根据调查核实的情况以及投诉处理难易程度,作出相应的处理时限响应:

a. 对双方无争议、事实基本清楚、仅造成轻微损失的投诉:宜在 1 h 内形成协商处理意见,最长不宜超过 24 h;

b. 对比较复杂的或对主要事实存在争议的投诉:宜在投诉受理之日起 10 个工作日内形成协商处理意见。

③ 旅游经营者应主动与投诉者沟通,说明调查核实情况,协商处理意见。

最后,标准指出旅游经营者应对投诉处理过程进行监测和分析,探索、识别和使用最佳的投诉处理方式,持续改进投诉处理的效率和效果。同时,旅游经营者应对投诉进行分类并分析,通过纠正和预防措施,消除导致投诉产生的根本原因,防止问题发生或重复发生,持续改进旅游产品和服务质量,提高旅游者的满意程度。

资料来源:中华人民共和国国家旅游局

7.4　旅游服务补救

旅游业的主要商品是旅游劳务,旅游人员以本身的专业知识为顾客提供服务,其产品具有无形性、生产和消费同步性、无法储存性等的特点。相对于有形产品的事先控制,服务产品的质量控制异常困难,在旅游企业与顾客接触的一连串服务过程中的任一点,均有可能产生服务失误,进而产生顾客的抱怨行为,因此就需要旅游企业及时采取措施,进行服务补救。

1. 旅游服务补救的概念

服务补救理论的研究始于 20 世纪 80 年代。1988 年,克里斯廷·格罗鲁斯(Christian Grönroos)将服务补救(Service Recovery)这一概念定义为"当服务失误发生后,服务提供者针对顾客的抱怨行为所采取的反应和行动"。[①] 也有学者将之定义为是企业针对服务实施过程中给顾客带来的损失和伤害而采取的一种修复和缓解措施,是第二次正

---

① 张淑君. 服务管理[M]. 北京:中国市场出版社. 2016:264.

确地提供服务(Berry and Parasuraman)。此后,不少学者对服务补救概念进行了进一步的阐释和完善。时至今日,学界普遍认为:服务补救的原因主要在于"服务失败在所难免",服务补救的作用是"把抱怨的顾客变成忠诚的顾客"。可见,旅游服务补救是旅游企业为了提高顾客满意度和忠诚度而对服务失败采取的一种及时、主动、有效的行动。

在理解服务补救这一概念时需要注意以下两个方面:

(1) 服务补救是企业应对顾客抱怨而采取的措施

服务补救是企业应对顾客抱怨采取的措施,因此有必要对顾客抱怨和顾客投诉这两个概念进行区分。目前得到学术界广泛认可的关于顾客抱怨的概念是辛格(Singh)在1988年提出的,所谓顾客抱怨是指顾客由于在购买或消费商品(或服务)时感到不满意,受到不满意驱使而采取的一系列行为或非行为反应。其包含了三方面的内容,即直接投诉行为、第三方投诉行为、私下行为。[①] 此后的学者又进一步对辛格(Singh)所提出的分类框架提出了修改意见,指出顾客抱怨可以分为四类,即退出或抵制、直接投诉、负面口碑和第三方投诉(Davidow and Dacin)(见图7.8)。

参与不满意购买

		参与	不参与
顾客社交网络	内部	沉默不再购买 (退出或抵制)	私下抱怨 (负面口碑)
	外部	直接抱怨 (直接投诉)	向第三方抱怨 (第三方投诉)

图 7.8

顾客抱怨行为的分类[②]

由此可见,顾客抱怨与顾客投诉是两个概念。顾客抱怨包含的范围更广,除了投诉之外,还包括口头传播、抵制购买等行为。而服务补救是应对顾客抱怨(包括投诉、负面口碑和抵制购买)所采取的措施,包含了在服务失败后所采取的一系列应对和补救行动,其最终目的是为了提高顾客的满意度和忠诚度。

(2) 服务补救是一项系统性的工作

尽管服务补救的起点是服务失败,但服务补救绝不是一种仅作用于服务差错发生之后的"救火式"反应行为。事实上,服务补救具有实时性、主动性特点,是一项全过程的、全员性质的管理工作,服务补救由两部分组成:预应系统和反应系统。预应系统是在顾客尚未形成不满意或出现服务失败结果之前就采取一定的措施,防止和控制服务失败以及不断进行自我改进的系统。而反应系统是指对已发生顾客不满意或服务失败的结果后立即做出适当行动指令的系统。反应系统是在预应系统的基础上发挥作用

---

① 王凤华.服务补救策略有效性研究—服务失败情形的影响[M].北京:企业管理出版社.2013:13—14.
② 王凤华.服务补救策略有效性研究—服务失败情形的影响[M].北京:企业管理出版社.2013:14.

的,它为预应系统进行不断的改进提供宝贵的经验,使其预防功能更为强大。

2. 旅游服务补救的作用

研究表明,企业争取一位新顾客的成本比保留一位忠诚顾客的成本要高得多,成功的服务补救对企业赢回顾客、改进服务质量以及增强员工的工作信心都有积极的影响。反之,如果不能进行服务补救,不仅会造成顾客流失,而且在潜在顾客中也会造成负面口碑。积极有效的旅游服务补救具有以下作用:

(1) 提高顾客的满意度和忠诚度

随着旅游市场越来越以价格为主导,顾客对旅游品牌的忠诚度在下降。国际会计师事务所德勤(Deloitte)公布的一份忠诚度调查报告指出,仅8%的受访者称其经常入住同一家品牌酒店,仅14%的受访者称其经常乘坐同一家航空公司的航班[①]。在此背景下,旅游企业必须思考清楚应如何在与顾客的关系中重新引入忠诚度的概念,而有效的旅游服务补救有助于顾客忠诚度的维持和提高。相对于旅游企业常规的或首次的服务,顾客对企业的服务补救会有更多的感性投入,当企业在其服务失败时不能采取及时补救措施时,他们对企业的不满意要远超于失败的服务本身。因此,恰当及时的服务补救行为对于增强顾客满意,保持顾客忠诚,防止顾客流失具有非常重要的作用

(2) 有助于提高企业信誉。

在当下旅游业蓬勃发展的过程中,确有少数旅游企业的违规经营和失信行为给整个行业带来了不良影响,国内外游客对旅游市场还存在不满意、不满足的问题,特别是随着金融衍生产品和电子商务产品成为旅游行业创新的主方向,旅游行业的诚信建设内容和保障机制也需要全面创新。在旅游行业的信誉系统中,服务补救显然是其中非常重要的环节。旅游企业及时对服务失败进行补救,能让顾客感受到企业是站在顾客的立场来考虑问题,给顾客以企业可以为自己的行为负责任的感觉,从而改变顾客对企业的感知形象,提高企业信誉。此外,完美的服务补救也有助于正面口碑的形成,可以为企业带来许多潜在的顾客。

(3) 有助于旅游企业优化服务流程,改善服务质量

服务补救为旅游企业提供了与顾客深度交流的机会,旅游企业可以从中获取有价值的信息以便对存在问题的服务进行改进或制定新的服务流程和标准,进而提高企业运作效率和增加企业收益。例如2016年,旅客通过携程购买机票后发生到场无票情况,事后携程回应:"携程会承担客人损失并赔偿。携程每天机票客人到场无票发生概率低于万分之二。对于类似问题,携程首先会保障客人出行,并给予退一赔三的补偿。给客人出行造成不良体验,我司再次表示歉意。我们会进一步检讨改进服务流程。"[②]

(4) 有助于增强员工的工作信心

一次令客人满意的服务补救,能够增强员工对服务补救的信心,同时使他们在顾客满意中获得自豪感和成就感,使得员工更愿意以较为积极的心态进行服务补救,从而进

---

① 资料来源:《旅游品牌如何通过个性化服务提升顾客忠诚度》(环球旅讯)
② 资料来源:《携程回应:将退一赔三并改进服务流程》(搜狐新闻)

入员工满意、顾客满意的良性循环;反之,如果服务补救不及时或不成功,有可能导致员工士气低落或回避顾客的抱怨,甚至有可能激化双方的矛盾,最终的结果则是陷入恶性循环。

3. 旅游服务补救体系

服务补救是一项系统性工程,其目的是重新赢得顾客因服务失败而失去的对企业的好感。根据梁新弘,张金成以及张淑君的观点,结合旅游行业的特殊性,本书将旅游服务补救体系总结为三个部分:预应机制,执行机制和反馈机制。

(1) 旅游服务补救预应机制

旅游服务产品的特殊性决定了产品生产过程和消费过程是同时进行的,很多服务失误无法避免的,有的是因为突发的不可控因素导致服务失败,有的则是员工的行为引发顾客不满。最理想的情况就是能在失误发生之前就加以控制,即建立服务补救的预应系统。

首先对旅游服务失败的原因进行分析。在旅游过程中,最容易造成服务失败的情况主要有三类[①]:核心服务失误,顾客特殊需求无法满足,员工服务态度问题。具体见表 7.7。旅游企业应该积极总结引起服务失败的原因,对症下药,防患于未然。

分类	说　明
核心服务失误	旅游合同问题:如模糊条款、霸王条款、规避自身责任。
	行程内容问题:如取消旅游项目、减少景点、变更行程安排、变相收费、重复收费等。
	交通问题:如滞留景点、降低交通工具档次、时间延误、票务问题等。
	食宿问题:如降低饭店等级、房间标准、变更饭店地点等。
	行前解约:如人数不足不按期组团出行。
	证照问题:如签证未按期办妥或遗失。
	其他:如旅游安全,气候等不可抗力等。
顾客特殊需求无法满足	顾客本身问题导致服务失败,或旅行社没有依照约定履行顾客的特殊需求(如房间、团队人数等要求)
员工服务态度问题	领队、导游服务问题:如强索小费、强行推销自费活动、引诱购物等。
	承办服务态度:如旅游企业误导宣传、虚假广告等。

表 7.7

旅游服务失败原因分类

其次,对各类服务失败所造成的顾客影响的性质与程度进行判断。旅游服务失败对顾客而言,所造成的损失既包括经济上的,也包括精神上的。旅游企业应尽量公正地衡量服务失败给顾客造成的真正损失,进而采取有效的预防措施。

最后,采取积极有效的预防措施。最佳的服务补救应尽量避免以服务失败为起点,

---

① 张帆. 旅游消费者抱怨行为的研究[D]. 武汉:武汉大学,2004.

而是做到以预防为主、补救为辅。在上述两个步骤的基础上,旅游企业可以通过规章制度、优化流程等方式加强内部管理以预防服务失败的发生。一方面,旅游企业可以通过优化和规范服务流程以避免核心服务失误,科学合理的服务流程本身就能够抵抗各种不可控因素的影响,从而预防大量出现、不断发生的服务失败。另一方面,旅游企业应该加强对一线员工的培训。一线员工与顾客最为接近,他们最容易导致服务失败,也最容易发现服务问题及顾客的不满。旅游企业既要以严格的规章制度规范其服务流程和服务态度,降低服务失败发生的概率;与此同时,旅游企业也要通过培训、授权等环节,使一线员工具备发现顾客不满并消除不满的能力,对服务过程中出现的问题能立即做出反应。

(2) 旅游服务补救执行机制

当服务失败已经发生,旅游企业应该根据具体情况和失误的严重程度来采取恰当的服务补救方式。归纳总结前人研究成果发现,服务补救的执行策略主要包含响应速度,精神补偿和物质补偿三个方面。

① 响应速度。

美国质量管理奖得主 Patrick Mene 指出,出现服务失误后,当场补救可能使企业支出 1 美元,但第二天补救这笔费用会是 10 美元,以后补救则会上升到 100 美元,这就是"1-10-100"服务补救法则。在出现服务失误后,旅游企业应该立即在现场及时补救,将问题就地解决,而不能等专门的人员来处理顾客的抱怨,那会让顾客以为企业缺乏诚意而使抱怨升级,最终增大服务补救的成本。快速反应是执行服务补救的首要条件和关键因素,旅游企业由此向顾客证明其对顾客的抱怨非常重视,从而将使顾客的心理更容易得到满足。为了实现这一点,旅游企业应对一线员工适当授权,并建立能够迅速解决失误问题的工作程序以及专司其职的部门。

② 精神补偿。

当服务失败发生时,如果顾客的情感损失被企业忽视,不仅会引发事态升级,而且企业补救后的效果也会随之大打折扣。例如 2018 年 1 月 25 日,一批中国游客因航班延误滞留日本东京成田机场,据称,航空公司宣布航班延误后,捷星日本公司只带走、安顿了其中 5 名日本旅客,没有理会 175 名中国旅客,并且拒绝安排会说中文的工作人员到场协助双方沟通,随后引发冲突。直至中国大使馆出面交涉,滞留机场的 175 名中国旅客才获安排登机返国。[①] 此次事件中,有游客唱国歌以示抗议,充分体现出游客当时的激愤情绪,这种情感损失显然会为企业带来许多负面影响,形成负面口碑效应,相关企业若仅仅只是物质补偿显然是不能令人满意,需再加上精神层面的无形补偿,包括道歉、移情和跟进措施等。

首先,道歉是最为常见的精神补偿方式。当遭遇比较小的服务失败时,道歉即可奏效。很多企业不愿意向顾客道歉,因为道歉意味着企业承认自己服务上的失败。然而企业的道歉会使顾客感受到尊重,从而为顾客保留打下坚实的基础。值得一提的是,有效的服务补救策略不能用补偿代替道歉,也不能用道歉代替补偿。有研究表明,道歉影

---

① 资料来源:《175 名中国游客滞留日本机场,因航空公司恶劣态度发生冲突》(新浪网)

响的是互动公平维度,而补偿影响的是结果公平维度。如果其中任何一个公平维度没有得到回复,顾客满意度就不能得到有效提高。[①] 因此,补偿和道歉具有独立性。

其次,移情。所谓移情是指对顾客的困境表示真切的感同身受。这种理解和同情会使顾客意识到企业实际上对他的困境也相当在意,一旦顾客意识到这一点,许多愤怒便会烟消云散。需要指出的是,在道歉过程中,移情同样发挥作用。顾客经常会通过观察员工的身体语言和面部表情来判断其道歉是否发自内心,毫无诚意的道歉只会让顾客更加愤怒。而移情则会让道歉显得真诚,且效果会更好。

最后,跟进措施。跟进措施主要指服务补救后的电话或信件问候,以确保事情得到了解决。有调查显示,超过一半的受访者表示,他们很高兴能在事后收到服务组织的回访电话、信件或管理层的致歉信。跟进措施至少有两方面的作用:一是检验补救策略的成败,若发现服务补救未达目标,应及时进行"二次补救";二是进一步对顾客施加正面情绪影响,努力将其转化为愉悦、忠诚的顾客。

③ 物质补偿。

物质补救策略主要包括赔偿、折扣等有形补偿,常见的形式有优惠券、免费服务、打折促销、赠送礼品、退款等。一般而言,提供补偿的水平越高,顾客对服务补救的满意度和服务总体的满意度也就越高,而超额补偿将导致最高水平的顾客满意。

资料阅读

"天价小费"引发意大利旅游业整顿

一对到罗马旅游的日本情侣在意大利罗马市中心著名的纳沃纳广场吃了一顿普通的午饭,结账时竟然收到了一张 695 欧元的账单,其中仅小费一项就高达令人咋舌的 115.5 欧元。警察调查后发现,账单上的价格和餐馆菜单上完全不相符,最后这家餐馆被政府有关部门查封。日本《朝日新闻》在报道这件事时指出,近年来选择去意大利旅游的日本游客数量"急剧下降",就是因为经常在意大利碰到这种"高价低质"的服务。据估计,今年到意大利旅游的日本游客可能仅有一百万左右,相比十年前的 200 多万,可谓是"一落千丈"。

"天价小费"不仅让罗马的城市形象受损,更对意大利旅游业造成了恶劣影响。意大利旅游部长布兰比拉 21 日发表公开信,对这两名日本游客表示了"深深的歉意",并邀请他们作为自己的客人再次重返罗马,体验"意大利人的热情和对游客提供的顶级服务"。布兰比拉还在信中强调,意大利人的热情是举世闻名的,一直是像朋友那样欢迎世界各地的游客来旅游。为了确保此类事件不再发生,旅游部已设立专门的监督机构,解决游客在意大利遇到的各种问题,如服务质量、价格等等。她希望,所有的游客都能感到"宾至如归"。

资料来源:环球旅讯

---

① 王凤华.服务补救策略有效性研究——服务失败情形的影响[M].北京:企业管理出版社.2013:155.

（3）旅游服务补救反馈机制

旅游服务补救反馈机制包括内外两部分，对外要做好顾客的跟踪反馈，对内则要做好与一线员工的沟通反馈。从外部营销角度看，如前所述，旅游服务企业应对实施的服务补救结果进行追踪，这不仅能在情感上对顾客进行补偿，而且可以确认补救是否有效，为下一次的服务补救提供参考意见。从内部管理角度看，在发生服务失误以后，管理层如果一味责备员工和推卸责任，既伤害了员工感情和工作积极性，也不利于对顾客的服务补救。应该本着及时性、移情性和协作的原则来帮助员工共同面对问题，将追踪的信息反馈给员工，让全体员工共同参与讨论，同时帮助员工调整情绪，对心存不满和情感受挫的员工进行疏导安抚。可以说，旅游服务补救的外部反馈影响顾客对企业的感知和评价，而内部反馈则会影响员工对组织的情感承诺和工作满意。

··

思考题

1. 何谓服务设计？其流程是什么？

2. 什么是服务蓝图？请尝试描绘校园中某一部门的服务蓝图。

3. 明确的服务承诺常见的沟通方式是什么？

4. 隐性的服务承诺在何种情况下适用？为什么？

5. 旅游服务投诉管理的原则哪些？

6. 影响顾客投诉的因素有哪些？

7. 服务抱怨和服务投诉的关系是什么？

8. 请描绘旅游服务补救管理系统。

9. 旅游服务补救的作用是什么？请举例进行说明。

10. 请选取校园中某一单位（如超市、食堂、快递收取点等），运用本章所学，对其服务过程进行评价。

本章导读

提升旅游服务质量的前提是了解当前旅游服务质量水平,明确服务质量存在的问题,这依赖于有效的旅游服务质量评价方法。有形产品可以直接根据相应的标准或技术规范进行质量测定,而服务的无形性、生产和消费同步性、无法储存性等特点使得服务质量评价变得更加困难和复杂。由于顾客是旅游服务的直接接受者和感知者,因此基于顾客视角对服务质量进行主观性评价已经得到了广泛的认可。但具体评价方法多种多样,旅游企业可以根据自己的需要选择合适的评价方法。

本章主要介绍了顾客满意度法、SERVQUAL 方法、IPA 方法、内容分析法和模糊综合评价法等常用的旅游服务质量评价方法。通过本章学习,应该充分掌握这些方法。

8.1　顾客满意度法

1. 顾客满意的概念界定

顾客满意(Customer Satisfaction, CS)是质量管理领域最基本也是最核心的概念之一,GB/T 19000—2016《质量管理体系 基础和术语》对顾客满意给出的定义是"顾客对其要求已被满足程度的感受",并注明"顾客报怨是一种满意程度低的最常见的表达方式,但没有抱怨并不一定表明顾客很满意。即使规定的顾客要求符合顾客的愿望并得到满足,也不一定确保顾客很满意。"该定义强调顾客满意是一种主观感受,而它主要来自于心理比较。

奥利弗(Oliver)将顾客期望作为比较的参照,提出了顾客满意的期望—失验范式(Expectancy-disconfirmation Paradigm),认为顾客满意是顾客期望和期望失验的结果。[1] 他指出,在购买前,顾客会对产品或服务产生某种期望。然后,在消费时会对服务质量进行感知,而感知的服务质量可能高于或低于期望,也就是产生期望失验。期望和期望失验又会正向影响到顾客满意。在此范式中,顾客期望成为决定顾客满意的重要因素,如果期望失验出现,顾客满意就会随之增加或减少。图 8.1 描绘了顾客满意的期望—失验范式。

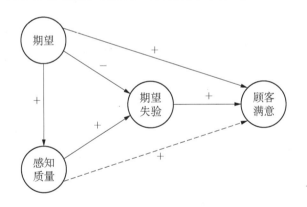

图 8.1

顾客满意的
期望-失验
范式[2]

基于期望的顾客满意概念目前已被广泛使用。科特勒(Kotler)在其经典的《营销管理》一书中更是简单直接地指出,顾客满意是指"一个人对产品绩效的感知与期望之间比较后的愉悦或失望的感觉"。[3] 当感知的产品绩效低于期望时,顾客就不满意;当感知的产品绩效等于期望时,顾客就满意;当感知的产品绩效高于期望时,顾客就会高度满意或愉悦。

① Oliver R L. A Cognitive Model of the Antecedents and Consequences of Satisfaction Decisions [J]. Journal of Marketing Research, 1980,17(4): 460-469.

② Anderson E W, Sullivan M W. TheAntecedents and Consequences of Customer Satisfaction for Firms [J]. Marketing Science, 1993,12(2): 125-143.

③ 菲利普·科特勒,凯文·莱恩·凯勒. 营销管理[M]. 上海:格致出版社和上海人民出版社,2016:129.

　　顾客期望的引入使我们更容易理解顾客满意,但也造成与服务质量概念的模糊。在第 2 章我们讨论服务质量概念的时候也提到了顾客期望。服务质量和顾客满意是两个既有区别又有联系的不同概念。鲁斯特(Rust)和奥利弗(Oliver)区别了服务质量与顾客满意的一些不同点[①]:(1)质量判断有专门的维度,而满意可能来自于任何维度;(2)对质量的期望是基于理想或卓越的看法,而大量的非质量问题却有助于形成顾客满意(如需求,平等,对公平的感知);(3)质量感知不需要相关经验,而顾客满意则需要;(4)相比顾客满意,服务质量具有更少的概念性前置变量。此外,还有观点认为感知的服务质量是对企业全面卓越的判断,是对企业的一种总体态度,而满意更多的是与每次交易相关(Bitner,1990;Parasuraman,Zeithaml and Berry,1988)。

　　关于服务质量与顾客满意的关系,主要存在两种相矛盾的观点,一种是认为服务质量是顾客满意的前置变量,邱吉尔(Churchill)和苏普南特(Surprenant)在 1982 年通过对服务质量和顾客满意的因果关系研究,提出顾客满意的高低是由感知服务质量的好坏导致的。[②] 伍德赛德(Woodside)等人,[③]以及克罗宁和泰勒(Cronin and Taylor)的研究也证实服务质量决定顾客满意[④]。但还有一种观点认为顾客满意是服务质量的前置变量,比特纳(Bitner)在研究服务质量、顾客满意和行为意图关系时,将感知服务质量作为顾客满意和行为意图的中介变量,即顾客满意影响感知服务质量,再影响行为意图。[⑤] 除这两种观点外,泰勒和贝克(Taylor and Baker)认为顾客满意最好是作为服务质量与行为意图的调节变量。[⑥]

　　总体来看,顾客感知的服务质量和顾客满意度是两个不同的概念,但存在联系,又有一定共性。而在实践中,人们往往会弱化服务质量与顾客满意度的区别,将其作为一个硬币的两面。因此,当评价旅游企业服务质量的时候,企业常用的一种方法就是调查顾客满意度。顾客满意度高,就意味着服务质量就好,反之服务质量就差。

2. 顾客满意度评价

(1) 顾客满意度调查

　　对旅游企业的顾客满意度进行评价,首先必须进行顾客满意度的调查,获得相关数据后再进行统计分析。顾客满意度调查包括主动倾听顾客的意见、关注顾客投诉、顾客群体焦点访谈、书面调查等多种方法。其中,正式的书面调查是顾客满意度测量的最常

---

① Rust R T, Oliver R L. Service Quality: New Directions in Theory and Practice[M]. California: SAGE Publications, 1993.

② Churchill Jr G A, Surprenant C. An Investigation into The Determinants of Customer Satisfaction [J]. Journal of Marketing Research, 1982: 491 - 504.

③ Woodside A G, Frey L L, Daly R T. Linking Service Quality, Customer Satisfaction, and Behavioral Intention [J]. Journal of Health Care Marketing, 1989,9(4): 5 - 17.

④ Cronin J J, Taylor S A. Measuring Service Quality: A Reexamination and Extension [J]. Journal of Marketing, 1992,56(3): 55 - 68.

⑤ Bitner M J. Evaluating Service Encounters: The Effects of Physical Surroundings and Employee Responses [J]. Journal of Marketing, 1990,54(2): 69 - 82.

⑥ Taylor S A, Baker T L. An Assessment of The Relationship Between Service Quality and Customer Satisfaction in The Formation of Consumers' Purchase Intentions. [J]. Journal of Retailing, 1994,70(2): 163 - 178.

用方法,它的主要优点就是调查成本低、覆盖面广、具有客观性和统一性,而且容易分析,但也存在回收率和有效性低的问题。因此,有效的问卷设计、合理的抽样以及一定的样本量成为保障问卷调查有效性的重要保障。

从市场上可以找到各种顾客满意度的调查问卷,但有些太过冗长,而有些又太过简单。旅游企业要基于相关理论和实际需要,构建科学合理的顾客满意度评价体系,再根据顾客的接受程度,设计相应的问卷。要仔细挑选与顾客最相关的问题,尽量满足分析的要求。问卷设计时要避免有意引导顾客,问题尽量简单易懂,避免歧义。问题类型既可以采用开放题,也可以采用封闭题,但为了统计的方便,应该以封闭题为主。大多数问卷还会包括一些基本的人口统计特征调查,以便进行更深入的数据挖掘。由于人口统计信息涉及顾客隐私,容易引起顾客反感,而且与主体内容的关联度相对较弱,所以一般放置在问卷最后。

在满意度调查时,一般会采用李斯特量表对回答加以控制(见表8.1)。李斯特量表可以很好地对顾客的满意程度进行分级,常见的是 5 分制、7 分制,有时还会有 9 分制和 10 分制。由于 5 分制量表表现出很高的可靠性,所以经常采用 5 分制。[①] 值得注意的是,在 5 分制量表中,虽然顾客回答"4"表示满意,他们的期望虽然得到满足,但是仍然会遇到竞争者的有力竞争,只有"5"才表示他们充分认可企业的服务质量。而回答"3",只是表示一般,顾客的期望勉强得到满足,服务还存在很大的改进空间。回答"1"和"2"表示服务质量存在严重问题。

很差	差		一般		好		很好	表 8.1
1	2		3		4		5	
非常不同意	不同意		无所谓同不同意		同意		非常同意	李斯特量
1	2		3		4		5	表示例
非常不满意	不满意		一般		满意		非常满意	
1	2		3		4		5	
非常不满意	很不满意	不满意	一般	满意		很满意	非常满意	
1	2	3	4	5		6	7	
极其不满意			……				极其不满意	
1	2	3	4	5	6	7	8	9	10	

对设计好的问卷还需要进行预调查,以确定问卷结构、题项设计、语言表述等是否合理清晰,是否能够达到调研的目的。一旦正式确定调查问卷后,可以通过现场发放、电子邮件、问卷网站、官网等多种渠道进行问卷发放。对顾客满意度应该进行持续性调查,以了解企业服务质量的变化。此外,既可以对本企业的服务满意度进行调查,也可以对竞争对手的服务质量进行满意度调查,从而确定本企业服务质量的优势和不足。

① 詹姆斯·埃文斯,威廉·林赛. 质量管理与卓越绩效[M]. 北京:中国人民大学出版社,2016:110.

万豪顾客满意度调查

姓名：_____

地址：_____

国家：_____

抵达日期：_____ 离店日期：_____

花点时间回答下列问题。如果哪个问题不合适您，请直接进入下一道问题。

对本店下列方面，您的评价是：

1. 居住质量

	优　　　　　　　　　差
入住时客房清洁度 …………………………………	⑩⑨⑧⑦⑥⑤④③②①
客房家具状况 ………………………………………	⑩⑨⑧⑦⑥⑤④③②①
客房照明 ……………………………………………	⑩⑨⑧⑦⑥⑤④③②①
客房工作区符合要求程度 …………………………	⑩⑨⑧⑦⑥⑤④③②①
客房安静程度 ………………………………………	⑩⑨⑧⑦⑥⑤④③②①
客户宽敞感 …………………………………………	⑩⑨⑧⑦⑥⑤④③②①
沐浴处及瓷砖区清洁程度 …………………………	⑩⑨⑧⑦⑥⑤④③②①
入住期间客房的清洁度与服务 ……………………	⑩⑨⑧⑦⑥⑤④③②①
总体客房质量 ………………………………………	⑩⑨⑧⑦⑥⑤④③②①
地面状况 ……………………………………………	⑩⑨⑧⑦⑥⑤④③②①
大厅与接待处状况 …………………………………	⑩⑨⑧⑦⑥⑤④③②①
大厅与接待处装修 …………………………………	⑩⑨⑧⑦⑥⑤④③②①
走廊状况 ……………………………………………	⑩⑨⑧⑦⑥⑤④③②①
总体维修与保持 ……………………………………	⑩⑨⑧⑦⑥⑤④③②①
房内是否一切有序 …………………………………	⑩⑨⑧⑦⑥⑤④③②①

您的房间号是：

请就房间、大厅和外部区域的质量提出宝贵意见。

_____

_____

_____

2. 酒店职员与服务的质量

您到达酒店时，发现您的预订信息是否准确？

○ 是　　　○ 否

您如何预订？

○ 酒店预订部门　　　○ 免费电话号码

○ 旅行社　　　　　　○ 团体预订卡

○ 其他(请注明)：_____

	优	差
预订过程容易程度 ………………………………	⑩⑨⑧⑦⑥⑤④③②①	
入住手续速度 ……………………………………	⑩⑨⑧⑦⑥⑤④③②①	
服务员效率 ………………………………………	⑩⑨⑧⑦⑥⑤④③②①	
服务员态度 ………………………………………	⑩⑨⑧⑦⑥⑤④③②①	
前台服务员注意力 ………………………………	⑩⑨⑧⑦⑥⑤④③②①	
行李员注意力 ……………………………………	⑩⑨⑧⑦⑥⑤④③②①	
结账速度 …………………………………………	⑩⑨⑧⑦⑥⑤④③②①	
到机场的交通及间隔情况* ………………………	⑩⑨⑧⑦⑥⑤④③②①	
服务与职员总体质量 ……………………………	⑩⑨⑧⑦⑥⑤④③②①	
就酒店内部及周围的活动/设施提供足够信息………	⑩⑨⑧⑦⑥⑤④③②①	

账单是否正确? ……………………………………………… ○是　○否
请就店员及其服务提出宝贵意见。

_____

_____

(* 并非每个酒店都有)

3. 价值

	优	差
酒店服务收费是否合理		
（如小巴、停车） …………………………………	⑩⑨⑧⑦⑥⑤④③②①	
客房价值 …………………………………………	⑩⑨⑧⑦⑥⑤④③②①	
早餐价值 …………………………………………	⑩⑨⑧⑦⑥⑤④③②①	
正餐价值 …………………………………………	⑩⑨⑧⑦⑥⑤④③②①	
价格 ………………………………………………	⑩⑨⑧⑦⑥⑤④③②①	
其他价值 …………………………………………	⑩⑨⑧⑦⑥⑤④③②①	

请就您最近在我店的感受给出下面或反而意见。

_____

_____

4. 餐饮

	优	差
总体早餐感觉 ……………………………………	⑩⑨⑧⑦⑥⑤④③②①	
总体午餐感觉 ……………………………………	⑩⑨⑧⑦⑥⑤④③②①	
总体正餐感觉 ……………………………………	⑩⑨⑧⑦⑥⑤④③②①	
总体客房服务 ……………………………………	⑩⑨⑧⑦⑥⑤④③②①	
总体就餐感觉 ……………………………………	⑩⑨⑧⑦⑥⑤④③②①	

餐厅名称
总体情况

5. 与其他酒店包括您所熟悉的其他万豪酒店相比,您认为本店如何?

	优	差
	⑩⑨⑧⑦⑥⑤④③②①	

6. 在入住期间,您是否曾遇到过问题?

○ 是　○ 否(如答案为否,请直接转7)

入住期间是否反映过遇到的问题?

○ 是　○ 否

如答案为是,是否所有问题都得到令您满意的解决?

○ 是　○ 否

下面哪种情况最能描述您对酒店解决问题所采取的行动的感觉?

○ 极为满意

○ 完全满意

○ 不完全满意,但所采取行动可接受

○ 离店时不满意

○ 离店时非常不满意

如果答案为是,是否仅一个电话或亲自反映了一次就解决了?

○ 是　○ 否

7. 您此次的主要目的是什么?

○ 公差

○ 旅游

○ 公差与旅游兼而有之

○ 开会/团体会议/宴会

8. 如果再次来本地,您是否还要入住万豪酒店?

○ 当然会(转向第 9 个问题)

○ 很可能会(转向第 9 个问题)

○ 也许会,也许不会(转向第 9 个问题)

○ 很可能不会

○ 当然不会

如果"很可能"或"当然"不会再来,请标出不再回来的原因。

○ 其他酒店更方便

○ 客房质量

○ 服务质量

○ 餐厅质量

○ 价格

○ 其他原因(请指明)

9. 仅根据您个人爱好,如果您下次准备去的地区
有下述所有主要酒店,哪一个是您的首选?

公差:	旅游:
○ Copthorne	○ Copthorne
○ 希尔顿	○ 希尔顿
○ 假日旅馆	○ 假日旅馆
○ 万豪	○ 万豪
○ Posthouse	○ Posthouse
○ Stakis	○ Stakis
○ 其他(请指明)	○ 其他(请指明)

10. 您是万豪尊贵客人奖励计划或万豪里程计划的成员吗?

○ 是　　○ 否

多谢您抽出时间协助我们。

　　资料来源:约翰·E·G·贝特森,K·道格拉斯·霍夫曼.服务营销管理[M].北京:中信出版社,2004:346.

(2) 平均法计算

对问卷调查的数据需要进行一定的统计分析,才能够准确知道顾客满意度情况。最简单的方法就是采用平均法计算。平均法就是对旅游服务质量各维度的满意度评分进行平均处理,然后得到最终的满意度结果。它包括了简单平均法和加权平均法。简单平均法不考虑评价维度的权重,而加权平均法需要利用权重进行加权计算。

假设评价旅游企业服务质量满意度的维度共有 K 个,分别是 D_1,D_2,$\cdots\cdots D_K$,某顾客 i 对每一个维度的对应评价分别是 E_1,E_2,$\cdots\cdots E_K$,利用简单平均法,该顾客的满意度是:

$$S_i = \frac{1}{K}(E_1 + E_2 + \cdots\cdots E_K) \text{ 或 } S_i = \frac{\Sigma E_j}{K}, j = 1, 2, \cdots\cdots K$$

如果调研了共 N 位顾客,每位顾客的满意度评分是 S_1,S_2,$\cdots\cdots S_N$,则最终该旅游企业服务质量的顾客满意度是:

$$S = \frac{1}{N}(S_1 + S_2 + \cdots\cdots S_N) \text{ 或 } S = \frac{\Sigma S_i}{N}, i = 1, 2, \cdots\cdots N$$

如果利用加权平均法,则需要考虑各评价维度的权重。假设 K 个维度的权重分别为 W_1,W_2,$\cdots\cdots W_K$,则顾客 i 的满意度为:

$$S_i = \Sigma W_j E_j, j = 1, 2, \cdots\cdots K$$

总体满意度为:

$$S = \frac{\Sigma S_i}{N}, i = 1, 2, \cdots\cdots N$$

每个维度的满意度为:

$$E_j = \frac{\sum_{i=1}^{N} E_{ij}}{N} \quad i = 1, 2, \cdots\cdots N, j = 1, 2, \cdots\cdots K$$

例1:现对某旅游景区的服务质量进行满意度测评,测评维度包括交通服务、环境质量、景区管理和服务、景观质量、购物服务和餐饮服务六个方面,采用李斯特量表 7 分制进行满意度测评(非常满意＝7,很满意＝6,满意＝5,一般＝4,不满意＝3,很不满意＝2,非常不满意＝1),共有 10 份问卷,结果如下:

表 8.2

旅游景区
满意度评分

顾客	交通服务	环境质量	景区管理和服务	景观质量	购物服务	餐饮服务
1	3	5	6	7	4	4
2	4	5	6	7	3	5
3	5	5	7	7	2	3
4	3	5	7	6	1	4
5	2	3	6	6	2	3
6	7	2	5	7	3	2
7	6	5	6	6	3	3
8	6	3	7	6	2	2
9	5	3	5	5	3	2
10	6	3	6	7	2	3

如果利用简单平均法计算顾客的满意度,则顾客满意度为:

$$S_1 = \frac{1}{6}(3+5+6+7+4+4) = 4.83$$

$$S_2 = \frac{1}{6}(4+5+6+7+3+5) = 5$$

$$\cdots\cdots$$

$$S_{10} = \frac{1}{6}(6+3+6+7+2+3) = 4.5$$

总体满意度为:

$$S = \frac{1}{10}(4.83+5+\cdots\cdots+4.5) = 4.45$$

假设这六大维度具有不同的权重,权重分别如下:

表 8.3

评价维度的权重

	交通服务	环境质量	景区管理和服务	景观质量	购物服务	餐饮服务
权重	0.2	0.2	0.1	0.3	0.1	0.1

如果利用加权平均法,顾客满意度为:

$$S_1 = 0.2\times3+0.2\times5+0.1\times6+0.3\times7+0.1\times4+0.1\times4) = 5.1$$
$$S_2 = 0.2\times4+0.2\times5+0.1\times6+0.3\times7+0.1\times3+0.1\times5) = 5.3$$

$$\cdots\cdots$$

$$S_{10} = 0.2\times6+0.2\times3+0.1\times6+0.3\times7+0.1\times2+0.1\times3) = 5$$

总体满意度为:

$$S = \frac{1}{10}(5.1+5.3+\cdots\cdots+5) = 4.81$$

可以看出,因为权重不同,利用加权平均法和简单平均法得出的顾客满意度会有所差别。某些维度权重较大时,就会对总体评价产生较大影响。权重的确定主要有主观赋权法和客观赋权法,主观赋权法有专家赋权法、层次分析法等,客观赋权法有主成分分析法、熵值法等。这些方法各有优缺点,企业可以根据需要选择合适的方法。

3. 顾客满意度指数

除了简单的统计分析外,还可以利用顾客满意度模型计算顾客满意度指数。1989年,瑞典率先建立起全国性的顾客满意度指数,至今已有近三十年的历史。随后,德国、美国等国家也都建立了本国的顾客满意度指数。我国于上世纪 90 年代中期也开始了顾客满意度的研究和测评工作。顾客满意度指数的提出,可以对不同经济部门、行业、企业提供的不同产品质量进行评价和比较,不仅有助于了解各个企业的质量水平,提升企业的质量水平,也有助于了解整个国民经济的运行质量,促进国家向质量强国转型。目前国际上有代表性的顾客满意度指数主要有瑞典顾客满意度指数(SCSB),美国顾客满意度指数(ACSI)和欧洲顾客满意度指数(ECSI)。

(1) 瑞典顾客满意度指数

瑞典顾客满意度指数(Sweden Customer Satisfaction Barometer, SCSB)是由美国密歇根大学和美国质量研究中心教授佛耐尔(Claes Fomell)及其团队构建的具有因果关系的满意度测评模型,该模型对瑞典 32 个行业的 100 多家公司的顾客满意度进行了调查和分析,旨在为生产力指标衡量提供补充。

图 8.2

SCSB 模型[①]

SCSB 模型包括 5 个结构变量和 6 个关系,所有的结构变量均被认为是隐变量,即这些变量不能直接获得,必须通过相应的一个或几个可观测变量(或显变量)来衡量。在 SCSB 模型中,顾客满意有两个前因变量:感知表现和顾客期望。SCSB 认为感知表现有两个显变量,即给定价格下对质量的感知和给定质量下对价格的感知,可见感知表现主要衡量的是顾客对产品或服务价值的感知,潜在含义是产品或服务的性价比越高,顾客满意度越高。顾客满意的另一前因变量是顾客期望,顾客期望不仅会影响到顾客满意,还会影响到表现感知。顾客满意表现为总体满意,对预期的满足和与理想的差距。顾客满意有两个结果:顾客抱怨与顾客忠诚,这主要来自于 Hirschman(1970)的退出—呼声(Exit-Voice)理论。如果顾客对产品或服务不满,就会产生抱怨,一般行为

---

① Fornell C. A National Customer Satisfaction Barometer:The Swedish Experience [J]. Chinese Journal of Management,2005,56(1):6 - 21.

表现为退出或投诉。如果顾客对产品或服务感到满意,则会形成顾客忠诚。顾客抱怨又会影响到顾客忠诚,如果企业能够妥善处理与对待顾客抱怨,抱怨的顾客往往会转变为忠诚的顾客。否则,顾客的流失不可避免,企业市场份额随之下降。

(2)美国顾客满意度指数

美国顾客满意度指数(American Customer Satisfaction Index,ACSI)模型是 1994 年由美国密歇根大学商学院、美国质量协会(ASQ)的国家质量研究中心(NQRC)和一家国际咨询企业(Claes Fornell International,CFI)在 SCSB 模型的基础上联合编制的。与 SCSB 模型相比,ACSI 模型增加了一个潜变量——质量感知,将质量感知从价值感知中分离了出来。质量感知是对总体质量、可靠性和满足需求能力的评价。而相对应的顾客期望也不再仅仅是 SCSB 模型中的总体期望,而是转变成总体质量的期望、对可靠性的期望和对满足需求的期望。1996 年 ACSI 模型又针对耐用消费品,将质量感知进一步分为产品质量感知和服务质量感知。目前,ACSI 模型已成为影响最为广泛的模型。

ACSI 模型包括顾客期望、感知质量、感知价值、顾客满意、顾客抱怨、顾客忠诚 6 个主要因素(隐变量)。该模型认为:第一,顾客期望会影响到感知质量,而顾客期望和感知质量会同时影响到感知价值;第二,顾客的满意度是由顾客期望、感知质量和感知价值共同决定的;第三,如果顾客对服务质量不满意,就会产生抱怨;第四,顾客忠诚取决于顾客的满意程度和对顾客抱怨的处理。

图 8.3

ACSI 模型[1]

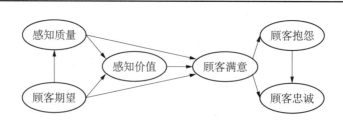

ACSI 模型共包括四个层次:第一层次是全国的顾客满意度指数;第二层次是主要经济领域的顾客满意度指数,包括非耐用消费品制造业、耐用消费品制造业、交通/通信/公用事业、零售业、金融/保险、服务业、公共行政机构/政府部门等 7 个领域;第三层次是 34 个行业或政府机构的顾客满意度指数;第四是约 200 多家公司或机构的顾客满意度指数。通过四个层次的顾客满意度指数评价,不仅可以从微观上掌握美国主要企业的质量水平,也可以从宏观层面洞察美国经济的增长质量和行业的发展水平。

(3)欧洲顾客满意度指数

欧洲顾客满意度指数(European Customer Satisfaction Index:ECSI)模型是由 ECSI 技术委员会于 1998 年在 ACSI 的基础上构建的。ECSI 模型共包括了 7 个潜变量:企业形象、顾客期望、感知产品质量、感知服务质量、感知价值、顾客满意和顾客忠诚。其

---

[1] Fornell C, Johnson M D, Anderson E W, et al. The American Customer Satisfaction Index: Nature, Purpose, and Findings [J]. Journal of Marketing, 1996,60(4): 7-18.

中,企业形象、顾客期望、感知产品质量和感知服务质量都是顾客满意的前因变量,顾客忠诚则是结果变量。企业形象包括企业的商业实践、商业道德、社会责任感和整体形象,企业形象正向影响顾客期望、顾客满意和顾客忠诚。顾客期望是指顾客对产品或服务的期望以及顾客对公司与自己沟通的期望。顾客期望直接影响感知价值和顾客满意。在 ESCI 模型中,感知质量被区分为感知产品质量和感知服务质量,分别针对企业的硬件和软件质量。感知价值不仅仅强调本身的价值感知,还强调与竞争对手比较后的价值感知。顾客满意与 SCSB 和 ACSI 一样,而顾客忠诚指的是顾客对该品牌或服务的偏爱程度,不仅指重复购买意愿,还包括交叉购买意愿和推荐他人购买意愿。

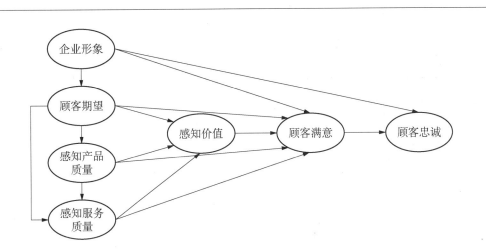

图 8.4

ECSI 模型[①]

（4）三大指数的差异

总体看,SCSB、ACSI、ECSI 三大指数模型大同小异,一是在理论上充分吸收了顾客满意理论和顾客行为理论等研究成果,确定了变量之间的因果关系。与简单的顾客满意度评价相比,基于因果关系的模型设计能够更加透彻满意度形成的逻辑机理,从而具有更强的说服力。二是在形式上都是采用结构方程模型,由潜变量和测量变量构成。结构方程充分考虑了各变量之间的相互关系,并利用结构方程图清晰地展现出来。三是三大指数模型都比较清晰简单,通过问卷调研,然后利用 PLS、LISREL 和 AMOS 等软件都很容易进行计算求解。

虽然各模型有诸多共同点,但是在变量的选择上却存在差异。各国家根据本国国情和实际需要以及理论的一些研究成果对变量进行了增减。比如,ASCI 在 SCSB 基础上将感知表现区分为感知质量和感知价值。而 ESCI 又进一步将感知质量区分为感知软件质量和感知硬件质量。此外,ESCI 又增加了企业形象这一新变量,认为企业形象是影响顾客期望、顾客满意和顾客忠诚的重要因素。同时,删减了顾客抱怨,这主要是因为通过对挪威境内 5 个行业的 6900 名顾客调查显示,顾客抱怨对顾客满意和顾客忠

① Vilares M J, Coelho P S. The Employee-Customer Satisfaction Chain in The ECSI Model [J]. European Journal of Marketing, 2003, 37(11/12): 1703 - 1722.

诚并不存在显著影响。[①] 此外,三大指数中潜变量在具体的测量指标选择上也存在个别差异。

（5）统计方法

通过调研收集数据,利用满意度指数模型可以生成顾客满意度指数。标准公式为:

$$CSI = \frac{E[\eta] - Min[\eta]}{Max[\eta] - Min[\eta]} \times 100$$

其中,

$$Min[\eta] = \sum_{i=1}^{k} w_i Min[y_i]$$

$$Max[\eta] = \sum_{i=1}^{k} w_i Max[y_i]$$

$$E[\eta] = \sum_{i=1}^{k} w_i E[y_i]$$

公式中,η 为潜变量顾客满意度,$E[\eta]$ 为顾客满意度期望,$Min[\eta]$ 和 $Max[\eta]$ 分别为顾客满意度的最小值和最大值。y_i 为顾客满意度第 i 个可观测变量,w_i 为其对应权重,k 为可观测变量的数量。

在 ASCI 计算中,顾客满意度由三个指标进行测量,由于是采用 10 级量表,y_i 的最大值和最小值分别为 10 和 1[②],此时 ASCI 的计算公式为:

$$ACSI = \frac{\sum_{i=1}^{3} w_i \bar{y}_i - \sum_{i=1}^{3} w_i}{9 \sum_{i=1}^{3} w_i} \times 100$$

8.2　SERVQUAL 方法

SERVQUAL 是 Service quality 的缩写,它是在 20 世纪 80 年代末由美国市场营销学家帕拉索拉曼（Parasuraman）、齐塞尔（Zeithaml）和贝利（Berry）提出来的一种服务质量评价方法。这一方法的基础是服务质量差距模型,即服务质量取决于顾客感知的服务水平与顾客期望的水平的差别程度。如果顾客感知的服务质量高于期望的水平,服务质量就是高的,否则服务质量就是低的。SERVQUAL 方法得到了理论界和实业界的广泛认可,也在旅游服务质量评价领域得到了充分运用。

1. 问卷设计

1985 年,帕拉索拉曼、齐塞尔和贝利研究发现了决定服务质量的 10 个因素,分别是有形性、可靠性、响应性、沟通性、可信性、安全性、胜任能力、礼貌、移情性和可接近性。

---

① Johnson M D, Gustafsson A, Andreassen T W, et al. The Evolution and Future of National Customer Satisfaction Index Models [J]. Journal of Economic Psychology, 2001, 22(2): 217-245.

② 在顾客满意度计算时,一般都是以调查表中的最大和最小值作为观测变量的最大和最小值。也有一些学者对其进行了改进,以实际调查的结果作为最大和最小值。

后来通过对电器修理维护、银行零售、长途电话和信用卡业务等不同行业企业进行深入调查和实证研究,最终得出了 5 个影响服务质量最重要的因素,即有形性、可靠性、响应性、保证性和移情性,形成了评价服务质量的五个基本维度。这些因素在前面第 2 章已经讨论过,这里便不再复述。

根据服务质量的五大维度,帕拉索拉曼,齐塞尔和贝利设计了服务质量评价的基本调查问卷框架,主要包括两部分内容:第一部分反映顾客的服务期望,第二部分反映顾客在接受服务之后的感知。每部分都有 22 个问题覆盖服务质量的五大维度。在基本的 SERVQUAL 评价方法中,期望和感知的条款如下表所示:

表 8.4

SERVQUAL 量表法[①]

说明:这项调查旨在了解你对服务的看法。你认为提供这种服务的企业在多大程度上符合下列陈述所描述的特征。从每个陈述后面的 7 个数字中选出你认为最合适的。完全同意选 7,完全不同意选 1。如果感觉适中,请选择中间的数字。回答没有对错,我们最关心的是你对服务的看法。

E1　他们应该有先进的设备
E2　他们的设备应该有明显的吸引力
E3　他们的雇员应穿着得体,整洁
E4　这些公司设备的外表应与提供的服务相匹配
E5　他们承诺了在某时做某事,他们应该做到
E6　当顾客遇到困难时,这些公司应表现出同情心
E7　这些公司应是可靠的
E8　他们应在承诺的时间提供服务
E9　他们应记录准确
E10　不能指望他们告诉顾客提供服务的确切时间
E11　期望他们提供及时的服务是不现实的
E12　员工不总是愿意帮助顾客
E13　如果因为工作太忙而不能立即回答顾客的请求,也可以理解
E14　员工应是值得信赖的
E15　顾客应在与公司的交往中觉得放心
E16　员工应有礼貌
E17　公司应给予员工充分支持,使他们工作得更好
E18　不应指望公司给予顾客个别的关心
E19　不应指望这些企业的员工给予顾客个性化的关注
E20　期望员工了解顾客的需求是不现实的
E21　期望这些公司把顾客最关心的事放在心上是不现实的
E22　不应指望营业时间便利所有的顾客

说明:下列陈述与你对 xyz 公司的看法有关。请根据你对 xyz 公司的了解,指出你对每个陈述同意的程度。完全同意选 7,完全不同意选 1。你也可以选任何中间的数字,表示你对该公司的感觉。回答没有对错。我们想了解的是你对 xyz 公司的看法。

P1　该公司拥有先进的设备
P2　该公司的设施具有明显的吸引力
P3　该公司的雇员穿着得体,整洁
P4　该公司设施的外观与提供的服务相匹配

---

① Parasuraman A, Zeithaml V A, Berry L. SERVQUAL: A Multiple-Item Scale for Measuring Consumer Perceptions of Service Quality [J]. Journal of Retailng, 1988,64(1): 38 - 40.

P5　该公司承诺了在某时做某事,该公司确实做到了

P6　当顾客遇到困难时,该公司表现出了同情心

P7　该公司是可靠的

P8　该公司在承诺的时间提供了服务

P9　该公司的记录准确

P10　该公司没有告诉顾客提供服务的确切时间(−)

P11　您没有得到该公司的及时服务(−)

P12　该公司的员工不总是愿意帮助顾客(−)

P13　该公司的员工工作太忙了,不能立即满足顾客的请求(−)

P14　该公司的员工值得信赖

P15　您在与公司的交往中觉得放心

P16　该公司的员工有礼貌

P17　该公司给予员工充分支持,使他们工作得更好

P18　该公司没有给予您个别的关心(−)

P19　该公司的员工没有给予您个性化的关注(−)

P20　该公司员工不了解您的需求(−)

P21　该公司没有真正地把您的利益放在心上(−)

P22　该公司的营业时间没有顾及所有的顾客(−)

2. 计算方法

问卷主要是采用李克特量表的 7 分法来进行评价,1—7 表示非常不同意(非常不重要)到非常同意(非常重要)。顾客对问卷题项进行打分,然后根据问卷计算服务质量的分数。顾客的实际感知与期望往往不同,通过问卷调查,可以了解顾客对每一个问题的期望和感知情况,从而了解期望与感知之间的差距,感知与期望之间的差异就是服务质量的水平,通过将差距从大到小排列,可以了解旅游企业服务质量存在的最主要问题。考虑所有的质量维度权重一致的情况,将总的差距加总就可计算总的旅游服务质量水平,用公式表示为:

$$SQ = \sum_{i=1}^{R} P_i - E_i$$

公式中,SQ 为 SERVQUAL 模型中的感知服务质量,P_i 为顾客对第 i 个问题的感知评分,E_i 为顾客对第 i 个问题的期望评分,R 为所有评价指标。

如果考虑五类属性重要性的不同,在评估旅游企业服务质量时可以进行加权平均。其加权计算的公式为:

$$SQ = \sum_{j=1}^{5} \left(w_j \sum_{i=1}^{k_j} (P_{ji} - E_{ji}) \right)$$

其中,$j \in \{1, 2, 3, 4, 5\}$,表示第 j 个服务质量评价维度,i 表示维度 j 的第 i 个测量指标,k_j 表示维度 j 共有 k 个测量指标,w_j 表示维度 j 的权重,P_{ji} 和 E_{ji} 分别表示维度 j 的第 i 个测量指标的服务感知和期望。

SERVQUAL 方法被认为是适用于评价各类服务质量的典型方法,并得到了广泛

的应用。但随着人们对服务质量评价研究的不断深入,这一评价方法也受到一些学者的质疑,其中主要就是关于对期望的理解,以差异分数描述服务质量的可行性等。其中比较有代表性的是克罗宁和泰勒(Cronin & Taylor,1992)。他们于 1992 年推出了"绩效感知服务质量度量方法",即 SERVPERF(Service Performance 的缩写)。该模型建立在 SERVQUAL 模型的基础上,但与 SERVQUAL 模型不同的是,它摒弃了差异分析方法。他们认为单一的绩效评价已经能够反映服务质量,不再考虑顾客期望,因此他们直接将顾客在服务过程中的感知绩效作为服务质量的测量核心。如此一来,在进行顾客调查时,SERVPERF 依然采用 SERVQUAL 模型的问卷调查内容,但顾客只须就服务感知打分,这大大精简了问卷中项目设计的数量。从实际运用情况来看,SERVPERF模型比 SERVQUAL 模型简便很多,是一种非常简捷、有效的顾客感知服务质量的测量方法。

8.3　IPA 方法

重要性—效绩分析(Importance-Performance Analysis)简称 IPA 方法,最初是在1977 年由马蒂拉(Martilla)和詹姆斯(James)提出来运用于市场营销研究。由于这一方法简单有效,很快地推广运用于评价服务质量。IPA 的基本思想是基于顾客的角度,通过评价服务要素的重要性和实际效绩表现,确定服务质量改进的方向。由于 IPA 方法将顾客所关注的服务要素的重要性和顾客对服务的满意度有效地组合起来,企业很容易确定提升服务质量时应该关注哪些主要的因素,以及应该改进哪些因素。基于轻重缓急的质量改进,有助于有限的资源得到更好利用。目前这一方法也被广泛用于旅游企业服务质量的评价。

1. 基本分析步骤

第一步:IPA 方法关键是要获得关于重要性和效绩的矩阵图,为此,首先需要构建旅游企业服务质量评价指标体系。旅游企业可以借鉴 SERVQUAL 方法从五个服务质量维度确定质量评价的指标体系,也可以根据企业的实际情况建立相应的指标体系。假设旅游企业在服务质量方向设定了 k 个指标。

第二步:利用李克特量表五分法测量每个指标:

非常不满意 1 分,不满意 2 分,一般 3 分,满意 4 分,非常满意 5 分;非常不重要 1分,不重要 2 分,一般 3 分,重要 4 分,非常重要 5 分。

以问卷的形式调查准备购买此项服务的顾客,要求他们对每个指标的重要性进行评分(1—5 分);在顾客购买服务后,要求他们对每个指标的服务效绩进行评分(1—5 分)。

第三步:对问卷进行统计分析。分别计算每个指标在重要性方面和实际效绩方面的平均值。再计算所有指标在重要性方面和实际效绩方面的总平均值。

$$I_j = \frac{1}{n} \sum_{i=1}^{n} I_{ij}, \ i = 1, 2 \ldots \ldots n, \ j = 1, 2 \ldots \ldots k$$

I_j 表示第 j 个指标重要性的平均值。I_{ij} 表示李克特量表下第 i 位顾客对第 j 个指标的重要性的评价结果(1—5 分)，n 表示参加问卷调查的顾客人数。

$$AI_j = \frac{1}{k} \sum_{j=1}^{k} Ij$$

AI_j 表示所有指标在重要性方面的总平均值。

$$P_j = \frac{1}{n} \sum_{i=1}^{n} P_{ij}, \ i = 1, 2 \ldots \ldots n, \ j = 1, 2 \ldots \ldots k$$

P_j 表示第 j 个指标实际效绩表现的平均值。P_{ij} 表示李克特量表下第 i 位顾客对第 j 个指标效绩表现的评价结果(1—5 分)，n 表示参加问卷调查的顾客人数。

$$AP_j = \frac{1}{k} \sum_{j=1}^{k} P_j$$

AP_j 表示所有指标在效绩表现方面的总平均值。

第四步：构建四象限坐标图。以重要性为横轴，效绩为纵轴，重要性和效绩的总平均值(AI_j，AP_j)为坐标原点，构建四象限坐标图，然后将每个指标根据计算的重要性和效绩(I_j，P_j)标于坐标图上。

图 8.5

IPA 图

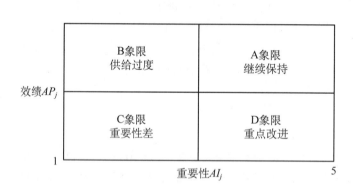

2. 象限分析

服务质量指标位于 A 象限，表明重要性和效绩均高于平均值，表现比较好。对于这些指标，旅游企业应该加以保持，巩固当前的工作。指标位于 B 象限，意味着指标对于顾客的重要性较差，但是效绩表现良好。顾客并不会特别在意这些表现好的指标，可见存在着服务质量过剩的情况，企业可以考虑将用于这些指标的资源投入到其他更需要的领域。指标位于 C 象限，意味着重要性和效绩表现都比较差。由于这些指标对服务质量的影响较小，旅游企业可以考虑暂时维持这些指标的现状。对位于 D 象限的指标，由于对服务质量影响很大，但企业表现又不佳，所以企业应该重点改进这些指标，以获得更高的顾客满意度。

8.4　内容分析法

1. 内容分析法的概念

随着互联网的迅速发展,大众点评、携程、去哪儿等电子商务网站上出现了大量的企业点评内容。这些内容不仅已经成为顾客选择旅游企业的重要参照,也成为旅游企业了解自身服务质量水平以及与其他企业差距的重要渠道。然而,如何分析这些杂乱无章的信息? 这就需要内容分析法。

内容分析法最初源于传播学,应用于对报纸、广播、电视等媒介传播内容进行实证分析,现在已经被广泛应用于传播学、政治学、社会学、管理学等各个领域。内容分析法是对文本进行分析的一种方法,而所谓的文本含义宽泛,既可以包括来自于报纸、期刊、图书、信件、日记、纪要、报告、博客、微博、点评等所有文字内容,也可以包括广播、音乐、电影、电视等音视内容。相比问卷调查、访谈、观察等研究方法,内容分析法可以有效突破时空限制,研究者不仅可以对历史和现状进行分析,而且不需要研究对象作出回应,因此,是一种较为便捷的研究方法。

内容分析法具有系统性、客观性和量化性特征。美国社会学家贝雷尔森(Berelson)在给内容分析法定义时就直接指出:"内容分析法是客观地,系统地,定量地描述显性传播内容的一种研究方法。"所谓系统性是指内容分析法对内容和类目的选择和排除都必须依托清晰一致的规则。一方面,样本选择类目的设置必须具有系统性,不能根据研究者的偏好或预先假设有偏地选择样本内容和构建类目以支持自己的观点。另一方面,研究分析必须具有系统性,分析所得的数据必须要与研究问题或假设相关,研究发现也应该具有理论相关性和一般性,如果只是做与其他属性特征无关的纯粹简单的描述性分析并没有特别大的价值。[①] 客观性是指分析应该准确客观,不同的研究人员都能够得到相同的研究结论。类目构建和规则制定应该清晰一致。在进行内容分析时,研究人员经常需要考虑到底使用哪一个类目,为什么是归入这个类目而不是其他类目,为了避免主观臆断,就必须要有一套清晰的判断规则。客观性要求坚持以文本说话,尽量减少个人偏好,降低主观偏差。量化是指将文本转化为数字,不仅使分析更具说服力,也有助于进行相关统计分析。

2. 基本分析步骤

虽然来自不同学科的研究者因各自的知识背景和研究目的不同开展了多种多样的内容分析研究,探索出多种分析路径和具体方法,各种方法也开始逐渐融合、互为补充,但内容分析的基本要素和步骤基本上还是一致的。

(1)确定研究问题或研究假设

在实施内容分析之前,研究者通常都需要根据相关理论和现实背景,形成可验证的

---

① Kassarjian H H. Content Analysis in Consumer Research [J]. Journal of Consumer Research, 1977, 4 (1): 8 - 18.

研究问题或研究假设,这是成功研究设计的关键环节。要充分重视理论文献的重要作用,因为它们不仅有助于提升研究者的理论触觉,刺激研究者提出问题,还有助于内容分析的类目建构和编码方案设计搭建构架,以及帮助研究者选取内容分析对象。[①] 理论是提出研究问题和研究假设的重要基础,也是分析问题和验证假设的重要依据,好的研究必然有强有力的理论支撑。

在旅游服务质量评价方面,一个最基本直接的研究问题就是:顾客对旅游企业的服务质量的评价是如何的? 当然,我们还可以更进一步去研究变量之间的关系,如研究问题是:企业承诺对服务质量感知产生什么样的影响? 或研究假设是:企业承诺与服务质量感知存在显著的正相关关系。研究问题和研究假设本质上相同,只是研究假设会更加细化。

(2)界定总体和选取样本

尽管内容分析研究的结构取决于所要回答的具体研究问题,内容分析本身还要求研究者遵循一套完整的程序以发展出有效而可靠的测量和推论。就如问卷调查需要确定调研样本一样,内容分析也需要合理选择样本,以期能够从样本推断出总体情况。总体和样本是进行调查研究时的两个基本要求,考察对象的全体称为总体,从总体中按一定规则抽出的个体全部称为样本。如果旅游企业试图从顾客的网络点评中了解企业的服务质量水平,那总体应该是所有顾客的网络点评内容。在点评数量有限的情况下,可以直接对总体进行分析。如果点评数量太多难以处理,就需要进行抽样。可以依据信息载体或信息日期进行抽样。信息载体即信息的来源渠道,选择何种网络平台需要给出明确的理由。比如潘特里迪斯(Pantelidis)在对餐厅在线评论进行分析时,选择了www. london-eating. co. uk,理由是:

"为了实施这项研究,我分析了在线餐馆指南 www. london-eating. co. uk 的顾客评论,该网站 2007 年 3 月在其网页上列出了 791 家伦敦餐馆。我选择这个网站有三个原因:首先,这是第一个试图确保真正评论的在线网站之一,它要求评论人提供一个有效的电子邮件地址,或者让他们注册来发表评论。尽管这种形式仍然可以被操纵,但它比那些允许匿名发布恶意或不恰当评论的博客和论坛要好得多。第二,网站为餐厅提供了 10 级星级评分系统,让人们更容易发现负面评论。第三,它是最受欢迎的网站,自从 2001 年与 Alexa. com 上线以来,它的人气迅速上升。例如,Hardens. com 网站(1991 年开始出版的同名伦敦餐馆指南网站)由 Alexa. com 排名为 379,981 位,而 london-eating. co. uk 排名在 51027 位。"[②]

一般来讲,国内研究中可以选择大众点评网、携程网、e 龙网、去哪儿等网络点评比较集中的平台作为抽样选择对象。除了依据信息载体进行抽样,还可以根据研究需要对时间进行抽样。比如要研究过去三个月旅游服务质量的情况,就需要抽取过去三个月的所有顾客评价,如要研究旅游服务质量发生的变化,就要选择更长的时间范围,如

---

①　周翔. 传播学内容分析及应用[M]. 重庆:重庆大学出版社,2014:44.

②　Pantelidis I S. Electronic Meal Experience: A Content Analysis of Online Restaurant Comments. [J]. Cornell Hospitality Quarterly,2010,51(4):483-491.

要研究某一政策对旅游服务质量的影响,就需要抽取这一政策发布前后一段时间的顾客评价作为研究样本。

（3）确定分析单位

内容分析往往包括两种类型的内容单元。一是分析单位,即被研究的现象,问卷调查中分析单位是被调查的个体,而内容分析中分析单位可以是每篇新闻报道或游记。在研究顾客对旅游服务质量点评的时候,分析单位可以是每个顾客的点评,也可以是每一段话,每一句话。另一个单位类型是记录单位,即在单个层面所测量的具体单位,因为可以以此单位进行描述、分类、记录或编码,有时也被称为编码单位。一般来讲,记录单位要小于分析单位。记录单位为数据统计提供了基础。

（4）类目建构

类目是根据研究需要对文本内容进行分类。分类应该坚持穷尽性原则、互斥性原则和同层性原则。穷尽性原则是指所有的分析单位都应该归入到某个类目中,不能有无处安放的分析单位。如果有分析单位不适用于任何一个类目,那就需要重新再考虑类目。互斥性原则是指类目不能相互包含或重叠,意义应该明确,每一最小分析单位或记录单位只能放到一个类目中。同层性原则是指分类层次应该清晰,逐级展开,不能跨层次进行分类。类目在构建时既可以根据基于内容本身所呈现出的事实和主题进行构建,也可以根据理论基础和前人研究进行构建,但要避免边编码边设计类目。整个类目体系事实上就形成了旅游服务质量的评价体系。表 8.5 是朱峰、吕镇研究国内游客对饭店服务质量评价时所构建的类目及编码。

	类目	指　标	评　价
服务	1. 总台服务	1. 入住登记,2. 结账离店服务	1 = 很差,2 = 差,3 = 一般,4 = 好,5 = 很好
	2. 餐饮服务	3. 送餐服务, 4. 早餐服务,5. 正餐服务	1 = 很差,2 = 差,3 = 一般,4 = 好,5 = 很好
	3. 客房服务	6. 做床,7. 房间清扫,8. 服务殷勤度	1 = 很差,2 = 差,3 = 一般,4 = 好,5 = 很好
	4. 其他服务	9. 除以上指标以外的其他服务	1 = 很差,2 = 差,3 = 一般,4 = 好,5 = 很好
设施设备	5. 大堂	10. 宽敞,11. 舒适	1 = 很差,2 = 差,3 = 一般,4 = 好,5 = 很好
	6. 房间	12. 房间面积,13. 装修装饰	1 = 很差,2 = 差,3 = 一般,4 = 好,5 = 很好
	7. 床	14. 大小,15. 舒适度	1 = 很差,2 = 差,3 = 一般,4 = 好,5 = 很好
	8. 卫生间	16. 卫生间面积,17. 清洁卫生	1 = 很差,2 = 差,3 = 一般,4 = 好,5 = 很好
	9. 空调	18. 制冷制热,19. 维修	1 = 很差,2 = 差,3 = 一般,4 = 好,5 = 很好
	10. 电视	20. 效果,21. 节目	1 = 很差,2 = 差,3 = 一般,4 = 好,5 = 很好

表 8.5

饭店服务质量内容分析类目体系[①]

---

① 朱峰,吕镇. 国内游客对饭店服务质量评论的文本分析——以 e 龙网的网友评论为例[J]. 旅游学刊,2006,21(5):86—90.

续 表

类目	指 标	评 价
11. 噪声	22. 噪声	1 = 很大, 2 = 大, 3 = 一般, 4 = 小, 5 = 很小
12. 因特网	23. 网速, 24. 网费	1 = 很差, 2 = 差, 3 = 一般, 4 = 好, 5 = 很好
13. 设施设备总的评价	25. 对设施设备的整体评价	1 = 很差, 2 = 差, 3 = 一般, 4 = 好, 5 = 很好
14. 饭店总的评价	26. 达到星级标准	1 = 否, 2 = 是

(5) 编码及信度检验

内容分析的类目体系编制好, 就进入编码阶段。所有的编码工作至少需要两位或两位以上的编码员共同完成。为了保证编码质量, 需要事先对编码人员进行培训, 使他们充分了解类目体系和编码规则。在正式编码前, 还需要抽取部分样本, 由编码员做试点编码, 计算编码信度。只有信度在可接受范围以内, 也就是编码人员的编码保持高度一致, 才可以开始正式的编码工作, 否则需要重新审视类目体系或对编码员的重新培训。

表 8.6 是顾客网络点评的分析样例。编码员将原始评论划分成六个语义片断或分析单位, 分别将其纳入事先编制好的类目体系, 然后根据语义进行相应的满意度评价(此样本中满意度定义为 5 个级别: 很不满意、不满意、一般、满意、很满意)。对所有的评论都需要进行对应的编码工作, 然后记录在编码表中。

表 8.6

顾客网络点评分析样例[①]

原 始 评 论	语义片断	语义分析结果		
		2 级类目	1 级类目	满意程度
"前天出差住了这家饭店, 交通出行还算方便, 周边环境比较差一些。到饭店的时候, 大堂的接待员非常专业, 前台服务生笑容亲切。浴室倒是蛮大的, 就是隔音效果太差。"	"交通出行还算方便"	交通	饭店位置	满意
	"周边环境比较差一些"	周边环境	饭店位置	不满意
	"大堂的接待员非常专业"	礼宾服务	服务	很满意
	"前台服务生笑容亲切"	前台服务	服务	满意
	"浴室倒是蛮大的"	卫浴设施	客房设施	满意
	"就是隔音效果太差"	隔音	客房设施	很不满意

正式编码结束后, 需要进行信度检验以保证编码的准确性。常用的检验方法有百分比一致性检验、霍尔斯蒂系数检验、斯科特 pi 系数检验和 $kappa$ 检验等多种检验方法。

① 百分比一致性检验。

百分比一致性检验就是检验编码一致的单位与总编码单位的比例, 其范围是 0—

① 丁于思, 肖轶楠. 基于网络点评的五星级酒店顾客满意度测评研究[J]. 经济地理, 2014, 34(5): 181—192.

1,越接近 1 表示信度越高。这是最简单直接的一种信度检验方法。公式为：

$$PA = \frac{A}{N}$$

其中，PA 表示一致性比例，A 表示一致的分析单位，N 表示总的分析单位。

以表 8.3 中 6 个语义片段的满意程度进行编码分析，由两位编码人员的编码结果如下：

语义片断	编码员 A	编码员 B	一致性
"交通出行还算方便"	满意	一般	不一致
"周边环境比较差一些"	不满意	不满意	一致
"大堂的接待员非常专业"	很满意	很满意	一致
"前台服务生笑容亲切"	满意	满意	一致
"浴室倒是蛮大的"	满意	很满意	不一致
"就是隔音效果太差"	很不满意	很不满意	一致

表 8.7

编码一致性
结果样例

$$PA = \frac{4}{6} = 66.7\%$$

② 霍尔斯蒂系数检验。

霍尔斯蒂系数检验与百分比一致性检验基本相同，只是编码的数量变成两个编码人员编码数量的加总。公式为：

$$PA = \frac{2A}{N_1 + N_2}$$

其中，PA 表示一致性比例，A 表示一致的分析单位，N_1 和 N_2 表示编码员各自的分析单位。此时，

$$PA = \frac{2 \times 4}{6 + 6} = 66.7\%$$

③ 斯科特 pi 系数检验。

斯科特 pi 检验是国际上常用的一种信度检验方法，公式为：

斯科特 pi 系数 $= \dfrac{PA - PA_E}{1 - PA_E}$

其中，PA 为一致性比例，PA_E 为期望的一致性比例，$PA_E = \sum pi^2$，pi 为类目的联合边际比例。当斯科特 pi 系数大于 0.7 时，表示信度是可接受的，0.6—0.7 之间表示勉强接受，而小于 0.6 表示不可接受。

将表 8.7 转化为表 8.8 的列联表形式：

表 8.8	编码类目	编码员 B					行边际总数
		很不满意	不满意	一般	满意	很满意	
编码员 A	很不满意	1	0	0	0	0	1
	不满意	0	1	0	0	0	1
	一般	0	0	0	0	0	0
	满意	0	0	1	1	1	3
	很满意	0	0	0	0	1	1
	列边际总数	1	1	1	1	2	6

编码一致性的列联表

计算每个类目的联合边际比例 pi，计算结果如下：

表 8.9	编码类目	边际数		边际数和 A + B	联合边际比例 pi
		编码员 A	编码员 B		
类目的联合边际比例	很不满意	1	1	2	2/12 = 0.17
	不满意	1	1	2	2/12 = 0.17
	一般	0	1	1	1/12 = 0.08
	满意	3	1	4	4/12 = 0.33
	很满意	1	2	3	3/12 = 0.25
		6	6	12	1

类目的联合边际比例

$$PA_E = \sum pi^2 = (0.17)^2 + (0.17)^2 + (0.08)^2 + (0.33)^2 + (0.25)^2 = 0.2356$$

斯科特 pi 系数 $= \dfrac{PA - PA_E}{1 - PA_E} = \dfrac{0.667 - 0.2356}{1 - 0.2356} = 0.56$

相比百分比一致性检验，斯科特 pi 系数更低。

④ $kappa$ 系数检验。

$kappa$ 系数检验也是广泛使用的一种信度检验方法，它与斯科特 pi 系数检验形式上类似，只不过在计算时以比例代替总数。将表 8.8 转换为 $kappa$ 编码列联表。

表 8.10	编码类目	编码员 B					行边际比例
		很不满意	不满意	一般	满意	很满意	
编码员 A	很不满意	0.17	0	0	0	0	0.17
	不满意	0	0.17	0	0	0	0.17
	一般	0	0	0	0	0	0
	满意	0	0	0.17	0.17	0.17	0.5
	很满意	0	0	0	0	0.17	0.17
	列边际比例	0.17	0.17	0.17	0.17	0.33	1

$kappa$ 编码的列联表

将各行边际比例与列边际比例两两相乘,得到表8.11:

编码类目	边际比例		联合边际比例 A×B
	编码员 A	编码员 B	
很不满意	0.17	0.17	0.0289
不满意	0.17	0.17	0.0289
一般	0	0.17	0
满意	0.5	0.17	0.085
很满意	0.17	0.33	0.0561
	1	1	

表 8.11

kappa 编码的联合边际比例

$$k = \frac{PA - PA_E}{1 - PA_E}$$

$$PA = 0.17 + 0.17 + 0 + 0.17 + 0.17 = 0.68 \,(表 8.10\ 对角线之和)$$

$$PA_E = 0.0289 + 0.0289 + 0 + 0.085 + 0.0561 = 0.1989$$

$$k = \frac{0.68 - 0.1989}{1 - 0.1989} = 0.6$$

Landis 和 Koch(1955)将 *kappa* 值划分为六个区域,用来代表信度水平的强弱。一般来讲,当 *kappa* 值小于 0,表示一致性极差;0～0.2,表示一致性微弱,0.2～0.4 表示一致性弱,0.4～0.6 表示一致性中等,0.6～0.8 表示一致性高,0.8～1 表示一致性极佳。

⑤ 斯皮尔曼等级相关系数检验。

斯科特 *pi* 系数检验和 *kappa* 检验主要应用于定类变量,[①]前面在做信度检验时,事实上是将顾客的满意度作为简单的定类变量处理。然而满意度分为很不满意、不满意、一般、满意和很满意,之间存在着等级差别或顺序差别,实质上属于定序变量。如果将其作为定类变量处理,则人为地消除了其中的等级差异。斯皮尔曼等级相关系数可以用于定序变量的信度测试,公式为:

斯皮尔曼等级相关系数 $\rho = 1 - \dfrac{6 \times \sum d^2}{n^3 - n}$

其中,ρ 表示斯皮尔曼等级相关系数,n 表示每个编码员编码的单位数,d 表示每个单位编码员的排序之差。ρ 越接近于 1,表示编码一致性越高。仍然以上例的满意度编码为例,以 1—5 代表很不满意-很满意,则新的编码表如下:

---

① *kappa* 系数检验可以用来检验定类变量和定序变量,定类变量的信度检验可以用文中所列的简单 *kappa* 系数检验,但是定序变量信度检验需要用的加权 *kappa* 系数检验,由于步骤比较复杂,本文不再论述。加权 *kappa* 系数检验可以利用 SAS 软件实现。

表 8.12	分析单位	编码员 A	编码员 B	排序差
斯皮尔曼秩相关系数编码表	"交通出行还算方便"	4	3	1
	"周边环境比较差一些"	2	2	0
	"大堂的接待员非常专业"	5	5	0
	"前台服务生笑容亲切"	4	4	0
	"浴室倒是蛮大的"	4	5	−1
	"就是隔音效果太差"	1	1	0

$$斯皮尔曼等级相关系数 = 1 - \frac{6 \times (1+0+0+0+1+0)}{6^3 - 6} = 0.94$$

（6）数据分析与报告

文本以编码方式进行记录后，就需要对编码所获得的数据进行分析处理。具体的分析方法与问卷数据的分析方法类似，简单的分析就是进行描述性统计分析，包括频数、频率、平均值、标准差、方差和交叉分析等，复杂的分析如回归分析、因子分析等。本章前面所提到的顾客满意度分析、SERVQUAL 法、IPA 法等服务质量评价方法都可以结合内容分析编码的数据进行。然后，根据分析的结果，撰写相应的旅游服务质量报告。

3. 词频分析

除了这些基本的分析步骤外，内容分析法中常用的还有词频分析。所谓词频分析指的是文本中词出现的频率。根据词频高低，在不需要编码的情况下就可以初步判断顾客对服务质量的关注重点或总体态度。随着各类文本分析软件的推出，词频分析变得越来越简单。笔者从大众点评网上搜集了 577 条有关锦江乐园的顾客点评记录，利用 ROST CM6 进行词频分析，表 8.13 是高频词汇表。

表 8.13	特征词	频次	特征词	频次	特征词	频次	特征词	频次	特征词	频次
高频词汇表	项目	229	方便	39	设施	22	性价比	18	儿子	15
	摩天轮	149	欢乐	33	适合	22	漂流	17	套票	14
	玩的	135	下次	31	门票	21	女儿	17	春游	13
	开心	124	游乐园	31	玩玩	20	游玩	31	激流勇进	13
	小朋友	184	便宜	30	满意	20	巅峰一号	16	大人	11
	排队	84	周末	27	实惠	20	可惜	16	餐饮	11
	刺激	80	回忆	27	不敢	18	优惠	15	不大	10
	划算	61	不多	26	美食节	18	一米	14	幸福	10
	童年	59	转盘	23	这次	18	全票	9	开放	10
	好玩	46	时间	23	朋友	18	记忆	15	高的	10

但这些词较为零散,既有名词也有形容词,可以借助于语义社会网络图(见图8.6),了解词与词之间的关系,从而初步确定游客的关注重点。从图8.6可以看出,项目、小朋友、开心、方便、玩的、划算、刺激、摩天轮、好玩、排队这些高频词是整个语义社会网络中的核心词汇,其他高频词汇都与之发生紧密联系。根据语言社会网络确定的核心词汇和高频词汇,游客点评中最关心的就是项目(包括项目、摩天轮、巅峰一号和云霄飞车等)、体验(包括开心、方便、玩的、刺激、好玩等)、价格(包括划算、性价比等)、童年(包括小朋友、回忆等)、餐饮(包括广西美食节等)和排队。

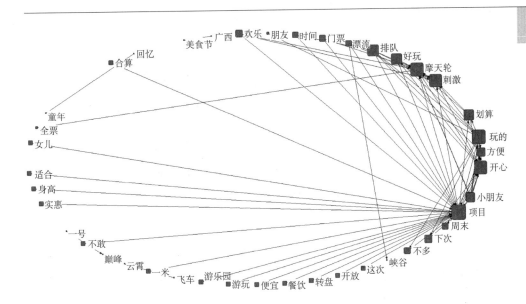

图 8.6

语义社会
网络图

在内容分析时,值得注意的是,词频分析只是对文本进行表面的粗浅分析,无法深入了解顾客的具体的态度,更无法识别变量与变量之间的关系,只能作为其他分析的补充或配合。

8.5　模糊综合评价法

1. 模糊综合评价的概念

模糊综合评价法是近年来日益流行的一种服务质量评价方法,但相比于其他旅游服务质量的评价方法,模糊综合评价法更倾向于是一种计算处理方法。模糊综合评价法来自于美国计算机与控制论专家查德(Zadeh)1965年提出的模糊集合理论,它根据模糊数学的隶属度理论,将一些边界不清、难以量化的问题定量化,具有系统性强、结果清晰的特点,适合各种非确定性问题的评价。因为顾客在评价旅游服务质量时,所认为的满意程度和重要程度都是模糊概念。胡义春(Yi-Chung Hu)认为传统的李克特量表不能处理人们思维和感知过程所引起的不确定性,而模糊数字可以解决评价旅游服务质量时产生的这种不确定性。曼纽尔、卡洛斯和罗曼(Manuel, Carlos & Roman)在评价酒店服务质量时,同样认为模糊综合评价法有助于克服人员对质量主观评价的模糊性。曹胜雄、张德仪和颜章华(Sheng-Hshiung Tsaur，Te-Yi Chang & Chang-Hua Yen)采用模糊评价法评价航空公司质量时认为这一方法能有效正确地反映企业的服务质量，而且无论是其思想还是结果都要好于传统的统计方法。

2. 模糊综合评价法的步骤

（1）建立多层次指标评价体系 U

首先根据对旅游服务质量评价的需要，构成多层次指标评价体系。一级指标集 $U = \{U_1, U_2, \ldots U_n\}$，二级指标集 $U_i = \{U_{i1}, U_{i2}, \ldots U_{im}\}$。其中 $U_1, U_2, \ldots U_n$ 为一级指标，$U_{i1}, U_{i2}, \ldots U_{im}$ 为二级指标。

（2）确定评价集 V

评判集 V 由各种可能的评价结果组成，$V = \{V_1, V_2, \ldots V_k\}$，其中，$V_k$ 为具体的评价等级，k 为等级数或档次，如根据李斯特量表，可以划分为5个等级：非常好，好，一般，差，非常差，那 $V = \{V_1, V_2, \ldots V_k\} = \{$非常好，好，一般，差，非常差$\}$。

（3）确定指标权重 W

由于每个评价指标的重要性是不等的，因此还需要确定指标的权重。正如前面计算顾客满意度时提到的，权重的确定方法有多种多样，可以根据需要选择合适的方法。假设已经确定好的权重是：一级指标权重集 $W = \{W_1, W_2, \ldots W_n\}$，二级指标权重集 $Wi = \{W_{i1}, W_{i2}, \ldots W_{im}\}$。权重的加总值为 1。

（4）构建模糊关系矩阵 R

对每一个被评定指标构建从 U 至 V 的模糊关系，可以用模糊关系矩阵 R 来表示。其中，R_i 表示第 i 个一级指标的模糊关系矩阵，r_{mk} 是针对二级指标作出不同评价的顾客比例，即为 U 至 V 的隶属度。

$$R_i = \begin{vmatrix} r_{11} & r_{12} & \cdots\cdots & r_{1k} \\ r_{21} & r_{22} & \cdots\cdots & r_{2k} \\ \cdots\cdots & \cdots\cdots & \cdots\cdots & \cdots\cdots \\ r_{m1} & r_{m2} & \cdots\cdots & r_{mk} \end{vmatrix}$$

（5）综合评价

利用 W_i 和 R，先得到二级指标模糊综合评价集：

$$L_i = W_i \times R_i = (W_{i1}, W_{i1}, \ldots W_{im}) \times \begin{vmatrix} r_{11} & r_{12} & \cdots\cdots & r_{1k} \\ r_{21} & r_{22} & \cdots\cdots & r_{2k} \\ \cdots\cdots & \cdots\cdots & \cdots\cdots & \cdots\cdots \\ r_{m1} & r_{m2} & \cdots\cdots & r_{mk} \end{vmatrix}$$

根据二级模糊综合评价集，并利用一级指标权重 W，得到一级指标模糊综合评价集：

$$E = W \times L$$

因为 L 和 E 都是一个含有 k 个元素的集合，我们可以从中了解到顾客作出不同评价的比例情况。同时,我们还可以将其转化为一个综合值。假设评价集 V 对应的分值为 $\{5, 4, 3, 2, 1\}$,则最终旅游服务质量评价的综合评价值为:

$$S = E \times (5, 4, 3, 2, 1)^T$$

因为所谓的二级模糊综合评价值 L 实际上就是对一级指标的评价,根据这一值,可以清晰地了解旅游服务质量一级指标的游客评价情况,其综合评价值为:

$$S_i = L_i \times (5, 4, 3, 2, 1)^T$$

3. 案例

现以《旅游景区游客满意度测评体系研究》(董观志,杨凤影)一文中广东省丹霞市地质公园为例,利用模糊综合评价法对其游客满意度进行计算。共发放问卷 1470 份,回收有效问卷 1002 份,回收有效率为 68%。[①]

(1)建立多层次指标评价体系

文章从旅游景观、餐饮、交通、住宿、娱乐、购物、景区形象、基础设施、管理和服务等九个方面构建了游客满意度的评价指标体系,具体如下:

	旅游景观 U_1	景观特色、观赏价值、资源丰富、门票价格、游览环境
	餐饮 U_2	特色、价格、卫生、方便
	交通 U_3	便捷性、舒适性、安全、设施容量、线路安排
	住宿 U_4	卫生、舒适、价位、入宿时间
游客满意度 TS	娱乐 U_5	项目种类、娱乐性、安全性
	购物 U_6	商品种类、购物环境、价格、特色、市场秩序、商店信誉
	景区形象 U_7	景区文化、服务理念、员工形象、当地居民的热情程度
	基础设施 U_8	公共厕所、公共休息设施、引导标志物、安全设施
	管理与服务 U_9	旅游投诉、咨询服务、服务方式、服务态度、服务效率

(2)确定评价集

确定"非常满意,较满意,一般,较不满意,不满意"5 个逻辑值,得到 $U_1 \sim U_9$ 的评价集 $V = \{$非常满意,较满意,一般,较不满意,不满意$\}$。

(3)确定指标权重

利用因子分析法确定各因子的权重。根据调查数据,利用 SPSS 分析得到各变量对因子的载荷值,然后进行归一化处理,得到二级指标的权重值。同样,得到一级指标的权重值。

一级指标的权重为 $W = (0.21, 0.09, 0.05, 0.18, 0.08, 0.09, 0.11, 0.09, 0.10)$

[①]　董观志,杨凤影.旅游景区游客满意度测评体系研究[J].旅游学刊,2005,20(1):27-30.

二级指标的权重为$W_1 = (0.21, 0.21, 0.19, 0.22, 0.17)$

$W_2 = (0.18, 0.26, 0.35, 0.21)$

$W_3 = (0.25, 0.18, 0.31, 0.14, 0.12)$

$W_4 = (0.26, 0.30, 0.28, 0.16)$

$W_5 = (0.32, 0.34, 0.34)$

$W_6 = (0.18, 0.12, 0.13, 0.25, 0.32)$

$W_7 = (0.22, 0.14, 0.32, 0.32)$

$W_8 = (0.29, 0.13, 0.28, 0.30)$

$W_9 = (0.27, 0.14, 0.15, 0.26, 0.18)$

（4）构建模糊关系矩阵

根据游客的评价结果，计算不同评价结果的比例，比如有20人对景观特色评价为非常满意，则隶属度为0.02，由此得到模糊关系矩阵R：

$$R_1 = \begin{vmatrix} 0.02 & 0.25 & 0.26 & 0.35 & 0.12 \\ 0.02 & 0.23 & 0.21 & 0.42 & 0.12 \\ 0.15 & 0.32 & 0.23 & 0.14 & 0.16 \\ 0.18 & 0.42 & 0.26 & 0.02 & 0.12 \\ 0.09 & 0.35 & 0.27 & 0.28 & 0.01 \end{vmatrix} \quad R_2 = \begin{vmatrix} 0.06 & 0.24 & 0.25 & 0.32 & 0.13 \\ 0.08 & 0.03 & 0.35 & 0.41 & 0.13 \\ 0.08 & 0.09 & 0.21 & 0.52 & 0.10 \\ 0.05 & 0.25 & 0.23 & 0.31 & 0.16 \end{vmatrix}$$

$$R_3 = \begin{vmatrix} 0.04 & 0.09 & 0.20 & 0.22 & 0.45 \\ 0.06 & 0.12 & 0.13 & 0.45 & 0.24 \\ 0.02 & 0.05 & 0.12 & 0.52 & 0.29 \\ 0.05 & 0.05 & 0.05 & 0.63 & 0.22 \\ 0.03 & 0.16 & 0.24 & 0.35 & 0.22 \end{vmatrix} \quad R_4 = \begin{vmatrix} 0.01 & 0.02 & 0.08 & 0.72 & 0.17 \\ 0.03 & 0.02 & 0.12 & 0.68 & 0.15 \\ 0.10 & 0.12 & 0.42 & 0.21 & 0.15 \\ 0.03 & 0.02 & 0.12 & 0.46 & 0.37 \end{vmatrix}$$

$$R_5 = \begin{vmatrix} 0.02 & 0.13 & 0.42 & 0.31 & 0.12 \\ 0.02 & 0.11 & 0.24 & 0.31 & 0.32 \\ 0.07 & 0.15 & 0.18 & 0.42 & 0.18 \end{vmatrix} \quad R_6 = \begin{vmatrix} 0.02 & 0.10 & 0.23 & 0.38 & 0.27 \\ 0.00 & 0.02 & 0.35 & 0.42 & 0.21 \\ 0.01 & 0.03 & 0.42 & 0.28 & 0.26 \\ 0.00 & 0.01 & 0.21 & 0.59 & 0.19 \\ 0.00 & 0.00 & 0.12 & 0.68 & 0.20 \end{vmatrix}$$

$$R_7 = \begin{vmatrix} 0.04 & 0.05 & 0.16 & 0.45 & 0.30 \\ 0.02 & 0.01 & 0.25 & 0.35 & 0.37 \\ 0.00 & 0.06 & 0.16 & 0.48 & 0.30 \\ 0.00 & 0.00 & 0.05 & 0.86 & 0.09 \end{vmatrix} \quad R_8 = \begin{vmatrix} 0.00 & 0.01 & 0.02 & 0.86 & 0.11 \\ 0.01 & 0.03 & 0.32 & 0.42 & 0.22 \\ 0.12 & 0.10 & 0.24 & 0.32 & 0.22 \\ 0.06 & 0.02 & 0.15 & 0.42 & 0.35 \end{vmatrix}$$

$$R_9 = \begin{vmatrix} 0.03 & 0.12 & 0.25 & 0.46 & 0.14 \\ 0.08 & 0.09 & 0.11 & 0.62 & 0.10 \\ 0.03 & 0.14 & 0.27 & 0.34 & 0.22 \\ 0.05 & 0.16 & 0.38 & 0.21 & 0.20 \\ 0.01 & 0.18 & 0.27 & 0.32 & 0.22 \end{vmatrix}$$

（5）综合评价

$$L_1 = W_1 \times R_1 = (0.0918, 0.3135, 0.2455, 0.2403, 0.1089)$$
$$L_2 = W_2 \times R_2 = (0.0701, 0.1350, 0.2578, 0.4113, 0.1258)$$
$$L_3 = W_3 \times R_3 = (0.0376, 0.0858, 0.1464, 0.4274, 0.3028)$$
$$L_4 = W_4 \times R_4 = (0.0444, 0.0480, 0.1936, 0.5236, 0.1904)$$
$$L_5 = W_5 \times R_5 = (0.0370, 0.1300, 0.2772, 0.3474, 0.2084)$$
$$L_6 = W_6 \times R_6 = (0.0049, 0.0268, 0.2289, 0.5203, 0.2191)$$
$$L_7 = W_7 \times R_7 = (0.0116, 0.0316, 0.1374, 0.5768, 0.2426)$$
$$L_8 = W_8 \times R_8 = (0.0529, 0.0408, 0.1596, 0.5196, 0.2271)$$
$$L_9 = W_9 \times R_9 = (0.0386, 0.1400, 0.2708, 0.3742, 0.1764)$$

由此得到矩阵 $L = (L_1, L_2, L_3, L_4, L_5, L_6, L_7, L_8, L_9)^T$

$$E = W \times L = (0.049, 0.125, 0.216, 0.425, 0.185)$$

假设 $V = (5, 4, 3, 2, 1)$，去模糊化，得到综合评价值：

$$S = E \times (5, 4, 3, 2, 1)^T$$
$$= 0.049 \times 5 + 0.125 \times 4 + 0.216 \times 3 + \times 0.425 \times 2 + 0.185 \times 1 = 2.428$$

同样，可得到各一级指标的顾客满意度情况，分别为：3.039，2.6123，2.128，2.2324，2.4398，2.0781，1.9928，2.1728，2.4902。由计算结果可知，顾客对该景区的总体满意度不高，处于不满意和一般之间。对各一级指标的满意情况也并不理想。可见景区需要从各个方面不断提升其服务质量水平。

···

思考题

1. 你是如何理解顾客满意与服务质量的关系？

2. 描述 SCSB 模型、ACSI 模型和 ECSI 模型的内容。

3. 根据 SERVQUAL 量表法，服务质量包含哪五个维度？

4. SERVQUAL 法的理论基础是什么？

5. 画出 IPA 法的四象限，并谈一谈不同象限质量要素企业该如何处理。

6. 关注点评网上某企业近 1 个月的点评内容，并尝试采用内容分析法对该企业的服务质量进行评价。

7. 内容分析时，为何需要进行信度检验？常用的检验方法有哪些？

8. 如何对定序变量进行信度检验？

9. 选择某一旅游企业，并设计一份顾客满意度的调研问卷。

10. 采用模糊评价法，依据第 9 题的问卷数据对该企业的顾客满意度进行测评。

本章导读

　　企业在质量管理实践过程中,形成了一系列的质量管理方法。这些方法随时代的变迁从简单到复杂,从单一到多元。其中,常用的质量管理方法可分为"老七种"方法和"新七种"方法。这些方法不仅能有效应用于制造企业,也能够很好地被旅游企业所借鉴。旅游企业应该充分、灵活使用这些方法,实现更科学地改进旅游服务过程,提升服务质量管理水平。本章从经典的质量管理方法着手,结合旅游服务质量管理,对老七种方法和新七种方法进行了系统阐述和分析。

　　通过本章学习,掌握老七种方法和新七种方法,并能够将这些基本方法应用于实践。

9.1 老七种方法

老七种方法源于以石川馨为代表的一些日本专家学者。称为"老"是为了与之后出现的其他质量管理方法相比较,并不是指"过时"。老七种方法主要包括调查表法、分层法、排列图法、因果图法、直方图法、散布图法和控制图法。

1. 调查表法

调查表法是通过统计表对数据的收集、整理、分析的一种统计方法,又叫检查表或统计分析表法。在旅游服务质量管理中,经常存在着对旅游产品、服务情况、卫生状况等需要作简要分析调查,此时,调查表作为一种简单有效的工具就发挥了重要作用。

(1)编制程序

① 明确调查目的和调查对象。

在开展一项调查之前,我们首先要明晰调查原因与目的。然后,据此确定具体的调查对象,调查对象可以是游客、员工等人员,也可以是旅游线路、客房卫生、餐饮质量等相关产品或服务。

② 确认调查方法。

调查表常用的调查方法包括问卷调查、电话调查、面访、现场检查等。一般根据调查目的和调查对象来选择调查方法。比如,对游客的满意度实施调查,可选择问卷调查法。对客房卫生进行调查,可选择现场检查法。

③ 设计调查表。

根据具体的调查目的、对象、方法设计调查表,一般包括:调查者、调查时间、调查地点和方式、调查内容等项目。调查表的问项设置要灵活且合理,条件允许的情况下建议事先预调查。此外,记录符号应简洁明了,从而便于统计分析。

④ 记录、整理、汇总调查表。

在规定的时限内开展具体调查,记录调查结果,然后对调查资料进行整理、汇总。

⑤ 分析表格结果,简要归纳原因。

对调查表结果进行分析、解读,了解旅游服务质量存在的主要问题,分析原因,进而提出改进措施。

(2)常见类型

① 不合格项目调查表。

不合格项目调查表主要用于调查在生产、服务过程中未通过检测或是不合格的情况。反映在不合格项目调查表中就可在具体项目栏中标明,一般需统计不合格项目出现的次数。如例 9.1 所示。

例 9.1 一家小型酒店共有 20 间客房。相关人员检查发现客房存在各类卫生问题,现填写制作不合格项目调查表,如表 9.1 所示:

表9.1	不合格项目	频数	不合格率
	房门框有积灰	11	55%
酒店客房	墙壁边角有积灰	12	60%
卫生不合格	卫生间镜面有水渍	5	25%
项目调查表	卫生洁具有污渍	6	30%
	地板有浮灰	7	35%
	电水壶有水垢	12	60%
	灯罩有浮灰	1	55%

酒店的客房卫生情况是酒店服务质量的重要组成部分,日常卫生检查是保护客房卫生质量的重要手段。上表展示了检查后发现的7项不合格项目,从中可以看到不合格率最高的是墙壁边角有积灰与电水壶有水垢两项。所以,这家酒店必须特别关注这两种卫生情况。

② 不合格原因调查表。

不合格原因调查表是对旅游服务的不合格原因进行一定的调查,一般也可进行原因次数的统计。如例9.2所示。

例9.2 某餐厅正在调查一年内顾客投诉情况,管理者想弄清楚顾客投诉的原因,列出不合格原因调查表,如表9.2所示。

表9.2	投诉原因	无停车位	服务人员态度恶劣	点单错误	上菜速度太慢	饭菜口味不佳	饭菜收费不合理	其他
顾客投诉	人数	3	10	10	13	10	7	6
原因调查表	合计							59

上表反映顾客因为以上7种原因而投诉。投诉人数最多的是上菜速度太慢,因此餐厅一定要注意提高服务效率。此外,服务人员态度、点单失误、饭菜口味等也是企业需要重点改进的服务内容。

③ 质量分布调查表。

质量分布调查表用以统计某种产品符合特定情况的数据的频数,一般通过将符合某一特定条件的数据资料分区间计数而得出。因此,它适合有定量数据的记录。

例9.3 四川某旅游公司生产了一批熊猫玩偶纪念品。现对这批产品的重量进行统计,用质量分布表记录如下:

表9.3	调查人_____ 调查数_____			调查日期_____年___月___日							
熊猫玩偶	频数	1	2	6	11	26	32	25	10	2	
重量实测值 分布调查表	35										

续　表

频数	1	2	6	11	26	32	25	10	2			
30						丁						
25					一	正						
20					正	正	正					
15					正	正	正					
10				一	正	正	正					
5			一	正	正	正	正	正				
0	一	丁	正	正	正	正	正	正	丁			
	0.50	0.51	0.52	0.53	0.54	0.55	0.56	0.57	0.58	0.59	0.60	(kg)

上表说明质量落在 0.5 千克下的产品有 1 件,0.50—0.51 千克的产品有 2 件, 0.51—0.52 克的产品有 6 件,依次类推。频数最高的是 0.54 克到 0.55 克的产品,有 32 件;最低的是 0.5 千克以下的产品,有 1 件。左侧的 0、5、10、……35 表示频数的标度。 通过质量分布调查表,可以清晰地看到产品的某一质量特性的区间分布。从表格可以 看出,熊猫质量基本服从于正态分布。

2. 分层法

分层法是根据一定的指标,将杂乱无章的数据进行分层次整理,以便分析质量问题 及其影响因素的一种方法,也叫分类法或分组法。

（1）分层依据

① 人员。

可以从人口结构角度进行人员分层统计。比如可以按年龄、性别、收入情况、职业 等不同方面进行分层。以年龄为例,中国 20 世纪 80 年代将年龄划分为童年、少年、青 年、中年、老年五个阶段。其中,0—6 周岁为童年,7—17 周岁为少年,18—40 周岁为青 年,41—65 周岁为中年,66 周岁以上为老年。

② 时间。

可以按年、月、周、日等进行时间分层统计。比如可以对旅游企业的游客满意度按 月进行统计分析,了解每月的变化情况。也可以上班日和周末顾客的需求进行分层统 计分析,了解不同时间段顾客需求的差异。

③ 地点。

可以按照旅游客源地、目的地或公司所在地进行分层统计。在进行旅游统计时,经 常会根据旅游客源地和目的地对游客数量进行统计。此外,还可以根据旅游企业分公 司或门市所在地、景区所在地等进行分层统计。地点分层有助于了解客源的构成,或是 了解各地服务质量的差异。

（2）编制程序

① 确定统计研究的对象与目的。

编制程序的第一步就是明确研究对象与目的,这是进行分层的重要依据。通过分层研究,有助于使研究更加深入具体。比如旅游企业以顾客为研究对象,分析其需求特征,为了更深入研究,就可以对顾客进行分层研究。

② 根据特定的依据进行分层。

根据研究需要,对研究对象进行分层。比如对顾客进行性别、年龄、收入等分层。分层注意区分度强,简洁明了。如果是问卷调研,可以根据分层进行问卷设计。

③ 收集数据资料。

可以根据分层内容进行资料收集。比如对旅游目的地分层后,可以根据调研目的分别搜集各目的地的相关资料。

④ 画出分层归类图或表。

分层法的最后一步就是进行分层统计,画出分层归类图或表。可以从图表中发现问题,分析原因,提出质量改进的方法。

(3) 案例

例9.4 某旅行社收集了170名顾客满意度调查数据,按年龄及满意度层次分层展示如下表所示:

表 9.4

旅行社顾客满意度年龄分层法表

年龄 \ 满意度	非常满意	比较满意	一般	比较不满意	非常不满意	合计(单位:人)
18 岁以下	5	4	8	3	2	22
18—28 岁	4	3	5	1	1	14
29—40 岁	7	4	12	4	2	29
41—65 岁	5	13	13	3	3	37
66 岁以上	10	15	30	8	5	68
合计(单位:人)	31	39	68	19	13	170

上表按年龄与满意度进行分层统计。年龄的分层指标有5个,分别为18岁以下、18—28岁、29—40岁、41—65岁、66岁以上;满意度的指标有5个,分别从非常满意到非常不满意。从年龄分层看,如果样本符合随机抽样,那说明该旅行社的顾客以老年人为主。从满意度分层看,感觉一般的顾客最多,为68人。还可以计算不同年龄层次人的满意度情况,以超过66岁的老年人为例,其非常满意-非常不满意度的比例分别为:14.71%、22.06%、44.12%、11.76%和7.35%,总体看满意程度一般。此外,还可以对不同人群的满意度进行比较研究。

3. 排列图法

排列图是对项目从最主要到次要的因素依次进行排列展示的图示技术,是找出影响产品和服务质量最主要因素的一种统计方法。排列图又叫帕累托(Pareto)图,最早由意大利经济学家帕累托用来分析社会财富分布状况。[1] 帕累托认为大部分财富掌握

---

[1] 王明贤.现代质量管理[M].北京:北京交通大学出版社,2014:164.

在相对小部分人手中。而所谓的帕累托原理,就是指 20% 的原因会导致 80% 的问题。因此,明智的做法就是将主要精力集中于相对小的 20% 部分。朱兰博士在质量管理领域也看到了类似现象:一小部分的原因导致了很大部分的损失。他用帕累托分布去描述质量损失的不均匀,并规范了将"重要的一小部分"与"不重要的一大部分"区别开的方法。[①] 目前,排列图已经成为质量管理领域中的一种重要方法。

(1) 组成部分

排列图由一个横坐标、左右两个纵坐标、柱状图和一条累计百分比折线所构成。其中,横坐标表示影响产品或服务质量的因素,按影响程度的大小,从左到右依次排列。左纵坐标表示频数,右纵坐标表示累计频率(用百分比显示)。柱状图从高到低依次罗列,表示某个因素的影响程度,折线表示各因素的累计百分数,从左到右呈逐渐上升趋势。这条折线也被称为帕累托曲线。

(2) 编制程序

① 收集数据并确定排列因素。

对旅游服务质量进行调研,收集数据。并根据数据确定排列的因素。比如可以调查顾客对旅游企业服务质量的看法,从中发现存在问题,并根据这些问题确定排列因素。也可以事先确定排列的主要因素,然后根据这些因素进行数据收集。比如事先罗列服务质量可能存在的问题,再对顾客进行相关调研。

② 计算各因素的频数、累计频数、累计频率,画出表格。

编制程序的第二步是开始计算频数、频率,画出表格。按频数从高到低依次填写。注意在制作过程中因素的量纲保持统一。很多情况下,这步操作可以借用计算机软件完成。常用的 EXCEL 表格工具操作简单,快速便捷,功能强大,可以完成大部分的计算任务。

③ 画出横纵坐标与柱状图。

柱状图的高度表示各项目的频数,按频数大小将整个图形从左到右排列,呈下降趋势。需要补充说明的是,除了可以用 EXCEL 画排列图外,还可以利用 SPSS 软件画排列图,简单快捷。

将柱状图用线连接,作出折线。折线呈单调递增走向,直到最后一段到达累计频率 100% 的位置。

④ 分析关键因素的成因。

最后是分析关键因素。一般关键因素是指累计频率 0—70% 以内的因素。通过寻找关键因素,分析产生这些问题的成因,重点解决。

(3) 案例

例 9.5　某旅游景点通过游客评价发现其质量存在一系列问题,整理后的资料如下:

[①]　K. S. Krishnamoorthi. A First Course in Quality Engineering: Integrating Statistical and Management Methods of Quality. CRC Press, 2011: 408.

序号	项　目	频数(人)	累计频数(人)	累计频率(%)
1	卫生状况较差	180	180	28.75%
2	旅游商品缺乏特色	130	310	49.52%
3	服务人员意识不强	120	430	68.69%
4	门票价格偏高	100	530	84.66%
5	生态环境糟糕	56	586	93.61%
6	对游客投诉不重视	40	626	100%

表9.5

游客评价统计

然后画出排列图如下：

图9.1

**旅游景区
服务质量
排列图**

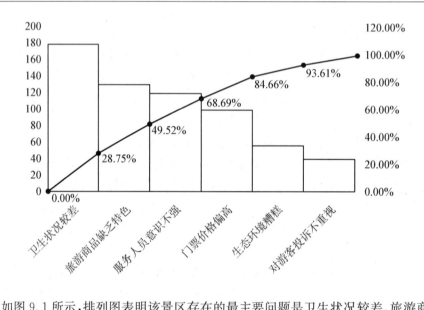

如图9.1所示，排列图表明该景区存在的最主要问题是卫生状况较差、旅游商品缺乏特色和服务人员意识不强。这三大问题占到总问题的68.69%，因此景区应该着重先从这些问题入手提升服务质量，改善景区的旅游形象。

4. 因果图法

因果图是日本质量管理大师石川馨发明的一种质量工具，也叫"石川图"。因形状像鱼的骨头，又被称为"鱼骨图"。因果图可以用于整理和分析导致服务质量问题的原因。因为其分析全面，逻辑清晰，所以被广泛应用于服务质量的问题分析。

（1）基本结构

因果图有一根主干线，几根辅助直线，几组文字说明构成，文字用箭头指向直线。因果图分析法从质量问题出发，先找出产生这一质量问题的主要原因，通过箭头指向主干线；接着进一步找出影响主要原因的第一层原因，通过箭头指向主要原因；再依次递进，层层深入地表明第二层原因、第三层原因，依次类推。如图9.2所示。

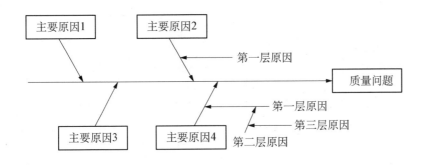

图 9.2

因果图示

（2）编制程序

① 确定分析的质量问题，画出主干线。

根据想要解决的质量问题，画出主干线。比如，常见的旅游质量问题有顾客满意度低、景区环境质量差、导游服务质量低等等。问题一定要具体、明确。

② 找出影响问题的各类原因。

围绕质量问题，寻找原因。旅游企业可以广泛召集员工、专家等通过"头脑风暴法"尽可能多地收集信息。头脑风暴法是由美国创造学家 A. F. 奥斯本于 1939 年首次提出、1953 年正式发表的一种激发性思维的方法。头脑风暴法有助于集思广益，全面分析产生问题的各种原因。

③ 确立主要原因，绘出分支线。

对找出的各类原因进行分类归总，确定主要原因。主要原因的确立应确保凝练、全面，既不应太少，也不能太多。用词注意明晰规范，不可出现模糊不清的语义，包含的内容也应契合、全面。比如，可以遵循 5M1E 原则进行原因总结。5M1E 即人（Manpower）、机器（Machine）、材料（Material）、方法（Method）、测量（Measurement）和环境（Environment）六个方面。主要原因（即第一层原因），在图上用矩形框框出。

④ 依次分析、找出第一层原因直至第 n 层原因。

确定主要原因后，再确定第二层、第三层原因，直至第 n 层原因。一般来讲，较多地是使用三层因果图。原因层次过多，会导致因果图过于复杂，不够清晰。如图 9.2 所示，将各层次的原因依次绘出，在图上标明。

画因果图时应注意：

① 注意图形的美观，线条保持平行；

② 注意原因之间的逻辑顺序。例如，在环境因素、污染、PM2.5 这几个原因中，环境因素是主要原因、污染是第一层原因、PM2.5 是第二层原因；

③ 分析原因时要尽可能全面收集信息；

④ 应根据原因提出相应的措施。

（3）案例

例 9.6　某酒店正在调查顾客满意度，总经理开完会后布置业务员小王编制一份鱼骨图，以此反映顾客满意度低下的原因。现小王编制鱼骨图如图 9.3 所示。

图 9.3

顾客满意度
因果图

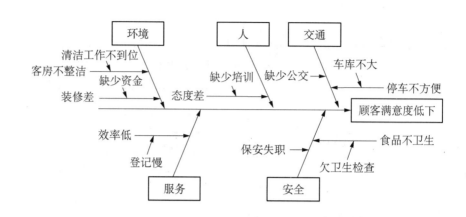

通过上图可以分析出总共有 5 个大原因：环境、人、交通、服务、安全；8 个中原因：客房不整洁、装修差、态度差、缺少公交、停车不方便、效率低、保安失职、食品不卫生；6 个小原因所构成。酒店可以以这些原因为着力点展开质量提升工作，从而提高顾客满意度。

5. 直方图法

在质量管理中，直方图主要用来描述数据的分布情况。它是一种从总体中抽取样本，再对样本数据进行整理，找出其分布规律，从而推断出工序质量好坏的统计工具。直方图可以用来展示数据，评判数据，预测数据分布趋势。

（1）基本概念

为了理解直方图，需要对其中涉及的一些初步统计学概念进行简要介绍。

① 平均值。

在统计学中，平均值可以用来表示数据的平均水平。从计算方法看，常用的平均值分算术平均值、几何平均值两种。而算术平均值又分简单算术平均值与加权算术平均值。从对象看，分总体平均值与样本平均值两种。质量管理中，以样本简单算术平均值应用最为广泛。

若 $\{x_1, x_2, \cdots x_n\}$ 是取自总体 X 的一个样本，则用下列式子来表示样本简单算术平均值 $\bar{x}$：

$$\bar{x} = \frac{x_1 + x_2 + \cdots + x_n}{n} = \frac{1}{n}\sum_{i=1}^{n} x_i$$

式中：n 为样本容量，x_i 为第 i 个数据值。

② 极差。

统计学中，常用极差与标准偏差来描述数据的离散程度。极差 R 定义如下：

$$R = x_{max} - x_{min}$$

式中：x_{max} 为一组数据的最大值，x_{min} 为一组数据的最小值。

③ 标准偏差。

标准偏差又称标准差或均方差,用符号 s 表示,定义如下:

$$s = \sqrt{\dfrac{\sum\limits_{i=1}^{n}(x_i - \bar{x})^2}{n-1}}$$

④ 与分组有关概念。

当样本数据个数较多时,一般 $n > 30$ 时,称为大样本。此处可以将数据进行分组展示,用 k 表示组数。

用下列式子代表组距 h:

$$h = x_{i(\max)} - x_{i(\min)}$$

其中,$x_{i(\max)}$ 为第 i 组最大值,$x_{i(\min)}$ 为第 i 组最小值。

用下列式子代表组中值 u_i:

$$u_i = \frac{x_{i(\max)} + x_{i(\min)}}{2}$$

⑤ 频数分布表。

根据样本数据观察值大小,分组表示,然后将各观察值归纳入各组,再清点各组的观察值个数(称频数),用表格形式表示,称为频数分布表,又称"频次分布表",简称"频数表"。

⑥ 频数分布图常见类型。

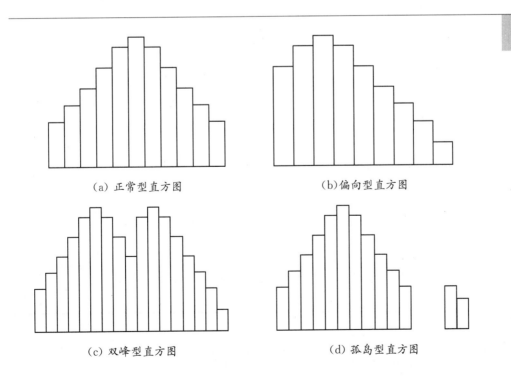

（a）正常型直方图　　　（b）偏向型直方图

（c）双峰型直方图　　　（d）孤岛型直方图

图 9.4

直方图的
主要类型

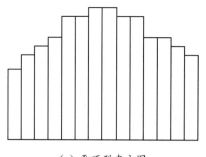

（e）平顶型直方图

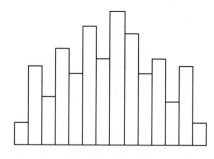

（f）锯齿型直方图

直方图的常见类型有六类。正常型直方图中，数据向中间集中，中间多，两边少。数据左右基本对称，表现出正态分布。偏向型直方图则是数据集中偏向一边，可分为左偏分布的直方图和右偏分布的直方图。图9.4中的图（b）就是一张右偏型直方图。双峰型直方图拥有两个密集分布处，而孤岛型直方图则是数据呈现出明显的间断，有一小部分数据单独分布。此外，还有平顶型直方图和锯齿型直方图。

（2）编制程序

① 收集数据。

可以通过各类调查获得一手数据，也可以通过统计数据库、年鉴等渠道获得二手数据。数据需要注意真实性、准确性、全面性。

② 分组。

确定极差、组数、组距、各组界限值和组中值。第一组的上界限值就是第二组的下界限值，第二组的下界限值加上组距就是第二组的上界限值，依次类推，定出各组的界限值，遵循"上组限不在内原则"①。

③ 编制频数分布表。

计算频数，可以借助使用 EXCEL、SPSS 等软件。

④ 根据频数分布表，画直方图。

可以直接利用软件绘制直方图，下面的案例就是通过 EXCEL 软件绘制出的直方图，比较方便、直观、简洁。

（3）案例

例9.7　某旅行社正在调查旅游产品顾客满意度，采用100分制，选取了一个容量为40的样本，基础数据如表9.6所示，现需画出直方图。

表 9.6 基础数据表	编号	评分	编号	评分	编号	评分	编号	评分
	1	60	4	50	7	89	10	67
	2	70	5	66	8	90	11	72
	3	80	6	78	9	92	12	80

① "上组限不在内"原则是为了解决分组时的"不重"问题而规定的，即，当相邻两组的上下限重叠时，恰好等于某一组上限的变量值不算在本组内，而计算在下一组内。

编号	评分	编号	评分	编号	评分	编号	评分
13	85	20	65	27	79	34	75
14	85	21	76	28	73	35	79
15	86	22	74	29	80	36	80
16	83	23	73	30	81	37	83
17	75	24	86	31	85	38	85
18	75	25	94	32	85	39	84
19	78	26	95	33	75	40	60

本例中样本容量为40,如果选取组数为5,极差为 $95-50=45$,组距为 $45/5=9$ 。第一组下限为50,上限为59。绘出频数分布表如下。

组号	组界值	组中值	频数
1	[50, 59]	54.5	1
2	(59, 68]	63.5	5
3	(68, 77]	72.5	10
4	(77, 86]	81.5	19
5	(86, 95]	90.5	5

表 9.7

评分频数
分布表

根据上表数值画出直方图如下。

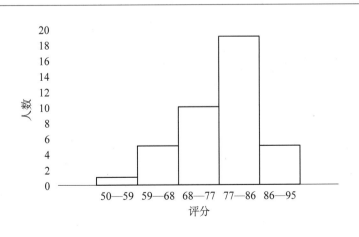

图 9.5

满意度直方图

从图9.5可以看出,虽然77—86分这个区间内的人数最多,但整张图呈现出左偏分布,可见总体满意度一般。

6. 散布图法

在质量管理中,经常会碰到研究两个有一定关联的变量之间的关系问题。可以用散布图比较清晰地显示两者之间的关系。散布图又叫散点图或相关图。

（1）基本结构

散布图由一个纵坐标、一个横坐标和一系列散布的点所组成,如图9.6所示。

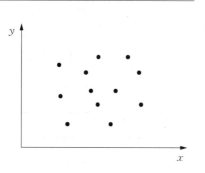

图9.6

散布图
基本结构

在质量管理活动中,经常可以通过散布图了解两个变量之间是否存在相关关系。如果两个变量相关程度很大时,可以通过散点图归纳得出两个变量近似遵循的函数关系。一般采用一元线性方程:$y = ax + b$形式。通过该方程,可以了解一个变量对另一个变量的影响程度。而且,若已知自变量x的值,还可以通过这个方程预测出因变量y的值。

（2）编制程序

① 确定变量。

根据研究的问题,确定研究的变量。比如可以研究顾客感知价值与服务质量的关系,服务质量与顾客满意度的关系,顾客满意度与顾客忠诚度的关系等等。变量可以是潜变量,也可以是显变量。

② 收集数据。

根据研究的变量,收集相关的数据。为了更准确勾画出两变量之间的关系,一般至少需要收集30对以上数据。

③ 画散布图。

先画横坐标x与纵坐标y。一般横坐标表示自变量,纵坐标表示因变量。将收集的变量数据在坐标上进行标点,形成散布图。

（3）判断分析

① 观察分析法。

可以通过直接观察大概判断两个变量之间的相互关系,这些关系包括正相关、负相关、无相关、曲线相关关系。用图表示如下:

图9.7

相关关系图

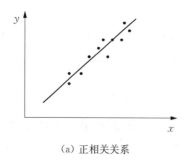

（a）正相关关系

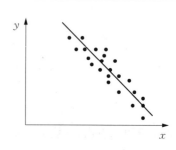

（b）负相关关系

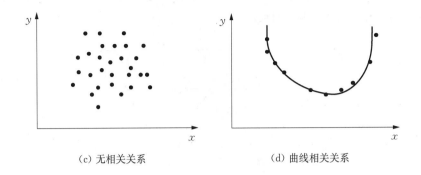

(c) 无相关关系　　　　　　(d) 曲线相关关系

② 相关系数检验法。

在质量管理中,常用相关系数 r 来衡量两个变量之间的相关关系。其值的取值范围为 $0 < |r| < 1$。$|r|$ 越接近 1,说明相关关系越强。

计算公式为:

$$r = \frac{\sum (x_i - \bar{x})(y_i - \bar{y})}{\sqrt{\sum (x_i - \bar{x})^2 \sum (y_i - \bar{y})^2}}$$

当 $0 < r < 1$ 时,两个变量呈正相关关系。

当 $-1 < r < 0$ 时,两个变量呈负相关关系。

当 $r = 0$ 时,两个变量不相关。

7. 控制图法

控制图又称管理图,它是 1924 年由美国的休哈特(W. A. Shewhart)提出的一种质量管理方法[①]。它可以用来判断、控制生产过程中的质量波动情况,对过程质量特性进行测定、记录、评估,从而监察过程是否处于控制状态。

(1) 概念原理

一般情况下,过程质量特性值 X 通常服从正态分布,即 $X \sim N(\mu, \sigma^2)$,在过程受控的前提下,μ 和 σ^2 基本上不随时间变化,对正态分布有:

$$P[(\mu - \sigma) < X < (\mu + \sigma)] = 0.6827$$
$$P[(\mu - 2\sigma) < X < (\mu + 2\sigma)] = 0.9545$$
$$P[(\mu - 3\sigma) < X < (\mu + 3\sigma)] = 0.9973$$

具体如图 9.8 所示,这是一张标准正态分布图。

一般来讲,有两种原因会影响到生产过程和产品质量,分别是系统性原因和偶然性原因。若在生产或服务过程中,只有偶然性原因,没有系统性原因,那此时的过程为控制状态。产品质量特定值的波动存在大致规律,质量特性值的分布应该服从正态分布。

---

① 黄怡,林艳,王廷丽. 质量管理理论与实务[M].北京:经济科学出版社,2011:139.

如果背离这一规律,说明存在着系统性原因导致生产过程和产品质量存在问题。这就是控制图保证生产过程的基本原理。

图 9.8

正态分布

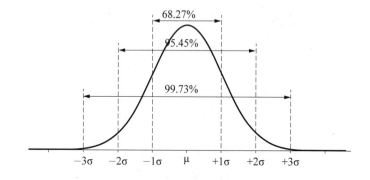

（2）基本结构

控制图由一条中心线（或称控制线）、一条上控制线与一条下控制线构成。

控制界限可以用 3σ 原则确定控制图的控制线。即：

$$CL = \mu$$
$$UCL = \mu + 3\sigma$$
$$LCL = \mu - 3\sigma$$

其中,CL(Control Line)是控制线,UCL(Upper Control Limit)是上控制线,LCL 是下控制线(Lower Control Limit),具体如图 9.9 所示。

图 9.9

控制图

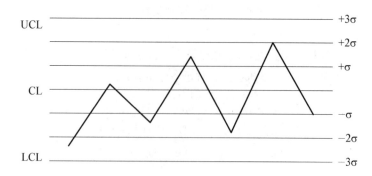

（3）常见类型

控制图分计量值控制图和计数值控制图。计量值控制图进一步可分为平均值（$\overline{X}$）—极差（R）控制图、平均值（$\overline{X}$）—标准偏差（s）控制图、中位数（$\tilde{x}$）—极差（R）控制、单值—移动极差（R_s）控制图等。

计数值控制图进一步可分为计件值控制图和计点值控制图。计件值控制图分别包含不合格品数(pn)控制图和不合格品率(p)控制图;计点值控制图则包含缺陷数(c)控制图和单位缺陷数(u)控制图。

（4）编制程序

控制图的编制程序分以下步骤,以平均值($\overline{X}$)—极差(R)控制图为例。

① 确定工序控制对象、工序生产条件。

② 按一定的顺序(可按时间顺序)将样本数据分为 k 组,每组样本量为 n,通常要求 $n = 4$ 或 5,$k \geqslant 25$。

③ 计算控制界限:

$$\overline{X}_i = \frac{\sum\limits_{i=1}^{n} X_i}{n}$$

$$R_i = X_{i\max} - X_{i\min}$$

④ 计算 $\overline{\overline{X}}$ 和 $\overline{R}$:

$$\overline{\overline{X}} = \frac{\sum\limits_{i=1}^{k} \overline{X}_i}{k}$$

$$\overline{R} = \frac{\sum\limits_{i=1}^{k} R_i}{k}$$

⑤ 计算 $\overline{X}$ 图的控制界限:

$$UCL = \overline{\overline{X}} + A_2 \overline{R}$$

$$LCL = \overline{\overline{X}} - A_2 \overline{R}$$

其中,$A_2 = \dfrac{3}{d_2 \sqrt{n}}$。[①]

⑥ 计算 R 图的控制界限:

$$UCL = D_3 \overline{R}$$

$$LCL = D_4 \overline{R}$$

其中,$D_3 = 1 + \dfrac{3d_3}{d_2}$, $D_4 = 1 - \dfrac{3d_3}{d_2}$

⑦ 画出平均值—极差控制图。

在图上标出所有的均值点,然后根据上下界和均值点的走势,对质量状况以及管理情况的稳定性作出判断。

---

① 计算公式中的 A_2、d_2、d_3、D_3、D_4 等数据可以通过计量控制图参数表查询,由于篇幅原因,本书不再列出。

关于沃尔特·安德鲁·休哈特你需要知道的

沃尔特·安德鲁·休哈特(Walter Andrew Shewhart),美国统计学家,统计质量控制的创始人。

休哈特1891年3月18日生于美国伊利诺斯州纽坎顿。1917年在加利福尼亚大学获物理学哲学博士学位。随即作为一位西方电力公司的工程师,开始了他的职业生涯。他在工作中对统计方法的应用感到很大兴趣。

1924年,发表了他关于统计方面的处女作《统计方法对物理和工程数据分析的某些应用》。1925年,他加入贝尔电话实验室,在工作中注意到通过统计方法,可以达到对产品质量进行控制,减少原材料消耗,降低成本,提高产品的合格率和质量,他先后在《美国统计协会杂志》上发表了《统计在作为保持制造产品质量助手方面的应用》《对数据测度误差的校正》等文章,创造性地提出了用统计方法控制产品质量的问题。

1926年和1927年,他相继发表了《质量控制图》和《质量控制》两篇专门论述统计质量控制的文章,提出用各种方法一起使产品在生产过程中达到统计控制状态,并判断是否获得了控制状态。他主张运用数理统计学原理控制生产过程产品质量,并进一步系统提出控制和预防质量缺陷的概念;他还发明了一种用于产品质量管理的"3σ控制图",以后被人们称为"休哈特控制图"。

休哈特开创的统计控制,符合于同一独立分布随机变量序列的抽象概念。统计控制可以应用于人力生产,也可同样应用于机器生产。它包括对生产的数量控制,也包括对生产的质量控制。他在1931年发表的《工业产品质量的经济控制》著作中,阐明统计控制可以在很多方面获得节约:首先是使生产过程节约地适合规范要求;同时,减少原材料的浪费和机器闲置,减少和尽量避免进入和使用不适合于生产过程的机器或工人,以及进入或消耗不合规格和不适合于生产的原材料等方面的损失。1958年,休哈特发表了《质量标准的性质和起源》文章,对质量问题作了概括性的回顾和论述。

休哈特是美国质量管理学会、美国统计协会的成员,1950年当选为国际统计学会会员。休哈特把毕生精力奉献给了统计质量管理和统计事业,于1967年3月11日去世,终年76岁。

休哈特的主要著作有:

1.《统计方法对物理和工程数据分析的某些应用》,1924年;

2.《对数据测度误差的校正》,1926年;

3.《质量控制图》,1926年;

4.《质量控制》,1927年;

5.《工业产品质量的经济控制》,1931年;

6.《随机抽样》,1931年;

7.《统计学对工程科学的贡献》,1941年;

8.《前进中的统计战线》,1946年;

9.《质量标准的性质和起源》,1958年。

资料来源:龚鉴尧.世界统计名人传记[M].北京:中国统计出版社,2000.

9.2　新七种方法

　　1972 年,日本科技联盟的纳谷嘉信教授归纳了一套新的全面质量管理方法,之后由日本科技联盟的"QC 手法开发部会"于 1977 年正式提出。这些方法恰好也有 7 项,所以命名为"新 QC 七大方法",以示对老方法的区别。这七种方法分别是关联图、系统图、KJ 法、矩阵、数据矩阵图、PDPC 法和箭头图。与老方法相比,新七种方法应用范围更广,不单单针对质量管理,而是贯穿了整个工作质量过程。在方法上,新七种方法将运筹学、系统论引入质量管理,并且强调图形的作用,能够更好地整理非量化资料。

1. 关联图

　　关联图把部分存在的问题及其因素间的因果关系用箭头连接,以此作为解决问题的手段。通过清晰的图表,前后的逻辑关系,它可以有助于解决那些有着原因—结果、目的—手段等关系复杂的问题。

　　(1) 基本结构

　　通过矩形或椭圆形表示问题及因素,用箭头通过逻辑关系彼此连接。箭头只进不出是问题,箭头有进有出是中间因素,箭头只出不进是主要因素,箭头出多于进是核心中间因素。通过箭头可以表示错综复杂的因果关系。它比鱼骨图的结构更紧密,应用范围更大。基本结构如图 9.10 所示。

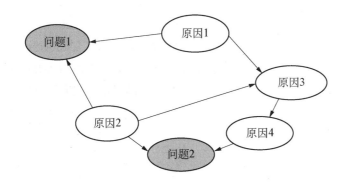

图 9.10

关联图概况

　　(2) 主要类型

　　① 中央集中型。

　　中央集中型关联图显示问题在中央区域,周围是指向问题的各原因。问题一般以单一问题为主,位于整张图的中央。如图 9.11 所示,问题 1 的周围有原因 1、原因 2、原因 3、原因 4、原因 5 指向它。说明是由这上述 5 个原因直接导致了问题 1。而原因与原因之间同样有因果关系,比如原因 8 导致了原因 5。

图 9.11

中央集中型
关联图

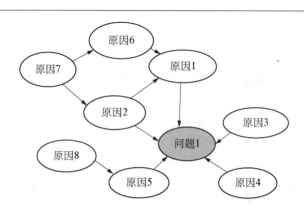

② 单向汇集型。

单向汇集型显示问题在右边(或左边),原因在另一边。在图 9.12 中,问题 1 位于图的右边,而原因 1 到原因 6 位于左边。直接指向问题 1 的是原因 1、原因 2 和原因 3,这些是导致问题 1 的直接原因,而根本原因则是原因 6。

图 9.12

单向汇集型
关联图

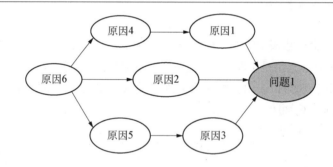

③ 关系表示型。

关系表示型显示多原因与多问题之间的复杂关系。如图 9.13 所示,问题 1 到问题 3 位于图的外围,原因 1 到原因 3 位于图的内侧。其中,原因 1 和原因 3 指向问题 1,而原因 1 同样也指向问题 2,而原因 3 同时指向问题 3 等。各原因与问题之间存在错综复杂的关系。

图 9.13

关系表示型
关联图

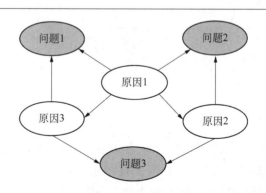

④ 应用型。

应用型关联图一般与其他类型的统计工具一起运用。如图 9.14 所示,就是关联图与系统图法结合运用的实例。其中,原因 1 到原因 3 指向问题 1,而原因 2 对应的是三个手段。图表的左侧是关联图,右侧是系统图。

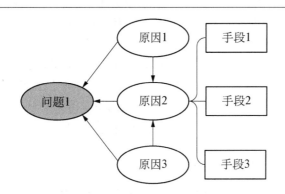

图 9.14

应用型关联图

（3）绘制步骤

① 提出问题,分析导致问题的原因。同样可以借鉴头脑风暴法。

② 用简明扼要的语言概括问题及原因。

③ 用箭头把因果关系有逻辑地连接起来。

④ 系统观察,分析图形。

⑤ 根据关联图提出工作计划与应对方案。

（4）案例

例 9.8　沿用上面鱼骨图案例,可以用关联图来表示问题。如图 9.15 所示。

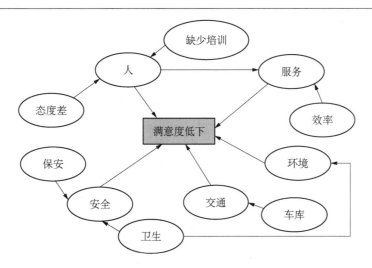

图 9.15

满意度关联图

图 9.15 是中央集中型关联图,可以发现因素之间也有错综复杂的关联。其中问题是满意度低下。而满意度低下的直接原因有人、服务、环境、交通、安全五个。而人这一原因主要又是由服务人员态度差、缺少培训所引起的。卫生这一因素同时指向安全与环境。说明卫生状况同时影响了安全与环境两个侧面。其他原因依次可见,不做赘述。从中我们可以发现关联图比鱼骨图更能表达错综复杂的因果关系。

2. 系统图

系统图是为了实现特定的目的而逐级深入地寻找手段的一种方法。通过抽丝剥茧、层层深入,可以更加系统地把握问题,找到实现目的的最佳手段。由于其层次清晰,使用方便,被广泛运用于质量管理中,例如对因果图的分析、质量保证体系的建立、各种质量管理措施的开展等。

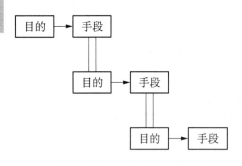

图 9.16

系统图结构[①]

(1) 基本结构

分别用矩形代表目的与手段,用箭头连接彼此,层层递进。上一层的手段,又是下一层的目的。如图 9.16 所示。

(2) 绘制步骤

① 明确目的。当实现目的有一定的约束条件,也应该把约束条件一一列出。目的尽量明确。

② 提出手段。可以从上到下,也可以从下到上依次进行。

③ 评价手段或措施。对提出的手段进行评价,并做一定的取舍。

④ 绘出手段与目的,并依次连接。将手段与目的以合乎逻辑的方式依次连接,绘出系统图。

⑤ 制定计划。详细解读系统图,通过系统图进一步得出工作计划与实现目的的具体方案。

(3) 案例

例 9.9 某旅行社希望通过系统图来表现提升顾客满意度的各种手段与措施,现征集意见,表示如下。

用树形系统图绘出:

图 9.17

满意度系统图

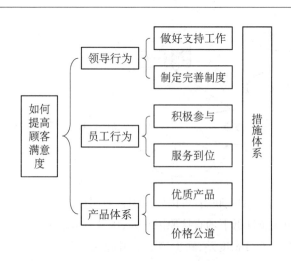

---

① 程国平,袁付礼. 质量管理学[M]. 武汉:武汉理工大学出版社,2011:189.

3. KJ 法

如何从一堆杂乱无章的语言资料中获取有用的信息？这时可以考虑采用 KJ 法。不同于数学模型，KJ 法是处理语言文字信息资料的有效工具。它由日本专家川喜田二郎提出，取自他的名字英文首字母（Kawakita Jiro）。它是一种利用卡片对语言类资料进行归因、整理，并找出它们之间关系的一种统计工具。KJ 法又称"A 型图解法"或"亲和图"。

（1）基本结构

KJ 法可以把各类与主题有关的影响因素用卡片列举，并分类展示。首先需要整理主题，其次需要对语言资料进行收集并制作成卡片，再次依据内容相近性原则对卡片进行归类，然后制作标签，最后画出亲和图，将上述过程用简明的图形表示出来。

图 9.18 即为一个 KJ 法的基本图示：

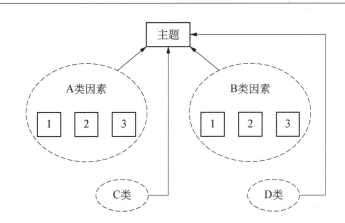

图 9.18

KJ 法基本图示

在图 9.18 中，A、B、C、D 都是影响主题的四类因素。其中，A 类因素与 B 类因素分别由 3 种子因素构成，分别用方框 1、2、3 表示。这些方框是由语言资料卡片式整理而成，分别代表一种资料。分为 4 类后，用椭圆形虚线框描绘出，并将它们与主题分别用实线箭头相连接，表示主题与影响因素的逻辑关系。

（2）绘制步骤

① 确定主题，要求主题明确。确定主题需要系统整理有关人员的意见，将不同意见汇总，形成一个有效的、明晰的主题。

② 搜集资料，可通过头脑风暴法进行资料收集。也可以采用观察法、文献资料查询法、个人面谈法等。

③ 制作卡片。将搜集到的资料分别制作成卡片，便于进行分类整理。

④ 分类——归纳——整理。将内容相接近的卡片归为一类，依次进行分类、归纳、整理，然后每一类做一张标签卡片。

⑤ 绘出 KJ 法图。将分好类的卡片与标签卡片分别用图形画出，并用箭头连接，表示卡片之间的关联。

⑥ 总结。通过绘出的 KJ 法总结问题的解决方案。

4. 矩阵图

质量问题往往存在着两个侧面,如质量的问题和原因,顾客的需求和服务的设计。为了将这些成对的因素能够联系起来,清楚寻找到彼此的联系,可以利用矩阵图的方法。矩阵图法就是将成对的因素排列成行和列,然后在图中以行列的交点确定相互关联的程度,根据相关程度,确定关键点。矩阵图的优点就是容易寻找到成对因素之间的相互关系,而且不会有遗漏。

(1) 基本结构

矩阵图从研究问题出发,找出成对的因素,把属于因素群 A 的因素 A_1,A_2,$\cdots A_n$ 和属于因素群 B 的因素 B_1,B_2,$\cdots B_n$,分别排列成行和列,在交点处用一定的符号或数字表示出 AB 之间关系的图形。具体如图 9.19 所示。

图 9.19

矩阵图结构

		B因素						
		B_1	B_2	B_3	$\cdots$	B_i	$\cdots$	B_n
A 因素	A_1	●	○	△				
	A_2							
	A_3							
	$\cdots$							
	A_i							
	$\cdots$							
	A_n							

一般可以用"●○△"这些符号表示因素之间的关系。在图 9.19 中,"●"表示因素 A_1 和 B_1 存在相关关系,"○"表示因素 A_1 和 B_2 无相关关系,"△"表示因素 A_1 和 B_3 可能存在有相关关系。当然,我们也可以用"0—9"表示因素之间的关系,数字越大,相关关系则越强。

(2) 主要类型

① L 型矩阵图。

图 9.19 即为 L 型矩阵图,一般以矩阵行和列形成的二元表来表示,较多适用于问题-原因,目的-手段之间的对应关系。

② T 型矩阵图。

T 型矩阵图可以同时用于分析 A—B 关系与 A—C 关系,它可以说是两个 L 型矩阵图的组合。该图可用来分析包含一个重叠关系的三类因素的问题,比如可以用于分析"问题-原因-手段"。

③ Y 型矩阵图。

Y 型矩阵图可以看作是三个 L 型矩阵图的组合,用于分析 A—B、B—C 和 A—C 之间的相互关系。该图可以用于分析两两有关联的三类因素问题,这三类因素相互之间都可能存在交互作用。图 9.21 中,以 x,y,z 三条轴构成的一个立体来表示相互之间的关联。

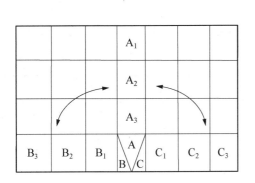

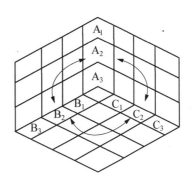

图 9.20

T 型矩阵图（左）

图 9.21

Y 型矩阵图（右）

④ X 型矩阵图。

如图 9.22 所示,X 型矩阵图可用来分析 A、B、C、D 四类因素之间的相互关系,通过一个二维十字表格反映。X 型矩阵图可以看做是 4 个 L 型矩阵图的组合。

⑤ C 型矩阵图。

更为复杂的是 C 型矩阵图,它以 A、B、C 三因素为边形成一个立体空间,三因素在立体空间中的交点就是考量对象。如图 9.23 所示,在这个立体空间中,A、B、C 三类因素的交点形成图中的黑点,这个共同决定的一个点就是我们解决问题的着眼点。

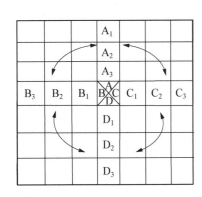

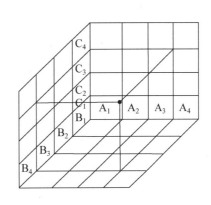

图 9.22

X 型矩阵图（左）

图 9.23

C 型矩阵图（右）

(3) 绘制步骤

① 列出质量因素。根据研究的问题,列出成对的质量因素,比如问题因素和原因因素,顾客需求因素和质量特性因素。

② 将因素按行和列排列,形成矩阵图。可以根据需要选择合适的矩阵图,比如只有一对成对因素,则选择 L 型矩阵图,如果是三因素,则可能是 T、Y、C 型矩阵图。

③ 在成对因素交点处列出其相互关系的程度,可用符号(●○△)表示。

④ 根据关系程度,确定关键点。

⑤ 根据关键点,寻找具体的对策。

(4) 案例

例 9.10 某饭店正在研发一种新型菜品,现通过调研了解顾客需求,结合菜肴本身的特性,画出矩阵图如下。

图 9.24		菜 肴 特 性				
		成本	食材	酱料	厨师	操作环境
菜肴矩阵图 顾客需求	实惠	●	●	△	●	△
	美味	△	●	●	●	○
	美观	△	△	△	●	○
	健康	△	●	●	○	△
	卫生	△	△	△	●	●

上述 L 型矩阵图列出菜肴特性与顾客需求的交叉点,然后用不同符号表示之间的相互关系程度,便于寻找出满足顾客需求的菜肴特性。

5. 数据矩阵图

数据矩阵图与矩阵图类似,只不过它是将矩阵图上的各要素间关系用数字表示。这种方法主要用于市场调查、新产品设计与开发、复杂工程分析和质量评价等。比如,当我们在进行服务质量评价时,需要确定要素的权重,那就可以利用数据矩阵图法得到加权系数,层次分析法就是利用这一原理。

数据矩阵图的绘制步骤与矩阵图类似,但是需要对要素关系进行量化,并且填在图上。我们可以用"0—9"表示相关程度。下面以上例中顾客需求属性为例,以数据矩阵图法来确定哪些因素相对更加重要。

我们可以按照以下步骤进行(如表 9.8 所示)。

第一步,确定顾客需求属性,此例子中已经列出。实际操作中可以利用 KJ 图获得这些要素。

第二步,同时将顾客需求属性作为行和列处理,形成矩阵。

第三步,两两要素的重要性对比,以 1 表示同等重要,以"2—5"表示重要程度的不同。比如,如果认为美味比实惠重要得多,可以打"5"分,如果认为实惠没有美味重要,则反过来以倒数打"1/5"分。一般是"行"比"列"重要,则给正分,由此形成矩阵表。行和列是同一要素则打 0 分。本例子中所有的数字只作为演示用,不是真实表示重要程度。

第四步,行的分数加总,并将所有分加总得到总分之和。

第五步,算权重。以总分除以总分之和得到权重。通过计算可以发现,例子中美味的重要性最高,美观的重要性最低。

		顾客需求属性						
		实惠	美味	美观	健康	卫生	总分	权重(%)
顾客需求属性	实惠	0	0.2	5	0.2	0.2	5.6	13.08
	美味	5	0	4	3	2	14	32.71
	美观	0.2	0.25	0	0.2	0.25	0.9	2.10
	健康	5	0.3	5	0	0.5	10.8	25.23
	卫生	5	0.5	4	2	0	11.5	26.87
总分之和		42.8						

表 9.8

顾客需求
数据矩阵图

6. PDPC 法

所谓 PDPC(Process Decision Program Chart)法,即过程决策程序图法,顾名思义就是以过程决策的逻辑思维进行绘图。旅游企业经常会为了实现目标而制订计划,但由于各种各样的问题计划往往会发生变化,最终可能导致目标无法实现。PDPC 就是需要预测各种可能发生的情况,并提出相应的处置方案,从而促进目标最终能够实现。其原理示意图如图 9.25 所示。

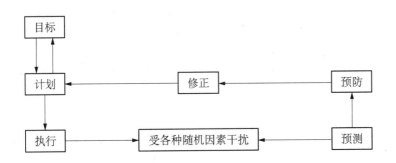

图 9.25

PDPC 法原理
示意图[①]

PDPC 具有预防性,早做谋划,有利于解决计划实施中的各种干扰因素或是环境变化。同时,PDPC 也具有动态性,能够随时修正计划,一旦在实施过程中出现未曾料到的情况,要随时对 PDPC 进行调整。一般来讲,PDPC 主要用于五个方面:一是新产品的开发研制计划及管理,二是产品质量改善计划及其管理,三是提出选择处理质量纠纷的方案,四是方针管理中计划目标的撰写,五是制定生产过程中防止发生质量问题的措施。[②] 对旅游企业来讲,旅游产品的实现往往有不确定性,可能会遇到各种各样的问题,最终影响游客对旅游服务质量的感知。因此旅游企业有必要采用 PDPC 方法制订计划方案。

绘制 PDPC 图时可以按照以下步骤进行:

---

①　黄怡,林艳,王廷丽. 质量管理理论与实务[M]. 北京:经济科学出版社,2011:158.
②　付伟. 质量管理咨询工具箱[M]. 北京:人民邮电出版社,2010:120.

① 根据目标制订实施的计划。

② 预测实施过程中可能出现的问题,制订相应的解决方案。

③ 制订预防出现问题的措施。

④ 在实施过程中根据遇到的突发问题实时修正 PDPC 图,通过不断修改和完善的 PDPC 图,促进目标的最终实现。

7. 箭头图

提升服务工作效率对于提高服务质量具有重要意义。当涉及多项任务时,为了保质、保量、按时完成,就需要合理安排时间和任务。这时,就可以采用箭头图法。箭头图法,又称矢线图法,是通过绘制网络图的方法,优化工作程序,提升工作效率的一种方法,特别是能够运用于任务繁多、复杂、衔接紧密的项目上。

箭头图最早由杜邦公司、兰德公司开始应用,当时被称为"关键线路法",后被美国海军所应用,被称为"计划评审法"。然后又在全世界范围内被广泛应用,一般称为"网络计划技术"。1980 年左右,由日本质量管理专家将其运用到质量管理领域,被称为"箭头图法"。①

(1) 基本结构

箭头图主要是以箭头线条显示任务或过程的各个步骤或顺序,确定在既定目标下的最佳执行方案。它一般由箭线、结点、路线三部分所构成。

① 箭线。在箭头图中,每一条箭线代表一项活动。简尾表示活动的开始,箭头表示活动的结束,实线的箭线代表着需要消费时间和资源的活动,虚线的箭线则代表不消耗时间和资源的活动。

② 结点。结点用圆圈来表示,代表着一个事件的开始或结束。箭头图中第一个结点称起始结点,是一个项目的开始;最后一个结点称为终结点,是一个项目结束的标识;其余结点称为中间结点。

③ 路线。从始点到终点的路程为路线。一个箭头图可能有多条路线,消耗时间最长的路线称为关键路线,关键路线上的每个活动称为关键活动。

箭头图各部分如图 9.26 所示,1 为起始结点,8 为终结点,其余点为中间结点,从起点到终点有三条路线,分别是 1-2-3-7-8、1-2-4-7-8 和 1-2-5-6-7-8。可根据各活动所取时间计算各条路线的耗时,从而确定关键路线。

图 9.26

箭头图结构

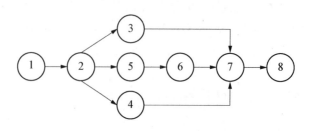

---

① 黄怡,林艳,王廷丽.质量管理理论与实务[M].北京:经济科学出版社,2011:160.

（2）绘制步骤

① 确定所需研究的项目。

② 确定项目实施所包括的所有活动,活动不要有遗漏。

③ 确定活动的先后顺序与逻辑关系,确定各活动所需要花费的时间和资源。

④ 绘制箭头图,绘出结点、箭线与路线。结点编号不要重复,编号顺序由小至大,箭头编号要大于箭尾编号,箭线首尾必须要有结点,结点也必须要有编号。注意,在绘制的时候,不要出现循环路线。

⑤ 计算每条路线所需要花费的时间和资源,从而找出关键路线。

⑥ 分析箭头图,制定优化箭头图的方案。

思考题

1. 什么是质量管理的老七种方法? 请分别简述。

2. 什么是质量管理的新七种方法? 请分别简述。

3. 选择一家餐厅或学校食堂,编制不合格项目调查表和不合格原因调查表。

4. 根据书中案例 9.5,用 EXCEL 或 SPSS 绘制排列图。

5. 散布图中如何来确定两变量之间的相关关系?

6. 控制图有什么优点?

7. 矩阵图法与数据矩阵图法有什么不同?

8. 你觉得书中例 9.14 这种计算方法可能会存在什么问题? 该如何解决?

9. 查找资料,了解近年来还诞生了哪些质量工具,请分别简述。

第 3 篇

提升目的地旅游服务质量

Improving Tourism Service Quality of Destination

本章导读

全域旅游概念的提出和理念的产生具有很强的时代背景,是旅游消费和产品结构的重大变革调整。在旅游业未来的发展中,需要高度重视从旅游产业理念向旅游经济理念的转变、重视旅游产业向旅游目的地理念的转变。[①] 在此背景下,目的地旅游服务质量管理呈现出新的特点和趋势。

本章首先介绍了全域旅游的相关概念,具体分析了全域旅游的特征,阐述了全域旅游对目的地服务管理的要求。随后,本章从旅游目的地服务的规划设计、管理体制、整合营销、信息管理、全域环境这几个方面论述了旅游目的地服务质量的集成管理,提出了服务质量集成管理的目标。本章还介绍了我国政府对目的地旅游服务质量监管的现状,并对全域旅游背景下政府对目的地旅游服务质量的监管提出了相关建议。最后,本章介绍了旅游目的地公共服务体系的构成,并从旅游目的地的基础设施建设、信息服务、安全保障三个角度阐述了全域旅游背景下目的地公共服务部门如何进行服务质量保证。

通过本章学习,需要掌握全域旅游的概念内涵,了解全域旅游背景下目的地服务的特点与要求,理解旅游目的地服务质量集成管理的内容,掌握旅游目的地政府对服务质量的监管形式、手段和主要措施。同时,要理解旅游目的地公共服务的体系构成,掌握目的地公共服务质量保证的主要措施,并能加以运用。

---

① 厉新建,张凌云,崔莉. 全域旅游:建设世界一流旅游目的地的理念创新——以北京为例[J]. 人文地理,2013,03:130—134.

10.1　全域旅游内涵

2016 年,全国旅游工作会议拉开全域旅游发展序幕,全域旅游由理论快速走向规划,由概念走向产业发展。2017 年,"全域旅游"首次写入政府工作报告,与此同时国家旅游局正式发布《全域旅游示范区创建工作导则》,为全域旅游示范区创建工作提供了行动指南。

1. 全域旅游的概念解读

目前,国内关于全域旅游概念的研究非常活跃,但由于全域旅游本身尚处于实践性探索阶段,其概念和理论尚无统一的结论。

厉新建、张凌云和崔莉最早对全域旅游概念进行界定,他们认为全域旅游是各行业积极融入其中,各部门齐抓共管,全城居民共同参与,充分利用目的地全部的吸引物要素,为前来旅游的游客提供全过程、全时空的体验产品,从而全面地满足游客的全方位体验需求。[①] 全域旅游所追求的,不再停留在旅游人次的增长上,而是旅游质量的提升,追求的是旅游对人们生活品质提升的意义,追求的是旅游在人们新财富革命中的价值。

吕俊芳认为全域旅游体现的是一种现代整体发展观念,区域各方面的发展应服务于旅游发展大局,形成全域一体的旅游品牌形象。[②] 她还提出目的地要开展全域旅游工作,应该具备社会条件、人口条件和资源条件这三个基础条件。

杨振之认为全域旅游的定义内涵主要包含五点:一是区域旅游资源富集而工业发展基础薄弱或受限;二是以旅游业为引导或主导,推进区域经济发展;三是以旅游业为引导或主导,在全域合理高效地配置生产要素;四是以旅游规划作为区域顶层设计,在旅游规划引导下实现"多规合一",使"全域旅游"理念在城乡规划、土地利用规划、村镇规划、交通规划等方面切实落地,促使全域以旅游业为重心配置资源;五是适时适度投入适当政策,改善基础设施和公共服务设施,保护自然文化和生态资源,增进公共旅游休闲福利,复兴历史城区、小城镇和农村社区发展活力,真正惠及社会全员。[③]

邓爱民认为全域旅游通俗地讲就是全部区域一体化发展旅游,全域旅游发展战略秉承现代整体发展观念,突破景区局限,使区域建设、环境保护、交通运输、餐饮服务等各个方面都服务于旅游发展大局,形成全域一体的旅游品牌形象。全域旅游发展战略是把一个行政区看作一个旅游景区,是旅游产业的全景化、全覆盖,是资源优化、空间有序、产品丰富、产业发达的科学的系统旅游。[④]

---

① 厉新建,张凌云,崔莉. 全域旅游:建设世界一流旅游目的地的理念创新——以北京为例[J]. 人文地理,2013,03:130—134.
② 吕俊芳. 辽宁沿海经济带"全域旅游"发展研究[J]. 经济研究参考,2013(29):52—56,64.
③ 杨振之. 中国旅游发展笔谈——全域旅游(二):全域旅游的内涵及其发展阶段[J]. 旅游学刊,2016(12):1—3.
④ 邓爱民,桂橙林,张馨方. 祝小林. 全域旅游理论·方法·实践[M]. 北京:中国旅游出版社,2016.

综上所述,本书认为全域旅游是指将某一区域作为完整旅游目的地,以旅游业为优势产业,发挥其带动作用,通过统一规划布局、整体品牌构建、公共服务优化、综合统筹管理等目的地服务质量集成管理的手段,促进旅游业从单一景点景区建设管理向综合目的地服务转变,最大限度满足大众旅游消费需求的发展新模式。

2. 全域旅游目的地服务的特点

旅游目的地服务是指目的地旅游企业及相关部门为游客提供服务的过程。旅游目的地的主要功能就是吸引游客、接待游客,创造游客旅游体验。在全域旅游发展的背景之下,旅游目的地服务呈现出了新的特点。

厉新建提出要有全新资源观、全新产品观、全新产业观和全新市场观的"四新"理念,并提出了落实全域旅游理念的"八全"架构,即全要素、全行业、全过程、全时空、全方位、全社会、全部门、全游客,提倡产业融合以及游客与居民之间的交融,强调景观要素转向景观要素与环境要素并重,形成"斑块—廊道"的发展格局,构建"体验点—体验线—体验面—体验场"的体验模型,使旅游产业转向旅游目的地和旅游经济。[1]

汤少忠提出了全域旅游的全景、全时、全业、全民这一"四全"模式。全景即全域景区化以吸引游客;全时即全天候旅游体验和全感官项目设计,使旅游不分昼夜,留住游客;全业即以旅游业为主导带动服务业与其他产业全业融合,提升传统产业附加值;全民即通过"全民共建+全民营销+全民共享"构建主客共享的旅游目的地,实现旅游惠民、便民、富民。[2]

总体看,全域旅游目的地服务的基本特点就是全覆盖。具体来讲,就是包括全空间、全天候、全过程、全产业和全部门的服务。这涉及到旅游目的地服务的方方面面,只有发动各方力量,充分利用各种资源和条件,不断完善旅游目的服务功能,全方位营造旅游目的地消费环境,才能实现旅游服务的全覆盖以及消费过程的全体验。

(1) 全空间服务

全空间服务从空间维度对全域旅游目的地服务提出要求。旅游目的地的服务从景区拓展到整个城市,一切组织、社区、个体以及所有设施都能在各自空间为游客提供接待服务,让游客能够从全方位、多维度欣赏旅游目的地的自然、人文之美,实现多维度、立体化覆盖。

(2) 全天候服务

全天候服务从时间维度对全域旅游目的地服务提出要求。旅游目的地主要部门应该保证一年365天、每天24小时都能为游客提供其所需要的服务,并且能够保证服务质量。要能时时保障游客权益,随时满足游客需求。

(3) 全过程服务

全过程服务从旅游活动安排环节对全域旅游目的地服务提出要求。全过程涉及从

---

① 厉新建,张凌云,崔莉. 全域旅游:建设世界一流旅游目的地的理念创新——以北京为例[J]. 人文地理,2013,03:130—134.

② 汤少忠."全域旅游"驱动因素与发展模式——以《重庆市渝中区全域旅游发展规划》为例[N]. 中国旅游报,2014.06.04(14).

游客进入目的地之前,到达目的地,直到游客离开目的地。在整个旅游过程中,目的地都应该能够提供优质的服务,从游前、游中到游后,从线上服务到线下服务,确保旅游消费的每个环节都能实现服务全覆盖。

（4）全产业服务

全产业服务从旅游产业链方面对全域旅游目的地服务提出要求。全域旅游服务不能单纯依靠旅游业来完成,需要实现"旅游＋"的相互交叉和充分整合,不断延伸和拓展旅游产业链,加快旅游业与目的地其他产业(如工业、农业、商业、房地产、手工业等)的深度融合,有效发掘、充分发挥其他非旅游产业的旅游功能,提升服务游客的能力。

（5）全部门服务

全部门服务是从各部门集成管理的角度对全域旅游目的地服务提出要求。实施全域旅游的过程中,要推进目的地各大部门积极参与到目的地的旅游开发、建设和管理中来,共同构筑旅游目的地的发展平台,重视整合公共环境、公共产品,提供公共服务,创造发展商机。建立合理机制,政府主导部门支持,市场主体企业运作,社会积极参与,各方协调和谐发展。

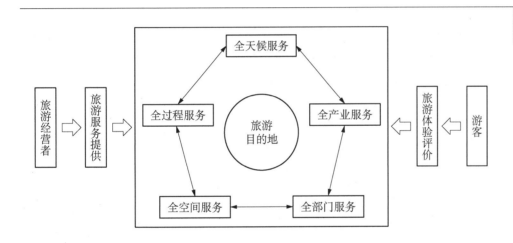

图 10.1

全域旅游
目的地服务
的特点

10.2　目的地旅游服务质量的集成管理

旅游产品的本质是服务,为客人提供优质服务是旅游目的地赢得市场份额、实现可持续发展的基础。全域旅游时代,如何给予游客更好的旅游体验,满足人们高质量的出游需求,除了提升目的地的基础设施建设之外,优质的旅游服务成为制胜法宝。高品质的旅游服务离不开旅游目的地对服务质量的严格管理,构建完善的目的地服务质量管理体系显得尤为重要。游客在旅游目的地的活动涉及方方面面,不可能由单一企业或部门完成。因此,旅游目的地服务质量管理体系必须要是一个涉及面广、体系健全、功能完善、人性化与标准化结合的集成化管理体系。

1. 集成管理的内涵及特点

所谓集成,是指两个或两个以上的要素(单元、子系统)经过系统地选择搭配,按照一定的集成规则、以最合理的结构形式进行组合和构造,集合成为一个由适宜要素组成的、优势互补且匹配的有机整体。这样的集成有利于提高系统的整体功能。

集成管理是指综合运用各种不同的方法、手段、工具,通过计划、组织、指挥、协调、控制的基本过程,促使各集成要素功能匹配、优势互补、流程重组,要素之间以最合理的结构形式结合在一起,从而产生新的系统并使得系统整体功效倍增的过程。其核心就是运用集成的思想,保证管理对象和管理系统形成完整的内部联系,提高系统的整体协调程度,以形成一个更大范围的有机整体。[①] 因此,集成管理是一个主动寻优的过程,与全域旅游的核心思想有着高度一致性。

旅游目的地服务质量的集成管理,就是指将集成思想引入旅游目的地服务管理之中,用以指导旅游目的地服务管理实践,实现旅游目的地服务中各种资源、要素的全方位优化组合,促进各项要素、功能和优势之间的互补、匹配,从而促成旅游目的地服务质量的整体效能和效率的提高。

其特点主要表现为如下几点:

(1) 内容广泛性

在旅游目的地服务的集成管理中,要素的种类和范围跟以往相比都有更大的拓展。从旅游的六大要素到目的地信息咨询、品牌建设、规划策略等,集成管理的对象无所不包,几乎涵盖了所有软、硬件资源要素。因而管理者的选择空间大大拓宽,但同时管理难度也进一步加大。

(2) 整体优化性

将旅游目的地食、住、行、游、购、娱等一系列的集成要素,利用系统管理的思想,针对一定的目的,经过有创意的比较选择,发挥各集成要素的优势,能够达到整体优化的目标。即集成功效大于各集成要素原本功效之和,或者各单元要素集成在一起后,产生了一种全新的功效。

(3) 方式兼容性

旅游目的地服务集成体是由集成要素组成,各集成要素必须互相容纳,因此,相容性是集成的前提,是集成的必要条件。但是,只有要素的相容性是远远不够的。对集成管理来说,由于强调集成体的聚变放大功能,所以各种管理手段及方式之间必须保持相互协调、相互兼容的关系,唯此方能使集成对象(要素)有机地结合在一起,并实现内在的放大效应。

(4) 功能互补性

旅游目的地服务质量集成管理的目的是为了实现目的地旅游服务质量整体优化和功能倍增,而整体功能倍增有赖于集成内部各要素之间能够实现功能互补或优势互补。功能互补非常重要,它能大大增强或拓展集成后的目的地整体功能,产生功能增强型互补和新功能产生型效果。

---

① 周建安.政府部门集成管理[M].北京:中国标准出版社,2013.

（5）管理系统性

集成管理的系统性表现在：其一，由于集成管理的要素不仅包含旅游目的地内部的各种要素，而且包含外部可供选择和集成的各种资源，因此，构成集成管理体系的各要素间的联系广泛而紧密，每一要素的变化都会受到其他要素变化的影响，并会引起其他要素的连锁变化；其二，集成管理系统具有多层次的结构，每一层次均支撑上一层次；其三，集成管理系统在其形成与发展过程中又会不断地学习，并对其层次结构与功能结构进行重组和完善；其四，集成管理系统是环境的产物，它随环境变化而不断演化。

2. 旅游目的地服务质量集成管理的内容

（1）旅游目的地规划设计的集成管理

旅游发展，规划先行。旅游目的地规划是以目的地的各类旅游资源为对象，对目的地进行合理的空间规划布局与产品设计，从而为旅游目的地优质的服务提供物质基础和前置设计，使旅游目的地经济效益最大化和负面效应最小化。因此，科学的规划设计是旅游目的地优质服务得以实现的前提条件。

旅游目的地是一个完整的系统，对目的地的规划是一种长期目标，要着眼于整体和长远。"全域旅游"的提出，更是要求我们不能因循传统规划思路，必须改革创新，要系统全面规划，协调发展和整合各类资源要素。

目的地规划的集成管理，正是强调立足于该系统的完整性和开放性，将旅游目的地看成一个有机的、动态可演化的整体，突破对系统内要素优化组合的单一思维模式，在对目的地空间结构内要素优化的同时，也要对整个结构体进行整体优化。这样的整体性思维和集成管理模式，能够让旅游目的地的自然、社会、经济效益达到最完美的统一，达到提升旅游目的地总体服务质量的效果。

旅游目的地规划设计的集成管理可以从如下几个方面入手：

第一，全面调研。首先，在进行旅游规划之前，要对当地的旅游资源进行全方位、系统化的调查、分析与评价，保证规划时能够做到有的放矢、实事求是，并且能够准确、有效地进行目的地功能分区。再者，要向相关企业及游客收集全面的客源市场信息，以便对旅游目的地品牌形象进行精准的定位。此外，要深刻解读当地的自然和文化资源，虚心向当地居民请教，保障旅游文化的完整性及旅游开发的可持续性。

第二，梯度划分。充分了解旅游目的地空间结构发展的现状，根据科学的旅游资源评价方法对区域内资源进行等级评分。同时，结合客源市场需求，确定目的地内旅游的优先发展顺序、定位要素等级，按照不同的资源禀赋和开发条件进行有时、有序的梯度开发，避免同质化竞争，保障区域旅游空间结构渐进发展。

第三，突出重点。旅游目的地资源种类多种多样且作用各不相同，但是决定市场宽度的是核心景区的高度，即旅游中心地的知名度与美誉度。例如，黄山市便是在借助黄山风景区巨大的品牌影响力下，进行整体自然、生态、文化环境的优化，带动徽文化的旅游开发，通过"打好黄山牌"，来做好"徽文章"。因此，在旅游目的地规划的集成管理思想下，要找出起着主导作用的旅游资源，优先开发建设拳头产品、核心品牌，使旅游区主次分明、主题突出，以此树立旅游目的地的旅游形象，进而带动整个旅游业的发展。

第四，以点带面。在目的地核心旅游产品的带动之下，通过全面优化目的地旅游资源、基础设施、旅游功能、旅游要素和产业布局，推进以点带面，实现区域资源的有机整合、产业融合发展、社会共建共享，打造全域旅游目的地，提升整体服务质量。全域旅游的发展，还能反过来疏解和减轻核心景点景区的承载压力，更好地保护核心资源和生态环境，实现设施、要素、功能在空间上的合理布局和优化配置。

（2）旅游目的地整合营销的集成管理

第一，旅游整合营销。制定旅游目的地整体营销规划和方案。把营销工作纳入目的地旅游发展大局，坚持以需求为导向，树立整体营销和全面营销观念，明确市场开发和营销战略，加强市场推广部门与生产供给部门的协调沟通，实现产品开发与市场开发无缝对接。

第二，拓展营销内容。在做好目的地景点景区、饭店宾馆等传统产品推介的同时，进一步挖掘和展示地区特色，将商贸活动、科技产业、文化节庆、体育赛事、特色企业、知名院校、城乡社区、乡风民俗、优良生态等拓展为目的地宣传推介的重要内容，提升旅游整体吸引力。

第三，实施品牌营销战略。塑造特色鲜明的旅游目的地形象，打造主题突出、传播广泛、社会认可度高的旅游目的地品牌。提升区域内各类品牌资源，建立多层次、全产业链的品牌体系，变旅游产业优势为品牌优势。

第四，建立政府部门、行业、企业、媒体、公众等参与的营销机制，充分发挥企业在推广营销中的作用，整合利用各类宣传营销资源和方式，建立推广联盟合作平台，形成上下结合、横向联动、多方参与的全域旅游营销格局。

第五，创新旅游营销方式。有效运用高层营销、公众营销、内部营销、网络营销、互动营销、事件营销、节庆营销、反季营销等多种方式。借助大数据分析，充分利用微博、微信、微电影、APP客户端等新兴媒体，提高旅游目的地宣传营销的精准度、现代感和亲和力。

（3）旅游目的地管理体制的集成控制

改变过去旅游部门单打独斗的局面，构建起各部门协作联合的组织集成管理，推动我国旅游行政管理向社会管理转变，可以从如下几个方面着手：

第一，综合管理创新。从区域发展战略全局出发，把推进全域旅游作为目的地经济社会发展的重要抓手，统筹协调政府多部门参与，并吸纳社会组织力量，形成"政社互动"的综合管理格局。[①] 一是在目的地旅游管理体系中设置纵向的多级旅游管理队伍，做到专人专岗，逐级细化分解旅游目的地管理任务，强化层级负责制。向社会公布各级旅游部门的权利事项和责任事务，明确旅游管理的事中、事后监督机制。二是由地方政府牵头，旅游发展委员会协调，联动公安、工商、规划、国土、建设、交通等横向多部门，齐抓共管目的地旅游服务。例如，2015年3月18日，山东省正式确定旅游工作联席会议制度。由省旅游局牵头，省旅游局、省委宣传部、发展改革委、财政厅、教育厅、公安厅、

① 刘馥馨，王玉海.图解全域旅游理论与实践[M].北京：旅游教育出版社，2016.

交通运输厅、水利厅、农业厅等 34 个部门组成。成员单位根据工作需要可以提出召开全体会议或专题会议的建议,在全体会议之前,召开联络员会议,研究讨论联席会议议题和需提交联席会议议定的事项。三是强化社会组织(如旅行社协会、旅游饭店业协会、旅游车船协会、旅游景区协会等)的行业管理职能,以作为行政管理的有效补充与支撑。通过定期开展业务技术交流活动,促进行业内资源与渠道共享合作,强化旅游行业质量监管,协调行业秩序,维护旅游消费者权益。

第二,综合执法创新。强化各项法律法规在旅游领域的执行力度,全面推进依法治旅,解决旅游监管交叉与缺位并存、旅游局缺乏执法权等问题。可以建立统一的综合执法单位,全面协调处理商品物价纠纷、游客人身伤害、旅游物价问题、旅游市场秩序等涉旅法律纠纷。例如,2015 年 4 月,四川阿坝州组建旅游市场综合执法局,由公安、规划建设、国土、工商、物价、质监、食品药品监管、安监、卫生、文化、交通、劳动保障、宗教、环保这 14 个单位各抽调 1 人组成。办公经费由县财政核定后统一划拨,作为州政府直属正县级综合执法机构,采取集中办公形式。部分旅游市场监管矛盾突出的地区,可在地方政府统筹协调下,由旅游局联合其他部门,设立专项旅游执法机构。例如,设立旅游巡回法庭,在旅游区内快速及时仲裁旅游纠纷;成立"旅游警察"大队,介入解决旅游人身财产安全事件;建立工商旅游分局,专项监管旅游市场秩序与物价等。

第三,倡导诚信自制。旅游目的地服务是各个企业服务的总和,各要素之间具有关联性、层次性、相容性、整体性和立体性。通过以职责为纽带的纵向的组织集成管理,将目的地战略规划目标在各企业、各部门和个人中逐级分解和传递。让目的地内各个旅游组织自觉意识到,守法经营、规范经营、苦练内功,才能提质增效,壮大企业实力,才能促进产业健康快速发展。反之,只能导致旅游市场混乱无序,阻碍目的地产业健康快速发展。要在旅游目的地形成高度的企业诚信自制,优化目的地的社会环境,走上全域旅游提倡的"共建共享道路"。

第四,社会理念更新。在景点旅游模式下,旅游从业者只是导游、服务员等,而在全域旅游目的地建设下,整个区域的居民都是服务者,都是主人,他们由旁观者、局外人变为参与者和受益者。因此,旅游目的地服务质量的提升既要让建设方、管理方参与其中,更需要广大游客、居民共同参与。树立"处处都是旅游环境,人人都是旅游形象"的理念,向目的地居民开展旅游相关知识宣传教育,强化目的地居民的旅游参与意识、旅游形象意识、旅游责任意识。同时,通过旅游发展成果为全民共享,增强居民获得感和实际受益,促进居民真正树立主人翁意识,提升整体旅游意识和文明素质。

(4) 旅游目的地服务的信息集成管理

信息集成管理最重要的特征就是信息共享和数据通信。旅游目的地服务的信息集成管理是指,通过面向游客提供"吃、住、行、游、购、娱"旅游六要素和"预订、成行、返程、结算、投诉"旅游全流程服务,面向中小旅游企业提供 ASP 服务、电子商务交易平台和整体营销平台,从而形成立足区域、面向全国的旅游资源和信息集约、开发和利用中心,吸引旅游企业和游客自主参与。从资讯富集的优势、品牌的优势,最终落实到"以人为本"的社会型互动旅游网络平台核心优势上来,以建设满足强大个人需求的标准化、综合性、智能化的旅游目的地信息服务平台。旅游目的地服务的信息集成管理可以从如下几个方面入手：

第一，提升研发能力，健全规范标准。一是做到规范化，建立健全旅游目的地信息化建设标准与规范。二是实现标准化。在国外，通常由专门的组织制定出一套统一的数据格式和接口标准，旅游电子商务网站、管理信息系统在开发时都遵照这套标准，这样在一开始就保证了各行业、各单位的信息系统间做无缝链接的可能性。我国旅游目的地的数据交换也应尽快实行标准化，并与国际接轨。

第二，改变服务观念，鼓励企业全员参与。目前，我国旅游目的地网上旅游服务项目少，旅游网站多为面向散客提供订票、订房、部分信息咨询等，而游客路线自助设计等"个性化旅游"需求尚难以得到满足。旅游目的地信息集成管理，不仅仅是在某个单项信息技术上的改进，而是旅游目的地信息技术应用模块的系统整合。要形成提供覆盖范围广、成本低廉的旅游目的地信息平台，使当地旅游企业之间增进交流与合作，为游客创造一体化的旅游服务感受。

第三，发展智能技术，构建智慧旅游目的地。在智能化信息技术支撑下，旅游目的地可以掌握消费结构和消费水平，不仅可以直接面对消费者，还可以通过整合周边的餐饮、住宿等产品供应商获取利润。这种新的资源整合供应结构使旅游目的地可以摆脱渠道控制，还使其从供应链的最终端上升一个层次，成为其他非核心产品供应商的渠道控制者。同时，智能化可以充分满足在线旅游营销的多元化特征，主要体现在智能搜索引擎、电子服务、客户关系管理和客户管理系统、电子地图、电子公告栏（BBS）和网上娱乐等方面。[①]

（5）旅游目的地全域环境的集成管理

旅游目的地全域环境的集成管理，可以从交通环境、卫生环境、集散体系、标识系统、资源保护等方面入手，提升全域旅游环境。

第一，全域交通环境改善。旅游目的地大交通的建设，可以通过规划增建机场、补贴特定航线、优化高铁和高速线上交通站点的旅游服务配套、加快建设旅游港口码头、破除城乡交通分割，打通目的地旅游脉络，提高目的地旅游的通达性，满足城市发展和旅游建设的双重需求。旅游目的地中小交通的建设，可以通过旅游直通车的设立破解"最后一公里"的难题，建设自行车道、慢行道等慢游休闲绿道，完善自驾游服务系统，强化旅游与交通部门的联合运营管理等。

第二，全域卫生环境提升。通过厕所革命、农污治理等方式方法，实现旅游目的地城乡卫生一体化、景区内外卫生环境一体化、全域卫生无死角的目标。

第三，全域集散体系构建。建立全域旅游目的地集散服务中心体系，提供一站式交通、信息、组织接待、宣传促销、投诉受理等服务功能。

第四，全域旅游标识系统。通过全域旅游指引总览图、旅游交通指引标识牌、旅游区导览标识牌、旅游服务设施标识牌等的创意设计，达到随时随地清晰指引交通、方向、景点和服务等功效，同时形成全域旅游目的地的特色名片。

第五，全域资源环境保护。在可持续发展观的指导之下，明确政策红线，规定规划

---

① 黄安民. 旅游目的地管理［M］. 武汉：华中科技大学出版社，2016.

红线,守住生态红线,对旅游目的地范围内的湖泊湿地资源环境、生态林地资源环境、脆弱地质地貌资源、珍稀濒危动植物资源、历史文化名城与文物、非物质文化遗产资源、民族民俗文化资源等重要的资源环境进行保护开发。

3. 旅游目的地服务质量集成管理的意义

(1) 有利于旅游目的地服务质量的整合优化

集成管理在强调劳动分工的同时,更强调整合增效。旅游目的地服务涉及到了食、住、行、游、购、娱等各个要素,游客直接与目的地这些企业发生联系。这些旅游企业都会对旅游目的地服务质量产生影响,其中任何一个环节出现问题,都可能导致游客不满。例如,2015 年发生的"青岛大虾"事件,标价 38 元的海捕大虾,结账时变成 38 元一只,该事件被网络曝光后,引起社会的广泛关注。山东省花重金打造的旅游目的地品牌形象"好客山东",一夜之间输给了一只大虾。强调集成,从某种意义上说,可以弥补旅游目的地各服务要素相互分离所带来的效益缺失,在组织最高战略目标的统领下,通过建立良好的要素集成机制,实现"1+1>2"的效果。

(2) 有利于旅游目的地服务的泛边界资源整合

泛边界资源整合具有两个层面的含义。一是从目的地全社会的角度来讲,需要站在更高的层面,突破行业的边界,进行资源的整合。正如全域旅游所倡导的"旅游+",使目的地旅游与其他相关产业深度融合、相融相盛,形成新的生产力和竞争力。充分发挥旅游业的拉动力、融合能力,及催化、集成作用,为相关产业和领域发展提供旅游平台,插上"旅游"翅膀,形成新业态,提升其发展水平和综合价值。二是从目的地行业内部的角度来说,泛边界资源整合是要实现目的地旅游行业内部不同企业分工、不同运行过程和不同资源之间的整合,它们的共同特点是界性,站在整个社会系统或整个行业全局的高度,通过联盟的组织形式,集成各种资源要素,实现组织高效运行。例如,旅游行业服务质量监管会涉及到工商、物价、交通、卫生、文化、环保、公安、海关等职能部门,显现出一些体制性障碍。通过集成管理,可以实现以旅游为中心的联动协调机制,解决这一问题。

(3) 有利于旅游目的地服务增强内部效能

一是有利于增强旅游目的地企业及个人的责任感。通过实施集成管理,对每个部门、每个企业的"责、权、利"进行了具体细化,实现了目标任务的细化分解。对社会人文环境的集成管理,也增强了旅游目的地居民的自豪感和主人翁意识。因此,对旅游服务的集成管理有利于促使旅游目的地企业及居民的责任感不断增强。

二是有利于加强运作规范,提高服务效率。通过对旅游目的地服务过程的集成和控制,对每一项活动都有可操作的具体规范和可以考核的目标,将一些概念上的要求落实到具体的行动要求上,确保了旅游目的地服务过程的规范化。同时,在这个过程中,可以了解游客的真实需要,认识旅游服务质量差距,寻找并控制关键的接触点,设计具体可行的旅游服务标准,实施有效的服务补救计划,实现旅游服务质量的不断改进,从而获得持续的游客满意。

三是有利于旅游目的地的可持续发展。对旅游目的地全域环境的保护与开发,可以使目的地交通环境、卫生环境、集散体系、标识系统、资源保护得到全面提升,形成全域旅游目的地的特色名片,促进旅游目的地的可持续性发展。

(4) 有利于旅游目的地对外部环境的有效回应

集成管理在外部关系处理上,其整合增效的努力皆是为了满足外部受众的需求。借助于集成管理,能够为游客、当地居民和社会提供有效服务。一方面,通过旅游目的地服务的信息集成管理,能够很好地实现信息共享和数据通信,建成集"食、住、行、游、购、娱"六要素于一体的旅游目的地综合信息应用系统,通过现代化的通信技术为游客提供全面而及时的信息资讯服务。另一方面,通过旅游目的地整合营销的集成管理,能够实现产品开发与市场开发的无缝对接,提高旅游目的地宣传营销的精准度、现代感和亲和力,树立旅游目的地鲜明的旅游形象及优质的旅游品牌。

10.3　政府的服务质量监管

随着旅游活动规模的不断扩大,特别是旅游业在推动经济与文化的发展中所扮演的角色日渐重要,世界各国的政府部门和旅游目的地的地方政府都对旅游业的发展给予了越来越多的关注。而且,旅游业所涉及的范围之广及旅游产品的综合性和复杂性使得各有关方面很难存在自动的调节,这一问题只能由政府出面才有可能得到解决。所以,旅游目的地要想得到迅速稳定的发展,要想在日益激烈的市场竞争中立于不败之地,政府部门的进入和干涉就会成为一种必选,尤其是政府在整个目的地的协调、控制方面的作用更是无可替代。

旅游服务质量的提升与国家和旅游部门的重视密不可分,因此本节主要梳理旅游目的地服务质量提升的政府行动,尤其是重点探讨旅游目的地服务质量提升中的政府监管。

1. 政府监管的主要形式

目前,我国旅游市场政府的服务质量监管主要有以下几种形式:

(1) 旅游质监所的监管

1995 年 7 月,国家旅游局正式挂牌成立旅游质量监督管理所,各省、自治区、直辖市和各地市随后也成立了旅游质量监督管理所。我国旅游目的地服务质量正式由国家、省、地市三级旅游质量监督网络来监控。其主要工作是依法对在我国境内从事旅游经营活动的单位、个人以及外国(地区)企业常驻代表机构等市场主体进行监督管理,规范各类旅游企业的经营行为,对扰乱旅游市场经济秩序的经济违法行为进行查处和严厉打击,组织开展有关游客维权工作。各地旅游主管部门的旅游质监工作也在不断创新,例如近年来,江西省大力推进旅游法庭及其巡回审判点建设,把法庭"搬进"景区,形成"一区一庭一点"旅游法庭设立模式。2016 年 12 月,江西已在井冈山、庐山、梅岭等 9 个风景区设立旅游法庭,旅游途中遇纠纷,旅游法庭及时帮忙。江西旅游纠纷案件调解、撤诉率达 87%,全省"一区(景区)一庭(旅游法庭)一点(巡回审判点)"的旅游法庭设立模式正在初步形成,并摸索出"三定三快一重"的旅游审判机制。

（2）部门间的联合监管

旅游服务质量由旅游局、工商局、公安局、质监局、交通局、卫生局、物价局、质监局等部门协调行动、联合监管。例如,2018 年伊始,四川省旅游与工商部门联合开展了"红盾春雷行动 2018",治理旅游消费环境,凝聚监管合力,给予重点打击。该整治行动着眼于旅游市场需两部门齐抓共管的突出问题,集中整治经营主体资格、旅游商品质量、不正当竞争行为、虚假宣传和违法广告行为、合同违法行为等五个方面的问题,强化旅游市场侵权违法信息公示和旅游消费维权。

（3）行业协会的协助监管

我国在 1986 年 1 月正式成立了旅游行业协会,协会是全国从事旅游开发、饭店、国内旅行社、国际旅行社、旅游景点、旅游教育、旅游团队接待单位、水上旅游和旅游信息等企事业及其他相关经济组织自愿参加组成,实行行业服务和行业自律的跨部门、跨所有制的非营利的行业性团体组织。其业务范围包括协助业务主管单位搞好行业质量管理工作,推动和督促会员提高服务质量。与此同时,全国涌现了如上海、北京、浙江、福建、广东、海南、四川、云南、河北、山东等一大批先进旅游协会。这些行业协会在机构队伍建设、扩大服务范围、规范旅游市场秩序、提高旅游服务质量等方面发挥着越来越大的作用,例如中国旅游协会及各专业协会面向全行业发出了文明旅游的倡议书,中国旅行社协会举办了"出境旅游优质服务供应商计划"专题培训等。①

2. 政府监管的主要手段

（1）相关法律法规

2013 年 4 月 25 日通过、2013 年 10 月 1 日起施行的《中华人民共和国旅游法》标志着中国旅游业全面进入了依法兴旅、依法治旅的新阶段,为进一步加强旅游监督管理、维护游客和旅游经营者权益、规范旅游市场秩序、提升旅游服务质量提供了法律保证。《中华人民共和国旅游法》包括总则、游客、旅游规划和促进、旅游经营、旅游服务合同、旅游安全、旅游监督管理、旅游纠纷处理、法律责任和附则十章内容,《旅游法》运用行政法、经济法和民事法的基本原则和手段,对旅游业发展的重要领域进行了规范,对于有效打击违法行为、维护游客和经营者的合法权益,具有不可替代的作用。

除了《旅游法》这部大法之外,政府部门还出台一系列的相关法规,用以加强旅游市场监管,规范旅游企业的经营服务行为,全面提升旅游服务质量。如国家分别于1999 年和 2009 年颁布了《导游人员管理条例》和《旅行社条例》对相关旅游企业和人员进行了规范。此外,国家还发布了《旅游安全管理暂行办法》、《旅行社投保旅行社责任保险规定》、《导游人员管理实施办法》、《中国公民出国旅游管理办法》、《出境旅游领队人员管理办法》、《旅游景区质量等级评定管理办法》、《旅行社条例实施细则》和《旅游投诉处理办法》等一系列管理办法和实施条例,进一步规范和细化旅游企业的质量行为。

---

① 何琼峰. 旅游地服务质量：时空特征、影响因素及提升对策[M]. 北京：旅游教育出版社,2014.

(2)旅游标准

旅游标准是政府用于监管和提升旅游服务质量的有力武器。我国早在80年代中期就已经开始旅游服务标准化工作,1988年推出第一项旅游服务标准《中华人民共和国评定旅游(涉外)饭店星级的规定》。1993年国家旅游局提出将标准化作为一项重要的行业管理目标,1995年成立全国旅游标准化技术委员会开始负责我国旅游标准的研究、制订等工作。自此,我国旅游服务标准化工作正式全面展开。① 至2021年为止,该委员会已经提出了九十余项国家标准和行业标准(见表10.1),涉及旅游饭店、旅行社、导游、旅游汽车、城市旅游集散中心、旅游景区、游乐园(场)、旅游特色街区、温泉企业、旅游厕所和国际邮轮口岸等,涵盖了旅游过程中的大多数企业,为进一步规范旅游业的服务提供了依据。

表 10.1		标 准 名 称
旅游业国家标准、行业标准		《旅行社服务通则》(LB/T 008—2011)
		《旅行社入境旅游服务规范》(LB/T 009—2011)
		《导游服务规范》(GB/T 15971—2010)
		《旅行社国内旅游服务规范》(LB/T 004—2013)
		《旅行社安全规范》(LBT 028—2013)
		《旅行社产品第三方网络交易平台经营和服务要求》(LB/T 030—2014)
		《旅行社服务网点服务要求》(LB/T 029—2014)
		《旅游类专业学生旅行社实习规范》(LB/T 032—2014)
		《旅行社等级的划分与评定》(GB/T 31380—2015)
	旅行社	《旅行社服务通则》(GB/T 31385—2015)
		《旅行社出境旅游服务规范》(GB/T 31386—2015)
		《导游领队引导文明旅游规范》(LB/T 039—2015)
		《旅行社行前说明服务规范》(LBT 040—2015)
		《旅行社老年旅游服务规范》(LB/T 052—2016)
		《旅行社产品通用规范》(GB/T 32942—2016)
		《旅行社服务网点服务要求》(GB/T 32943—2016)
		《旅行社在线经营与服务规范》(LB/T 069—2017)
		《包价旅游产品说明书编制规范》(LB/T 072—2019)
		《旅行社旅游产品质量优化要求》(LB/T 073—2019)
	旅游住宿	《旅游饭店用公共信息图形符号》(LB/T 001—1995)
		《星级饭店客房客用品质量与配备要求》(LB/T 003—1996)

---

① 张懿玮,徐爱萍.国内旅游服务质量研究现状兼与国外比较[J].河北地质大学学报,2012,35(6):88—94.

续 表

	标 准 名 称
	《星级饭店访查规范》(LB/T 006—2006)
	《旅游饭店星级的划分与评定》(GB/T 14308—2010)
	《旅游饭店管理信息系统建设规范》(GB/T 26357—2010)
	《旅游饭店节能减排指引》(LB/T 018—2011)
	《饭店智能化建设与服务指南》(LB/T 020—2013)
	《旅游类专业学生饭店实习规范》(LB/T 031—2014)
	《绿色旅游饭店》(LB/T 007—2015)
	《文化主题旅游饭店基本要求与评价》(LB/T 064—2017)
	《精品旅游饭店》(LB/T 066—2017)
	《旅游民宿基本要求与评价》(LB/T 065—2019)
旅游景区	《旅游区(点)质量等级的划分与评定》(GB/T 17775—2003)
	《旅游景区服务指南》(GB/T 26355—2010)
	《旅游度假区等级划分》(GB/T 26358—2010)
	《旅游景区游客中心设置与服务规范》(LB/T 011—2011)
	《旅游景区公共信息导向系统设置规范》(LB/T 013—2011)
	《旅游景区讲解服务规范》(LB/T 014—2011)
	《绿色旅游景区》(LB/T 015—2011)
	《旅游类专业学生景区实习规范》(LB/T 033—2014)
	《景区最大承载量核定导则》(LB/T 034—2014)
	《旅游滑雪场质量等级划分》(LBT 037—2014)
	《红色旅游经典景区服务规范》(LB/T 055—2017)
	《景区游客高峰时段应对规范》(LB/T 068—2017)
	《滑雪旅游度假地等级划分》(LB/T 070—2017)
旅游交通	《旅游汽车服务质量》(LB/T 002—1995)
	《内河旅游船星级的划分与评定》(GB/T 15731—2008)
	《旅游客车设施与服务规范》(GB/T 26359—2010)
	《游览船服务质量要求》(GB/T 26365—2010)
	《国际邮轮口岸旅游服务规范》(LB/T 017—2013)
	《风景旅游道路及其游憩服务设施要求》(LB/T 025—2013)
	《绿道旅游设施与服务规范》(LB/T 035—2014)
	《自行车骑行游服务规范》(LB/T 036—2014)
	《自驾游管理服务规范》(LB/T T044—2015)

	标 准 名 称
	《自驾游目的地基础设施与公共服务指南》(LB/T 061—2017)
	《自驾游目的地等级划分》(LB/T 077—2019)
	《自驾车旅居车营地质量等级划分》(LB/T 078—2019)
旅游餐饮、购物、娱乐	《旅游餐馆设施与服务等级划分》(GB/T 26361—2010)
	《旅游购物场所服务质量要求》(GB/T 26356—2010)
	《旅游娱乐场所基础设施管理及服务规范》(GB/T 26353—2010)
	《游乐园(场)服务质量》(GB/T 16767—2010)
	《旅游演艺服务与管理规范》(LB/T 045—2015)
	《高尔夫管理服务规范》(LB/T 043—2015)
旅游示范区/城市	《国家生态旅游示范区建设与运营规范》(GB/T 26362—2010)
	《民族民俗文化旅游示范区认定》(GB/T 26363—2010)
	《国家商务旅游示范区建设与管理规范》(LB/T 038—2014)
	《国家温泉旅游名镇》(LB/T 042—2015)
	《旅游休闲示范城市》(LB/T 047—2015)
	《国家绿色旅游示范基地》(LB/T 048—2016)
	《国家蓝色旅游示范基地》(LB/T 049—2016)
	《国家人文旅游示范基地》(LB/T 050—2016)
	《国家康养旅游示范基地》(LB/T 051—2016)
	《国家工业旅游示范基地规范与评价》(LB/T 067—2017)
	《文明旅游示范区要求与评价》(LB/T 074—2019)
	《文明旅游示范单位要求与评价》(LB/T 075—2019)
城市旅游设施和服务	《旅游信息咨询中心设置与服务质量》(GB/T 26354—2010)
	《城市旅游集散中心设施及服务》(LB/T 010—2011)
	《城市旅游导向系统设置原则与要求》(LB/T 012—2011)
	《旅游目的地信息分类与描述》(LB/T 019—2013)
	《旅游特色街区服务质量要求》(LB/T 024—2013)
	《城市旅游集散中心等级划分与评定》(GB/T 31381—2015)
	《旅游厕所质量等级的划分与评定》(GB/T 18973—2016)
	《城市旅游服务中心规范》(LB/T 060—2017)
	《可持续无下水道旅游厕所基本要求》(LB/T 071—2019)
	《旅游休闲街区等级划分》(LB/T 082—2021)

续　表

标　准　名　称
《旅游电子商务网站建设技术规范》(GB/T 26360—2010)
《温泉企业服务质量等级划分与评定》(LB/T 016—2011)
《旅游企业信息化服务指南》(LB/T 021—2013)
《旅游企业标准体系指南》(LB/T 023—2013)
《旅游企业标准化工作指南》(LB/T 026—2013)
《旅游企业标准实施评价指南》(LB/T 027—2013)
《旅游发展规划实施评估导则》(LB/T 041—2015)
《温泉旅游服务质量规范》(LB/T 046—2015)
《港澳青少年内地游学接待服务规范》(LB/T 053—2016)
《研学旅行服务规范》(LB/T 054—2016)
《旅游电子商务企业基本信息规范》(LB/T 056—2016)
《旅游电子商务旅游产品和服务基本规范》(LB/T 057—2016)
《旅游电子商务电子合同基本信息规范》(LB/T 058—2016)
《会议服务机构经营与服务规范》(LB/T 059—2016)
《温泉旅游企业星级划分与评定》(LB/T 016—2017)
《旅游产品在线交易基本信息描述和要求》(LB/T 062—2017)
《旅游经营者处理投诉规范》(LB/T 063—2017)
《温泉旅游泉质等级划分》(LB/T 070—2017)
《旅游规划设计单位等级划分与评定条件》(LB/T 076—2019)
《旅游基础信息资源规范》(LB/T 079—2020)
《旅游信息资源交换系统设计规范》(LB/T 080—2020)
《温泉旅游水质卫生要求及管理规范》(LB/T 081—2020)

（3）部门规划和政策性文件

除了法律法规和旅游标准外，政府还提出旅游服务质量相关规划和政策性文件推进旅游服务质量的提升。比如，国家旅游局在旅游业发展"十二五"、"十三五"规划中不断加强对旅游服务质量的重视程度，把提升旅游服务品质作为旅游工作的出发点和落脚点，并提出以游客满意度的提升为核心建立旅游服务质量提升工作的长效机制。国家旅游局于 2009 和 2013 年还专门发布《旅游服务质量提升纲要（2009—2015 年）》和《旅游质量发展纲要（2013—2020 年）》，提出了具体的旅游服务质量提升措施。2019 年和 2021 年，文化和旅游部又发布了《关于实施旅游服务质量提升计划的指导意见》《关于加强旅游服务质量监管　提升旅游服务质量的指导意见》，要求提高旅游管理服务水平，推进旅游业高质量发展。在这些部门规划和政策性文件的指导之下，中国旅游业服务质量得到了有力的监管,对规范旅游市场秩序、提升旅游服务质量起到了重要作用。

表 10.2	时间	政　　策	相　关　活　动
国家旅游局关于旅游质量的相关规划和政策	2009	《旅游服务质量提升纲要（2009—2015年)》	"旅游服务质量月"活动； "全国旅游服务质量提升年"活动； "品质旅游、伴你远行"旅游公益宣传活动； 公布"游客为本,服务至诚"的核心价值观。
	2012	《贯彻质量发展纲要提升旅游服务质量合作备忘录》	"贯彻质量发展纲要,提升旅游服务水平"专项活动。
	2013	《旅游质量发展纲要（2013—2020年)》	建立以游客评价为主的旅游目的地评价机制； 开展"品质旅游"宣传推广活动； 鼓励旅游企业公布服务质量承诺和执行标准； 实施旅游服务质量标杆引领计划； 建立优质旅游服务商目录,推出优质旅游服务品牌； 推进旅游标准化建设,开展旅游标准化试点示范。
	2013	《关于印发国民旅游休闲纲要（2013—2020年)的通知》	提升国民旅游休闲服务质量,具体包括健全旅游休闲活动的安全、秩序和质量的监管体系,完善国民旅游休闲质量保障体系等内容。
	2015	《关于进一步促进旅游投资和消费的若干意见》	要建立健全旅游产品和服务质量标准,规范旅游经营服务行为,提升宾馆饭店、景点景区、旅行社等管理服务水平。大力整治旅游市场秩序,严厉打击虚假广告、价格欺诈、欺客宰客、超低价格恶性竞争、非法"一日游"等旅游市场顽疾,进一步落实游客不文明行为记录制度。健全旅游投诉处理和服务质量监督机制。
	2016	《关于加强旅游市场综合监管的通知》	依法落实旅游市场监管责任,创新旅游市场综合监管机制,全面提高旅游市场综合监管水平,提高旅游市场综合监管保障能力,进一步解决扰乱旅游市场秩序、侵害游客权益等突出问题,提升我国旅游业服务质量。
	2018	2018年全国旅游工作报告：《以习近平新时代中国特色社会主义思想为指导奋力迈向我国优质旅游发展新时代》	实施"鹰眼计划",精准锁定市场秩序中的重点问题和目标； 开展"利剑行动",重点开展"不合理低价游"、"在线旅游企业违法经营"等10项专项整治行动； 启用全国旅游监管服务平台； 实施《旅游领域严重失信相关责任主体联合惩戒备忘录》； 建立全国旅游质监执法骨干库； 开展"1+3+N"旅游市场综合监管机制典型选树工作。
	2019	《关于实施旅游服务质量提升计划的指导意见》	围绕解决影响广大游客旅游体验的重点问题和主要矛盾,提出要提升旅游区点服务水平、优化旅游住宿服务、提升旅行社服务水平、规范在线旅游经营服务、提高导游和领队业务能力、增强旅游市场秩序治理能力、建立完善旅游信用体系。

续　表

时 间	政　　　策	相 关 活 动
2021	《关于加强旅游服务质量监管　提升旅游服务质量的指导意见》	培育优质旅游服务品牌； 举办旅游服务技能竞赛； 推进旅游服务相关标准制修订工作； 探索建立旅游服务质量认证体系； 推进信用分级分类监管。

3. 政府监管的主要措施

(1) 创新体制机制，构建现代旅游治理体系

旅游市场监管和执法牵涉多个部门，旅游质监与相关部门在职责上存在交叉现象，体制机制不活，多头管理、交叉执法的困境严重影响了市场监管行政效率的发挥。要探索建立与全域旅游发展相适应的旅游综合管理机构，加强部门联动，有效承担旅游资源整合与统筹协调、旅游监督管理与综合执法、旅游公共服务与管理等职能。

积极推动公安、工商、司法等部门构建管理内容覆盖旅游领域的新机制，切实加强旅游警察、旅游市场监督、旅游法庭、旅游质监执法等工作和队伍建设。加强旅游执法，强化旅游质监执法队伍的市场监督执法功能，严肃查处损害游客权益、扰乱旅游市场秩序的违法违规行为，曝光重大违法案件，实现旅游执法检查的常态化。公安、工商、质监、物价等部门按照职责加强对涉旅领域执法检查。建立健全旅游与相关部门的联合执法机制，净化旅游市场环境，维护游客合法权益。

投诉维权，能少打几个电话就好了

旅游市场监管涉及多个部门，顾客要判断该找哪个部门投诉，很不容易，有必要探索"一口受理"的投诉管理制度。

"消费被坑很烦心，投诉无门更窝火！"北京西城区某事业单位职员李阳和家人去广西一处知名景点旅游，刚到客栈办理完入住手续，客栈老板就热心地介绍说，当地风景最适合乘坐竹筏游览，客栈代卖景区的竹筏漂流票，价格比景区低几十元。

李阳以为捡到了便宜，就在客栈买了一张面值 180 元的漂流票。按照老板的说法，用这张票，可以租一个竹筏，一家人一起漂流，全程游览时间一个半小时，还赠送导游服务。

可到了景区，李阳发现不对劲：说好的导游服务没了，游览时间也缩短为 45 分钟。更可气的是，当李阳提出异议时，撑竹筏的船工竟说："后面的景点都差不多，没太大意思，还不如早点回客栈休息。"

"肯定被骗了!"李阳决定投诉维权。他通过114查询到当地旅游部门的电话。打通电话、讲完情况后,一位工作人员说:"竹筏票不是在景区买的,而是在客栈买的,应向工商局投诉客栈存在经营问题。"李阳问能否告知工商局的投诉电话,这位工作人员冷冰冰地说:"不知道,自己查吧!"

无奈,李阳又打了一遍114,查询工商局的投诉电话。接通电话,工作人员在了解到相关情况后说:"你反映的问题比较复杂,需要到工商局现场办理投诉。"李阳很气愤:"我总共就在当地待两天,难道还要花大半天甚至更多时间奔走投诉吗?"

去年,全国旅游系统共收到旅游投诉近1.9万件。很多游客认为,比起旅途中被侵权,投诉中遭遇的尴尬事更让人无奈。旅游是综合产业,有多个监管部门。对于普通游客来说,碰到麻烦,想要准确判断该找哪个部门,确实不容易。

李阳认为,一般来说,游客在当地的游览时间有限,如果维权太费周折,只能选择放弃,吃哑巴亏。很多不法商家正是抓住游客的这一心态,肆无忌惮。

实行旅游投诉"一口受理",一些地方已开始探索。在福建,游客遭遇纠纷后,只需拨打"12315"或"12301"热线反映问题。之后,接线工作人员会第一时间转办旅游投诉,而相关单位必须在24小时内主动联系投诉人。

"外出旅游被侵权时,如果打一个电话能解决问题,就简单多了。"李阳认为,旅游投诉受理应实行"首问责任制",相关部门若接到不属于本部门管辖的旅游投诉时,不得直接回绝,应第一时间转到相关部门办理,"监管部门多用心,游客才能少跑路,遇到旅游纠纷,处理起来才省事。"

资料来源:搜狐新闻

(2)完善旅游业标准体系,推进服务品质化

完善旅游业标准体系,扩大旅游标准覆盖范围,强化标准实施与监督,加强涉旅行业从业人员培训,提高从业人员服务意识与服务能力,树立友善好客旅游服务形象。实施旅游服务质量标杆引领计划,鼓励企业实行旅游服务规范和承诺,建立优质旅游服务商目录,推出优质旅游服务品牌。开展以游客评价为主的旅游目的地评价,不断提高游客满意度。

(3)搭建专业的旅游服务质量监管平台,加强旅游投诉举报处理

建立以游客评价为主的旅游服务质量反馈和评价机制。旅游部门应面向游客建立现场、电信、网络等多种形式的旅游服务质量的监管平台,尤其是加强网络平台的建设。在旅游企业和旅游集散中心、咨询中心等地方应提供《旅游服务手册》《文明旅游指南》等宣传册,为游客提供信息沟通的渠道和平台。旅游目的地企业自身也要通过网站、短信、电话对游客开展调查和访谈,针对游客对旅游服务质量的客观评价不断改进旅游服务水平。

加强旅游投诉举报处理。游客在权益受侵害时可利用信息化手段方便及时、便捷地进行投诉举报。建立统一受理旅游投诉机制,积极运用12301智慧旅游服务平台、12345政府服务热线以及手机APP、微信公众号、热线电话、咨询中心等多样化手段,形

成线上线下联动、高效便捷畅通的旅游投诉受理、处理、反馈机制,做到受理热情友好、处理规范公正、反馈及时有效,不断提高旅游投诉的结案率、满意率。[①]

（4）强化事中事后监管,扩大旅游"红黑榜"应用

强化事中事后监管。加快建立旅游领域社会信用体系,依托全国信用信息共享平台,归集旅游企业和从业人员失信行为,并对失信行为开展联合惩戒行动。扩大旅游"红黑榜"应用,将旅游景区点纳入旅游"红黑榜"评价机制。[②] 发挥旅游行业协会自律作用。积极应用全国旅游监管服务平台,加强对旅行社、导游人员日常监管,保障导游人员合法劳动权益。红榜增强吸引力,黑榜强化威慑力,两者相得益彰、相辅相成。在一纸榜单的背后,必须配套辅助机制和跟进措施。一是完善评价机制,明确并公开评价标准、程序与依据,提升榜单的公信力;二是健全奖惩机制,联合相关部门探索制定涉及切身利益的奖励和惩罚措施,如影响到企业（或个人）社会信用评价、旅游品牌评定和复核的奖惩措施;三是建立跟踪机制,实行定期回访和后续跟踪督导,尤其是对"黑榜"企业持续追踪整改情况。

（5）加强旅游文明建设,营造和谐旅游环境

营造文明、和谐的旅游环境,关系到每位游客的切身利益,对旅游目的地服务质量的提升也起到至关重要的作用。政府应以"美丽中国"为职责所在,转变政府职能,积极推进向服务型政府转型,要更加重视资源保护和游客利益,而不仅仅是追求经济效益和政绩,例如不能仅仅追求门票经济而忽视游客和社区居民的感受。与此同时,政府要引导广大游客自觉遵守文明旅游行为公约等规定,在旅游过程中注重环境保护、举止文明、尊重文化、理性消费。政府应监督目的地旅游企业大力践行"游客为本、服务至诚"的旅游行业核心价值观,在旅游服务过程中保护环境、敬重文化、尊重顾客。政府要引导社区居民树立旅游服务主人翁的意识,要自觉地与当地政府、旅游企业共同为游客提供优质的旅游服务,对外界宣传本地的美丽形象。

10.4　公共服务部门的服务质量保证

旅游公共服务贯穿于旅游活动的始终,是旅游活动顺利进行的重要保障。目的地旅游公共服务水平和质量在一定程度上代表了整个目的地的旅游服务形象,是旅游目的地建设的必然要求,也是建设世界旅游强国的必然要求。2017 年 3 月,国家旅游局发布《"十三五"全国旅游公共服务规划》,为加快全国旅游公共服务体系建设指明了方向。

1. 旅游目的地公共服务体系[③]

旅游目的地公共服务是以满足游客共同需求为目的,由政府、公共服务企业、社会第三部门提供的具有公共性特征的所有产品和服务的总和。公共服务的供给者主要以

①　中华人民共和国国家旅游局. 全域旅游示范区创建工作导则[S]. 2017.6.12.

②　中华人民共和国国家旅游局. 全域旅游示范区创建工作导则[S]. 2017.6.12.

③　黄安民. 旅游目的地管理[M]. 武汉:华中科技大学出版社,2016.

政府为主,公共服务企业、社会第三部门为辅,服务的对象以游客为主,旅游企业、旅游从业人员及旅游目的地社会成员都是公共服务的对象和受益者。旅游目的地公共服务体系由如下几个部分构成:

(1) 旅游基础设施类服务

旅游基础设施类服务是旅游公共服务体系中最基本的部分,是各类旅游活动开展的物质依托,主要包括旅游通道服务设施(如旅游绿色通道、旅游专线、无障碍通道等)、交通节点服务设施(如旅游集散中心、旅游停车场、旅游站点、旅游码头等)、目的地游憩设施(如休闲绿地、公共景观设施、各种游乐设施等)、目的地一般便利设施(如金融服务设施、卫生设施)等。

(2) 旅游公共信息资讯类服务

旅游公共信息资讯类服务是指旅游目的地公共服务体系中,向游客提供目的地各种信息,包括旅游交通信息、旅游景点信息、旅游目的地概况、旅游安全环境信息等等。旅游信息服务是旅游目的地公共服务体系建设中的重要组成部分,在智慧旅游发展支持下,旅游信息咨询、旅游网络建设、自媒体信息建设、旅游目的地宣传信息系统、旅游信息标识系统、旅游信息服务平台建设等都将迎来新的发展契机。

(3) 旅游安全监测类服务

旅游安全是指游客在旅游过程中的人身、财产和心理安全等一系列安全的总和,旅游目的地公共服务体系建设中的旅游安全服务是指为保障游客的旅游活动安全,消除不安全因素,提供安全稳定的旅游环境。旅游安全因素也是游客做出旅游决策最重要的影响因素,旅游安全服务更应该涉及旅游活动的全领域、全要素、全时空、全行业。旅游安全服务包括旅游安全信息体系、旅游安全法制体系、旅游安全预警监控体系、旅游安全应急处置体系、旅游安全保险体系等。

(4) 旅游行业指导管理类服务

旅游行业指导管理服务是指为维护旅游目的地有序、畅通、高效地运行,为游客和当地居民提供良好的旅游环境和生活环境,由旅游经营者和行政管理部门为管理主体,制定并执行旅游管理规定、条例或法规。旅游目的地公共服务体系建设中,旅游管理服务需要形成一套完整、有序、高效的服务机制,建立良好的沟通协调机制,充分发挥管理人员的积极性,服务人员能够提供更好的服务。旅游管理服务包括旅游政策法规、旅游教育培训、旅游规划等。

2. 目的地旅游服务的基础设施保证

(1) 目的地旅游交通的基础设施建设

旅游交通服务作为最基本的公共服务,是保证游客旅游体验和服务质量的最基本要素之一。一般来说,旅游目的地交通服务可分为大、中、小三个尺度。

大尺度旅游交通是指游客从居住地前往旅游目的地之间使用的交通方式,包括飞机、火车、客运汽车、自驾汽车等方式。旅游目的地应该健全旅游交通体系建设,加强旅游目的地与全国交通网络的连接,实现立体交通网络的无缝连接,增加旅游目的地区域的可进入性。

中尺度旅游交通是指旅游目的地区域内部城市交通。旅游目的地应该完善城市内部旅游交通网络,合理布局各类公共交通方式,优化城市内部旅游公共交通结构,健全旅游交通标示系统,增加公共交通线路和承载量,提高区域内部各景区之间的连通度,提高区域内部游客周转能力。在全域旅游背景之下,为了适应旅游需求的新趋势,还需要加强自驾车交通的建设。《"十三五"全国旅游公共服务规划》就提出,"强化自驾车旅居车营地公共服务功能。制定出台国家旅游风景道自驾车旅居车营地建设规划,把营地标识纳入公共交通标识体系,鼓励服务商利用北斗卫星导航系统智能服务平台提供自驾游线路导航、交通联系、安全救援和汽车维修保养等配套服务。加快自驾游呼叫中心和紧急救援基地建设,推动建设一批自驾车旅居车旅游服务区,形成网络化营地服务体系。"此外,旅游目的地还应该加强城市自行车交通建设,构建城市休闲绿道'慢游'系统。

小尺度旅游交通主要指景区内部交通条件。各景区应该根据各自特征来设计布局旅游交通方式和交通线路,建设环保、节能、有效运输的旅游交通体系,提高景区内部旅游交通服务质量。

(2) 目的地旅游接待服务的基础设施建设

旅游目的地的接待服务承担了游客完成旅游体验的主要环节,能直接影响游客对旅游目的地的满意度。提高旅游目的地的接待服务,需要完善目的地的环境质量、咨询服务中心、旅游厕所、解说系统等各项基础设施建设。

第一,良好的生态环境是旅游目的地产品的依托,能为目的地优质的旅游服务提供保障。在旅游目的地建设过程中,要加强环境保护工作,走可持续发展的道路,保证目的地的景观植被、水体环境、空气质量等环境质量。健全旅游目的地环保法律制度和管理制度,加强对全域环境的宏观管理,提高政府部门、管理部门、旅游者、当地居民等群体的环保意识,共同参与旅游目的地的生态环境保护工作。

第二,打造综合性旅游公共服务平台,建立旅游公共服务(集散)中心。以旅游公共服务(集散)中心为载体,整合各项公共服务功能,建立地接服务中心、导游服务中心、咨询服务中心、票务预订中心等分中心,构建集旅游服务、旅游咨询、票务预订、导游服务、集散地接待、商业配套、交通运输、旅游商品展销、旅行社超市等功能于一体的综合性旅游公共服务平台。同时,要提升旅游目的地信息化基础设施。推进机场、车站、码头以及宾馆饭店、旅游景区、旅游度假区、乡村旅游点、商业步行街区等游客集中区域的通信基础设施建设,扩大无线网络覆盖范围。鼓励移动互联网、云计算、虚拟现实、高速通信技术、人工智能等信息技术在旅游公共服务领域的加快应用。

第三,旅游厕所是游客出行必备的生活设施,是旅游目的地公共服务水平高低的直接体现。旅游目的地基础设施的建设,要推动"厕所革命"覆盖全域,从景区、城区到乡村、加油站等各个场所不留死角。"旅游厕所革命"不仅要在硬件上做出改变,还要在软环境上进行塑造,需要目的地与游客的共同搭建才能实现。目的地卫生条件高一些,就可以更好地满足游客的需求。与此同时,目的地厕所的清洁卫生无异味,游客也会形成良好的卫生习惯,对目的地的环境保护大有裨益。

第四,全域解说系统,包括旅游目的地的标识系统、宣传手册、全景导览、自动讲解服务等。通过多样化方式的导入，能够加深客对旅游目的地的了解和认识，从而提升旅游活动的质量。《"十三五"全国旅游公共服务规划》明确提出，"规范完善旅游引导标识系统"要做到"在全域建立使用规范、布局合理、指向清晰、内容完整的旅游引导标识体系，重点涉旅游场所规范使用符合国家标准的公共信息图形符号。"旅游宣传册的制作，要立足于目的地的文化内涵，深层次挖掘服务特色，构建鲜明的目的地形象，传达目的地旅游产品的特色和信息。"全景旅游导览系统"不但有 360 度的视角，更可以带来三维立体的感觉，让观察者能够沉浸其中。该技术的运用，可以提升旅游目的地知名度，加快推进目的地旅游信息化建设，实现目的地资源更加直观、直接的传播。

（3）目的地游憩基础设施的建设

目的地游憩基础设施主要是指城市基础配套、休闲空间、公共景观设施等，可以从如下几个方面进行完善。

首先，完善旅游目的地酒店住宿、餐饮、旅游购物场所、旅游娱乐场所等的配套设施建设，满足游客旅游的最基本需求。这些配套设施的建设要保证安全、卫生，强调特色化、多样性。

其次，完善国民旅游休闲服务设施，拓展国民旅游休闲空间。推进城市休闲公园、休闲街区、城市绿道、骑行公园、慢行系统、环城游憩带等休闲设施建设，完善旅游公共服务功能。同时，提升社会公共服务设施的旅游功能。推进城乡基础设施建设和环境整治，健全文化、体育、商务等社会公共服务设施的旅游休闲功能，改善国民旅游休闲整体环境。

再者，完善旅游目的地公共景观设施的建设，提升公共景观设施的旅游娱乐功能。例如，目前很多旅游目的地打造夜间公共基础设施，大力开发夜间旅游功能，借助特色水秀、灯光秀，构建声光世界，形成目的地夜观光、夜景区、夜市、夜演艺等产品。如西安市大雁塔北广场，通过激光水秀，旅游旺季时每晚能够聚集上万人，为周边的客栈、酒店等消费业态创造了极大的升值价值。公共景观设施的旅游功能叠加，能够丰富目的地旅游产品，延长游客驻留时间，形成旅游品牌，提升目的地服务体验，值得进一步推广。

3. 目的地旅游信息服务的质量保证

旅游市场结构和游客行为方式的变化，使得游客对信息服务的诉求大幅提升。随着我国旅游业信息化的发展，旅游目的地公共信息资讯类服务方面的探索也日渐活跃。中国优秀旅游城市的评选已经明确将城市及企业的信息化建设水平列为评选标准。[①]中国全域旅游示范区的评选也将目的地信息化建设水平列入其评选标准。

要提升旅游目的地公共信息资讯类服务，就要制定旅游公共信息标准，完善与相关部门的信息沟通，充分利用现代信息技术，整合旅游公共信息资源，扩大公共信息服务的覆盖面，提高服务水平。以旅游咨询中心示范项目的建设为突破点，以各类旅游咨询中心为基础，设立现场信息服务窗口；以旅游服务热线为基础，设立旅游信息声讯服务系统；完善以旅游资讯网站为中心的在线旅游信息服务集群，形成覆盖不同人群的旅游

---

① 黄安民. 旅游目的地管理［M］. 武汉：华中科技大学出版社，2016.

信息服务体系。具体措施有：

（1）优化线下旅游服务中心布局，建设多样化的旅游公共信息服务渠道

旅游目的地要完善集散咨询服务体系，合理布局建立全域旅游集散中心，因地制宜在旅游景区、旅游度假区、乡村旅游点、机场、车站、码头、高速公路服务区、商业步行街区等游客集中区域设立旅游服务中心，为游客提供景区、线路、交通、气象、安全、医疗急救等必要信息和咨询服务。同时，按照分层级、分类别、分功能的原则，重点推动建设一批旅游服务中心示范点，构建有中国特色的旅游服务中心体系。

（2）打造线上旅游信息服务平台，加强旅游重要信息发布的时效性

建设旅游产业大数据平台，构建"政府数据＋互联网数据＋景区酒店数据"的一体化结构。推动旅游与公安、交通运输、卫生、气象以及航空、通信等跨部门、跨行业的数据衔接共享，研究制定数据共享清单、开放清单，推动互联互通、融合发展，实现旅游产业运行的有效监测。加快物联网基础设施建设，重点推进游客集中区、环境敏感区、旅游危险区等设立信息自动感知采集设备，对人流、车辆等进行数量和特征识别，实现旅游热点区的动态监测。促进旅游服务大数据应用，引导各类互联网平台和市场主体参与旅游服务大数据产品及增值服务开发。

优化各地旅游资讯网的服务，充分发挥网络全天候、广覆盖的独特优势，向国内外游客提供全面的旅游资讯服务。充分利用报刊、电视台、电台等传统媒体和手机等移动信息终端发布信息，同时发挥网站、微博、微信、应用程序（APP）等网络媒体的功能，进行信息的及时有效传播。

（3）加强技术更新，依托"智慧旅游"推动公共信息服务升级

2010 年，江苏省镇江市在全国首次提出"智慧旅游"的概念。2012 年 5 月，国家旅游局为积极推动全国智慧旅游大发展，确定了北京市等 18 个城市为首批"国家智慧旅游试点城市"。2014 年被国家旅游局确定为"智慧旅游年"，围绕"2014 中国智慧旅游年"主题，加快推动旅游在线服务、网络营销、网上预订、网上支付等智慧旅游服务。

智慧旅游的实质是通过将先进的信息化技术手段与现有旅游资源（包括有形资源和无形资源）进行有机结合，在游客服务、政府管理和行业发展方面发挥良性促进作用，从而极大提升旅游产业的管理和服务水平。[①] 智慧旅游目的地的构建包括网上购票、景区 Wi-Fi 全覆盖、移动端游戏互动、语音导览、景区动态播报、实时查看旅游车辆运行轨迹、车辆内部图像、超速自动报警、旅游车辆安全的全方位监管等，能够从技术上实现旅游目的地接待质量的提升。

借助"智慧旅游"的平台网络，可以实现旅游目的地公共信息服务的智能化发展，将最新管理理念同最新技术成果高度集成，全面应用于目的地的公共信息服务。例如，"智慧旅游"通过传感网、物联网、互联网、空间信息技术的整合，能够实现对目的地资源环境、基础设施、游客活动、灾害风险等进行全面、系统、及时的感知与可视化管理，提高目的地信息采集、传输、处理与分析的自动化程度，实现综合、实时、精细、可持续的信息化管理与及时的公共资讯发布。再如，以通信新技术、计算机智能化信息处理、宽带交

---

① 程金龙. 新时期旅游目的地开发与管理研究［M］. 北京：科学出版社，2016.

互式多媒体网络技术为核心的"智慧旅游"信息网络系统,能为游客提供周到、便捷、舒适称心的服务,满足消费者个性化服务、信息化服务的需要,从而赢得游客高度认同。

4. 目的地旅游服务的安全保证

旅游目的地安全即指游客离开常住地、到达一个吸引其进行游览、观光等旅游活动的地方的人身、财产和心理安全。旅游安全是旅游业的生命线,是旅游业发展的基础和保障。游客在旅游目的地是否安全,直接决定了游客的旅游感受。因此,加强旅游安全管理对于提升目的地旅游服务质量具有重要意义。

(1) 旅游安全事故的表现

旅游安全事故,是指在旅游活动的过程中,由自然或人为原因所引起,造成游客人身或财产损失,并由此导致有关当事人相应法律责任的事件。表现为 6 种形态,即犯罪、疾病(中毒)、交通事故、火灾与爆炸、自然灾害和其他意外事故,各种表现形态在旅游活动的各环节可能交替或同时出现。

旅游突发事件,是指突然发生,造成或者可能造成旅游者人身伤亡、财产损失,需要采取应急处置措施予以应对的自然灾害、事故灾难、公共卫生事件和社会安全事件。

根据国家旅游局《旅游安全管理办法》的规定,旅游突发事件按照性质、危害程度、可控性以及造成或者可能造成的影响,一般分为特别重大、重大、较大和一般四级:

① 特别重大旅游突发事件,是指下列情形:造成或者可能造成人员死亡(含失踪)30 人以上或者重伤 100 人以上;旅游者 500 人以上滞留超过 24 小时,并对当地生产生活秩序造成严重影响;其他在境内外产生特别重大影响,并对旅游者人身、财产安全造成特别重大威胁的事件。

② 重大旅游突发事件,是指下列情形:造成或者可能造成人员死亡(含失踪)10 人以上、30 人以下或者重伤 50 人以上、100 人以下;旅游者 200 人以上滞留超过 24 小时,对当地生产生活秩序造成较严重影响;其他在境内外产生重大影响,并对旅游者人身、财产安全造成重大威胁的事件。

③ 较大旅游突发事件,是指下列情形:造成或者可能造成人员死亡(含失踪)3 人以上 10 人以下或者重伤 10 人以上、50 人以下;旅游者 50 人以上、200 人以下滞留超过 24 小时,并对当地生产生活秩序造成较大影响;其他在境内外产生较大影响,并对旅游者人身、财产安全造成较大威胁的事件。

④ 一般旅游突发事件,是指下列情形:造成或者可能造成人员死亡(含失踪)3 人以下或者重伤 10 人以下;旅游者 50 人以下滞留超过 24 小时,并对当地生产生活秩序造成一定影响;其他在境内外产生一定影响,并对旅游者人身、财产安全造成一定威胁的事件。

(2) 旅游安全法律法规的保障

随着我国旅游业的发展,我国也在不断完善相应的旅游法律制度。到目前为止,已公布的旅游法规、条例、规章有 40 余项,和旅游安全相关的有 20 余项。这些法规、规章、条例在调整旅游业、规范旅游市场、解决旅游纠纷、保护旅游法律关系主体各方权利等方面,发挥着重要作用。目前规范我国旅游安全的主要有以下一些法律法规:

① 专项法规、规章。

2016 年国家旅游局颁布的《旅游安全管理办法》,对旅游安全管理应遵循的原理、管理机构的职责及事故处理程序、旅游安全事故的等级等做了相应的规定。

② 相关条例和规定。

2013 年 10 月 1 日施行的《中华人民共和国旅游法》共有十章内容,其中第六章从政府部门、旅游经营者、旅游者三个方面对旅游安全的管理作出了明确指示。此外,在旅游目的地景区安全管理方面,国务院于 1985 年、2000 年先后颁布了《风景名胜区管理暂行规定》《游乐园管理规定》等规定,虽然侧重于景区旅游资源的保护工作,但是对游客安全的管理也做了明确规定。

③ 援引的其他法律、法规。

旅游业是综合性的经济行业,涉及的问题纷繁复杂,因此处理纠纷时常要援引其他法律、法规。在旅游消费者权益保护方面参照我国《消费者权益保护法》,在旅游餐饮方面可以参考《中华人民共和国食品安全法》《餐饮业食品卫生管理办法》等,在旅游交通方面可以参照我国《铁路法》《民用航空法》和《公路法》等,在旅游合同方面参考我国《合同法》。此外,还可以参考我国的《民法通则》、《产品质量法》和《保险法》等。

（3）旅游目的地安全事故处理的一般程序

第一,立即报告。旅游安全事故发生后,带团的导游人员应立即向所属旅行社和当地旅游行政管理部报告。当地旅游行政管理部门接到一般、重大、特大事故报告后,要及时上报国家旅游行政管理部门。

第二,保护现场。一旦发生旅游安全事故,现场有关人员一定要配合公安机关或其他有关方面,严格保护事故发生地现场。

第三,及时处理。旅游安全事故发生后,有关旅游经营单位和当地旅游行政管理部门的负责人,应第一时间赶赴现场,组织指挥,并及时采取适当的处理措施开展救援,并协助旅游者返回出发地或者旅游者指定的合理地点。

第四,分析总结。紧急安全事故处理完毕之后,要进行事故性质的认定,并完成原因分析、责任分析。目的在于明确责任及过失方,对其进行相应的处理,并使责任人、相关单位和人员吸取教训,改进工作,防止事故再度发生。

第五,分类归档。对事故调查分析的结果进行归档整理。

（4）旅游目的地安全预防

旅游安全问题对游客、当地旅游业的发展及我国的旅游形象都有深刻影响,也引起了相关旅游管理部门的重视。如何防患于未然,做好旅游目的地安全预防工作,给游客以安全的旅游环境、促进当地旅游业的发展,是我们要思考的问题。做好旅游目的地安全预防工作,可以从以下几个方面做起:

第一,加强各部门合作,完善旅游安全制度建设

安全管理应当注重整体作用,充分发挥各相关部门的作用。由旅游管理部门牵头,相关政府部门出面,联合公安、交通、通信、消防、卫生等各个部门,建立旅游安全整体联动系统。加强对旅游目的地的旅行社、旅游饭店、旅游车船公司及旅游景区景点、旅游

购物商店、旅游娱乐场所和其他旅游企业的安全管理。[①]

完善旅游安全管理制度,强化有关部门安全监管责任。贯彻实施《旅游安全管理办法》,规范旅游安全监督管理、旅游突发事件应急处置,落实旅游经营者安全生产主体责任。

第二,提高旅游危险行为预警,强化重点领域和环节监管

旅游行业部门对旅游危机易发地区应编制旅游危机预防与控制专项规划,对旅游危机潜在源头进行系统规划和长期监控。建立健全旅游目的地安全风险提示制度,规范旅游安全风险级别划分及风险提示,通过现代化的通信工具及时向游客发布旅游安全警示。旅游目的地管理部门必须合理限定游客的活动范围和空间。工作人员(含导游员)应明确告知游客不准超越规定的景点、游览路线及范围,在景点及道路危险处设置标示牌、警告牌等明显标志,提醒游客加以重视。在旅游高峰期内对各主要景区加强巡逻密度和力度,将安全事故消灭在萌芽状态。同时,目的地管理部门可以通过景区导游讲解系统使游客具备必要的安全知识和自我保护意识,建立预警机制,加强工作人员的救援训练。

强化重点领域和环节监管,开展旅游包车、旅游客运索道、大型游乐设施及景区地质灾害等重点领域的隐患排查和联合整治,重点强化旅行社在包车、包船、包飞机等购买交通服务环节的安全监管。推动落实旅游客运车辆"导游专座"制度。推动建设旅游包车安全运营及动态监管平台,实现旅游包车统一管理、包车驾驶员统一考核、包车供给及需求集中交易、包车运行动态预警及监测。加强旅游节庆活动安全管理,开展景区景点最大承载量管控和专项检查。推动旅游场所消防基础设施建设,推动落实消防安全主体责任。

第三,加快旅游紧急救援体系建设,深化旅游保险合作机制

推动将旅游应急管理纳入政府应急管理体系,制定应急预案,建立旅游突发事件应对机制。完善旅游安全应急指挥、应急预案编制及演练、信息报告及应急值守等相关制度。推进旅游景区安全视频监控体系建设,实现人流、车辆、位置、环境等关键节点的全域全程全时可视化监控。《"十三五"全国旅游公共服务规划》明确提出,要编制《国家旅游安全与应急指挥平台建设标准》和《旅游紧急救援体系建设及服务规范》,从而推动国家、地方安全应急指挥平台的无缝对接,推动建立政府救助与商业救援相结合的专业化、市场化旅游紧急救援体系,为游客提供及时应急救援服务。

深化旅游保险合作机制,完善旅游保险产品,提高保险保障额度,扩大保险覆盖范围,提升保险理赔服务水平。完善旅行社责任保险制度,鼓励游客购买旅游意外险。推动旅游景区、宾馆饭店、旅游大巴及高风险旅游项目实施旅游责任保险制度。加强与重点出境旅游目的地的旅游保险合作,建立健全出境旅游保险保障体系。

第四,加强目的地安全管理,强化旅游安全教育培训

旅游目的地管理部门可配合治安管理机构在车站、码头、旅馆等游客集散地设置安全宣传栏和发放安全宣传手册,或在事故频繁的偏僻景区地段设置安全宣传橱窗,提醒

---

① 黄安民. 旅游目的地管理[M]. 武汉:华中科技大学出版社,2016.

游客在旅游过程中应注意的事项和突发情况下的应急措施,也可在导游图等旅游宣传册上介绍风景区的安全保障情况和旅行注意事项,以提高游客的安全防范意识和自我保护能力,保证游客在风景区能享受安全愉快的旅行。

　　组织开展旅行社、旅游景区等重点旅游企业管理人员和导游领队人员的安全管理培训,加强企业安全管理制度建设。开展旅游安全应急演练、旅游安全应急技能大赛等,提升旅游安全应急能力。开展旅游安全生产宣传咨询日等活动,强化旅游安全宣传教育,提升游客安全意识和安全应急知识,营造全社会平安旅游氛围。

....

思考题

1. 请结合全域旅游的相关概念,谈谈对"无景区旅游目的地"的理解。

2. 全域旅游背景下,旅游目的地服务应该具备哪些新的特点?

3. 全域旅游背景下,如何实现目的地旅游服务质量的集成管理?

4. 将集成管理的思想运用到旅游目的地服务质量管理中去,有哪些益处?

5. 政府对旅游目的地服务质量监管的形式有哪些? 如何实现监管形式的创新及改进?

6. 全域旅游背景下,政府对旅游目的地服务质量的监管可以从哪些方面入手?

7. 旅游目的地公共服务体系的构成内容有哪些?

8. 新形势下,旅游目的地公共服务质量管理应如何实现重大突破?

9. 如何依托"智慧旅游"的技术更新,推动旅游目的地公共信息服务的升级?

10. 如何建立旅游目的地安全预警系统?

参考文献

［1］ Berry L, Zeithaml V, Parasuraman A. SERVQUAL：A Multi-item Scale for Measuring Customer Perceptions of Service. ［J］. 1988,68(1)：12-40.

［2］ Bitner M J. Evaluating Service Encounters：The Effects of Physical Surroundings and Employee Responses ［J］. Journal of Marketing, 1990,54(2)：69-82.

［3］ B·约瑟夫·派恩,詹姆丝·H·吉尔摩著. 体验经济［M］. 北京：机械工业出版社,2002.

［4］ Christine Williams, John Buswell. 旅游与休闲业服务质量管理［M］. 天津：南开大学出版社,2004.

［5］ Dabholkar P. A. How to Improve Perceived Service Quality by Increasing Customer Participation ［C］. Proceedings of the 1990 Academy of Marketing Science (AMS) Annual Conference. Springer International Publishing, 2015：483-487.

［6］ David A. Garvin. Managing Quality ［M］. New York：The Free Press, 1988.

［7］ Fitzsimmons, J. A. , Fitzsimmons, M. J. 服务管理、运作战略与信息技术［M］. 北京：机械工业出版社,2007.

［8］ Grönroos C. An applied service marketing theory ［J］. European journal of marketing, 1982,16(7)：30-41.

［9］ K. S. Krishnamoorthi. A First Course in Quality Engineering：Integrating Statistical and Management Methods of Quality ［M］. Boca Raton：CRC Press, 2011.

［10］ Kandampully J. , Mok C. Sparks B. Service Quality Management in Hospitality and Tourism ［M］. Mumbai：Jaico Publishing House, 2008.

［11］ Zeithaml V. A. Consumer Perceptions of Price, Quality, and Value：A Means-End Model and Synthesis of Evidence ［J］. Journal of Marketing, 1988,52(3)：2-22.

［12］ 保罗·格默尔,巴特·范·路易,罗兰·范·迪耶多克. 服务管理整合的视角［M］. 北京：清华大学出版社. 2017.

［13］ 北京旅行社服务质量监督管理所. 北京旅行社服务质量投诉案例评析［M］. 北京：旅游教育出版社. 2013.

［14］ 陈德广,苗长红. 基于旅游动机的旅游者聚类研究——以河南省开封市居民的国内旅游为例［J］. 旅游学刊,2006,21(6)：22—28.

［15］ 陈国华,贝金兰. 质量管理［M］. 北京：北京大学出版社,2014.

［16］ 陈嘉嘉. 服务设计［M］. 南京：江苏凤凰美术出版社,2016.

［17］ 程国平,袁付礼. 质量管理学［M］. 武汉：武汉理工大学出版社,2011.

［18］ 程金龙. 新时期旅游目的地开发与管理研究［M］. 北京：科学出版社,2016.

［19］ 程延圆. 员工关系管理［M］. 上海：复旦大学出版社,2010.

［20］ 崔利荣,赵先,刘芳宇. 质量管理学［M］. 北京：中国人民大学出版社,2012.

［21］ 邓爱民,桂橙林,张馨方,祝小林. 全域旅游理论·方法·实践［M］. 北京：中国旅游出版社,2016.

［22］ 丁建石. 客户关系管理［M］. 重庆：重庆大学出版社,2007.

［23］ 丁宁. 质量管理［M］. 北京：清华大学出版社,2013.

[24] 杜向荣.服务营销理论与实务[M].北京：北京交通大学出版社,2009.

[25] 方志耕.质量管理[M].北京：科学出版社,2017.

[26] 菲利普·科特勒.营销管理[M].上海：格致出版社,2015.

[27] 傅慧,段艳红.情绪劳动研究述评与展望[J].管理学报,2013,10(9)：1399—1404.

[28] 郭国庆.服务营销[M].北京：中国人民大学出版社,2017.

[29] 郭亚军.旅游景区管理[M].北京：高等教育出版社,2006.

[30] 郭毅.市场营销学原理[M].北京：电子工业出版社,2001

[31] 国家旅游局令第41号.旅游安全管理办法[S].2016.9.27.

[32] 韩经纶,董军.顾客感知服务质量评价与管理[M].天津：南开大学出版社,2006.

[33] 何琼峰.旅游地服务质量：时空特征、影响因素及提升对策[M].北京：旅游教育出版社,2014.

[34] 胡鸿等.服务经济下国际服务设计的兴起,中国服务设计发展报告(2016)[M].北京：电子工业出版社.2016.

[35] 胡鸿等.中国服务设计的产生和现状,中国服务设计发展报告(2016)[M].北京：电子工业出版社,2016.

[36] 花拥军.客户关系管理[M].重庆：重庆大学出版社,2012.

[37] 黄安民.旅游目的地管理[M].武汉：华中科技大学出版社,2016.

[38] 黄怡,林艳,王廷丽.质量管理理论与实务[M].北京：经济科学出版社,2011.

[39] 霍映宝.顾客满意度测评理论与应用研究[M].南京：东南大学出版社,2010.

[40] 卡尔·阿尔布瑞契特,让·詹姆克,阿尔布瑞契特.服务经济：让顾客价值回到企业舞台中心[M].北京：中国社会科学出版社,2004.

[41] 克里斯廷·格罗鲁斯.服务管理与营销：基于顾客关系的管理策略[M].北京：电子工业出版社,2002.

[42] 郎元.ISO9000族标准的最新进展——ISO/TC 176 1994年年会情况简介[J].质量与可靠性,1995(2)：40—43.

[43] 乐国安.社会心理学[M].北京：中国人民大学出版社,2009.

[44] 李小妮.全面质量管理与员工角色压力的关系研究[D].西安：西安科技大学,2016.

[45] 李新建.员工关系管理[M].天津：南开大学出版社,2009.

[46] 李勇.顾客满意度指数模型及其测评方法研究[D].徐州：中国矿业大学,2008.

[47] 李中斌.情绪管理[M].大连：东北财经大学出版社,2017.

[48] 李中国.心理学[M].北京：北京师范大学出版社,2016.

[49] 厉新建,张辉.旅游经济学[M].大连：东北财经大学出版社,2002.

[50] 厉新建,张凌云,崔莉.全域旅游：建设世界一流旅游目的地的理念创新——以北京为例[J].人文地理,2013,03：130—134.

[51] 梁新弘,张金成.服务补救管理体系的战略竞争力逻辑——平衡记分卡[J].科技管理研究,2005(11)：244—247.

[52] 梁玉社,陶文杰.饭店服务质量管理[M].上海：格致出版社,2010.

[53] 廖化化,颜爱民.情绪劳动的内涵[J].管理学报,2015,12(2)：306—312.

[54] 刘馥馨,王玉海.图解全域旅游理论与实践[M].北京：旅游教育出版社,2016.

[55] 刘宏.质量管理中的新老七种统计工具[J].质量与管理,2006(2)：37—41.

[56] 刘永芳等.社会心理学[M].上海：上海社会科学院出版社,2004.

[57] 刘又堂.全域旅游视阈下旅游目的功能变化[J].社会科学家,2016(10)：90—94.

[58] 吕俊芳.辽宁沿海经济带"全域旅游"发展研究[J].经济研究参考,2013(29)：52—56,64.

[59] 马克·戴维斯,贾内尔·海内克.服务管理——利用技术创造价值[M].北京：人民邮电出版社,2006.

[60] 马震.游客感知服务质量评价研究[D].西安：西北大学,2010.

[61] 倪成生.全面质量管理[M].徐州：中国矿业大学出版社,1988.

[62] 彭艳君.旅游业服务失误归因与补救研究—基于顾客参与视角[M].北京：经济科学出版社.2010.

[63] 邱扶东.旅游动机及其影响因素研究[J].心理科学,1996(6)：367—369.

[64] 全面质量管理基础编写组.全面质量管理基础[M].北京：知识出版社,1981.

[65] 森吉兹·哈克塞弗,巴里·伦德尔,罗伯塔·S.拉塞尔,罗伯特·G.默迪克.服务经营管理学[M].北京：中国人民大学出版社,2005.

[66] 上海十七厂企管室.全面质量管理培训教材[M].上海：上海第十七棉纺织厂企管协会,1983.

[67] 宋彦军.TQM、ISO 9000 与服务质量管理[M].北京：机械工业出版社,2005.

[68] 孙恒有.服务营销实战[M].郑州：郑州大学出版社,2004.

[69] 覃安迪.客户服务投诉—管理与处理实战技巧[M].北京：中国财富出版社.2015.

[70] 汤少忠."全域旅游"驱动因素与发展模式——以《重庆市渝中区全域旅游发展规划》为例[N].中国旅游报,2014.06.04.

[71] 田辉.员工关系管理[M].上海：复旦大学出版社,2015

[72] 汪纯孝,石涌岭.宾馆服务质量管理工作点研究[J].南开管理评论.1999(04)：62—64.

[73] 汪侠,梅虎.旅游地顾客忠诚模型及实证研究[J].旅游学刊,2006.21：33—38.

[74] 王凤华.服务补救策略有效性研究—服务失败情形的影响[M].北京：企业管理出版社.2013.

[75] 王海燕,张斯琪.服务质量管理[M].北京：电子工业出版社,2014.

[76] 王明贤.现代质量管理[M].北京：北京交通大学出版社,2014.

[77] 王荣辉.基于 SERVQUAL 方法的航空服务质量评价研究[D].大连：大连理工大学,2013.

[78] 王长城,关培兰.员工关系管理[M].武汉：武汉大学出版社,2010.

[79] 威廉姆斯,巴斯韦尔.旅游与休闲业服务质量管理[M].天津：南开大学出版社,2004.

[80] 温碧燕.服务质量管理[M].广州：暨南大学出版社,2010.

[81] 文书生.西方情绪劳动研究综述[J].外国经济与管理,2004,26(4)：13—15.

[82] 伍延基,曾海洋.旅游服务质量的现状特征及其主要制约因素[J].温州大学学报(社会科学版),2005,19(4)：28—33.

[83] 谢彦君.基础旅游学[M].北京：中国旅游出版社,2005.

[84] 新将命.图解全面质量管理[M].上海：文汇出版社,2002.

[85] 熊国钺.市场营销学[M].北京：清华大学出版社,2017.

[86] 熊凯,王娟.服务企业顾客期望管理[J].当代财经,2005(1)：62—65.

[87] 徐虹,路科.旅游目的地管理[M].天津：南开大学出版社,2015.

[88] 许雪燕,模糊综合评价模型的研究及应用[D].南充：西南石油大学,2011.

[89] 亚伯拉罕·匹赞姆.旅游消费者行为研究[M].大连：东北财经大学出版社,2005.

[90] 杨跃进.质量管理百年历程[J].航空标准化与质量,2000(01)：46—47.

[91] 杨振之,魏荔莉,张丹,潘琳.景区升级与服务质量管理[M].北京：科学出版社,2009.

[92] 杨振之.中国旅游发展笔谈——全域旅游(二)：全域旅游的内涵及其发展阶段[J].旅游学刊,2016(12)：1—3.

[93] 叶万春.服务营销学[M].北京：高等教育出版社,2007.

[94] 伊安·威尔逊著.休闲经济学[M].北京：机械工业出版社,2009.

[95] 于君英,徐明.服务业顾客期望层次论[J].东华大学学报(自然科学版),2001(4)：48—51.

[96] 约瑟夫·M·朱兰,A·布兰顿·戈弗雷.朱兰质量手册[M].北京：中国人民大学出版社,2003.

[97] 詹姆斯·埃文斯,威廉·林赛.质量管理与卓越绩效[M].北京：中国人民大学出版社,

2016.

［98］张诚.基于在线点评的饭店顾客满意度测评体系研究［D］.上海：上海师范大学,2014.

［99］张宏梅,陆林.皖江城市居民旅游动机及其与人口统计特征的关系［J］.旅游科学,2004,18(4)：22—26.

［100］张立军.旅游服务质量模糊综合评价方法研究［J］.数量经济技术经济研究,2003(1)：85—88.

［101］张凌云.旅游地引力模型的研究回顾与前瞻［J］.地理研究,1989,8(1)：76—87.

［102］张明.TQC与TQM［J］.经济管理,1994：64.

［103］张淑君.服务管理［M］.北京：中国市场出版社.2016.

［104］张卫红.旅游动机定量分析及其对策研究［J］.山西财经大学学报,1999,21(4)：100—103

［105］张懿玮,徐爱萍.国内旅游服务质量研究现状兼与国外比较［J］.河北地质大学学报,2012,35(6)：88—94.

［106］张懿玮.服务标准化和个性化：问题和协调［J］.标准科学,2014(2)：62—65.

［107］张懿玮.顾客期望对服务质量的影响机制分析［J］.河北经贸大学学报(综合版),2012,12(2)：86—90.

［108］张懿玮.国外旅游服务质量评价：视角、内容、维度和方法［J］.旅游论坛,2012,5(6)：104—108.

［109］张懿玮.基于服务标准化的个性化探究［J］.质量与标准化,2015(7)：43—46.

［110］张懿玮.旅游服务标准：等级评定还是规范要求［J］.标准科学,2013(2).

［111］张智勇.IATF16949质量管理体系五大工具最新版一本通［M］.北京：机械工业出版社,2017.

［112］张智勇.ISO 9001：2015内审员实战通用教程［M］.北京：机械工业出版社,2017.

［113］中国质量管理协会.服务业全面质量管理［M］.北京：机械工业出版社,1992.

［114］中国质量协会.质量管理小组活动准则［S］.T/CAQ 1021—2016.

［115］中国质量协会.质量经理手册［M］.北京：中国人民大学出版社,2010.

［116］中华人民共和国国家发展和改革委员会.服务管理体系规范及实施指南［S］.SB/T 10382—2004.

［117］中华人民共和国国家技术监督局.质量管理和质量体系要素　第2部分　服务指南［S］.GB/T 19004.2—1994.

［118］中华人民共和国国家旅游局.全域旅游示范区创建工作导则［S］.2017.6.12

［119］中华人民共和国质量监督检验检疫局.质量管理体系　基础和术语［S］.GB/T 19000—2016.

［120］中华人民共和国质量监督检验检疫局.质量管理体系　要求［S］.GB/T 19001—2016.

［121］中央人民广播电台工商部编.全面质量管理讲座［M］.北京：广播出版社,1981.

［122］周建安.政府部门集成管理［M］.北京：中国标准出版社,2013.

［123］周三多.管理学［M］.北京：高等教育出版社,2005.

［124］周翔.传播学内容分析研究与应用［M］.重庆：重庆大学出版社,2014.

［125］朱承强.饭店管理实证研究：从投资决策到经营管理［M］.上海：上海交通大学出版社,2013.

［126］朱明.数据挖掘导论［M］.合肥：中国科学技术大学出版社,2012.